天道圣经注释

帖撒罗尼迦前书注释

冯荫坤 著

SJPC
上海三联书店

献给

陈永良、连淑辉

伉俪

出版说明

基督教圣经是世上销量最高、译文最广的一部书。自圣经成书后，国外古今学者注经释经的著述可谓汗牛充栋，但圣经的完整汉译问世迄今尚不到两个世纪。用汉语撰著的圣经知识普及读物（内容包括圣经人物、历史地理、宗教哲学、文学艺术、伦理教育等不同范畴）和个别经卷的研究注释著作陆续有见，唯全本圣经各卷注释系列阙如。因此，香港天道书楼出版的“天道圣经注释”系列丛书尤为引人关注。这是目前第一套集合全球华人圣经学者撰著、出版的全本圣经注释，也是当今汉语世界最深入、最详尽的圣经注释。

基督教是尊奉圣典的宗教，圣经也因此成为信仰内容的源泉。但由于圣经成书年代久远，文本障碍的消除和经义的完整阐发也就十分重要。“天道圣经注释”系列注重原文释经，作者在所著作的范围内都是学有专长，他们结合了当今最新圣经研究学术成就，用中文写下自己的研究成果。同时，尤为难得的是，大部分作者都具有服务信仰社群的经验，更贴近汉语读者的生活。

本注释丛书力求表达出圣经作者所要传达的信息，使读者参阅后不但对经文有全面和深入的理解，更能把握到几千年前的圣经书卷的现代意义。丛书出版后受到全球汉语圣经研习者、神学教育界以及华人教会广泛欢迎，并几经再版，有些书卷还作了修订。

现今征得天道圣经注释有限公司授权，本丛书由上海三联书店出版发行国内中文简体字版，我们在此谨致谢意。神学建构的与时俱进离不开对圣经的细微解读和阐发，相信“天道圣经注释”系列丛书的陆续出版，不仅会为国内圣经研习提供重要的、详细的参考资料，同时也会促进中国教会神学、汉语神学和学术神学的发展，引入此套注释系列可谓正当其时。

上海三联书店

天道圣经注释

本注释丛书特点：

- 解经（exegesis）与释经（exposition）并重。一方面详细研究原文字词、时代背景及有关资料，另一方面也对经文各节作仔细分析。
- 全由华人学者撰写，不论用词或思想方法都较翻译作品易于了解。
- 不同学者有不同的学养和专长，其著述可给读者多方面的启发和参考。
- 重要的圣经原文尽量列出或加上英文音译，然后在内文或注脚详细讲解，使不懂原文者亦可深入研究圣经。

天道书楼出版部谨启

目录

序言

“天道圣经注释”的出版是很多人多年来的梦想的实现。天道书楼自创立以来就一直思想要出版一套这样的圣经注释，后来史丹理基金公司也有了一样的期盼，决定全力支持本套圣经注释的出版，于是华人基督教史中一项独特的出版计划就正式开始了。

这套圣经注释的一个特色是作者来自极广的背景，作者在所著作的范围之内都是学有专长，他们工作的地点分散在全世界各处。工作的性质虽然不完全一样，但基本上都是从事于圣经研究和在学术方面有所贡献的人。

另外，一个值得注意的地方，是这套书中的每一本都是接受邀请用中文特别为本套圣经注释撰写，没有翻译的作品。因为作者虽然来自不同的学术圈子，却都是笃信圣经并出于中文的背景，所以他们更能明白华人的思想，所写的材料也更能满足华人的需要。

本套圣经注释在陆续出版中，我们为每一位作者的忠心负责任的工作态度感恩。我们盼望在不久的将来，全部出版工作可以完成，也愿这套书能帮助有心研究圣经的读者，更加明白及喜爱研究圣经。

荣誉顾问　鲍会园

主编序言

华人读者对圣经的态度有点“心怀二意”，一方面秉承华人自身的优良传统，视自己为“这书的人”（people of the Book），笃信圣经是神的话；另一方面又很少读圣经，甚至从不读圣经。“二意”的现象不仅和不重视教导圣经有关，也和不明白圣经有关。感到圣经不易明白的原因很多，教导者讲授肤浅及不清楚是其中一个，而教导者未能精辟地讲授圣经，更和多年来缺乏由华人用中文撰写的释经书有关。“天道圣经注释”（简称为“天注”）在这方面作出划时代的贡献。

“天注”是坊间现有最深入和详尽的中文释经书，为读者提供准确的数据，又保持了华人研读圣经兼顾学术的优良传统，帮助读者把古代的信息带入现代处境，可以明白圣经的教导。“天注”的作者都是华人学者，来自不同的学术背景，散居在香港、台湾地区以及东南亚、美洲和欧洲各地，有不同的视野，却同样重视圣经权威，且所写的是针对华人读者的处境。

感谢容保罗先生于 1978 年向许书楚先生倡议出版“天注”，1980 年 11 月第一本“天注”（鲍会园博士写的歌罗西书注释）面世，二十八年后已出版了七十多本。史丹理基金公司和“天注”委员会的工作人员从许书楚先生手中“接棒”，继续不断地推动和“天注”有关的事工。如果顺利，约一百本的“天注”可在 2012 年完成，呈献给全球华人读者研读使用。

笔者也于 2008 年 10 月从鲍会园博士手中“接棒”，任“天注”的主编，这是笔者不配肩负的责任，因多年来为了其他的工作需要而钻研不同的学科，未能专注及深入地从事圣经研究，但鲍博士是笔者的“恩师”，笔者的处女作就是在他鼓励下完成，并得他写序推介。笔者愿意接棒，联络作者及构思“天注”前面的发展，实际的编辑工作由两位学有所成的圣经学者鲍维均博士和曾祥新博士肩负。

愿广大读者记念“天注”，使它可以如期完成，这是所有“天注”作者共同的盼望。

邝炳钊
2008 年 12 月

旧约编辑序

“天道圣经注释”的出现代表了华人学者在圣经研究上的新里程。回想百年前圣经和合本的出现，积极影响了五四运动之白话文运动。深盼华人学者在圣经的研究上更有华人文化的视角和视野，使福音的传播更深入社会和文化。圣经的信息是超时代的，但它的诠释却需要与时俱进，好让上帝的话语对当代人发挥作用。“天道圣经注释”为服务当代人而努力，小弟多蒙错爱参与其事，自当竭尽绵力。愿圣经的话沛然恩临华人读者，造福世界。

曾祥新

新约编辑序

这二十多年来，相继出版的“天道圣经注释”在华人基督教界成为最重要的圣经研习资源。此出版计划秉持着几个重要的信念：圣经话语在转变的世代中的重要，严谨原文释经的重要，和华人学者合作与创作的价值。在这事工踏进另一阶段的时候，本人怀着兴奋的心情，期待这套注释书能够成为新一代华人读者的帮助和祝福。

鲍维均

作者序

第一次较认真的研读帖撒罗尼迦前书，是在 1966 年；当时笔者从英国伦敦圣经学院毕业后刚好一年，应邀在香港基督徒学生福音团契属下的中学生基督徒团契所举办的领袖训练营（7 月 26 至 30 日于南丫岛举行）负责研经讲道，所讲的就是帖撒罗尼迦前书。四年后，在美国富勒神学院进修期间，选读了由新约教授夏理逊博士（Dr. E. F. Harrison）讲授的“帖撒罗尼迦前后书”一科。在“中神”专职任教期间，曾于 1979 年冬季学期（1 至 3 月）教授“帖撒罗尼迦前后书原文释经”一科，同时在延伸课程讲解这两卷书。过去两年，在撰写此注释的过程中，对帖撒罗尼迦前书作了比以前任何时期都较详细的研究，亦对这卷书有了进一步的认识。

帖撒罗尼迦后书跟前书的关系非常密切，这两卷书的注释通常都以一本“帖撒罗尼迦前后书注释”的形式面世。[①] 笔者原来的计划也是这样，不过单是前书注释的资料便已足够成书，若加上后书的注释，会使整本书变得太长，并且要多等至少一年才可以付梓，因此天道书楼欣然同意先出版“帖撒罗尼迦前书注释”，日后再出版后书的注释。这较不寻常的安排对笔者是很大的鼓励，为此要特别向天道书楼出版部经理高明发先生致谢，也顺便谢谢高先生以编者身份在文字润色上所给予笔者的帮助。

笔者在“中神”校本部教授“帖撒罗尼迦前后书原文释经”一科时，修读的同学只有三名！这三位校友已分别成为本院延伸部的讲师、教

---

① 在德文的注释书中，只是阐释前书或后书的为数颇不少（参 Bruce xxix 所列书目），这跟一些学者认为后书并非出自保罗手笔这一看法有关。

会牧师和大学讲师，[2]然而笔者未能以“重质不重量”一语自慰，除非笔者有理由相信，他们今天的成就跟他们曾修读该科的事实——活现于帖撒罗尼迦前后书的保罗，确是一位极优秀的牧者和教师——多少有点关系。这可以部分解释，为什么笔者最近接受天道书楼一位编辑同工的访问时，曾就自己近年间撰写注释书的工作表达以下的心愿：“希望透过文字在某程度上继续〔我〕的‘教学’，并且把对象从一所神学院的学生扩阔至较大的范围。”与此同时，笔者也“希望透过文字使那些繁忙的教牧同工、神学生或有心追求真理的信徒能得着帮助”。[3]

祈盼此书蒙神恩待，以致能达到上述的双重目的。

冯荫坤谨志

1988 年 12 月 12 日

香港　中国神学研究院

---

② 笔者于 1976 年冬季及春季(1 至 6 月)所教的“中级希腊文”一科，也是只有三位同学修读(其中两位已按立为牧师，现今分别从事牧会及神学院讲师之工作，另一位已于年前息了地上的劳苦)。“原文释经”一科人数最多的一次，要算 1984 年秋季开设的“加拉太书”，有二十二人修读。

③ 天道书楼《书讯》第二十四期(1988 年 9 至 10 月)。

简写表

串释	《圣经——串珠·注释本》，香港，中国神学研究院编撰，证道出版社出版；新约全书 1984，旧约全书 1986，新旧约全书 1987
和合	《新旧约全书》，香港圣经公会；现代标点符号新约全书 1978
思高	《圣经》，香港思高圣经学会 1968
现中	《圣经——现代中文译本》，香港圣经公会 1980
当圣	《当代圣经》，香港天道 1979
新译	《新约全书新译本》，香港中文圣经新译委员会 1976
周	周志禹著：《帖撒罗尼迦前后书讲义》，香港宣道 1967

AB	Anchor Bible
AGJU	Arbeiten zur Geschichte des Antiken Judentums und des Urchristentums
art. cit.	article cited
AV	Authorized (King James) Version
BAGD	W. Bauer-W. F. Arndt-F. W. Gingrich-F. W. Danker, *A Greek-English Lexicon of the New Testament and Other Early Christian Literature* (Chicago 1979)
Barclay	William Barclay, *The Letters to the Philippians, Colossians, and Thessalonians* (rev. ed.; Philadelphia 1975)
BDF	F. Blass-A. Debrunner-R. W. Funk, *A Greek*

	Grammar of the New Testament and Other Early Christian Literature (Chicago 1961/1967)
Best	Ernest Best, *The First and Second Epistles to the Thessalonians* (BNTC; London 1972/1977)
BETL	Bibliotheca Ephemeridum Theologicarum Lovaniensium
BFBS	‘*HKAINH ΔΙΑΘΚΗ*, ed. G. D. Kilpatrick (2nd ed.; London 1958)
BibToday	*The Bible Today*
BibTrans	*The Bible Translator*
BJRL	*Bulletin of the John Rylands University Library of Manchester*
BNTC	Black's New Testament Commentaries
BTB	*Biblical Theology Bulletin*
Bruce	F. F. Bruce, *1 & 2 Thessalonians* (WBC 45; Waco 1982)
Bruce I	F. F. Bruce, *Paul and His Converts* (London/New York 1962)
Bruce II	F. F. Bruce, ‘1 and 2 Thessalonians’, in *NBCR* 1154 – 1165
c.	*circa*, about
Calvin	John Calvin, *The Epistles of Paul the Apostle to the Romans and to the Thessalonians* (E. T.; Edinburgh/London 1961)
CBC	Cambridge Bible Commentary
CBQ	*Catholic Biblical Quarterly*
cf.	*confer*, compare
CGSTJ	*CGST Journal* (Journal of China Graduate School of Theology)
Collins	R. F. Collins, *Studies on the First Letter to the Thessalonians* (BETL 66; Leuven 1984)
Concordance	*Concordance to the Novum Testamentum Graece*

	(3rd ed.; Berlin / New York 1987)
Dana-Mantey	H. E. Dana and J. R. Mantey, *A Manual Grammar of the Greek New Testament* (New York 1957)
Denney	James Denney, *The Epistles to the Thessalonians*, *in The Expositor's Bible*, ed. W. R. Nicoll (6 vols; New York n.d.), VI 311－383
ed.	edition/editor (s)
e.g.	*exempli gratia*, for example
EGT	*The Expositor's Greek Testament*, ed. W. R. Nicoll (5 vols; Grand Rapids, 1961 repr.)
Ellicott	C. J. Ellicott, *St Paul's Epistles to the Thessalonians* (London 1880)
Ellingworth-Nida	Paul Ellingworth and E. A. Nida, *A Translator's Handbook on Paul's Letters to the Thessalonians* (HFT; Stuttgart 1976)
EQ	*Evangelical Quarterly*
Erdman	C. R. Erdman, *The Epistles of Paul to the Thessalonians* (Philadelphia 1965)
ERT	*Evangelical Review of Theology*
esp.	especially
E. T.	English translation
et al.	and others
Findlay	G. G. Findlay, *The Epistles of Paul the Apostle to the Thessalonians* (Grand Rapids, 1982 repr.)
Frame	J. E. Frame, *The Epistles of St. Paul to the Thessalonians* (ICC; Edinburgh 1912/1966)
FS	*Festschrift*
GNB	Good News Bible (=Today's English Version)
GNC	Good News Commentary
Grayston	Kenneth Grayston, *The Letters of Paul to the Philippians and to the Thessalonians* (CBC;

	Cambridge 1967)
Hendriksen	William Hendriksen, *I & II Thessalonians* (London 1972 repr.)
Henneken	Bartholomäus Henneken, *Verkündigung und Prophetie im 1. Thessalonicherbrief* (Stuttgarter Bibelstudien 29; Stuttgart 1969)
HFT	Helps for Translators
HNTC	Harper's New Testament Commentaries
IBD	*Illustrated Bible Dictionary*, rev. ed. Norman Hillyer (3 parts; Leicester 1980)
IBS	*Irish Biblical Studies*
ICC	International Critical Commentary
IDB/IDBS	*The Interpreter's Dictionary of the Bible*, ed. G. A. Buttrick *et al*. (4 vols; New York 1962; supplementary volume 1976)
idem	the same
Idiom	C. F. D. Moule, *An Idiom-Book of New Testament Greek* (2nd ed.; Cambridge 1959/1968)
i.e.	*id est*, that is
ISBER	*The International Standard Bible Encyclopedia*, ed. G. W. Bromiley *et al*. (fully rev., 4 vols; Grand Rapids 1979 - 1988)
JAAR	*Journal of the American Academy of Religion*
JBL	*Journal of Biblical Literature*
JETS	*Journal of the Evangelical Theological Society*
Lightfoot	J. B. Lightfoot, 'First Epistle to the Thessalonians' and 'Second Epistle to the Thessalonians', *Notes on Epistles of St Paul from Unpublished Commentaries* (London 1895), 1 - 92 and 93 - 126, respectively
Marshall	I. H. Marshall, *1 and 2 Thessalonians* (NCBC; Grand Rapids/London 1983)

Metzger	B.M. Metzger, *A Textual Commentary on the Greek New Testament* (London / New York, 1971)
MHT	J. H. Moulton & W. F. Howard & N. Turner, *A Grammar of New Testament Greek* (4 vols; Edinburgh 1906 - 1976)
Milligan	George Milligan, *St Paul's Epistles to the Thessalonians* (Minneapolis 1980 rep.)
MM	J. H. Moulton & G. Milligan, *The Vocabulary of the Greek Testament* (London 1930/1972)
MNTC	Moffatt New Testament Commentary
Moffatt	James Moffatt, 'The First and Second Epistles to the Thessalonians', in *EGT* IV 1 - 54
Moods and Tenses	E. D. Burton, *Syntax of the Moods and Tenses in New Testament Greek* (1900; Grand Rapids, 1976)
Moore	A. L. Moore, *1 and 2 Thessalonians* (NCB; London 1969)
Morris I	Leon Morris, *The Epistles of Paul to the Thessalonians* (TNTC; London 1956/1963)
Morris II	Leon Morris, *The First and Second Epistles to the Thessalonians* (NICNT; Grand Rapids 1959/1964)
Morris III	Leon Morris, '1 Thessalonians' and '2 Thessalonians', in *The NIV Study Bible*, ed. Kenneth Barker *et al*. (Grand Rapids 1985), 1819 - 1826 and 1827 - 1831, respectively
NASB	New American Standard Bible
NBCR	*The New Bible Commentary Revised*, ed. Donald Guthrie *et al*. (London 1970)
NCB/NCBC	New Century Bible/New Century Bible Commentary
n.d.	no date
NEB	New English Bible
Neil	William Neil, *The Epistle[s] of Paul to the The-*

	ssalonians (MNTC; London 1950)
Nestle-Aland	Nestle-Aland, *Greek-English New Testament* (26th rev. ed.; Stuttgart n. d.)
NICNT	New International Commentary on the New Testament
NIDCC	*New International Dictionary of the Christian Church*, ed. J. D. Douglas (Exeter 1974)
NIDNTT	*New International Dictionary of New Testament Theology*, ed. Colin Brown (E. T., 3 vols; Grand Rapids 1975 – 1978)
NIGTC	New International Greek Testament Commentary
NIV	New International Version
NLCNT	The New London Commentary on the New Testament (=British edition of NICNT)
NovT	*Novum Testamentum*
NovTSupp	Supplements to Novum Testamentum
n. s.	new series
NTA	*New Testament Abstracts*
NTS	*New Testament Studies*
pace	with or by the leave (=permisson) of
Palmer	E. F. Palmer, *1 and 2 Thessalonians* (GNC; San Francisco 1983)
PC	Proclamation Commentaries
repr.	reprint/reprinted
rev.	revised/revision
RSV	Revised Standard Version
RTR	*Reformed Theological Review*
RV	Revised Version
SBT	Studies in Biblical Theology
SNTSMS	Society for New Testament Studies Monograph Series
StudEv	*Studia Evangelica*
s. v.	*sub voce*, under the heading; *sub verba*, under

	the word
TDNT	*Theological Dictionary of the New Testament*, ed. G. W. Bromiley（E. T., 9 vols; Grand Rapids, 1964 - 1974), with index（10th）volume by R. E. Pitkin（1976）
TDNTA	*Theological Dictionary of the New Testament*, abridged in one volume by G. W. Bromiley（Grand Rapids, 1985）
TEV	Today's English Version（=Good News Bible）
Thayer	J. H. Thayer, *A Greek-English Lexicon of the New Testament*, translated, revised and enlarged from Grimm's Wilke's *Clavis Novi Testamenti*（New York n. d.）
TNTC	Tyndale New Testament Commentary
TOTC	Tyndale Old Testament Commentary
Trench	R. C. Trench, *Synonyms of the New Testament*（9th ed., 1880; Grand Rapids 1966 repr.）
UBS	*The Greek New Testament*, ed. K. Aland *et al*.（United Bible Societies 1966）
Veldkamp	Herman Veldkamp, *Waiting for Christ's Return*（E. T.; St. Catharines, Ont. 1978）
VE	*Vox Evangelica*
WBC	Word Biblical Commentary
Whiteley	D. E. H. Whiteley, *Thessalonians*（New Clarendon Bible; London 1969）
Wolff	Richard Wolff, *The First and Second Epistles of Paul to the Thessalonians*（Wheaton 1970）
Zerwick	Maximilian Zerwick, *Biblical Greek*（E. T.; Rome 1963）

注：(1) 在引述上表之 *BDF*，*Dana-Mantey*，*Moods and Tenses*，Zerwick 各书时，简写后的数字是该书的段数而非页数。

(2) 除非另外注明,本书所引用的新旧约经文皆出自和合本。

(3) 希腊字词在保罗书信及/或新约出现的次数,系根据 Concordance 的资料计算,有 * 符号者(表示异文)不算在内。

导论

导论

壹 帖撒罗尼迦前书的作者

作者在信上两次自称为保罗(一 1,二 18)。只有少数的学者曾对帖撒罗尼迦前书是出自保罗手笔此结论提出质疑;最显著(但不是最早)的例子要算十九世纪的鲍尔和他的杜宾根学派。[①] 他们提出的反对理由主要有三点:帖前在词藻和体裁上有别于四封主要的保罗书信(罗马书、哥林多前后书、加拉太书);帖前没有旧约的引句;保罗最显著的思想没有在信上出现。[②] 鲍尔认为帖前是根据使徒行传(鲍尔视之为二世纪的作品)的记叙写成的,信内含有真正的保罗书信(尤其是哥林多前后书)的回忆;他又认为既然帖前二章十六节有神的忿怒"终于"(现中)临到了犹太人这句话,按理必先有主后 70 年耶路撒冷沦陷的事实;因此他结论说,帖前是保罗的一个门徒在主后 70 年之后写的,他的目的是要恢复教会对主之再来的兴趣。但这种极端的看法只是"批判学历史中的一件怪物",在今天的学者中完全不获支持。[③]

较近期一些学者采用电脑统计分析法研究保罗书信的字汇和体裁,其中一位达到下面的结论:帖撒罗尼迦后书、提多书及腓利门书的篇幅太短,无法确定任何结果;罗马书、哥林多前后书及加拉太书是保罗写的;以弗所书、腓立比书及歌罗西书跟提摩太前后书分别出自另外两个不同的人的手笔;帖前则介乎此二组(即弗、腓、西,及提前、提后)之间,它

① F. C. Baur(1762 – 1860) and the 'Tübingen School' (cf. C. Brown, *NIDCC* 987 – 988).

② Cf. Guthrie, *Introduction* 567 n. 2; Best 22 – 23.

③ 依次见 Bruce xxxiii; *IBD* 1555b ('a curiosity in the history of criticism'); Kümmel, *Introduction* 260.

可能属于其中一组，或两组都不属，但不能同时属于两组。[4] 换言之，帖前并不是保罗所写的（该作者认为帖后也不是）。但帖前虽然比后书较长，却仍然不是一封很长的信，[5]将电脑分析法应用于这么短的一封信，其有效性是颇值得怀疑的。[6] 此外，倘若西拉是保罗的代笔人（参五 27 注释），而他在构成此信的事上扮演了相当重要的角色，那便足以解释讨论中的这位学者所提出关于帖前在体裁方面跟四封主要的保罗书信的分别了。[7]

总而言之，今天的学者中鲜有人怀疑帖前并非保罗所写的，以致有释经者干脆地假定此信是出自保罗手笔，"因为〔我们〕没需要对无人质疑的〔论点〕加以辩护"。[8]

不过，西拉和提摩太于卷首与保罗联名出现，并且除了三处地方突然用单数第一人称"我"之外（二 18，三 5，五 27；参帖后二 5，三 17），全书都是用复数第一人称"我们"，这现象有讨论的必要（详见一 1a 注释）。笔者认为，此信（及后书）的真正作者只是保罗一人，"我们"一词则按不同的文理有略为不同的内涵，但并不表示西拉和提摩太有份写这封信（及后书）。

贰　帖撒罗尼迦城[9]

帖撒罗尼迦城位于马其顿东北、爱琴海西北之塞尔马海湾[10]的首端，它从开始便是马其顿的主要海港。此城乃马其顿王卡山德[11]（他曾

---

④ Morton, 'Authorship', esp. 231 - 232 (cf. 233). Cf. A. Q. Morton, *The Integrity of the Pauline Epistles* (Manchester 1965)；笔者没有看过此书。

⑤ Grant (*Introduction* 176n. 1) 指出，前书共 1472 字，字汇数目为 366；后书共 824 字，字汇数目为 250。

⑥ Cf. J. C. Hurd, *IDBS* 649a. 亦参冯："腓立比书"19 - 20。

⑦ Cf. Bruce xxxiv. 关于古时书信代笔人的功能，参 Longenecker, 'Form, Function, and Authority' 106 - 109. 作者指出，代笔人的责任因人而异，至轻者如一成不变地笔录作者的口述，至重者如把作者一些概略的思想轮廓以文字充实起来；保罗的做法可能因所处的环境及可用的人手而异。

⑧ Marshall 6.

⑨ 本节主要取材自 J. Finegan, *IDB* IV 629; E. A. Judge, *IBD* 1556 - 1557; Bruce xx-xxii; Marshall 2 - 3.

⑩ Thermaic Gulf，今称撒罗尼迦海湾（the Gulf of Salonika/Salonica）. Salonika/Salonica 是帖撒罗尼迦（Thessalonica）的现名。

⑪ Cassander.

在亚历山大大帝麾下任将领)约于主前315年所建,并以其后帖撒罗尼迦的名字命名(她是腓力二世之女儿、亚历山大大帝的姊妹)。卡山德曾将帖城附近原有的约二十六个市镇或村落毁灭,并强逼其中的居民迁到那个新城市居住;其中的一个城镇是在帖城东南约七哩(约十一公里)的塞尔马,⑫这就解释了为什么希腊的地理及历史学家斯特拉博⑬可以较模糊地说帖撒罗尼迦的前名是塞尔马。

帖城瞬即成为马其顿的主要城市之一。主前168年,马其顿为罗马所败,次年被分为四个共和国,最后又于主前148年被罗马吞并,成为罗马的一省,那四个共和国变成省内四个地区;帖撒罗尼迦成为此新省份的首都及罗马政权在省内的行政中枢。罗马人所建的行军大道,即有名的厄纳齐雅大道(参冯:“腓立比书”27－28),从东南至西北贯穿帖城。

在凯撒大帝被刺身亡后的罗马内战期间,帖城效忠于安东尼与屋大维,他们于主前42年战胜了行刺凯撒的布鲁图与卡西乌斯(参冯:“腓立比书”28);帖城获授“自由城”的地位和权利,就是它的居民可以由他们自己的“地方官”(现中同;徒十七6、8)或“本地官长”(思高)⑭管治他们。考古学家发现,在帖城西面入口的罗马拱门⑮上,铭刻了六个这些地方官的名字,此铭刻属主前30年至主后143年之间。还有其他几份在帖城发现的铭刻文字,亦提到地方官。这些发现证实了使徒行传对当时帖城的行政组织的描绘。

由于帖城占了海陆两路的优越位置,它不仅是行政的中枢,也是个交通要塞和重要的商业中心。像其他的贸易中心及海港一样,帖城有一个人数不少的犹太人社群及犹太人的会堂(徒十七1),⑯这会堂就是基督的福音在帖城着陆的地方。

---

⑫ Therma/Therme,大抵因附近有温泉,故名。

⑬ Strabo (c. 63B. C. – A. D. 24).

⑭ 原文为 *politarchas*, accusative plural of *politarches*.

⑮ The Vardar Gate.

⑯ C. L. Thompson (*IDBS* 902a) 提及一份新近被研究的铭刻文字,其上有民六22～27的希腊文翻译和一些希伯来文的词组,有人认为这表示帖城亦有一个撒玛利亚人的团体。

叁　帖撒罗尼迦的教会

从帖撒罗尼迦前书可见，保罗及其同工西拉和提摩太到帖城传福音（一5，二1）是紧接着他们在腓立比"被害受辱"之后（二2a）；帖城信徒因信主而遭受逼迫（一6，二14），那些宣教士当然亦不能幸免（二2b，三4）。三人离开帖城后，便下到雅典（三1）；虽然保罗曾多次尝试返回帖城探望教会，但总是不能成功（二17～18），他只好差提摩太替他前去（三2），如今又再以书信代替他亲身访问。这个大纲跟使徒行传（十六11至十八5）较详细的报导大体上非常吻合，因此，虽然使徒行传和帖撒罗尼迦前书的写作日期相隔一段颇长的时间，我们仍可藉使徒行传所提供的历史架构来看帖前的资料，从而对后者获得更清晰的了解。[17]

按使徒行传的记载，保罗在他所谓的第二次宣教旅程中首次从小亚西亚"越洲"过到马其顿。第一站是腓立比，保罗和他的同工在那里建立了教会（十六12～40；详参冯："腓立比书"30－33），然后经过暗妃波里及亚波罗尼亚，来到帖撒罗尼迦（十七1；路加把长达一百哩〔约160公里〕的旅程就这样轻轻掠过了）。一连三个安息日，保罗在犹太人的会堂宣讲耶稣就是旧约所预言之弥赛亚的信息（十七2～3），[18]一些犹太人信了主，其中有接待保罗和同工的耶孙，及其后成为保罗的旅伴并与他一同坐牢的亚里达古（十九29，二十4，廿七2；西四10；门24）；信而归主者还包括好些参加会堂崇拜的虔敬的希腊人，其中有些是"显要的妇女"（十七4，新译），此语可能指她们是城中的显要人物的妻子。妇女在马其顿比起任何其他地方都享有较高的地位和较大的自由（参十六14～15；腓四2〔腓立比〕；十七12〔庇哩亚〕）；在这种情况下，那宣告在神眼中男女基本上平等的福音自然从妇女获得很好的回应。对虔敬的外族人来说，基督教比犹太教更胜一筹，因为在宗教及道

---

[17] Cf. Bruce xxi.

[18] 第二节的"辩论"原文为 *dialegomai*，在新约共用了十三次。此字的一个意思是"争论"（可九34）或"争辩"（犹9；新译"争论"），另一个意思是"讲论、宣讲"（如在来十二5，中译"劝（勉）"）。此字在使徒行传出现的十次，可能都是"讲论"（十九8〔思高〕，廿四25〔思高同〕）或"讲道"（二十7〔新译、现中、思高〕，9〔思高〕）之意（另见十七2、17，十八4、19，十九9，廿四12）。Cf. G. Schrenk, *TDNT* II 94－95, *TDNTA* 155; Harrison, *Acts* 261.

德的平面上吸引他们到犹太人会堂的那些素质（如一神信仰、严格的道德规律），基督教都具备了，但基督教并没有犹太教的民族主义所形成的偏差、律法主义所造成的限制，以及种种礼仪方面的要求（尤其是割礼）。⑲

一些释经者认为，“一连三个安息日”（十七 2）这句话表示保留在帖城只停留了三个星期或大约一个月之久。⑳ 但这个解释跟帖撒罗尼迦前书的内证不符，因为（一）帖城的信徒大部分是直接从异教的背景归向基督教的，这些“离弃偶像，归向神”（一 9）的外族信众（参二 14，四 1～5）不能认同为使徒行传那些“虔敬的希利尼人”（十七 4）；㉑而且（二）保罗和同工所给予帖城信徒的教导（二 9～12），以及宣教士与信徒之间所建立起来的亲切关系（二 8、11、17～20，三 6～10），都提示我们，保罗在帖城逗留的时间极可能不仅是三、四个星期。㉒ 由此看来，“连续三个安息日”（现中）很可能只是保罗最初在犹太人会堂中传道的时期，其后他还直接向会堂以外的外族人（包括希腊人、罗马人及其他）传道，至少有数星期之久。㉓

不过，我们不要误以为保罗离开犹太人的会堂后，便以现代“街道布道”的方式向外族人传福音；㉔使徒行传十七章五节提示我们，保罗是以耶孙的家作为他向外族人传福音的基地。㉕ 根据一位学者

---

⑲ Neil xi.

⑳ E.g. Lake, *Earlier Epistles* 64－66; Gundry, *Survey* 267－268.

㉑ 有古卷于 *sebomenōn* 及 *Hellenon* 之间有 *kai* 字，“虔敬的希利尼人”变成“虔敬的人及希利尼人”，但此“及”字可能是后来的抄者为要减少使徒行传与帖前之间的差别而加上的（cf. Best 5）。

㉒ 跟这问题有关、但不能用来支持此说的两点是：（一）保罗在帖城的时候曾亲手作工（帖前二 9；帖后三 8），好像他曾在那里一段颇长的时间。但即使他在那里只是一个月的时间，他若要自食其力的话，便还得亲手作工。（二）腓四 16 说保罗在帖城的时候，腓立比人曾“一次两次地”打发人供给他的需要；由于腓立比与帖撒罗尼迦相隔一百哩，腓立比人不止一次的供应表示保罗在帖城的时间不止三、四个星期。可是腓四 16 原文那句话的意思，极可能不是“一次两次”，而是“不仅（当我在帖撒罗尼迦的时候），而且不止一次（当我在别的地方）”（详参冯：“腓立比书”480－482）；这样，保罗在帖城的时候，只收到腓立比人的资助一次。Cf. Morris II 17－18, over against Marxsen, *Introduction* 33.

㉓ Cf. Neil xii; Marshall 5; F.W. Beare, *IDB* IV 622b－623*a*.

㉔ As in Beare, ibid. 623*a*.

㉕ Cf. Bruce II 1154; Marshall, *Acts* 278; esp. Malherbe, *Paul* 13－14.

新近的研究，保罗在帖城向外族人传福音的主要策略，就是利用一个“家”所提供的半僻静的环境，一面与其他的手艺者一同从事他的职业，一面做传福音的工作。耶孙的“家”，很可能不是只有极富有的人才住得起的那种房子，而是罗马帝国的大城市中绝大多数的人所住的公寓式住宅楼宇内的一个单位。一个典型的住宅楼宇是这样的：楼下是一排向着街的店铺，后面或楼上有店主和家人居住的地方；楼宇内还有制造店内出售之物品的地方，以及供访客、雇员、仆人或奴仆居住的地方。因此，这些“家”跟现代的“原子化家庭”是完全不同的；它们是由操手艺的劳动者构成的、社会一主要部分的横切面，它们与其他的“家”因亲戚关系、友谊、职业上的便利等因素而联成一个复杂的社交网络。保罗在这种“家”的情况下进行传福音的工作是个正确的策略，因为这些“家”为他提供了一个比较隐僻的环境，也给了他一些现成的听众，以及一个联络网，他的影响力可沿着此网蔓延开来。㉖

保罗在帖城向外族人传福音的工作非常有效，以致外族信徒的人数超过了原先构成教会核心的犹太人及虔敬的希腊人，后者变成帖城教会的“少数民族”。保罗的成功惹起不信的犹太人的嫉妒和敌意（参十三 45），他们“招聚了一些市井的流氓，纠合成群，骚动全城”（十七 5a，新译）——他们想营造一种假象，叫人以为这是个民众的运动——然后他们进攻耶孙的家，要找保罗、西拉，把他们拉到民众那里（十七 5b）。㉗ 既找不着他们，犹太人就采取另一个做法：他们把耶孙和几个“弟兄”（从作者路加的角度而言）拉到地方官那里，控以收留煽动叛乱者的罪名（十七 6～7）。

㉖ Malherbe, *Paul* 12－18 (esp. 17－18), cf. 33. 此说的一个推论，就是耶孙也是以制造帐幕为业的（cf. Hock, *Social Context* 33, 67）.

㉗ “闯进”或“冲进”（新译）只是一种意译；原文 *ephistēmi* 在此的意思是“攻击”（‘attack’：BAGD 330 s. v.）。“百姓”或“民众”（思高、新译）原文为 *dēmos*. 帖城是个自由城，有它自己的政府，因此这字可能指享有立法及裁判权的民众集会（so, e. g., Bruce, *Acts* 326, *Book of Acts* 344; Marshall, *Acts* 278; NEB）. Sherwin & White (*Roman Society* 96) 认为，犹太人如此激烈地对保罗和西拉采取行动，可能是因为他们晓得帖城的地方官不是直接受罗马支配的。另一些释经者则认为原文那个字可能指由那些市井败类招聚起来的“暴民”（思高；e. g. Lake, *Earlier Epistles* 69－70 n. 1; Haenchen, *Acts* 507; （转下页）

“那搅乱天下”或“扰乱天下”(思高、新译、现中;意即“到处引起麻烦”)的人显然指保罗和西拉;“也到这里来了”这话提示我们,他们在腓立比传道引起麻烦的风声早已传到犹太人的耳中,也许这些犹太人还对那些宣教士较早时在小亚细亚的传道工作略有所闻。无论如何,“扰乱”一字有从事煽动叛乱或倾覆政府之活动的含意。[28] 耶孙竟然收留了他们,因此便牵连在保罗和西拉所犯的罪里面,两批人共同的罪状就是:“背叛凯撒谕令行事,说另有一个国王,就是耶稣”(思高)。这控罪显示,早期教会已很自然地把耶稣传道的焦点(“天国”)改为宣讲这天国的“王”(“耶稣是主”:参十六 31);这个信息很容易被误解为宣讲与凯撒为敌的另一个(地上的)王,这种煽动性的行为显然是违法的,用不着出动“凯撒的命令”来加以制止。一位近代的罗马史学者提出,革老丢的谕令是要防止犹太人在全地上煽动骚乱事件,这跟煽动人背叛凯撒是两回事,因此他认为使徒行传在这里对于犹太人对保罗等人的控罪可能作了歪曲的报导。[29] 这结论是不必要的。因为保罗在帖城所传的信息,不但提出耶稣是以色列众先知所预言的弥赛亚(十七 2～3),而且还宣告这位死而复活的耶稣要以普世审判者的身份再临地上(参帖后一 7～10);这个末世性的信息很容易被解为预告统治者的更换,而奥古斯都及提庇留都曾先后发出谕令(主后 11 及 16 年),禁止人预测任何人的死亡。“凯撒的命令”所指的,不是革老丢的谕令,而是这些较早的谕令。不但如此,罗马各省内各城的官长有责任执行凯撒的命令(他们可能曾宣誓会这样

(接上页) NIV). Harrison (*Acts* 262)对此问题不作决定。

徒十七 1、4、5、10 都没有提到提摩太,但我们不能因此认为(cf. Schmithals, *Paul* 181)提摩太没有跟保罗一同来到帖城,因为:(一)徒十七 14 暗示提摩太与西拉、保罗一同从帖城下到庇哩亚;(二)使徒行传也没有明说提摩太跟保罗、西拉同到腓立比(参十六 19、25、29),但提摩太显然是跟保罗一起在腓立比的(参腓二 22)。亦参一 1a 注释第五段。

[28] *anastatoō*: cf. Bruce, 'Thessalonian Correspondence' 345. 作者(346; Bruce xxiii, *Men and Movements* 72－73)指出,在革老丢任罗马皇帝期间(41－54 年),不但在犹太,而且在整个罗马帝国许多城市的犹太人社群中,都蔓延着一种好战的弥赛亚主义(militant messianism),因此难怪保罗在帖城亦被控为一名煽动叛乱者。从徒十七 6～7 看来,帖城这些犹太人自然不在那些好战的弥赛亚主义者之列:他们像那些在彼拉多面前控告耶稣的犹太人一样,承认“除了凯撒,我们没有王”(约十九 15)。

[29] Sherwin & White, *Roman Society* 96 (cf. 103).

做），并在凯撒个人或政权受到任何威胁时采取合宜的行动。[30]

群众和地方官听了犹太人的控词，就“惶惶不安”（十七 8，思高）或“惊慌起来”（新译）；不过，也许由于帖城毕竟是个自由城，在罗马司法范围之外，况且主要的“嫌疑犯”保罗和西拉又不在场，因此那些地方官不觉得需要采取很严厉的措施：[31]他们只是“取了耶孙和其余之人的保状，就释放了他们”（十七 9）。“取了保状”（思高）是当时民事和刑事法律程序上的一个专用语，在这里大抵指耶孙和其他的弟兄担保那些宣教士会奉公守法，不会引起骚动，而不是[32]担保他们会立即离开帖城及/或永不再回到帖城（详参二 18 注释）；不过，在当时的情况下，为免产生更多的麻烦，最安全的做法还是把保罗和西拉送往庇哩亚，离开帖城地方官的司法范围，于是耶孙等人就这样作了（十七 10）。[33]

保罗在庇哩亚的会堂中传福音，引致不少人信主，包括（如在帖城一样）一些“高贵的希腊妇女”（十七 12，新译）；但帖城的犹太人对保罗锲而不舍地追到庇哩亚来，煽动扰乱群众。保罗把西拉和提摩太留在庇哩亚，自己下到雅典，等候他们尽快赶到那里跟他会合（十七 14～16）。从帖撒罗尼迦前书三章一至二节可见，保罗在雅典时，征得西拉同意，把提摩太打发回帖城去探望当地的教会（详参三 1 对“独自”一词的注释），这表示西拉和提摩太确有遵照保罗的吩咐下到雅典和他会合。其后“保罗离了雅典，来到哥林多”，在那里“西拉和提摩太从马其顿来”，再次与保罗会合（徒十八 1、5；参林后一 19）；这表示他们三人在雅典会合时，保罗不但差了提摩太回帖城，也差了西拉回马其顿另一个地方——最合理的推测就是腓立比。[34]

帖城教会日后跟保罗的关系，部分从帖撒罗尼迦前后书、腓立比书（四 15～16）、哥林多后书（八 1～5，十一 9）及罗马书（十五 26）反映出来：教会与使徒之间的关系十分良好，保罗特别称赞他们在大逼迫中仍

---

[30] E. A. Judge, 'The Decrees of Caesar at Thessalonica', *RTR* 30(1970)1－7, ascited in Bruce xxiii-xxiv and in Marshall, *Acts* 279.

[31] Cf. Sherwin & White, *Roman Society* 96.

[32] As in Bruce xxv; Marshall, *Acts* 280.

[33] Cf. Sherwin & White, *Roman Society* 95－96.

[34] Cf. Marshall 6, *Acts* 281.

然持守坚定不移的信心和见证，并且在极贫困的境况中仍然慷慨解囊，捐助他个人及耶路撒冷教会的需要。使徒行传告诉我们，保罗于哥林多及以弗所的传道工作告一段落后（距离他被逼离开帖城时已约有五年：参十七 11，二十 31），便往马其顿去（十九 21a，二十 1～2；参林前十六 5；林后一 15 至二 13），"走遍那一带地方，用许多话劝勉众人"（二十 2a，新译）。在此期间，保罗可能曾沿着厄纳齐雅大道西行，横过马其顿，直至该路的西方终点地拉居暗，然后北上，越过马其顿的边界，进到以利哩古（罗十五 19），在那里练习以拉丁语传福音，作为他计划日后经罗马往西班牙去传福音的准备（参徒十九 21b；罗一 13，十五 22～23、28）。[35] 回到马其顿东部后，便南下往希腊，在那里（大概是在哥林多）住了三个月后，又再北上回马其顿去，从腓立比坐船到特罗亚，再从那里取道往耶路撒冷（徒二十 2b～6）。在与保罗同往亚西亚的旅伴中，有两个帖撒罗尼迦人（4 节），这就证实了一件本身已是十分可能的事，就是在保罗两次重访马其顿的期间，他都曾回到帖城探望当地的教会。

肆　写作原因和目的

保罗被逼离开帖撒罗尼迦和庇哩亚之后，便下到雅典，等候西拉和提摩太到那里跟他会合（徒十七 6～10）。三人在雅典会合后，保罗征得西拉同意，打发提摩太回帖城去探望帖城信徒，要知道他们的景况，并且巩固他们的信心（帖前三 1～5）。提摩太将关于帖城信徒的"信心和爱心的好消息"带了回来，这使保罗大得安慰和鼓舞，因此他立即写信，向帖城信徒表达他心中的喜乐和对神的感谢（三 6～10），这是保罗写帖撒罗尼迦前书的第一个原因。他在信上不止一次地为着帖城信徒对福音的积极回应以及他们佳美的生活见证向神感恩（一 2～10，二 13～14）。与此同时，他也针对着他们继续遭受逼迫的事实加以解释和鼓励他们（二 15～16）。

另一个重要的写作原因，就是有人对保罗及同工（尤其是对保罗）

---

[35] Cf. Bruce xxvii; *Romans* 247.

进行诽谤:他们指保罗一去不返表示他并不爱帖城信徒,并且丑化他和同工在帖城传道的动机和表现,说他们跟一些异教的巡回宣教士并无分别(详参二 1～12 注释引言)。保罗觉得必须对这些指控提出答辩,以免帖城信徒对他和同工的品格和动机产生怀疑,从而对他们所传的福音失去信心(二 1～12,二 17 至三 5)。

提摩太的报告,不但提到帖城信徒的信心和爱心,也提及一些引起保罗关注的事情,因此他在信上发出一连串的劝勉:对那些从异教的背景归向基督教的信徒,保罗重申持守圣洁生活(特别是在性方面)的重要(四 3～8);有些信徒因误解及滥用了"弟兄相爱"的道理而成为寄生虫,保罗劝勉他们要安静作工,自食其力(四 9～12);又有信徒为已死的亲友哀伤,因他们不明白已死的信徒跟主的再来的关系,误以为在主来前去世的信徒是在救恩上无份的,保罗就此问题对他们加以教导和安慰(四 13～18),并劝勉他们常作准备,迎接主的再来(五 1～11);他们也要尽各样的基督徒本分(五 12～18);帖城信徒在属灵恩赐的问题上出现了不和谐的现象,保罗针对此事提供正确的态度和处理方法(五 19～22)。这些劝勉代表了保罗写信的第三方面的原因和目的。

保罗祈求他能回到帖城探望帖城信徒(三 10～11),但在这个愿望得以实现之前,除了为他们祷告外(三 12,五 23),这封信(尤其劝勉部分)就是他"补满〔他〕们信心的不足"(三 10)的一个方法。

伍 写作地点和时间

保罗在雅典时,曾打发提摩太回帖城去(帖前三 1～2),他下到哥林多后,提摩太从马其顿回来跟他会合(徒十八 1、5)。帖撒罗尼迦前书的语调显示(参二 17～三 11),保罗在提摩太来到哥林多后不久便写了此信(三 6)。西拉和提摩太于卷首与保罗联名出现,此点亦是支持此信写于哥林多的结论,因为按使徒行传的记载,从保罗离开帖城(十七 10)到他重访希腊(哥林多:二十 1～2)这整段时间内,保罗、西拉、提摩太三人一起在一个地方,只有他们在哥林多的时候;哥林多后书一章十九节证实他们三人曾在哥林多同工。因此我们可以肯定地下结论说,帖撒罗尼迦前书是保罗在哥林多传道的初期写的。

此信的写作日期还可以进一步加以确定。保罗在哥林多时曾被犹太人拉到省长(新译)或总督(思高、现中)面前控告他(徒十八 12)。本世纪考古学家在希腊的特尔菲城发现了一份石刻文字,它是革老丢致特尔菲的一份文告的片段,[36]里面提到迦流是亚该亚的省长。文告显示,当时是革老丢作王的第十二年(他于主后 41 年 1 月 25 日登基),在他第二十六次被宣布、被拥戴为王之后;从别的铭刻文字可知,革老丢第二十二、二十三及二十四次被宣布、被拥戴为王,是在他作王第十一年,第二十七次是在他作王第十二年(不迟于 8 月 1 日),因此,第二十六次若不是在他作王第十一年的末期(这样,他在那年便有五次被宣布、被拥戴为王),便是在第十二年的头七个月内(即是主后 52 年 1 月 25 日至 8 月 1 日之间)。后面这个日期较为可取,而特尔菲的石刻就是属于这时期的作品。

亚该亚是由元老院管辖的省份(有别于直隶罗马皇帝的省份,参冯:"腓立比书"54),元老院委任的省长是在夏天(6 至 7 月间)上任的。

(一) 倘若文告中的迦流是当时的省长,他便最迟是于 52 年 7 月上任的,若是这样,革老丢处理了特尔菲的事件、他的文告被记录(铭刻)下来、他第二十七次被拥戴为王,便全部发生在一两个月里面;虽然这不是绝不可能的事,但较可能的是迦流是早一年,即是 51 年 6 至 7 月间,出任亚该亚省长的。犹太人在迦流面前控告保罗,是在他到任后不久,那可能是保罗在哥林多历时十八个月之事奉的后期(徒十八 11),被控后他又"住了多日"(十八 18)才离开哥林多;由此推论,保罗在哥林多的十八个月可能是从 50 至 52 或是(较不可能)从 51 至 53 年间,而帖撒罗尼迦前书的写作日期就相应地是主后 50 年或(较不可能)51 年。[37]

(二) 但若文告上的迦流并非当时的省长,而是卸任不久的省长,那么他便不可能迟过 51 年的 6 至 7 月间上任,甚或早于 50 年 6 至 7 月间便已上任。若是这样,帖前的写作日期便不能迟过 50 年的后期。[38]

---

[36] For the Gallio inscription at Delphi, see Barrett, *New Testament Background* 48 - 49. Cf. Rigaux, *Letters* 69 - 71.

[37] Cf.; e.g. Harrison, *Introduction* 264 (A.D. 50); Morris II 26; Robinson, *Redating* 53 (early 50); Bruce xxxv, cf. xxi (late 50); Guthrie, *Introduction* 566 - 567 (early 51).

[38] Bruce xxxv; cf. B. Schwank, as reported in *NTA* § 16(1971 - 72)- 642.

无论如何，帖撒罗尼迦前书是现今仍存的保罗书信中最早的书卷之一——事实上，不少学者认为它是最早的一卷；不过笔者赞同另一个看法，认为加拉太书才是最早的，[39]帖撒罗尼迦前书则在时间的先后上排行第二。

另一方面，有少数学者认为帖撒罗尼迦前书是保罗第三次宣教旅程上在以弗所写的。他们所用的主要论据如下：[40]

（一）帖撒罗尼迦前书三章一节跟使徒行传十七章十四至十五节，十八章五节的记载不相协调。

（二）保罗打发提摩太回帖城之前，自己已好几次设法回去（帖前二 17～18），但他在雅典只逗留了很短的时间，不足以容纳那些计划。“只是撒但阻挡了我们”这句话，只有在第三次旅程时才变得可理解（参林前四 19，十六 5～9；林后一 15 及下文）。

（三）帖城信徒信主的消息已在“各处”传开，他们向“全马其顿”的弟兄显出爱心（帖前一 8～9，四 10），这些事在保罗初次访哥林多时是难以想象的（因未有足够时间让这些事发生）。

（四）教会成立后数月内已有多人去世，以致引起帖前四章十三至十八节所反映的问题，这是值得怀疑的。与此同时，支持此看法的一位学者亦承认有以下的困难，不过他同时提出答辩：[41]

（五）帖前一章那些关于保罗初到帖城的“新鲜的回忆”不符合较迟的写作日期。——不过，腓立比书四章十五节何尝不是新鲜回忆，但腓立比书显然不是写于第二次宣教旅程上的。而且，“暂时”（帖前二 17；参林后七 8；加二 5；门 15；约五 35）并无表示事实是多久。

（六）西拉和提摩太于帖前的卷首与保罗联名出现，他们二人是保罗第二次宣教旅程的伙伴，但西拉在使徒行传十八章五节后便不再出现，换言之，路加在报导第三次旅程时并无提及西拉。——不过，这并不表示西拉已去世或放弃了宣教士的工作（参彼前五 12），他可能在保

---

[39] Cf. Fung, *Galatians* 9 – 28；冯：“真理”125 – 150。

[40] Schmithals, *Paul* 183 – 186, with reference to W. Michaelis.

[41] Schmithals, *Paul* 186 – 189. 关于下面第（七）点对三 3～4“患难”一词的解释，详见同书 177 – 179。

罗的宣教事工上仍占一席位。

（七）保罗不大可能后来再到雅典。——不过，来往以弗所与亚该亚之间的船必须经过雅典，且必常在该处泊岸；保罗写哥林多前书和后书之间曾从以弗所往哥林多（即所谓的“痛苦之访问”：参林后二 1，十二 14，十三 1～2），他在途中经过雅典，帖前三章一节反映的就是这个情况。根据帖前三章一至五节，保罗差提摩太往帖城，是因他恐怕那些临到他（保罗）身上的患难会引致帖城信徒背道，那些患难包括他的使徒权柄遭受攻击；同样的攻击正是引致保罗那次“痛苦之访问”的原因。

最后，（八）这位学者认为以下的事实证明帖前是写于第三次旅程的：保罗打发提摩太往帖城时，已听到信徒正遭受患难（帖前三 2～3），而且一章七至九节显示，保罗不断从不同的人获得关于帖城信徒的报告。这种情形不可能在他离开帖城及初次访哥林多之间发生。[42]

上述用来支持帖前写于保罗第三次宣教旅程的论据，其实缺乏说服力，兹逐点依次回应如下：[43]

（一）使徒行传和帖前是彼此独立的作品，两者对有关事件所提供的资料都不完全，但并不互相矛盾，事实上可拼合为一幅完整的图画，如本节首段所作的。

（二）我们不确知保罗在雅典逗留了多久，但即使只是数星期，保罗在此期间多次设法回帖城去，并非不可能的事。我们也无从知道“撒但阻挡了我们”是什么意思，因此不能说这句话在第二次旅程时是不可理解的；相反的，若帖前是保罗离开帖城数年后才写的，我们便要假定，在此期间一连串回帖城的机会都一一因撒但的拦阻而落空了。

（三）这些事并不需要很长的时间才能发生，尤其因为所引的两句话都可能有夸张的成分（参该二节注释）。

（四）两三个月内有两三个人去世是非常可能的事；况且，即使只有一个人去世，也会引起帖前四章所反映的那个问题。

（五）那些生动的忆述不但新鲜，而且在帖前首二章占了大部分的

---

[42] 同上，190－191。J.C. Hurd（*IDBS* 900*b*）也认为帖前的内证表示，保罗写信时与建立教会时相隔已有数年。

[43] Cf. Marshall 21－22；Best 10－11；Kümmel，*Introduction* 257－260.

篇幅，因此较可能反映事发后不久的时间，过于很久之后。二章十七节的“暂时”在原文跟另外那四节所用的略为不同，特别强调那是很短的时间(见二 17 注释)。

(六)此点完全没有说服力。就证据所及，西拉并没有在保罗的第三次旅程中出现，却肯定在第二次旅程上与保罗同工。拒绝肯定的证据，反而推测西拉可能曾于第三次旅程中跟保罗会合，是不稳妥的辩证法。

(七)此点第一部分跟上一点有同样的困难。将帖前三章“我们”的患难(3、4 节)看为临到保罗身上、对他的使徒权柄的攻击，不是最自然的解释；不这样解释，便没有理由将本段跟保罗“痛苦的哥林多访问”拉上关系。

(八)帖前三章二至三节没有明说保罗已听到帖城信徒受患难的消息；第三节所说的患难包括保罗和帖城信徒在帖城一同经历的患难(见该处注释)，因此不是保罗离开帖城后才发生的事，也不是什么新消息。由于帖城和保罗写信时的所在地哥林多都是人口稠密、交通方便的城市，帖前一章七至九节所反映的情形是不难理解的(见注释)。

基于上述的讨论，我们可以重申我们肯定的结论：帖撒罗尼迦前书是保罗第二次宣教旅程中在哥林多写的。[44]

陆　帖撒罗尼迦前书的完整性

上文第肆、伍两节(写作的原因和目的、地点和时间)的讨论，都是基于帖撒罗尼迦前书为一封完整的书信此一假设。此假设受到少部分学者质疑，他们的理论大致上可分为三种，兹分别讨论如下：

一、有释经者认为信上有一两段是保罗之后有人加上去的，有关的经文是二章十三至十六节和五章一至十一节。关于二章那段，请参该段注释引言。关于五章那段，此说最主要的论据是认为该段跟四章十三至十八节在内容方面有互相抵触之处：后一段(五章)所处理的问题，是有人面对主的再来怀着一种错误的安全感，这跟前一段(四章)所

---

[44] 另一说谓帖前写于主前 46 年，但此说同样不能成立；详参 Best 11 - 13.

反映的恐惧大不相同;在前一段,读者预期主会很快再来,但在后一段此盼望已告湮没,其重点不再是在主再来的逼近,而是在于主再来的突然和出乎意料之外;前一段满了安慰的话,后一段却是满了警告的话。因此,此说认为是后一段的作者把该段加在信上,为要改正保罗认为主的再来已逼近眉睫此一看法,并且处理主来的迟延所引起的问题。

细察之下,这些论据缺乏说服力:保罗一面处理有些读者因已死的信徒(不是因主再来的迟延)而引起的挂虑,另一面强调主的再来是在人想不到的时候,此二者并不互相冲突;后一段所反映的错误安全感是属世人的,而保罗在该段正是要提醒信徒不要像世人那样;将主再来的逼近和主再来的突然此二者分开,好像后者是较后期的发展似的,这看法是错误的;五章十节"叫我们无论醒着、睡着"那句话的用意,是要包括四章十三至十八节那些已死的信徒,以及读者中那些可能在主再来时仍活着的信徒,不是为要改正读者可能从四章十五节得到的错误印象(即是以为保罗预期自己会活到主的再来)。㊺

二、另一个理论说,帖撒罗尼迦前书含有一连串的额外增添部分(一 2～二 16,三 12～四 8,五 23～27,看来还有五 14～15);在保罗之后有人把这些资料和取自一封真正的保罗书信的资料合并起来,构成一封分为两部分的书信,在其中保罗显为教会的榜样,教会则被要求过圣洁的生活及持守使徒的传统。倡此说的学者提出下列的论据:

(一)三章十三节和五章二十三节用"来"/"降临"(原文为同一个字),但按腓立比书一章六节、十节及哥林多前书一章八节的说法类推,帖前这两节应该用"日子"一字才对。又原文"在……面前"(二 19,三 13)这个介词应该用另一个字。㊻

(二)一章九、十节,三章十二、十三节及五章二十三节把救恩描写为完全属将来的事,并无提及"已经(成就)"的一面(五 1～11 则确有提及这一面)。此外,作者没有称读者为"圣徒";圣灵只是信徒成圣的一

㊺ Cf. Marshall 12－13, in criticism of G. Friedrich (on whose theory, in greater detail, see also Collins 110－113); cf. esp. Plevnik, '1 Thess 5,1－11' 72－74; also Collins, 'Tradition' 342; Kreitzer, *Jesus and God* 182－183.

㊻ 应该用 *enōpion*,而非经文所用的 *emprosthen*.

种助力，而不是赐给信徒的一份末世性的礼物；动词“召”字所指的，并不是神使人归主的那有效的呼召，而只是要人忠心服侍他的呼召。换言之，保罗那“末世性的救恩如今已实现”的观念不见出现。

（三）信上所显示的、道与信心之间的关系，证实此信跟保罗其他的书信有别：作者所关注的是道在使徒及他所带领归主的人身上所产生的果效（读者效法使徒的行事为人），过于神的拯救行动和恩赐，以及信心的内涵。

此说有下列困难：

（一）将帖撒罗尼迦前书割分为不同部分这种做法不能令人信服。既然作者承认保罗书信惯见的“救恩已经实现”的观念可见于五章一至十一节，那么他凭什么理由断定，那并无提及此主题的、书信的另一部分便不可能是出自同一位作者的手笔？换言之，作者没有考虑一个问题，就是一个圣经作者（如保罗）要在多长的篇幅内必须提及他典型的神学题目，才可以使该段经文显为真正是他的作品？

（二）此说假定保罗必须常常用同样的字汇和方式来表达自己；但他有时用“（再）来”，另一些时候则用“日子”，这有何不可？至于“在……面前”原文那个介词，亦用于哥林多后书五章十节（同样于路十二8，廿一36；太廿五32）关于末日之事的讨论中，因此绝无理由要求保罗在帖前一定要用另外那个介词。

（三）作者认为救恩在信上被描写为全属将来的事，这看法是错误的；因为信上满了“在基督里”及类似的公式（一1，二14，三8，四1、16，五12、18——关于“在主里”跟“在基督里”的分别，可参三8注释），此公式的部分含意，就是信徒现今已享受在基督里的救恩。[47]

三、第三种理论把帖撒罗尼迦前书看为两封真正的保罗书信被合并起来的结果。根据一位学者的分析，[48]编者将保罗写给帖城教会的两封信合并起来，在编纂的过程中加插了一些额外的资料：甲信（一

---

[47] Cf. Marshall 13 - 14, in criticism of C. Demke (for whose theory, in greater detail, see also Collins 106 - 109).

[48] Cf. K.G. Eckart, as reported in *NTA* §6(1961 - 62) - 230 and cited (in greater detail) in Collins 101 - 102, 114 - 116.

1～二12，二 17～三 4，三 11～13）是由提摩太于三章一至五节所提及的那次访问带给教会的；乙信（三 6～10，四 13～五 11，四 9～10a，五 23～26、28）则是提摩太回到雅典与保罗会合四至六星期后写的；编者加上的资料包括一段对初信者的话（二 13～16），一些来自讲章或教义问答的资料（四 1～8、10b～12，五 12～22）以及一些连接句（三 5，五 27）。

作者认为，那些由编者加上的部分含有以下特色，由此可看出它不属保罗的原信：（一）它欠缺具体的细节，即是没有特别提及读者的处境；（二）就其格式而论，它显示一种平行结构，这提示它的来源是教义问答或劝勉资料；（三）这些额外加添的部分呈现着与真正的保罗书信部分互相冲突的情形，例如：四章一节及下文告诉读者要有好的行为举止，但一章七节已说过读者有美好的行为。可是，（一）其他的保罗书信里面一些劝勉性的话同样欠缺具体的细节，例如罗马书十二章九节及下文和腓立比书四章八节、九节。（二）作者夸大了帖前的劝勉部分的平行结构。（三）作者认为是编者加上的那些部分，其实满了保罗书信中常见的观念和词藻。（四）作者所谓的冲突情形是不难解释的（见有关经文的注释）。因此，作者认为是加插的部分较可能是保罗原著的一部分，此点已足以使人对作者的整个理论产生怀疑。不但如此，这理论还有下列困难：（一）此说要把三章二节“打发”一字的原文看为信札式的过去时式（意即“我如今打发”），这是不正确的（见该处注释）。（二）三章五节突然用单数第一人称，但第四和第六节都是用复数的第一人称；编者若刻意要把第四节和第六节连起来，是不会犯这样的错误的。（三）单是三章十一至十三节并不适宜作保罗书信的结语，该结语部分通常含有个人杂项或劝勉的话或问安语，或三者兼而有之（参五 25～28 注释引言注 1）。（四）此说不必要地把事情弄得非常复杂。基于这些因素，此说完全不获学者支持，尽管此说的两个论点——帖撒罗尼迦前书含有保罗之后的编者加进去的资料（参上文第二种理论），帖前是由两封保罗的书信合并而成的（见下文）——分别为别的学者加以发扬。[49]

---

[49] 本段资料主要取自 Best 29－30；Schmithals，*Paul* 127－129；Marshall 14－15；Kümmel，*Introduction* 260（cf. Collins 116－117）. 亦参四 9～12 注释末段 。

第三种理论的另一个例子,[50]将帖撒罗尼迦前后书看为由四封保罗的书信合并而成,这四封信的内容及先后次序如下:

A 帖后一 1～12,三 6～16

B 帖前一 1～二 12,四 2～五 28

C 帖后二 13～14,二 1～12,二 15～三 3(5),三 17～18

D 帖前二 13～四 1

A 信是保罗听到帖城的教会正受到异端搅扰的消息后写的,他要读者防避那些传异端的诺斯底狂热分子。B 信是他进一步的尝试,要帮助他们抵挡异端的影响力;在其中他首次明明地为他的使徒职事辩护,并针对传异端者的教训和行事对读者提出警告和教导。C 信是他知道有人滥用他的信(大概是 B 信:五 5 及下文)或用了冒他名的信来散播主的日子已经来到的信息后所作的回应。D 信是保罗于提摩太访问帖城的教会、把好消息带回来之后写的。

此理论关于帖撒罗尼迦后书的部分,将会在后书注释的导论中讨论。我们目前所关注的,只是作者将前书划分为二的做法。作者认为:(一)保罗书信的结束祷告之前,通常有关于个人的事项,此项可见于三章一至十节。三章十一至十三节的祷告,要加上四章一节(或一至二节)的简短劝勉,才与其他真正的保罗书信(按作者重新构造的)结语部分的结构相符。(二)保罗的书信一般都以感恩开始,但帖前的感恩部分比任何其他书信的感恩都占更长的篇幅;二章十三节及下文实质上重复了一章二节及下文的主题,按理应在一封保罗书信的开端出现,而不是在信首之后才出现。(三)四章二节(或三节)比二章十三节跟二章十二节衔接得较令人满意。(四)故此,二章十三节至四章一节(或二节)构成一封独立的信,是写于提摩太回来之后,帖前的其余部分则为较早时写的。[51]

此说把帖前分为两封信,其中一封(D 信)被放在另一封(B 信)之内,这比第三种理论的第一个例子及第二种理论那样把帖前的资料复杂地互相交织的做法简单和可能得多。然而此说同样不能成立,理由

---

[50] Schmithals, *Paul* 123－218, esp. 212－214 (cf. Collins 118－124).

[51] Schmithals, *Paul* 129－135 (cf. Best 31－32).

如下：(一)作者认为三章十一节至四章一节含有一封保罗书信结束部分的要素，但其实并无一种所有的保罗书信都采用的固定格式；三章十一至十三节的祷告不一定是书信将要结束的标志，而且在保罗书信的结语部分中，从没有劝勉话随着祷告或颂赞的例子(参五 25～28 注释引言注 1)。(二)二章十三节不必视为引介了信首的感恩，而且二章十三至十六节是紧连于其上文的(参二 13 注释)。上述两点的总意就是，此说的真正基础其实非常脆弱。此外，此说还有两点困难：(三)若 B 信是一封完整的信，那么编者便必曾将 D 信的引言及祝福删去。而既然二章十三节的“为此我们也”等字不能看为一句引介性的话，作者便要把它解释为“编者经手的插入语”。[52] 但编者为什么要这样做，是个费解的问题。(四)更为重要的，编者这样把两封信合并为一，其动机何在？这问题完全没有获得令人满意的答案。[53]

总而言之，本节所讨论的三种理论都缺乏说服力。正确的释经原则就是把帖撒罗尼迦前书看为一封完整的信来解释它；我们若能按此假设成功地解释此信，那就是此信的完整性确定的证据。[54] 这也就是本注释书所采的立场和着手法。[55]

---

[52] Schmithals, *Paul* 133 - 134.

[53] 本段资料主要取自 Marshall 16 - 17; Kümmel, *Introduction* 261 - 262. Cf. Best 32 - 35 (in greater detail).

[54] Cf. Collins 124 - 135 (esp. 124 - 125, 135); Marshall 16; Best 35.

[55] 对于帖撒罗尼迦前书于 1956 - 1983 年间在学者中所引起的种种问题和讨论，Collins 3 - 75 提供了一个全面性的综合报导。

注释

壹 问安 (一 1)

古代希罗书信的卷首问安都依照一个标准格式，就是"甲致乙，问安"，此格式从主前三世纪至主后三世纪基本上保持不变。① 在新约里，完全照这格式的例子有使徒行传十五章二十三节、二十三章二十六节、雅各书一章一节。保罗一方面沿用这种传统格式的基本架构，另一方面则加以灵活运用，藉着一些更改把新的意思注入旧的问安格式里。这些更改包括下列三方面：保罗总是以"愿恩惠、平安临到你们"取代一般的"问安"；他往往在提到写信人及收信人的时候加上一点描述（例如：罗一 1～7）；他有时更在问安之际便预告了书信的主题和部分内容（例如：加一 4②）。

1 保罗、西拉、提摩太写信给帖撒罗尼迦在父神和主耶稣基督里的教会。愿恩惠、平安③归与你们！

(I) 写信人(一 1a)

一 1a "保罗、西拉、提摩太写信……" 保罗所有的书信中，单提及他自己为写信人的，只有罗马书、以弗所书和教牧书信，其余都是和其他人于卷首联名。这里的三个名字亦在帖撒罗尼迦后书的卷首出现。"保罗"是个罗马名字，极可能是保罗的家庭名字；"扫罗"（徒十三 9）则是他出生时父母给他起的希伯来名字。④ 由于现存的保罗书信都是写给处于外族世界的教会（或有关的人物），因此保罗在其中一贯沿

① Doty, *Letters* 29.

② 参冯："真理"14.

③ 有古卷在"平安"之后加上"从神我们的父与主耶稣基督"（参帖后一 2）一句。但若此句属于保罗原著，则没有理由会被删去的。参 Metzger 629.

④ 关于保罗的名字较详细的讨论，可参冯："腓立比书" 62 - 63.

用了自己的罗马名字。他在这里（和帖后一 1），如在腓立比书一章一节及腓利门书一节那样，完全没有提到他的使徒身份。这不是因为保罗不愿意称西拉和提摩太为使徒，或不好意思只称自己为使徒；二章六节"我们作基督的使徒"一句的"我们"，至少包括西拉在内（见该处注释）；保罗与提摩太联名向读者问安的另二处经文显示，提摩太不是使徒的事实，并没有拦阻保罗（在需要时）强调自己的使徒身份（林后一 1；西一 1；参林前一 1）。保罗在这里没有提出他的使徒身份，是因为在帖撒罗尼迦没有人质疑他的使徒身份，尽管有人批评他作为宣教士的动机和生活表现。[5]

西拉的名字在保罗书信和使徒行传以不同的形式出现。使徒行传用的是"西拉"（思高："息拉"），保罗书信则用"息耳瓦诺"（思高）。[6] 前者可能是西拉的亚兰文名字，或是"息耳瓦诺"的简称或亲昵的称呼；后者则为"西拉"的拉丁化格式，可能是西拉的罗马（家庭）名字。[7] 西拉是耶路撒冷教会的一个领袖，又是个先知；耶路撒冷会议后，西拉与称为巴撒巴的犹大受教会差派，和保罗及巴拿巴一同把会议的覆函带往安提阿，并在那里住了些日子（徒十五 22、30～33）。西拉和犹大显然不觉得与安提阿的外族信徒相交有何不妥，也受到他们的欢迎和接待。西拉在此期间的表现，必是给了保罗良好的印象；因后来保罗为了马可的问题和巴拿巴分手时，他拣选了西拉做他的福音伙伴（徒十五 40）。保罗选中西拉可能有三个原因：[8]（一）西拉显然认同保罗对福音的了解，即认为神的救恩不能靠行律法而得，乃是藉信基督而得（参徒十六 31；留意复数的"他们"，指保罗和西拉）；在耶路撒冷教会中，他无疑是属于较开明的一派（与徒十一 2，十五 1～2、24 那些"奉割礼的门徒"相对）。（二）西拉是耶路撒冷教会的一个领袖，保罗有西拉作同工，对他现阶段的工作特别

---

⑤ 关于保罗在书信中强调或不强调其使徒身份的原因，请参冯：同上书 64.

⑥ 二字在原文分别为：*Silas*，*Silouanos*.

⑦ Bruce 6；cf. Bruce，'Silas/Silvanus' 28*a*；R.E. Nixon，*IBD* 1451. 若"西拉"是"息耳瓦诺"亲昵的称呼，这便与下面的事实相符：保罗在他的信上惯以别人正式的名字称呼他们，路加则采用较为不拘礼节的名字。比较：*Priska*（罗十六 3；林前十六 19；提后四 19；思高："普黎斯加"〔林前十六 19 的翻译假定了原文为使徒行传所用的说法〕）和 *Priskilla*（徒十八 2、18、26；思高："普黎史拉"）；*Sosipatros*（罗十六 21；思高："索息帕特"）和 *Sopatros*（徒二十 4；思高："索帕特尔"）。

⑧ Cf. Bruce，'Silas/Silvanus' 28*b*.

有用——使他可以有效地回答一些人(例如:加拉太煽动者)的指控,即认为保罗跟耶路撒冷母会的步伐并不一致。(三)西拉是罗马公民,像保罗一样(徒十六 37～38)。虽然保罗绝对不是以具有罗马公民身份作为与他同工的主要条件(事实上,就新约的证据所及,除了西拉,再没有另一位保罗的同工是罗马公民),但有罗马公民身份带来不少方便;至少,如保罗及西拉在腓立比被囚一事说明的,保罗可免去一种尴尬情形,就是他可按其罗马公民身份争取某些权益,但他的同工却不能同样作。

在保罗这第二次的宣教旅程上,西拉陪着保罗"走遍叙利亚、基利家,坚固众门徒"(徒十五 41),并访问南加拉太各城的教会(徒十六 4);他又(和提摩太)协助保罗在马其顿的腓立比和帖撒罗尼迦两个城市建立教会(徒十六 6～十七 4);其后与保罗被逼离开帖撒罗尼迦,下到庇哩亚,保罗继续南下往亚该亚时,西拉(和提摩太)仍留在庇哩亚(徒十七 10、14);后来他和提摩太到雅典见保罗,又被他打发回马其顿(可能分别往腓立比和帖撒罗尼迦),最后往哥林多跟保罗会合(徒十七 15～16,十八 5;帖前三 1～6;林后一 19)。此后圣经对西拉和保罗进一步的关系便再没有交代。

保罗书信的西拉和使徒行传的西拉是同一个人,这是毫无疑问的。但这西拉跟彼得前书五章十二节的西拉("息耳瓦诺",思高)有什么关系?在该处,西拉似乎是彼得的代笔人(和合"托我……转交"原文作"我藉着……写了":新译、思高)。若所指的是保罗的同工西拉,则我们也许可以这样推论:西拉和彼得本来就同是耶路撒冷教会的领袖(分别是先知和使徒),西拉与保罗同工一段时间后,便再次与彼得同工,参与保罗大部分没有触及的北方地带(彼前一 1)的传福音工作。[⑨] 但是由于"西拉"是个非常普通的名字,我们不宜过于武断,一口咬定保罗的同工后来作了彼得的代笔人。无论如何,认为西拉同时是彼得前书和帖撒罗尼迦前后书的"执行秘书"之说,并无足够的证据支持。[⑩]

提摩太是南加拉太区某城(很可能是路司得)的居民,父为希腊人,母为犹太人(徒十六 1)。从犹太人的角度来说,他的合法身份是个犹太人;可是他没有受割礼,这是不合常规的。他大概是在保罗及巴拿巴

---

⑨ Cf. M.J. Shroyer, *IDB* IV 352*a*.

⑩ 详参 Best 23 - 25.

首次到该区传道时(徒十四 8～20)悔改归主的(林前四 17:保罗称他为“我在主里……的儿子”,新译;参提前一 2)。其后保罗带同西拉重访该区的教会时,就为提摩太行割礼以正其犹太人的身份,然后带着他一同往马其顿宣教(徒十六 3～10)。保罗在西拉之外还挑选提摩太作他的宣教同工,一方面是由于提摩太有值得赞赏之处(徒十六 2),另一方面是因为神早已藉先知的预言把提摩太挑选出来,要他从事传道的工作(提前一 18);似乎提摩太是在一次庄严的按手礼中被委派为保罗的同工,同时接受了与此相符的恩赐(提前四 14;提后一 6)。[11] 虽然路加描写保罗如何在帖撒罗尼迦(及之前在腓立比)建立教会的一段记录中,并无明文提到提摩太,但该段的前后都清楚表示提摩太是宣教同工之一(徒十六 3,十七 14～15),因此我们可以假定,提摩太有份参与在帖撒罗尼迦(及腓立比)的福音工作。

他们三人被逼离开帖撒罗尼迦后,便下到庇哩亚(提摩太可能是在保罗和西拉之后独自前往庇哩亚的,此点见二 18 注释);在这里提摩太(及西拉)和保罗暂时分手,稍后在雅典再跟他会合(参徒十七 15～16);他随即受托重访帖撒罗尼迦教会,为要坚固受逼迫的信徒(帖前三 1～3、5),任务完成后便到哥林多与保罗再一次会合(帖前三 6;徒十八 5;林后一 19)。后来他又被保罗从以弗所差派到哥林多教会(林前四 17,十六 10)和马其顿(徒十九 22),及从罗马差派到腓立比教会(腓二 19),作教牧访问;保罗首次监禁获释后,提摩太被派驻于以弗所,处理当地教会面临的种种问题(提前一 3)。尽管提摩太在身体和性情方面都不是全无软弱(参提前五 23;提后一 6～8),他显然是保罗非常器重的一位得力助手,他忠心事主的表现尤其赢得了保罗无保留的赞赏(林前十六 10;腓二 19～22;参提后三 10～11;来十三 23)。

本节以“保罗、西拉、提摩太”三人为这封信的写信人,显然是因他们一同有份建立和牧养帖撒罗尼迦教会。三个名字排列的次序,反映了这三个人地位上的优次:保罗无疑是这个宣教队伍的领袖;西拉除了可能比提摩太年长,和肯定比提摩太在整个基督教会中较有声望之外

---

[11] 关于这三段经文(提前一 18,四 14;提后一 6)的解释和相互关系,可参冯:“恩赐”126－128。

（比较徒十五 22、25～26、32，和徒十六 2），他“被征入伍”是在提摩太之前（比较徒十五 40，十六 3），并且在建立马其顿那三间教会（腓立比、帖撒罗尼迦、庇哩亚）的事上扮演了比提摩太显著得多的角色（徒十六 19、25、29，十七 4、10：西拉和保罗的名字同时提及〔亦参徒十六 35～40〕；但提摩太的名字在整段记载中〔徒十六 6～十七 13〕根本没有出现）。保罗二次宣教旅程这两位同工在地位上的关系，跟首次旅程那两位同工的几乎一模一样：西拉代替了巴拿巴，提摩太代替了马可，后者是前者和保罗的助手（参徒十三 5，十二 25）。他们三人都具有双重文化的背景：提摩太的父亲是希腊人，母亲是犹太人；西拉是耶路撒冷教会一份子，但他除了亚兰文的名字（“息拉”）外，还有个罗马的名字（“息耳瓦诺”），反映他和外族世界有接触，在参加保罗第二次布道旅程之前，他已有和外族信徒接触的经验（徒十五 30～32）；保罗是“希伯来人所生的希伯来人”，在法利赛人的律法上受过最严谨的拉比式训练（腓三 5；徒廿二 3），但他一蒙召作使徒便立即往阿拉伯传福音给外族人（加一 16～17），[12]到他开始第一次宣教旅程时，他已有十多年在外族世界中（在“叙利亚和基利家境内”——即是先在他的家乡基利家的大数，然后在叙利亚的安提阿：加一 21；徒九 30，十一 25～26）传福音的经验了。保罗和西拉更具有罗马公民的身份。由此可见，在神的安排下，这三位宣教士所具备的条件，使他们非常适合传福音给帖撒罗尼迦（及其他城市）会堂里的犹太人以及虔敬的希利尼人（徒十七 1、4）。

西拉和提摩太于帖撒罗尼迦前后书的卷首与保罗联名出现，是否表示他们有份写这两封信呢？在这问题上，前书所提供的线索是有点模棱两可的。一方面，保罗有几次用单数的第一人称（二 18b，三 5a，五 27），[13]这似乎表示，这信真正的作者是保罗一人。[14] 另一方面，“我们”出现的次数远比“我”字为多（例如：一 2～9，二 18a、c，三 5c，四 1、13，

---

[12] 关于保罗归主后“往阿拉伯去”的目的，请参冯：“真理”65－68。

[13] 三章一节的“独自”在原文为复数（*monoi*，*not monos*），见该处注释。

[14] Cf. F.F. Bruce, *IBD* 1555*b*（作者现已放弃此看法；见下面注 16）。M.J. Shroyer（*IDBS* IV 352*a*）谓信末的“我”字（帖前五 27；参帖后三 17）表示西拉和提摩太有份写此信的主要部分。此说未能解释为何“我”字亦在书信的主体中出现。

五 25)，这又似乎可解释为作者不止一人。[15] 若是单从三章二节、六节来推论（“我们……打发我们的弟兄……提摩太前去”，“提摩太刚才……将……好消息报给我们”），“我们”指的是保罗和西拉，因此可能西拉有份写这两封信。[16] 笔者认为，这些信的真正作者只是保罗一人；他在卷首问安时包括曾与他在帖撒罗尼迦一同事奉（现在仍和他一起）的西拉和提摩太（而且提摩太刚访问过收信人），是非常自然的事；至于信上多次出现的“我们”一字，则按不同的文理有略为不同的意思，此字只表示有关的人物在保罗提及的事情上有份，并不表示他们有份写信（参下面一 2 注释首段）。

(II) 收信人(一 1b)

一 1b “……给帖撒罗尼迦在父神和主耶稣基督里的教会” 本句的原文直译是：“给在父神和主耶稣基督里的帖撒罗尼迦人的教会”（参思高）。“帖撒罗尼迦人的教会”（帖后一 1 同）是一种非常罕见的讲法，除了这两节和歌罗西书四章十六节（“老底嘉的教会”原文直译是：“老底嘉人的教会”，参思高）外，保罗书信中再没有称另一个教会为“某地的人的”教会。[17] 这个称呼的重点在于指出：帖撒罗尼迦城那班信徒，构成当地的教会。相比较之下，“在哥林多神的教会”（林前一 2；林后一 1）这种称呼，则提示哥林多的教会（这教会自然是由哥林多的信徒组成的）是神的（普世性）教会在一个地方的彰显。[18]

---

⑮ Doty, *Letters* 41(cf. 30).

⑯ Bruce 6; ‘Silas/Silvanus’ 30 b-c; cf. Bruce xxxii-xxxiii.

⑰ 相同的结构(*ekklesia*/*ekklēsiai* + genitive)用于下列词语：“外邦人的众教会”(罗十六 4，思高；参当圣)、“圣徒的众教会”(林前十四 34〔原文 33〕)、“基督的众教会”(罗十六 16)、“神的众/各教会”(林前十一 16；帖前二 14；帖后一 4)、“神的教会”(林前一 2，十 32，十二 22，十五 9；林后一 1；加一 13；提前三 5、15)。但事实仍然是，“某地的人的教会”这说法在保罗书信中只见于三段经文(西四 16；帖前一 1；帖后一 1)。Collins 288 将本节的 *Thessalonikeōn* 一字看为 partitive genitive (‘the church from among the Thessalonians’)，有关的短语意即“来自帖撒罗尼迦人当中的教会”；但上面正文的解释较简单和自然。

⑱ 保罗在加拉太书、帖撒罗尼迦前后书和哥林多前后书用的格式是“给……的教会”，在罗马书、歌罗西书、以弗所书及腓立比书的格式是“给……的圣徒”。这种格式上的区别，正好把较早期的书信和较后期的书信分开；但这种变化的真正原因，至今尚未获得令人满意的解释。

后者代表着保罗对教会通常的看法,因为他用同一个字来指整个基督徒的群体(例加:西一 18、24)、在一个城市内的基督徒群体(例如:罗十六 1;林前一 2;林后一 1)以及在一个或一些人家中的基督徒群体(罗十六 5;林前十六 19;西四 15;门 2),这事实提示我们,那较基本的观念是教会整体,这整体的教会并不只是个别教会(即较小的单位)的总和而已,而是整体的教会在不同的地方以个别教会的形式出现。

虽然"教会"一词在保罗书信中皆有它的专门意义(指基督徒的社群),而不是指市民的"集会"(徒十九 32、39、41,思高),而且对于他的读者中那些熟悉七十士译本的人来说,这词的宗教意义也可能是够明显的,[19]但保罗仍然不厌其详地对"帖撒罗尼迦人的教会"加上一项形容——它是"在父神和主耶稣基督里的"。这教会是在父神里的,因此与世俗的市民集会有别;它又是在主耶稣基督里的,因此与犹太人的神权集会亦有不同。[20] 保罗将主耶稣基督与父神并列在一个介系词"在"字之下,显示了他认为基督有如何崇高的地位

---

⑲ *ekklēsia tou theou* 在七十士译本是希伯来文 *qahal Yahweh* 的翻译;后者指以色列民或以色列会众,特别是在耶和华面前聚集的会众(参徒七 38)。

⑳ Ellicott 3; Frame 69."神权集会"是后者用的词语('theocratic assembly')Moffatt 23*a* 认为,在原文的"主"字之前没有重复"在"字,"在"字之前并无冠词,这足以表示原文的七个字(即"在……里的"一语)是一个思想单元,而不是由两部分构成(分别与"异教"及"犹太教"相对)的话。但即使保罗不是刻意地要将帖撒罗尼迦人的教会和其他的那些集会作对比,他加上的形容的话仍然提示了一个清晰的对比。由于原文于"在"字之前并无冠词,因此理论上"在……里的"一语不一定要连于"帖撒罗尼迦人的教会"一词来解释,而可解为形容原文没有表达出来的动词"写信"一字。但把该语看为形容"教会"无疑是正确的,因为:(一)在冠词的用法上,新约希腊文没有古典希腊文那么严格的要求,因此不必于"在"字之前重复"教会"一字之前的冠词(*tei ekklesiai* ... *tei en theoi* ...)才可表示"在……里的"一语是形容"教会"一词的(比较二 14,四 16;帖后三 14,原文)。(二)保罗在写给众教会的信上,通常都在卷首语中对收信人加以一点形容,表明他们与神及/或与基督的关系(罗一 7;林前一 2;弗一 1;腓一 1;西一 1)——唯一的例外是林后一 1 和加一 2(后者由加一 6,四 11、20 等经文解释了)。(三)在信主不久的帖撒罗尼迦信徒心中,"教会"一词的宗教意义可能尚未绝对清晰,因此保罗加上的形容的话不是多余的。Cf. Lightfoot 7-8. 按其字源来推论,"教会"一词的原文 *ekklesia* 的意思是"被召出来的一群"(*ek* + *kal* -);但其实此字在新约并非这个意思,而是指同属一个团体、具有共同的会员地位的一群,与 *ochlos*("群众")相对。若把"教会"解为"被召出来的一群",就是犯了 etymologizing 之误:cf. Black, *Linguistics* 121; Fee, *Exegesis* 83-84.

(参三 11;帖后一 1,二 16)。关于“主耶稣基督”一语的意义,请参冯:“腓立比书”76-77 的讨论。至于“父神”一语,[21]这是希腊和犹太的宗教文献中常见的称谓,但在新约里它自然具有确切的基督教内涵。新约书信里常见“神”和“父”二字连着出现,“父神”是原文六种格式中的一种。[22] 至少就本节而论,此语的“父”字似乎不是指神是耶稣基督的父(尽管耶稣确是神的儿子:一 10),而是指神是信徒的父。有两点支持这个解释:(一)“父神”和“主耶稣基督”是平行的;“主”表示基督与信徒的关系,照样,“父”也是表示神与信徒的关系。(二)帖撒罗尼迦后书的卷首语明说“神我们的父”(帖后一 1),而且前后书多次提到神是信徒的父(帖后二 16,原文;帖前一 3,三 11、13),却没有一次用“我们主耶稣基督的父”(西一 3)或“我们的主耶稣基督的父神”(林后一 3)等格式。当然,信徒得以称神为“我们的父”,是因为他们信靠了“我们主耶稣基督的父”(参加三 26)。

“在……里的”这句话显然表示帖撒罗尼迦人的教会跟神和主耶稣有密切的关系。但介系词“在”字的准确意思是什么?主要的解释分为两种:一是先断定“在神里”一语的意思,用它来解释整句;二是以“在基督里”一语的意思来解释整句。按第一种解释,保罗甚少用“在神里”这种讲法,而且此语从来没有地方性或空间方面的意思(即“在神的范畴里”),因此本句的“在”字应解为“由”的意思,就是说,教会是由父神和主耶稣基督使它存在的。[23] 可是,除非我们认为以弗所书和歌罗西书不是保罗所写的,否则“在神里”一语有时显然是“在神的范畴里”的意思(弗三 9;西三 3)。此外,保罗有时用此语来指神是信徒夸耀的对象或根据(罗二 17,五 11);它在本书二章二节指神是保罗及其同工在帖撒罗尼迦放胆传福音的根据(他们的胆量是基于神)。可见“在神里”的意思是因文理而异的;它在本节既是和“在基督里”平行,后者又是较常见的词语,因此借助于后者来解释前者(即第二种解释)是合理的做法。

---

[21] G. Schrenk(*TDNT* V 1007, *TDNTA* 814)指出,此语在保罗用法中的特点,就是他总是在父神之后便提到“主”(耶稣基督)。

[22] 详见冯:“腓立比书”497-498。Collins(232 with n.13)谓有八种格式,这是由于他所列举的格式跟笔者所列举的有部分并不相同。

[23] Best 62; Malherbe, *Paul* 79. Cf. Marshall 49.

按此解释,神和基督(二者一起)就是帖撒罗尼迦人的教会所存在的范畴。[24] 在这大前提下,"在……里的"这句话不但包括"属于父上帝和主耶稣基督"(现中,参当圣)的意思,[25]也许"在神里"还提示了神藉着使徒及其同工将帖撒罗尼迦的信徒召聚为一体的事实,[26]"在基督里"则提示信徒是被纳入了"末后的亚当"这位"宇宙性人物"或"集体性人物"之内。[27]

(III) 问安语(一 1c)

一 1c "愿恩惠、平安归与你们" 在所有的保罗书信中,卷首问安语都包括恩惠和平安这两样(在提摩太前后书则加插"怜悯"一项)。若"恩惠"是由一般希腊书信卷首的"请安"修改而得的结果,"平安"则重复了一般希伯来书信的问安(参拉四 17;但四 1),保罗就是把二者合并了起来;但鉴于某些犹太人的圈子中流行着"怜悯与平安"这双重的祝福语(参巴录二书七十八 2),"恩惠与平安"可能是前者的另一种格式(参加六 16)。[28] 不论如何,这两个词都具有完全和明确的基督教涵义。"恩惠"指神对罪人绝对(即无条件)的慈爱和白白(即并非人所配得或可以赚取)的赐与,其最高和最决定性的明证,就是基督的救赎工作(罗五 6~8)。在卷首的问安和信末的祝福语中,"恩惠"可能含有(信徒)在生命中经历神的能力之意(参林后十二 9,八 1)。[29] "平安"指

---

[24] Bruce 7. Cf. Frame 69; Wuest, *Nuggets* 15.

[25] For *en* = 'belonging to', cf. Grayston 60; Ellingworth-Nida 2; Keightley, 'The Church's Memory' 155 *b*. 最后提及的文章从社会科学的角度去分析帖撒罗尼迦前书,指出书信的内容显示,对耶稣的回忆乃是塑造帖城信徒生命的一股主要力量。不过,帖城信徒与耶稣的关系,事实上并不停留在"回忆"的阶段。

[26] Cf. A. Oepke, *TDNT* II 541; L. Coenen, *NIDNTT* I 298-299. Collins 243 认为"在神里"这短语包含了三个相关的意思:帖城信徒的教会之所以存在,是"由于神的拣选,藉着神的帮助,以及由于它对神的信心"。

[27] 请参冯:"腓立比书"69 对"在基督耶稣里"一语的解释(第二、三两点)。

[28] Bruce 8. 下面的事实加强了这个可能性:"怜悯"所指的基本上和"恩惠"所指的相同(R. Bultmann, *TDNT* II 484),只不过前者提示受惠者是在有需要的境况中,后者则强调神的恩典是人所不配得的。

[29] Cf. Dunn, *Jesus* 203.

一种健全的状态：对基督徒来说，这包括与神和好（罗五 1；西一 20）、彼此和睦（罗十四 17、19，十五 13；弗四 3，二 14～17）、内心得享平安（腓四 6～7）；前者是后二者的基础。“恩惠”（按上述的基本意义看）则是“平安”的基础；恩惠是根，平安是果；神救赎的恩典，带给人身体与心灵皆蒙拯救的平安（帖前五 23；参五 3 注释）。鉴于恩惠与平安之间这种密切的关系，此句问安语可意译为：“愿上帝恩待你们，赐你们平安！”（当圣）

保罗十三封书信的卷首问安语中，本句是最短的一句，其他的在“恩惠、（怜悯、）平安”之后，都有“从　神我们的父”（西一 2）或“从父神和主耶稣基督”等字（其余的十一卷；保罗这样经常把基督与神并列，暗示基督在保罗的思想中占着极高的位置）。这独特的现象尚未获得令人满意的解释。像其他那些较长的问安语一样，这问安语隐含了愿望语气的动词（因此中译本都加上“愿……临到”这几个字）；但它并非只表达一种愿望，而是一句有效的祝福话。[30] 此解释若是正确的，则这句问安语其实是一种宣告：神的祝福会在教会的聚会中（那时此信会被读出来给众人听：五 27，参西四 16），特别临到那些懂得用信心接受祝福的人。

---

[30] 关于这两点，请参冯：“腓立比书”77－78.

贰 感恩（一 2～10）

在保罗的书信中，除了加拉太书、提摩太前书及提多书之外，都有向神感恩的话紧随于卷首问安之后。① 原文主要的格式分为两种：（一）动词“感谢”之后用两个或三个分词（帖前一 2～4：“……提到……记念……知道”；腓一 3～6；西一 3～6；门 4～5）；（二）动词之后用“因为”一词（帖后一 3；罗一 8；林前一 4～5）。此外还有一种礼仪格式，以“我们主耶稣基督的父上帝是应当称颂的”这句话开始（新译：林后一 3；弗一 3；参彼前一 3）；而提摩太后书一章三节所用的格式则与上述的三种都有所不同。② 向神明表示感谢是希腊私人信札（但非公函）常用的体裁；③不过，就如保罗将明确的基督教涵义注入一般的问安格式中，他也把感恩此项目按照他自己独特的方式加以发扬。希腊信札的惯例，往往是因得脱危难而向神明感谢，但保罗感谢的内容，则随着各教会不同的情况而有所改变。事实上，保罗书信里提到“感谢”的许多经文中，最重要的一组就是上列的卷首感谢的话。④

在目前一段，保罗提到他为帖撒罗尼迦人感谢神的两个原因：直接的原因是他们在信爱望三方面的佳美表现（一 3），最终的原因是神拣选了他们（一 4）。保罗同时解释，不只他们对福音的回应以及信主后的表现（一 6～10），连使徒及其同工在他们中间传福音的经历和生活表现（一 5），都是帖撒罗尼迦人蒙神拣选的证据。

---

① 关于该三卷书这种例外情形的原因，可参冯：“腓立比书”79 注 56.

② 动词“感谢”（*charin echō*，不是保罗惯用的 *eucharisteo*）之后是另一动词“记念”（*echō tēn ... mneian*），接着才是分词“切切地想要”和“记念（你的眼泪）”。

③ H. Conzelmann，*TDNT* IX 408 with n.14，*TDNTA* 1307.

④ 关于此一系列的卷首感谢语的几项观察，见 O'Brien，'Thanksgiving' 55 - 57.

(I) 直接原因(一 2～3)

2 我们为你们众人常常感谢神,祷告的时候提到你们。

3 在神我们的父面前,不住地记念你们因信心所作的工夫,因爱心所受的劳苦,因盼望我们主耶稣基督所存的忍耐。

一 2 “我们为你们众人常常感谢神,祷告的时候提到你们”

“感谢”一词在本书出现四次(动词:一 2,二 13,五 18;名词:三 9);⑤除了五章十八节是保罗嘱咐信徒要“凡事谢恩”之外,其余三次都是指保罗及其同工向神感谢。其实这里开始的感谢语,可被看为一直延展至三章十三节,只是因其中插入了二章一至十二节(保罗的自辩)和二章十七节至三章八节两段而未能一气呵成。⑥ 保罗在哥林多前书和腓立比书都是与提摩太于卷首联名出现,但在随后的感谢语中却用了单数的第一人称(林前一 1、4;腓一 1、3);比较之下,可见本节的“我们”并非所谓“信札式的复数格式”(其实是单数“我”的意思),而是实在指保罗和他的两位同工(西拉和提摩太)。至少到二章十六节为止,“我们”一字都是这个意思(一 3 是个例外,见下文)。不过,这复数的第一人称并不表示西拉和提摩太有份写这封信(参一 1a 注释末段),只表示他们与保罗一同感恩和代祷,也许还表示他们赞同本书的信息。⑦

保罗感恩的祷告一贯的对象都是“神”(帖前一 2,二 13,三 9;帖后一 3,二 13)或“我的神”(罗一 8;林前一 4;腓一 3;门 4),亦即是“我们主耶稣基督的父”(西一 3)。“常常”(参帖后一 3,二 13;林前一 4;腓一 4;西一 3;门 4;及三 6 注释)和下一节的“不住地”(参二 13)等字眼,并

---

⑤ 原文分别为:*eucharisteō*, *eucharistia*. 这些字与“恩惠”的原文(*charis*)及“喜乐”的原文(三 9:*chara*, *chairō*)皆属同一字根(*char*, ‘rejoice’). 我们可以说,恩典带来喜乐,而感谢是对恩典一种理所当然的回应。

⑥ 有些学者认为保罗的“卷首感恩段落”(introductory thanksgiving period)是由一 2 至三 13 构成;cf. O'Brien, *Thanksgivings* 144 - 145.

⑦ Wiles, *Prayers* 177 n.4. Cf. F.W. Beare, *IDB* IV 662*a*.

不是说保罗无时无刻不为帖撒罗尼迦人感恩和祷告，而是指他(和同工)在经常的祷告中记念他们。[⑧] "你们"一字在帖撒罗尼迦前后书出现得特别频密，计为前书八十四次，后书四十次(保罗书信全部约七百次)，"弟兄们"的称呼亦用了多次(前书十四次，后书七次)；这现象一方面显示这两卷书是如假包换的信札，所谈到的是关乎读者及其处境的事，同时说明了保罗对他们怀着热情。[⑨]

在"祷告的时候提到你们"一句中，原文(较好的说法)并无"你们"一字，因此一些学者认为，上一句的"你们众人"一语应连于本句，两句合起来的意思是："我们常常感谢神，就是当我们在祷告中提到你们众人的时候。"[⑩]但是分词"提到"的宾词大可以从上一句看出来，因此和合本的分句法[⑪]是自然和可接受的。"祷告"在原文("我们的祷告")是复数的名词，指多次的祷告(行动或场合)；这字(参五 17 注释)和"祈求"(三 10，动词)的分别，在于前者的涵义较广，后者则指较明确的请求。[⑫] "提到"在思高译本作"记念"；但原文所用的结构(名词 + 分词；参罗一 9；弗一 16；门 4)[⑬]肯定是"提起"的意思，尽管名词本身的意思确是"记念"(腓一 3；见下文三 6 注释)；而且下一节的"记念"在原文是另一个动词。

本节原文最后一个字是副词"不断地"(思高)，若把它连于"提起"一字，第二至四节便呈现一种很工整的结构：在动词"感谢"之下有三个分词(2b："提到"；3："记念"；4："知道")，每个分词都是在它所引介的句子的首位，每次引出保罗所想及的、有关读者的新一面的事情。有学者提出三个理由来支持这个看法：(一)罗马书一章九节(保罗"不住地

---

⑧ 当代犹太人和基督徒的习惯，都是每日祷告三次(参诗五十五 17；徒三 1，十 30)。O'Brien ('Thanksgiving' 65 n.37)指出，古代信札(不论是犹太人或异教徒所写的)体裁的一部分，就是用"常常"、"不住地"等字眼提到祷告。此类词语还包括："昼夜"(帖前三 10；提后一 4)、"随时"(弗六 18)、"恒切"(罗十二 12；西四 2；参徒二 42、46，六 4～5 在原文用同一个字)。

⑨ Marshall，'Pauline Theology' 178.

⑩ Wiles，*Prayers* 181 n. 1. Cf. Bruce 11；Nestle-Aland 希腊文的标点符号。

⑪ 现中、新译、思高同。Cf. BFBS，UBS.

⑫ 详参冯："腓立比书"82.

⑬ *Mneian poieisthai*.

提到"读者)和(二)提摩太后书一章三节(保罗"不住地想念"提摩太)支持将"不断地"连于"提起"一字;(三)把二字这样连起来,使保罗的话更为有力。[14] 可是,第三个理由并不具决定性。第一、二个理由也缺乏说服力,因为"不住地"一字在该两段是在动词之前,在本节却是在动词之后(并有"祷告的时候"一语相隔)。[15] 这反而提示我们,将"不住地"连于随后的动词"记念"(一 3)是较合宜的做法(如和合、新译、当圣、思高)。[16] 当然,就事实而论,"不住地记念"和"不住地提起"在意思上的分别不大,因为"提到"和"记念"是在"祷告的时候"同时发生的行动。

一 3 "在神我们的父面前,不住地记念你们因信心所作的工夫,因爱心所受的劳苦,因盼望我们主耶稣基督所存的忍耐" 保罗及其同工在感恩的祷告中不住"记念"的(关于这词,见二 9 注释),是帖撒罗尼迦人的信心、爱心和盼望在他们生命中的具体表现。信、望、爱在哥林多前书十三章十三节被称为"人所熟悉的那个三组合";[17]这三样在新约十一段经文中以四个不同的次序出现,[18]但只有在本节、五章八节、歌罗西书一章四至五节,以及哥林多前书十三章十三节(尤其是该节),三者才显然以"三个一组"的形式出现。[19] 这四段都是出自保罗的书信,而且那些属保罗书信以外的经文(彼前、来)又都是后于保罗,因此这个组合可能是保罗首创的。不管此说是否正确,这里的"三组合"的重点并不是在信、爱、望本身,仿佛保罗的意思是:你们那活跃的信心、

---

[14] Lightfoot 9. Cf. RSV, NEB.

[15] 比较:罗一 9 *hōs adialeiptōs mneian hymon poioumai*

提后一 3 *hōs adialeipton echō tēn peri sou mneian*

帖前一 2 *mneian poioumenoi ... adialeiptos*.

[16] Cf. Nestle-Aland, BFBS, UBS 的标点符号,及 AV, RV, NASB, NIV.

[17] "这三样"的原文(*ta tria tauta*)直译是"这'那三样'"。

[18] (一) 信、望、爱——林前十三 13;罗五 1~5;加五 5~6;来十 22~24;彼前一 21~22

(二) 信、爱、望——帖前一 3,五 8;西一 4~5

(三) 望、信、爱(、信)——彼前一 3~8

(四) 爱、望、信——弗四 2~5;来六 10~12

[19] 在其余的七段经文里面,信、望、爱三者是独立地(即并非连为一组)提及的(尽管加五 6 将信与爱、彼前一 21 将信与望连起来)。彼前一 3~8、21 - 22 两段,所用的"爱"字是动词,"信"和"望"则为名词,这就更加减弱此三者的"三组合"性。

劳苦的爱心、忍耐的盼望；[20]原文的结构清楚显示，这里的重点是在“工夫……劳苦……忍耐”这三样[21](此三者以同样的次序在启二 2 再次出现)。有释经者认为，这三样作为一个整体，是由于信爱望三者作为一个整体；而非：工作是单由于信心，劳苦是单由于爱心，忍耐是单由于盼望。[22] 这意见本身是不错的，特别因为信爱望三者并非互不相关，而是密切地相连着(参西一 4～5)；不过原文非常工整的平行句法提示我们，保罗确实是在想到三样东西，这三样分别跟信、爱和望有特别密切的关系。

有关的三个词组可直译为“信心的工作，爱心的劳苦”(新译)，“盼望的忍耐”；但每个词组里面头一个名词跟第二个(原文的次序刚好相反)的关系还需较准确地加以界定。鉴于三个词组的平行结构，我们可以假定这种关系在三个词组里面是一样的。这关系主要是一种因果的关系，就如和合本的翻译所反映的(思高、当圣同)；[23]但这并不排除原文可能同时含有另一个(次要的)意思：由信心引发的工夫，同时是表达信心，并以信心为标志的(如此类推)。[24] 放在三个词组之前的“你们”一字，并没有强调的意思，只是为要避免重复地加在每个词组的后面(这字通常的位置)，才把它放在前面。[25]

“信心的工作(或行为)”一语，可以看为修辞学上一种“矛盾的形容法”[26]——把相反的词合并起来，以收简劲精警之效；不过我们必须认

---

[20] Cf. BDF 163：‘the patient hope which accompanies active faith... and laboring love’；Moffatt 23 *b*；Collins 357.

[21] *tou ergou tēs pisteōs*，*tou kopou tēs agapēs*，*tēs hypomonēs tēs elpidos* — ‘a clumsy accumulation〔of genitives〕. We can usually assume in such circumstances that the governing gen. will precede the dependent one’(MHT 3.218).

[22] Whiteley 34.

[23] *tēs pisteōs*，*tēs agapēs*，*tēs elpidos* = subjective genitives，or genitives of source/origin：e.g.，MHT 3.211；Morris II 51；Best 67.

[24] *tēs pisteōs*，*tēs agapēs*，*tēs elpidos* = *both* genitives of source *and* genitives of description：e.g.，Moore 25；Hendriksen 46 - 47. Ellicott 5 *a*，5 *b*，6 *a* and Dana-Mantey 72(‘faithful，loving，and hopeful’)则认为只是后者。Collins 213 谓鉴于三个词组的平行状态，*pisteōs* 必须解为 epexegetical genitive：“信心的工夫”可准确地意译为“活跃的信心”(cf. 294 - 295)。但见上面正文(注 20 前后)的评语。

[25] MHT 3.190. Pace O'Brien，*Thanksgivings* 147.

[26] Oxymoron.

清楚,在什么意义上行为是和信心相对的。“行为”或“工作”这名词在保罗书信中一共出现六十八次,呈现了多种不同的用法;㉗但只有当他论及“行为”或“遵行律法”作为得救或称义的途径及夸耀的根据时,保罗才把信心和行为看为互相排斥的。㉘ 在不涉及这方面的问题时,保罗常把行为与信心相提并论,将善行或好行为看作信心理应导致的结果(例如:弗二 8、10;多三 8)。“信心”㉙一词在帖撒罗尼迦前后书共出现十三次(前书八次,后书五次),其中八次是在“你们的信心”一语中

㉗ *ergon* 一字在十二卷保罗书信里(唯一的例外是腓利门书)皆有出现。兹将其用法简单分析如下:

(1) 单数——指:神(罗十四 20)、主(林前十五 58,十六 10)或基督的工作(腓二 30);使徒保罗的工作(腓一 22;林前九 1);传福音者的工作(提后四 5);教会领袖的工作(帖前五 13);圣徒的事奉(弗四 12)。

(2) (a) 单数——指中性意义的工作和行为(这是神审判的根据):林前三 13(两次)、14、15;加六 4。

(b) 复数——意义与(a)相同:罗二 6;林后十一 15;提后四 14;多一 16a(在最后三段,其文理使“行为”一字有不好的意思)。

(3) 单数——指中性意义的行为(但意思受文理影响),与“言语”相对:罗十五 18;林后十 11;西三 17。

(4) (a) 单数——指善事、善行或善工:罗二 7,十三 3;林后九 8;腓一 6(神的善工);西一 10;帖后二 17;提前三 1(监督的职分),五 10b;提后二 21,三 17;多一 16b,三 1。“信心所作的工夫”(帖前一 3;帖后一 11)属此用法。

(b) 复数——意义与(a)相同:弗二 10;提前二 10,五 10a、25,六 18;多二 7、14,三 8、14。

(5) (a) 单数——指恶事:提后四 18;林前五 2(因文理得此意)。

(b) 复数——指:恶行(西一 21);“黑暗的行为”(思高:罗十三 12;弗五 11);肉体的行为(加五 19)。

(6) 复数——指人(所依赖)的行为,与神的选召(罗九 11)、神的旨意和恩典(提后一 9;罗十一 6)、神的怜悯(多三 5)相对。作为得救(弗二 9)或称义(罗四 2、6,九 32)的途径及夸耀的根据(罗三 27),行为亦与信心相对。

(7) (a)单数——指“律法的行为”(罗二 15,原文直译),即是律法所要求的行为。

(b) 复数——指“律法的行为”(罗三 20,原文直译),即是为要完成律法的要求,并遵照着律法的要求而作的工夫。作为称义之法,“遵行律法”与“信靠基督”是完全对立、彼此排斥的:罗三 28;加二 16(三次),三 2(参 5 节)、10(参 11 节)。

同字根的动词 *ergazomai*(作工)在保罗书信中一共出现十八次(详见二 9 注释);有一次(罗四 5)它的意思是:靠一己的努力以冀在神面前得称为义,与“只信称罪人为义的神”相对。

㉘ 见上注(6)(7)(b)两点。Cf. Ridderbos, *Paul* 179 - 180.

㉙ *pistis*.

(帖前一 8，三 2、5、6、7、10；帖后一 3、4)，两次分别与“爱”(帖前五 8，参三 6)和“真理”(帖后二 13)连着用(参帖后一 4，与“忍耐”连着)，一次单独使用(帖后三 2)，另两次是在“因信心所作的工夫”一语中(本节，及帖后一 11)。从这两卷书信的内证可见，这信心的内涵是“真道”(帖后二 13)或“真理”(帖后二 12)，即是保罗及其同工对帖撒罗尼迦人所作的“见证”(帖后一 10b)，也就是关于“耶稣死而复活了”(帖前四 14)、[30]并要“从天降临，……救我们脱离将来忿怒”(帖前一 10)的“神的福音”(帖前二 2)。不过，“信心”一词在本句的重点，不是在所信的内容，而是在信心的事实和态度。[31] 帖撒罗尼迦人这种出于信心并表达信心的“工夫”所指的，可能是他们受改变的生命在日常生活上的基督徒见证，尤其是在大逼迫之中仍然忠于基督，并且勇敢地见证基督(参一 6～10)。[32]

“因爱心所受的劳苦”的意思，视乎如何解释两个名词而定。(一)“爱心”这名词[33]在帖撒罗尼迦前后书共出现八次(前书五次，后书三次)，两次明说是信徒彼此相爱(及爱众人)的心(帖前三 12；帖后一 3)，一次指对教会领袖的爱(帖前五 13)，一次指爱真理(帖后二 10)；其余四次(本节，三 6，五 8；帖后三 5)都没有明说是对人的爱还是对神的爱(帖后三 5 的选择是：信徒对神的爱抑或神对信徒的爱)。同字根的动词“爱”字[34]在前后书各用了两次，三次指神对信徒的爱(帖前一 4；帖后二 13、16)，一次明指信徒彼此相爱(帖前四 9)。[35] 由此可见，“爱”这个字(包括名词和动词)共有七次肯定是指对信徒(包括教会领袖)的爱，却没有一次是明显指信徒对神的爱；这事实提示我们，本句的“爱心”并不同时包括爱神和爱人两方面，而较可能只是指帖撒罗尼迦的信徒彼此间的爱。帖撒罗尼迦

---

[30] 后三段经文皆有用与“信心”同字根的动词“信”字(*pisteuō*)．

[31] Cf. Bultmann, *Theology* 1.90(here *pistis* = *Glaubigkeit*, the attitude of having faith); Wiles, *Prayers* 178－179. 参较一 8 注释注 143。

[32] Cf., e.g., Moffatt 24 a; Hendriksen 48.

[33] *agapē*. 关于此词的字义研究，可参冯：“真理”340－344。

[34] *agapaō*.

[35] 同节的“弟兄们相爱”，原文是另一个名词 *philadelphia*.

后书一章三节几乎可以证实这解释是正确的：该节“你们众人彼此相爱的心”和本节“你们……因爱心所受的劳苦”同是保罗为读者感谢神的一个原因，因此将“爱心”解为“你们众人彼此相爱的心”是非常合理的。

（二）“劳苦”这名词[36]在保罗书信中另外用了十次，除了一次有“麻烦”的意思（加六17，参现中），其余九次都是指身体方面的劳苦工作（帖前二9；帖后三8；林后六5，十一27），或是指在传福音或牧养教会方面的劳苦工作（帖前三5；林前三8，十五58；林后十15，十一23）。同字根的动词“劳苦”[37]在保罗书信中共用了十四次：三次指身体方面的劳苦作工（林前四12；弗四28；提后二6），十一次指保罗自己（林前十五10；加四11；腓二16；西一29；提前四10）或别人（帖前五12；罗十六6、12〔两次〕；林前十六16；提前五17）的事奉工作。这样看来，本节的“劳苦”理论上可指帖撒罗尼迦人在身体方面所受的劳苦，也可以特指他们在福音事工上的劳苦。按后一个意思解释，他们在福音事工上的劳苦是出于他们对神及（或）对人的爱心。但既然本节的“爱心”应解为帖撒罗尼迦的信徒彼此相爱的心（见上一段），“劳苦”便相应地解释为身体方面的辛劳较为合理。按此解释，他们彼此相爱的心，使他们互相关顾，彼此服侍（参加五13），甚至到了身体疲乏的地步；[38]在教会正遭受逼迫的情况下（参一6，三3），他们特别多有机会“以爱心辛劳工作”（现中），藉此帮助有需要的人。[39]

在“因盼望我们主耶稣基督所存的忍耐”一句里面，“我们”不再是单指保罗和他的两位同工（如在一2），而是指他们三人加上读者，或笼统地指所有基督徒。关于“主耶稣基督”一词（参一1）的意义，请参冯：

---

[36] *kopos*.

[37] *kopiaō*.

[38] 不论名词或动词，“劳苦”一词总有辛劳到身体疲乏的地步的含意；约四6的“疲乏”在原文正是“劳苦”的完成时态分词（kekopiakos）。Bruce 12 认为本句的“劳苦”和上一句的“工夫”之间的分别，是“辞令式过于实质上”的；这是可能的，不过启十四13提示我们，将“劳苦”和“工夫”分开作不同解释是合理的（该节“作工的果效”或“工作的成果”〔现中〕原文是复数的“工作”一词）。

[39] Cf. Calvin 335; Ellicott 6 *a*.

"腓立比书"76－77。这位主就是帖撒罗尼迦人的盼望的对象和基础。[40] "盼望"这名词[41](参二 19,四 13,五 8;帖后二 16)是保罗常用的一个字,它在新约共出现五十三次,保罗书信占了三十六次,其中至少四分之一是指末世性或末日的事,如被造的万物盼望得脱败坏的奴役,得享神儿女荣耀的自由(罗八 20～21,参新译);信徒等候他们称义的事实所指向的盼望得以实现(加五 5,"所盼望的义"原文直译是"义的盼望"[42]):复活的盼望(参帖前四 13)、至终得救的盼望(帖前五 8;参罗八 24)、分享神的荣耀的盼望(罗五 2,参现中、新译),这些盼望是为信徒"存在天上的"(西一 5)。与此同时,基督在外族信徒当中(当然也在犹太信徒当中)是他们得荣耀的盼望(西一 27,参思高;亦参提前一 1);神拯救万人的恩典(此恩典已藉着基督显明出来)教导我们,要"在今生过着自律、公正、敬虔的生活,等候那有福的盼望,就是我们伟大的上帝,救主耶稣基督荣耀的显现"(多二 12～13,新译)。在上述两节经文(西一 27;多二 13)的提示下,本句"对耶稣基督的盼望"(现中)所指的,是对主耶稣再来的盼望(参一 10,二 19,三 13,四 15,五 23)。

这盼望在帖撒罗尼迦人的生命中产生出"坚忍"(新译、思高)。这名词[43](参帖后一 4,三 5)在保罗书信中共用了十六次:一次笼统地指人"恒心行善"(罗二 7),一次指"基督的坚忍"(帖后三 5,新译、思高),三次指使徒保罗(及其同工)在工作和生活上的一项特征(林后六 4,十二 12;提后三 10);其余的十一次,都是指信徒——包括提摩太(提前六 11)和老年人(多二 2)——生命中已有或应当追求得到的一样美德(罗五 4)。这美德跟苦难很有关系:信徒在患难中要坚忍(罗十二 12[44]);

---

[40] W. Grundmann, *TDNT* IX 555. *tou kyriou* = objective genitive. Moore 25－26(cf. Neil 11)认为"我们主耶稣基督的"此语不仅形容"盼望的忍耐",亦同时形容前面的"信心的工作"和"爱心的劳苦",理由是:对保罗来说,信爱望三者皆出自与基督相交,并以基督为其对象。但这样一来,保罗的造句法便变得非常笨重;"我们主耶稣基督的"若只是形容"盼望",则保罗的文思和句法便流畅多了。

[41] *elpis*.

[42] 关于此节的解释,详见冯:"真理"295－301; Fung, *Galatians* 224－227.

[43] *hypomonē*.

[44] 此节用同字根的动词 *hypomenō*. 该动词在保罗书信中另外出现三次:林前十三 7;提后二 10、12。从文理看来,至少后面两节亦含有忍受患难的意思。

他们若存着正确的态度去面对患难，患难会产生坚忍（罗五 3）；使徒在患难中得着神的安慰，就能安慰信徒，使他们也能坚毅地忍受使徒所受那样的痛苦（林后一 6）。坚忍跟盼望的关系尤其密切：我们是盼望那未看见的，因此必须“坚忍等待”（罗八 25，思高）；圣经是为教训我们而写的，好使我们藉着神所赐的忍耐以及他藉圣经所给的安慰和鼓励，持守在基督里的盼望（罗十五 4～5，参现中）；教牧书信两次提到“信心、……爱心、忍耐”（提后三 10）或“信心、爱心、忍耐”（多二 2），好像“忍耐”（即“坚忍”）已取代了“信、爱、望”这组合中第三个项目的地位，好像“坚忍”与“盼望”是同义的——也许保罗从他丰富的经验中发现了，“盼望”是以“坚忍”的形式在信徒的生命中发生功效的。㊺

在歌罗西书一章十一节，提摩太后书三章十节，和哥林多后书六章四节、六节，“坚忍”（和合：“忍耐”）与另一个名词“忍耐”（和合：“宽容”、“恒忍”）㊻一起出现。两者的分别，在于“忍耐”指对人的宽容忍耐，在别人惹动自己怒气的时候仍然不动怒，在别人加害于己的时候仍然不谋报复，“坚忍”则指对事的忍耐，在困难的环境中不气馁、不放弃，而是坚毅地鼓勇前进。㊼ 这就是帖撒罗尼迦人因盼望主耶稣基督再来所存的坚忍，这坚忍同时表达那个盼望；他们“在所受的一切迫害患难中，仍然存着坚忍和信心”，这是保罗在众教会里为他们夸耀的事实（帖后一 4，新译）。其实信徒需要坚忍，不仅是因有外来的逼迫和患难，也是因为要在内心与罪的诱惑交战（参雅一 14～15），不过保罗论及帖撒罗尼迦人的坚忍时，重点可能是在前者而不是后者。

“在神我们的父面前”原文的结构，是“神”和“父”二字同属一个冠词之下，因此这句应译为“在我们的神和父面前”（参思高）；㊽这是该二字在新约连着出现时原文所用的六种格式之一（参一 1b 注释及注 22），亦见于三章

㊺ Cf. Denney 320 *a*－*b*.

㊻ *makrothymia*. 关于这字在保罗书信的用法，可参冯：“真理”346.

㊼ 与名词同字根的两个动词——*hypomenō*（见注 44）、*makrothymeō*（林前十三 4；帖前五 14：“向众人忍耐”）——大致上保持这种区别，尽管此区别并不是绝对性的（例如：来六 12、15 分别用“忍耐”而不是“坚忍”的名词及动词，但所指的显然是等候神的应许兑现的耐心，因而是对事而非对人的忍耐）。

㊽ Cf. also RV, RSV, NEB, NASB, NIV (over against AV).

十一节、十三节(及加一 4;腓四 20)。如在"我们主耶稣基督"一词内,本句的"我们"是指所有基督徒;与"父神和主耶稣基督"(一 1b)比较之下,"我们的……"指出了信徒跟神和主耶稣的亲切关系。本句按原文次序是在本节的结尾,因此它跟本节上文的关系引起了至少四种不同的看法:(一)本句是形容动词"记念"一字的,如在多数中英译本那样(参和合、现中、思高、当圣、新译);(二)本句是形容"你们因信心所作的工夫,因爱心所受的劳苦,因盼望我们主耶稣基督所存的忍耐"三者,表示这三样都是在神面前作的;(三)本句只形容"盼望"一词,意思是说,帖撒罗尼迦人的盼望,不但是以基督为对象,同时是显明在神面前,或谓这盼望是关涉他们在神面前的地位;(四)保罗可能故意模棱两可,暗示他自己的感谢祷告,以及帖撒罗尼迦人那三方面的表现,都是在神面前作的。第三种看法的困难,在于它使第三个项目比起头两个长很多;第二种看法则较能保存三个项目的平行句法(虽然在"盼望"之后加上了"对主耶稣基督的"一语形容)。第一种看法最大的困难,在于"记念"和"在神我们的父面前"在原文是分占本节的首末位置,两者相距颇远。虽然如此,第一种看法仍然比另外三种看法较为可取,因为译为"在……面前"一字的原文在保罗书信其他地方(六次)及新约其余部分(四十一次)的用法,有力地支持本节"在神我们的父面前"应连于分词"记念"而不是连于名词"工夫……劳苦……忍耐"。[49]

---

[49] Cf., respectively, e.g.: (1) AV, RV, RSV, NEB, NIV; Best 70; Marshall 52; Fee, *Exegesis* 71; (2) Bruce 12-13; (3) Lightfoot 12; Morris II 53; (4) Moore 24-25; Wiles, *Prayers* 181 n.1.

原文所用的结构是 *emprosthen* + genitive(*tou theou*).这个希腊字原本是个副词,后来被用作介词。在新约中,作副词用的只有四次(路十九 4、28;腓三 13;启四 6)。在用作介词的四十三次中(帖前一 3 不算在内),有四十次(或至少三十八次)有关的短语都是形容它前面的一个动词。在这大前提之下,此词显示几个略为不同的意思:(一)纯粹指地方意义上的"前/面前"(太五 24,七 6,廿七 29;路五 19,十四 2;徒十八 17;〔帖前二 19;〕启十九 10,廿二 8);(二)在(某人)面前(in the presence of:太十 32~33〔共四次〕,廿五 32,廿六 70,廿七 11;路十二 8〔两次〕,廿一 36;林后五 10;加二 14;帖前三 9、13;约壹三 19);(三)在(某人的)视线之内,让(某人)看见(太五 16,六 1,十七 2,廿三 13;可二 12,九 2;路十九 27;约十二 37;〔徒十 4;〕);(四)在(某人)之先/前(ahead of:太六 2,十一 10;路七 27;约三 28,十 4);(五)指等级或地位上的"前"(约一 15、30)。在此词用作介词的其余三次(或最多五次)中(太十一 26,十八 14;路十 21〔徒十 4;帖前二 19〕),它所引介的短语多数是形容前面的一个名词,只有在帖前二 19,有关的短语(若是应连于在前的名词的话)是形容三个项目,但此三项目比起帖前一 3 的三个项目仍是简短得多。

信望爱这三组合在本节的次序是自然的：信心是最基本的，是一切美德的源头；爱心是基督徒生命的原则，是出自信心同时表达信心的（参加五 6）；盼望是结连现今和未来的环节，如明亮的星把我们导向来生。"盼望"在这里占强调的最后位置，大抵和帖撒罗尼迦前后书的一个重点（主的再来）有关（就如林前十三 13 的文理要求，"爱"在该节占那个强调位置）。不但如此，这三项美德所产生的结果之间，亦呈现着一种渐次加强的情况："工夫"是活跃的工作，"劳苦"则是令人身体疲乏的工作，"坚忍"更意味着不利的环境（甚至是苦难和逼迫）。帖撒罗尼迦人在这三方面的佳美表现，就是保罗及其同工在祷告中不住记念的，这也是他们为读者常常感谢神的直接原因（最终的原因在下一节提出）。

(II) 最终原因(一 4～10)

4 被神所爱的弟兄啊，我知道你们是蒙拣选的。

5 因为我们的福音传到你们那里，不独在乎言语，也在乎权能和圣灵，并充足的信心，正如你们知道我们在你们那里，为你们的缘故是怎样为人。

6 并且你们在大难之中蒙了圣灵所赐的喜乐，领受真道，就效法我们，也效法了主，

7 甚至你们作了马其顿和亚该亚所有信主之人的榜样。

8 因为主的道从你们那里已经传扬出来，你们向神的信心不但在马其顿和亚该亚，就是在各处也都传开了，所以不用我们说什么话。

9 因为他们自己已经报明我们是怎样进到你们那里，你们是怎样离弃偶像，归向神，要服侍那又真又活的神，

10 等候他儿子从天降临，就是他从死里复活的、那位救我们脱离将来忿怒的耶稣。

一 4 "被神所爱的弟兄啊，我知道你们是蒙拣选的" 保罗直接以"弟兄"一词称呼读者，在帖撒罗尼迦前后书共二十一次之多（本节，二 1、9、14、17，三 7，四 1、10b、13，五 1、4、12、14、25；帖后一 3，二

1、13、15，三 1、6a、13)，这反映了保罗对这成立不久的教会所存特别的爱与关怀。关于“弟兄”一词的意义，请参冯：“腓立比书”114－115。这里加上“神所爱的”一语来形容“弟兄”，是新约中绝无仅有的做法（不过帖后二 13 亦用“主所爱的弟兄们”的讲法）；[50]原文用了“爱”字被动语态完成时式的分词，表示一种“蒙爱”的状况。虽然“被神所爱”与“蒙拣选”在文法上并没有任何关系，但在意思上可说是互相关涉、互相解释，难怪二者在本节相提并论（参帖后二 13；西三 12)：神的拣选出自神的爱，同时表明了神的爱。[51] 因此现代中文译本可以将两个意思这样合并起来：“我们知道上帝爱你们，拣选了你们。”

“你们是被拣选的”原文直译是“你们的〔被〕拣选”，所用的是个名词。这词[52]在新约另外用了六次，五次指神的拣选（罗九 11，十一 5、28；徒九 15；彼后一 10)，一次指蒙拣选的人（罗十一 7)，可见它一贯的基本意思是神对人的拣选；它在本节所指的，也是神拣选帖撒罗尼迦人的事实。[53] 保罗没有解释神拣选的过程是怎样的，本节只是提到帖撒罗尼迦人蒙拣选的事实；下一节则提到福音传到他们那里，这福音就是神呼召他们的方法（帖后二 14)。不过，以弗所书一章四节明言，神“从创立世界以前，在基督里拣选了我们”；“我们”至少包括保罗和他的基督徒读者，而此二者可代表所有的信徒，即教会整体。神的拣选，像神的创造一样（西一 16a：“在他内受造”[思高])，是在基督的“范畴”里而不是在基督以外（离开基督）发生的。这话可能包括以下几方面的意思：(1)基督是神拣选人的计划在其中构思的“范畴”。(2)基督是神计划救恩的“代理人”，就如神“藉着他”创造万物（西一 16b)。(3)神要使

---

[50] 旧约次经有一处称摩西为“被神和人所爱的”（传道经四十五 1：*egapemenon hypo theou kai anthrōpōn*)。

[51] 耶稣登山变像时，神的声音为他作证说：“这是我的爱子”（可九 7)——路九 35 作“这是我的儿子，我所拣选的”。两段经文比较之下，可见“爱”和“拣选”在这里是同义词（原文分别为形容词及完成时式被动体态分词：*agapētos*，*eklelegmenos*)。

[52] *eklogē*。

[53] 本段余下的部分经笔者在本（第三）版修正。参冯荫坤著：《罗马书注释》（卷贰）（台北：校园书房出版社，1998)，八 33～34a 注释第三段。

人成为他的子民，此计划也是"藉着基督"（现中）完成的。基督是最出类拔萃的"被（神拣）选者"，[54]是神恩慈之决定的焦点和中介者；教会则因为是"在基督里"而成为被神拣选的。留意经文不是说我们被拣选成为在基督里的人（即是被拣选去归属基督），而是说我们是在基督里被神拣选，即我们的被拣选是由于我们是在基督里。而我们得以在基督里是藉着信：我们因信与基督联合（参罗六 3）。[55] 换句话说，"在基督里[被]拣选"这话隐含了信心的回应、因信与基督联合、因信被纳入基督之内等意思。这就是说，"神在基督里拣选我们"是指教会整体的被拣选，而个别的信徒是因在教会（即基督的身体）内而成为被拣选的。[56]按这种理解，就如神拣撰以色列（整体）作他的子民，个别的以色列人是因他们属于此被选的群体而成为神所拣选的人，照样，神在基督里拣选教会（整体）作他的（新约）子民，个别的信徒是因他们属于教会（即基督的身体）而成为被神拣选的。[57] 以下的结论值得接纳："'在基督里'的拣选必须被理解为神拣选他的子民。唯有作为该群体的成员，个别的人才有分于神恩慈之拣选[所赋予]的益处。"[58]

"我知道"原文是复数第一人称的分词，因此应译为"我们知道"。这分词与前面的两个分词（"提到"、"记念"）同属动词"感谢"之下，"记念"和"知道"分别引介出感谢的直接和至终的原因；这是从第二至四节的结构分析来看。但就思想方面来说，本节的"知道"部分是建基于上一节所"记念"的事，换言之，帖撒罗尼迦人在信爱望三方面的佳美表现，使保罗确知他们是蒙拣选的（就如腓立比人在福音事工上的坚忍，使保

---

[54] 'He is the Chosen One of God *par excellence*'（F. F. Bruce, *The Epistles to the Colossians, to Philemon and to the Ephesians* [NICNT; Grand Rapids 1984]254），n. 39 指出：神称耶稣为"我所拣选的"（路九 35：*ho eklelegmenos*）；弥赛亚是"神所拣选的"（路二十三 35：*ho eklektos*）. 亦参彼前二 4、6：基督是"被神所拣选"（*eklektos*）的活石。

[55] 详见冯荫坤：同上书，六 3 注释第三段。

[56] Cf. R. T. Forster & V. P. Marston, *God's Strategy in Human History*: *God's Strategy in Human History* (Crowborough, East Sussex 1989[original 1973])130, 131, 136.

[57] Cf. ibid. 135; G. D. Fee, *God's Empowering Presence*: *The Holy Spirit in the Letters of Paul* (Peabody MA)870 – 71 n. 3.

[58] Barth, *Ephesians* 1. 108. Cf. Marshall, *Kept by Power* 239 n. 11: Forster Marston, *Strategy* 145 n. 49(a), n. 50.

罗深信神必会完成他在他们心中已开始的善工:腓一5～6)。由此可见,神的拣选是藉人的行为证明出来。[59] 另一方面,神的拣选和藉着福音而来的呼召,是信徒的好行为的基础,因此是保罗为信徒感恩的至终原因(参帖后二13～14)。

一5 “因为我们的福音传到你们那里” “因为”是多数中译本(和合、新译、当圣、思高)对原文那个小字的译法,该小字于帖撒罗尼迦后书三章七节及罗马书八章二十七节,在与此处类似的结构中,似乎亦是“因为”的意思。按此了解,[60]本节(及下文)提出了保罗知道读者是被拣选的原因。按另一个看法,该小字在这里的意思并不是“因为”,它的功用乃是要解释一件事情,就是神对帖撒罗尼迦人的拣选是如何并在怎样的历史实况中达成的。[61] 用来支持这看法的两个理由是:(一)有关的结构在新约出现时,原文那个小字多数有解释上文(而不是举出原因)的作用(参二1;罗十三11;林前十六15;林后十二3～4);(二)保罗感谢神的原因,是读者蒙拣选的事实,而不是因他知道此事实,因此将第五节看为进一步解释此事实,而不是指出保罗知道此事的原因,较为合理。笔者认为,上述两个看法所提出的理由都没有绝对的说服力,因此保罗可能是用了一种模棱两可的讲法,也许他自己也没有弄清楚他用原文那个小字时它的准确意思是“因为”还是另外那个意思。[62] 无

---

[59] Cf. G.E. Mendenhall, *IDB* II 81*b*. 本节的“知道”一字在原文是用 *oida* 而非 *ginosko*. 在本书和后书里,前者另外出现十四次(5节,二1、2、5、11,三3、4,四2、5,五2、12;帖后一8,二6,三7),后者只用了一次(三5)。按古典希腊文的用法,二字在意思上有很清楚的分别:前者指已完成的、完全的、已达最后阶段的,由心思直接及凭直觉掌握的知识,后者则指开始的、未完全的、仍在发展中的、需要透过经验、学习或观察等途径才能获得的知识;但在新约的用法里,这两个字的意思必须每次按上文下理来断定(*cf*. *Burdick*, '*Oida and Ginōskō*', 344, 354). 鉴于本节前后都提出保罗知道读者是蒙拣选的原因,oida 在此可能有 *ginōskō* 在古典希腊文的意思(即“我认识到”);另一方面,上下文所提出的理由使保罗确实知道读者是蒙拣选的,因此原文的动词亦可按它本身在古典希腊文的意思(即“确知”)来解释。

[60] *hoti* = 'because' (NIV). Cf., e.g., Ellicott 7b-8a; Frame 77-78; Neil 15.

[61] *hoti* = 'how that' (RV; cf. NEB 'and that'). See, e.g., Lightfoot 12; Best 73; Henneken 28-29.

[62] Cf. Marshall 53. AV, RSV, NASB ('for', not 'because')的译法(即是将 *hoti* 当作 *gar*)似乎支持这个看法。

论如何，不管我们怎样解释该小字的准确意思，本节和下文的这个重点是清楚的：帖撒罗尼迦人被神拣选的事实由两件事表明出来：所传给他们的信息显明是从神来的（5 节），他们也诚心诚意地接受了这信息（6～10 节）。[63] 第二章重提这两方面（二 1～12、13～16），对第五节下半节的话尤其有详细的说明。

“我们的福音”（帖后二 14 同）是帖撒罗尼迦前后书八次提到“福音”所用的四种格式之一，其余的三种格式是：“神的福音”（帖前二 2、8、9）——神是福音的来源；“基督/我们主耶稣的福音”（帖前三 2；帖后一 8）——耶稣基督是福音的内容；“福音”（帖前二 4，显然是上文 2 节“神的福音”的缩写）。关于“福音”一词的背景和它在新约的基本意义，请参冯：“腓立比书”87 - 88。上述后三种格式，在实质上并无分别。保罗和他的同工受了神的委托（二 4），成为福音的使者，因此福音称为“我们的福音”（参林后四 3）或“我的福音”（罗二 16，十六 25；提后二 8）；这些和类似的词只是“我们/我所传的福音”之意，并不表示保罗及其同工所传的福音与新约其他传（纯正）福音者的信息不同。[64] 虽然“福音”一词在新约的基本意义是一贯的，但其重点可能因文理而异；[65]就本节而论，此词除具有“神在基督里成就救赎的好消息”这基本意思外，似乎还有“传福音的行动”的含意，[66]因为接着的动词是“传到”——更准确地应作“来到”。[67]

保罗不说“我们把福音传到你们那里”（思高，参现中），而说“我们把〔所传〕的福音来到你们那里”，这样就强调了一件事实：使神的拣选得以具体地成就在帖撒罗尼迦人身上的，是神的福音多过传福音者。当然，在这两者的背后（或之上），至终有圣灵的同在和工作（本节及下一节）。由此可见，尽管传福音者的工作非常重要，甚至通常是不能缺少

---

[63] Cf. Lightfoot 14. 留意这位作者是赞成上述第二种看法的；由此可见，就本段的重点而论，第二种看法至终与第一种看法可说是殊途同归。

[64] Cf. BAG 318 (s. v. *euangelion*); Thayer 257 (s. v. *euangelion*); G. Friedrich, *TDNT* II 733. 较详细的讨论，可参冯：“真理”114 - 116；Fung, ‘Further Observations’ 80 - 83.

[65] 举例来说，“福音”一词在腓立比书用了九次，在意思上显示了六个不同的重点。参冯：“腓立比书”476 注 69。

[66] Cf. Best 74; Henneken 29 - 30.

[67] *egenēthē* = ‘came’ (AV, RV, RSV, NIV, cf. NASB). 这字（*ginomai*）在新约共用了 669 次，但并无特别的宗教或神学意义。

的（参罗十 14），在终极的意义上，他的重要性仍是在圣灵和福音之下。

“不独在乎言语，也在乎权能和圣灵，并充足的信心” 这几句话描写了福音是如何来到帖撒罗尼迦人那里的。消极方面，福音的临到并非“只在言语上”（原文直译）。[68] “言语”有时与“行为”或“行事”相对（约壹三 18；林后十 11；参罗十五 18；西三 17；帖后二 17）；但这里所用的是“言语”和“权能”（即“能力”）的对比（这对比亦见于林前四 19～20）。在这对比下，“只在言语上”的意思就是只有言语的传递，但没有能力陪同着所传讲的。积极方面，原文用了两个由介系词引介的词语来描写福音的来到，新译本译为“藉着权能，藉着圣灵和充足的信心”。[69] 不过，原文那个介系词在这里的意思可能不是“藉着”，[70]而是“由……陪同着”[71]（见下文进一步的讨论）。

“权能”或“能力”[72]一词在新约共出现一百一十九次，保罗书信占了四十九次（包括本节和帖后一 7、11，二 9），其中最常见的用法依次是指：神的能力（例如：罗一 20，九 19；林前六 14；林后十三 4；弗一 19，三 7、20；提后一 8）；异能（林后十二 12；加三 5）或“行异能的恩赐”（林前十二 10、28、29）；基督的能力（罗十五 19a；林前五 4；林后十二 9；腓三 10）；圣灵的能力（罗十五 13，十五 19b；弗三 16）；“有能的”——天使或灵界的受造者（罗八 38；林前十五 24；弗一 21）。[73] 可见这词在保罗的用法里多指一种超自然的力量。对他来说，“能力”和“福音”是相连的：他以福音，即是十字架的道理，以及钉十字架的基督（这是福音的主要内容：林前二 2；参加六 14）为神的能力（罗一 16；林前一 18、24）；因此当他在哥林多宣教时，他“说的话、讲的道不是用智慧委婉的言语，乃是用圣灵和大能的明证”（林前二 4），为要使接受福音者的“信仰不根据

---

[68] *en logōi monon*.

[69] 一些古卷在“充足的信心”之前有冠词，但较佳的抄本缺此冠词，因此“充足的信心”是和“圣灵”同属一个冠词之下。

[70] *en* + dative = instrumental：e.g.，E. Schweizer，*TDNT* VI 433 with n.669.

[71] *en* + dative = modal：e.g.，Henneken 30－31；Easley，‘*PNEUMATI*’304.

[72] *dynamis*.

[73] 较少见的用法包括指：一个声音（语言）的“意思”（林前十四 11）、罪的“权势”（林前十五 56）、人的“力量”（林后一 8，八 3）。

人的智慧，而是以上帝的大能为基础”（林前二 5，现中）。

译为“在乎权能”的原文词组[74]在新约其他地方共出现六次，呈现了三种不同的意思：一次指权能（跟“言语”相对）才是神的国所论或所关注的问题（林前四 20）；两次有形容词的作用，分别描写复活的基督是“大有能力的”神的儿子（罗一 4，新译；参思高），以及复活的身体是“有能力的”（林前十五 43）；三次（可九 1；西一 29；帖后一 11）作副词用，意思皆为“带着能力”（可九 1：新译、现中，参思高）或“大有能力〔地〕（可九 1，和合）。和这词组基本上相同（只是在“能力”一词的前后加上形容的字）的另一些词组在新约共出现九次，呈现了三种不同的用法：一次指神的能力是信心的基础（林前二 5）；两次的意思是“带着能力”（路一 17，四 36）；其余六次皆为“用/藉着……能力”之意（徒四 7；罗十五 13、19a、19b；林后六 7；彼前一 5）。以上的资料显示，原文的词组本身（即是不作形容词）在新约其他地方并无“藉着”的意思；因此本节的词组不宜翻译成或解作“藉着权能”（新译），而应解释为“带着能力”或“大有能力地”。

保罗说，福音是“大有能力地”来到帖撒罗尼迦人那里的。对于这句话较准确的意思，释经者的看法并不一致。（一）有认为所指的是有神迹随着福音的宣讲，证实了福音的真确性。[75] 可是，当“能力”一词是指“异能”或“行异能”的恩赐时（见上文，亦参徒二 22；来二 4），原文总是复数的——只有两次例外，而该二次用单数的“能力”一词来指异能是不难解释的：马可福音六章五节“什么异能”原文是“没有一样异能”，在“没有一样”之后，“异能”自然是单数的；同书九章三十九节的“异能”是单数，因为耶稣的意思是：“没有人能奉我的名行了〔一件〕神迹〔像门徒所见到的，38 节〕，又立刻毁谤我”（新译，参当圣、思高）。但若本节的“能力”是指异能的话，这词为什么以单数的格式出现是个难以解答的问题，因此它不大可能是指异能；这不是否定确有神迹、奇事或异能随着福音的宣讲的可能性，只是说本句并不提及这方面的事。（二）亦

---

[74] *en dynamei*.

[75] E. g., Marshall 53; Ellingworth-Nida 10; W. Grundmann, *TDNT* II 311; K. H. Rengstorf, *TDNT* I 432 n. 154; 周 31。

有释经者认为,“能力”是指使徒保罗在生活上所显出的勇敢、诚实和恳挚、专一的爱、热心、贯彻始终等美德(二 2、4～5、7～8、9、10)。[76] 可是,这词在保罗书信的用法(见上文)并不支持这种非常广泛的意思;上述的保罗生命的见证,其实是诠释了下文“是怎样为人”一句。(三)“能力”指圣灵使人信服福音、并且成为新造的人这种解释,[77]本身并无不妥,而且可以用哥林多前书二章四至五节加以支持,因为该处所说的“能力”,正是这个意思。可是,这解释似乎把重点放在受众的身上,或至少同时放在传福音和听福音者的身上,但本节下半部分提示我们,全节都是论到保罗及其同工的宣教经历,下一节开始(一 6 的“你们”是强调的)才谈到帖城信徒的归主经历,第二章则重提这两方面的事(二 1～12、13～16)。[78]

由此看来,最合理的看法是(四)将“能力”解为宣讲福音的能力。[79]“我们的福音大有能力地传到你们那里”,相当于“我们带着能力把福音传给你们”。得着能力为基督作见证是耶稣给门徒的应许(路廿四 47～49;徒一 8),是初期教会使徒的经历(徒四 33,参六 8);保罗和他的同工在腓立比被害受辱后,仍然靠着神“放开胆量,在大争战中把神的福音传给”帖撒罗尼迦人(二 2),正是他们“带着能力”宣讲福音的说明。当然,这种能力是圣灵所赐的(参路廿四 49;徒一 8。关于“圣灵”一词见四 8 注释)。虽然保罗没有明说他们是倚靠“圣灵的能力”(现中)[80]把福音传给帖撒罗尼迦人,也没有把“圣灵”跟“能力”一起放在一个冠词之下(该二字各有自己的冠词),但“能力”和“圣灵”确是互相关连的(就如“能力”和“福音”相连)。除了一些经文明明提到“圣灵的能力”外(路四 14;罗十五 13、19b),“圣灵和能力”一词亦见于使徒行传十章三十八节(指耶稣的传道工作)以及哥林多前书二章四节(指保罗在哥林多的传道)。就如“耶和华的灵”相等于神的能力(参赛十一

---

[76] Moffatt 24 *b*.

[77] E.g. Bruce 14; Henneken 47.

[78] Moffatt 24*a*-*b*; Ellicott 7*b* - 8*a*; Neil 15.

[79] Cf. Ellicott 8 *b*; Neil 17.

[80] Cf. Bultmann, *Theology* 1.156: *pneuma* and *dynamis* here united in a hendiadys.

2;比较路四 18,十一 20 及徒十 38[81]),照样,“能力”和“圣灵”几乎是同义的。这种由宣教士主观地经历的、圣灵的能力同时是客观地有效的(即是能使听者信服福音的),不过本句所关注的是前者而非后者。

按本节原文的结构来说,与“圣灵”紧连在一起的不是“能力”而是“充足的信心”(二者同属一个冠词)。译为“在乎圣灵”的原文词组[82]在保罗其他的书信出现五次,三次有“藉着圣灵”/“被圣灵……”的意思(罗十五 16;林前十二 3b;林后六 6),一次指“圣灵所赐”的喜乐(罗十四 17),另一次则描写保罗的良心如何给他作见证(罗九 1:“在圣灵里”表示他的良心是经过圣灵的更新和被圣灵光照的)。[83] 本句属于第三种用法:福音是“由圣灵陪同着”来到帖撒罗尼迦的;[84]由于圣灵能使人有火热的心(罗十二 11;[85]参徒十八 25),本句的意思可能是,保罗和他的同工带着圣灵燃起的火热的心来到帖撒罗尼迦传福音。[86] 不过,“由圣灵和充足的信心陪同着”这话是由一个冠词引介的,因此似乎要表达的是一个意思,就是“从圣灵而来的充足的信心”(“圣灵”和“充足的信心”二词连用,在新约只有这一次)。[87] 后一个名词的原文[88]在新约另外用了三次:一次

---

[81] 耶稣说,“主(耶和华)的灵……差遣我……叫那受压制的得自由”(路四 18),“那受压制的”就是“被魔鬼压制的人”(徒十 38);而耶稣从鬼附者身上赶出污鬼(污鬼是魔鬼的爪牙仆役),是“靠着神的能力”(路十一 20)。

[82] *en pneumati hagiōi*.

[83] 即是介系词的用法分别为:instrumental, causal, modal.和这词组基本上相同的一些词语在保罗书信共出现十二次,除了一次作形容词用(弗二 22),另一次介系词有所谓“地方性”的意思外(提前三 16:*en* = locative),其余十次与上述的三种用法相同:instrumental——林前六 11,十二 3a、9a、9b;弗三 5,五 18; causal——西一 8; modal——林前十二 13;弗二 18,六 18。

[84] 由于“灵”字是无冠词的,因此有学者认为,这里所指的不是三一真神的第三位(圣灵),而是一种从神而来的感动(MHT 3.175; Best 75; Zerwick 181);但保罗书信里有许多例子,表明“灵”字不必有冠词亦可指圣灵(例如:帖前二 6;罗五 5,九 1,十五 13、16、19;林前十二 3)。

[85] *tōi pneumati zeontes*: ‘be aglow with the Spirit’(RSV); cf. Cranfield, *Romans* 633 - 634.

[86] Denney 321*b*.

[87] O’Brien, *Thanksgivings* 152 - 153. Robertson, *Pictures* 4.11.“能力”不是紧连于“圣灵”,但“充足的信心”则是;这是因为能力和圣灵的密切关系(见上文),以致不用明说“圣灵所赐的能力”,但“充足的信心”则声明是“从圣灵而来的”;以表明它不是宣教士内心自发的产品。

[88] *plērophoria*. Collins(192 with n.95)认为此字在本节有客观的意义,指保罗所传的神的道“充沛的力量”(‘in full force’).

指充分或完全的了解(西二 2),一次指满足的指望(来六 11),另一次指充足、完备(新译,参思高)或坚定(现中)的信心(来十 22)。“了解”、“指望”和“信心”在原文都是分别的字,可见在本节译为“充足的信心”的原文本身只表达一种确信不疑、满有把握或完全无缺的状况;[89]不过就本段的文理而论,把这词译成“充足的信心”(新译同)或“坚固的信心”(思高)是不错的。问题是在于:这种“信心”是谁的信心,它的内容又是什么?

像“在乎权能”一语的解释一样,这问题引起了至少三种答案。一说认为所指的是帖撒罗尼迦人对福音发出的信心的回应(参当圣:“你们的信心”):由于圣灵的工作,他们对福音的真理坚信不移。[90] 另一说认为这种确信是圣灵在传福音者及信福音者心里产生的:保罗及其同工带着确信传福音,帖城信徒同样带着确信领受福音。[91] 第三种看法将“对福音的确信”(现中)解为保罗及其同工心中的确信,[92]或认为他们对所传的福音以及对自己作传福音者的身份都存着确信和把握,[93]又或者将“确信”解为神会和他们同工的信念。[94] 如上文指出的,下一句(“我们在你们那里……是怎样为人”)提示我们,本节全节都是论到保罗及其同工的宣教经历,下一节开始才谈及读者的归主经历;因此,就如“带着能力”是指传福音的能力,照样,“带着圣灵而来的确信”也是指传福音者的确信。这就是说,笔者基本上赞同上述第三种看法:“充足的信心”指宣教士“对福音〔的真确性、有效性〕的确信”;该看法之下提及的另外那两个思想,可说是第一个思想的延伸。

“正如你们知道我们在你们那里,为你们的缘故是怎样为人”

“正如你们知道”一语的原文[95]在本书另外出现三次(二 2、5,三 4);“你们知道”一词则在本书另外出现八次,皆与保罗及其同工的榜样

---

[89] *plērophoria* = ‘full assurance’‘confidence’/‘certainty’‘fulness’(*MM* 519 – 520, s. v.; BAGD 670, s. v.). 有些学者采纳后者为这词在本节的意思:‘fulness of divine working’(‘G. Delling, *TDNT* VI 311; cf. Henneken 36 – 37).

[90] E. g., Moore 27; Bruce 14; Dunn, *Jesus* 417 n. 138; Betz, ‘Problem of Rhetoric’22.

[91] E. g., Findlay 24; J. I. Packer, *IBD* 136*c*; Morris III 1821*a*.

[92] E. g., Denney 321*b*; Marshall 54; Ellis, ‘Christ and Spirit’ 271.

[93] Best 75.

[94] Morris II 57 – 58.

[95] *kathōs oidate*.

(二1、2、5、11)和教训(三3、4,四2,五2)有关。他们在帖撒罗尼迦人当中"是怎样为人"(思高同),[96]在二章一至十二节有较详细的描述;"为你们的缘故"意思即是"为了你们的好处"(现中)——使他们不仅是从使徒和同工的口中听到(四1),更是从他们坐言起行、现身说法的榜样中看见(帖后三7),讨神喜悦的生活是怎样的。连接词"正如"[97]的作用是指出一事与另一事相似之处;若把"正如你们知道"看为与上一节的"我们知道"前后呼应,本句与上文的关系便可能含有这样的意思:"我们知道你们接受福音后成为怎样的人,正如你们知道我们把福音传给你们时,我们是怎样的人。"[98]可是,按这种解释,本节上半部分变成一种插入句,但这看法难以令人满意。因此,较好的看法是把本句视为支持本节上文的话:上文说,"我们把福音传到你们那里,是带着能力,以及由圣灵而来的确信";本句补充说,"正如你们知道我们在你们当中是怎样为人"。两者——"怎样传福音给你们"以及"在你们中间怎样为人"——都表明神与宣教士同在,亦即表示神是在帖撒罗尼迦人中间工作,要向他们施恩。[99]

本节提出了保罗及其同工传福音的主观经历(圣灵所赐的能力和确信),下一节开始提出客观的证据(读者领受福音的经历及其后的见证),二者一起构成保罗知道他们是蒙拣选的原因,或是构成神对帖撒罗尼迦人的拣选在其中实现的历史情况。

一6 "并且你们在大难之中蒙了圣灵所赐的喜乐,领受真道,就效法我们,也效法了主" 新译本较忠实地保存了本节原文的次序:"你们效法了我们,也效法了主,在大患难中,带着圣灵的喜乐接受了真道"(参现中)。本节开首的"并且"一词,有这样的含意:不但"我们"有上述

---

[96] 原文可直译为"成为怎样的人"。动词 *egenēthēmen*(参二5、7、10)若看为被动语态,它的意思就是:"被基督的能力改变成为"(Lightfoot 14; Denney 321a)。但这词虽然在格式上是被动语态,在意思上却常是主动的;在这里亦应解为主动之意(cf. Zerwick 230)。

[97] 在本书另外出现十二次(二2、4、5、13、14,三4,四1〔两次〕、6、11、13,五11),在帖后两次(一3,三1)。

[98] Bruce 15; cf. Moore 27.

[99] Cf. Whiteley 37; Henneken 37.

的经历(5 节),而且“你们”亦有下面所述的表现;“你们”在原文是强调的,意思即是“你们,在你们那方面”(与“我们”相对)。“效法”在原文是个名词,[100]可译为“效法者”。这词在新约共出现六次,保罗书信占了五次(参二 14;林前四 16,十一 1;弗五 1;来六 12);同字根的动词[101]共用了四次,两次在保罗书信里(帖后三 7、9;参来十三 7;约三 11)。不论是动词或名词,这组字汇都有主动地仿效一个榜样的意思(此意思在帖后三 9 特别清楚)——除了在本节和二章十四节(见下文的解释)。保罗在此不用动词(“你们效法了我们和主”)而用名词(“你们成了我们和主的‘效法者’”),表示他的重点是在于福音在他们中间产生的果效,在于他们“成为”怎样的人。[102] 但他们是在什么意义上成了“我们和主”的效法者呢?答案在下半节。

“真道”或“圣道”(思高)的原文直译是“道”,它在实质上和“主的道”(一 8;帖后三 1)及“神的道”(二 13〔两次〕)并无分别,三者所指的都是有关基督的信息。[103] “领受真道”(路八 13;徒十七 11)或“领受神的道”(徒八 14,十一 1)在初期教会中已成为一种专用词,指相信、接受福音。[104] 保罗用了两个词语形容读者是在什么情况下领受了真道的:一是“在大患难中”,二是“带着圣灵的喜乐”。(一)“患难”一词的原文在新约共用了四十五次,保罗书信占了二十四次。这词有时是指内心的痛苦、难过,心灵上的恼恨、愁烦(林后二 4;腓一 17);但它在本书及后书出现的五次(参三 3、7;帖后一 4、6),所指的主要是外来的试炼或苦难,尤指逼迫(“患难”和“逼迫”在帖后一 4 连着出现;参太十三 21;可四 17;罗八 35)。使徒行传十七章五至九节所载的事件,不算是“很大的逼害”(当圣);因此本节的“大患难”似乎是指那事件以外一些较厉

---

[100] *mimētēs*.

[101] *mimeomai*.

[102] 原文 *egenēthēte*(参二 8、14)跟第五节上的“传到”和第五节下的“是”字(见上面注 67、96)是同一个动词(但不同格式)。这词(*ginomai*)在本书及后书以其他的格式另外用了五次:*genesthai*(一 7)、*gegonen*(二 1)、*egeneto*(三 4)、*genetai*(三 5;帖后二 7)。

[103] G. Kittel, *TDNT* IV 116. 原文分别是:*ho logos*, *ho logos tou kyriou*, *logos* (*tou*) *theou*. 四 15 所用的 *logos kyriou* 是指另一件事(见该处注释)。

[104] 鉴于这事实,原文分词(dexamenoi)不必解为“乐意地接受,即是欢迎”(Frame 83),解为“接受”便已足够。参二 13 注释。

害的逼迫(参三 3 复数的“诸般患难”)。[105] (二)“喜乐”一词的原文[106]在新约共出现五十九次,保罗书信占了二十一次,包括本书的四次(参二 19、20,三 9)。关于这词在保罗书信的用法和意思,请参冯:“真理与自由”344 - 345 及“腓立比书”83 - 84;关于“圣灵”一词,见四章八节注释。喜乐是圣灵所结的果子(加五 22;参路十 21;徒十三 51;罗十四 17),因此“圣灵的喜乐”最可能的意思就是“圣灵所赐的喜乐”(现中、当圣同;参罗十四 17,当圣);但圣灵不仅是和信徒分开、在信徒以外的赐喜乐者,也是住在信徒里面的(参四 8;罗八 9;林前六 19)、喜乐的来源。[107] 单从字面来看,“在大患难中”和“带着圣灵的喜乐”是和“领受真道”同时发生的,但严格说来,首二词所指的其实是领受真道带来的结果:帖城信徒因信了主而遭受大逼迫,但在大逼迫中却经历藉信领受的圣灵(参加三 2;弗一 13)所赐的喜乐。[108]

“领受”在原文是过去时式的分词(见注 104),这分词与上半节动词“成为”(见注 102)的关系,就是解释帖城信徒是在什么意义上成为“我们和主的效法者”的关键。(一)若把分词所指的行动,看为发生于动词“成为”所指的事情之先,本节的意思便是:“你们既然领受了真道,就继而成为我们和主的效法者”。换言之,帖城信徒接受福音后,便改变了他们的生活方式,效法使徒在基督里的行事为人(林前四 14～17),同时也就是效法了使徒所效法的主(林前十一 1)。[109] 按此解释(和合),“效法者”便有这词在本书以外一贯的意思(见上文)。(二)但较自然的看法,是认为分词所指的行动是与动词所指的事情同时发生,前者

---

[105] *thlipsis*. Malherbe (*Paul* 46 - 48)则认为此字在本节指那些接受福音、和他们的过去一刀两段的人所经历的内心的悲痛。但此字在三 7 及帖后一 6 不能这样解释,正文采纳的意思却适用于帖前后的全部五处经文。

[106] *chara*. 保罗书信从没有用 *eudaimonia* (‘happiness’)或 *hedone* (‘pleasure’)二字(不过后者的意思包括在提后三 4“爱享乐”〔新译;原文是 *philedonoi*〕一词内)。

[107] Thus, *pneumatos* = genitive of the originating cause, or the originating agent, ‘in which the two ideas of source and agency are blended and intermixed’ (Ellicott 10*b*). 英文最好的翻译是:‘joy inspired by the Holy Spirit’ (RSV).

[108] Cf. NEB: ‘the welcome you gave the message meant grave suffering for you, yet you rejoiced in the Holy Spirit’.

[109] Findlay 25. *dexamenoi* = aorist of antecedent action.

解释了后者;[110]换言之,帖撒罗尼迦人成为"我们和主的效法者",是在于他们"在患难中,带着圣灵的喜乐接受了真道"。在这基本解释之下,我们仍需更准确地断定,在使徒和主、以及帖撒罗尼迦人二者的经历之间,保罗想及的是那一点相似的地方。一说认为,读者所效法的是在忍受逼迫和基督徒的行事为人两方面;[111]另一说认为重点是在遭受大患难这方面(因"领受真道"一语很难应用在基督身上,应用在保罗归主的经历上亦有困难);[112]但最佳的解释是把在大患难中仍满有喜乐的事实看为读者、使徒和主三者间的共通点。[113] 这看法保存了本节提到的双重特征("在大患难中,带着圣灵的喜乐"),并且与保罗和主的经历非常吻合:耶稣在世上时必然自己实行了他给予门徒的教训,就是因他的缘故被人恨恶、拒绝、辱骂时应该欢喜跳跃(路六 22～23);保罗亦具体地说明了他受苦的一生(林后十一 23～29,十二 10;加六 17;弗三 13;腓一 29～30;西一 24;提后三 10)同时是一个喜乐的人生(此点可参冯:"真理"344 - 345)。

按照这个解释,帖城信徒成为使徒和主的效法者,是在于他们分享了"在大患难中满有喜乐"的经历。但逼迫是别人加在他们身上的,喜乐是圣灵所赐的,两样都不是他们自己造成的;可见"效法者"在本节的意思,不是自觉地和主动地仿效一个榜样,而是被动地分享同样的经历。[114] 保罗于"你们效法了我们"之后加上"也〔效法了〕主",可能是要避免给予读者一种自大的感觉,因此作出修正(参林前十一 1);更可能地,"也效法了主"一语有强化作用,表明读者的经历不仅与使徒的经历、而且与主的经历相同。不论如何,若从主动地效法一个对象的角度来看(虽然这并不是本节的意思),"我们和主"是真实的历史次序,也是正确的逻辑次序:信徒先是效法宣教士的榜样,进而直接地效法主自己。

---

[110] *dexamenoi* = aorist of identical/simultaneous action: Robertson *Pictures* 4. 12; Frame 82; Bruce 10 with n. f.

[111] Bruce II 1156b.

[112] Best 77,78; Henneken 45 - 46. 参当圣:"在受苦这方面"。

[113] Denney 322*b*; Ellicott 9*b*; Marshall 54 - 55.

[114] Grayston 64; W. Bauder, *NIDNTT* I 491. Patte (*Paul's Faith* 133 - 134)正确地强调"效法"在本节的被动性质;但他认为还有一个次要的意思,就是领受真道并照着去行。W. Michaelis (*TDNT* IV 670,671 - 672; *TDNTA* 595,596)则认为"效法"在本节的意思是服从(使徒及主的)指示;他的见解普遍不被接纳(cf. Best, *Paul* 63 with 72 n. 14)。

一7 “甚至你们作了马其顿和亚该亚所有信主之人的榜样” “甚至”(思高同)或“更”(当圣)有“更进一步”之意,但原文的结构[115]纯粹表达一种结果,因此,“这样,你们就成了……”(新译)是较正确的译法。保罗书信的证据显示,保罗的惯例似乎是用地区名称来描述他的旅程(例如,加一 21:“叙利亚和基利家”是一个省份的两个地区),像路加在使徒行传的做法那样(例如:徒十六 6,十八 23);但当他提及他的教会时,则按着他们所属的省份称呼他们,如“加拉太的众教会”(林前十六 1;加一 2)、“亚西亚的众教会”(林前十六 19)、“全亚该亚所有的圣徒”(林后一 1,新译)、“马其顿众教会”(林后八 1)、“犹太……的各教会”(加一 22;帖前二 14)。此外,有时他好像还把一个城市看为代表着所属的那个省份,如以哥林多代表亚该亚(林前十六 15),以以弗所代表亚西亚(罗十六 5)。本节的“马其顿和亚该亚”一语应按这种用法来解释。

“马其顿”和“亚该亚”二字在原文各有自己的介系词和冠词(“在马其顿及在亚该亚”),表示保罗是在想到两个分开的省份。马其顿原是个独立的王国,雄霸一时的亚历山大大帝(主前 323 年殁)是这王朝最著名的皇帝;但主前 168 年,马其顿战败于罗马,王朝被废,王国于次年被划分为四个共和国。二十年后(主前 148 年),马其顿被罗马吞并,成为它的一个省份(先前的四共和国变成省内的四个地区);主前 27 年,奥古斯都使它成为一个隶属元老院的省份。主后 15 年,马其顿与亚该亚及每西亚[116](在马其顿以北)合并为一个由凯撒直接管辖的省份,但于主后 44 年归还给元老院管辖,帖撒罗尼迦成为该省的首都。亚该亚原为一个由希腊城市组成的联盟,于主前 146 年为罗马所败,交由马其顿的省长一并管理;其后于主前 27 年与马其顿分开,成为一个分别的省份(首都为哥林多),由那时到主后 15 年,又再由主后 44 年起,都是由“省长”(新译)或“总督”(现中)治理(徒十八 12)。[117]

除了帖撒罗尼迦人本身以外,“马其顿和亚该亚所有信主之人”包

---

[115] *hōste* + infinitive(*genesthai*).这结构亦见于一 8c;帖后一 4,二 4。

[116] Moesia.

[117] Cf. Bruce xx-xxi, 16; E. A. Judge, *IBD* 10*c* - 11*a*; J. Finegan, *IDB* I 25; J. F. Strange, *ISBER* III 208.

括腓立比教会（参徒十六 11～40）、庇哩亚的信徒（参徒十七 10～12）、雅典的信徒（参徒十七 32～34）以及哥林多教会（参徒十八 8、11）；保罗写信给罗马教会时，在哥林多的海港坚革哩亦有教会，但这教会可能最早也是保罗抵达哥林多后才成立的。保罗写帖撒罗尼迦前书时是在哥林多；哥林多是亚该亚省的首都，又（自主后 44 年起）是罗马殖民地，因此保罗是在一个有利的位置，可观察到帖撒罗尼迦教会所产生的影响是如何广远。在"所有信主之人"一语中，"信主之人"的原文并无"主"字，所用的结构是分词加上冠词，作名词用（如在二 10、13；帖后一 10a）。动词"信"字与第三节的"信心"同一字根；[118]除了本节及上述三节，这词在本书及后书另外出现五次，一次有"信托"之意（二 4），其余四次的意思都是"信"，所信的内容则由文理界定（四 14；帖后一 10b，二 11、12）。虽然本书和后书从没有用"信主"一词（参上文第三节对"信心"的注释），但从保罗其他的书信可见，本节的"信徒"（现中、新译）显然可意译为"信主之人"（罗三 22；加二 16、20；弗三 12；腓三 9；提后三 15；参徒十六 31）。至于"信主"的意思，请参冯："真理"166 所引的定义。

"榜样"一词的原文[119]在新约共用了十五次，保罗书信占八次。这词在圣经以外的基本意思是一次击打所留下的印痕，从而有"记号"、"模型"、"轮廓"、"像"等意思。[120] 它在新约其他地方的用法，显示了几个不同的意思：钉"痕"（约二十 25，两次）；"像"（徒七 43），即"偶像"（现中）；一封信的"内容"（徒廿三 25，现中）；"预像"（罗五 14）或"预表"（现中、新译）；"样式"（徒七 44；来八 5），即"模型"或"模样"（现中）；"鉴戒"（林前十 6），即是负面的"榜样"；正面的"榜样"（腓三 17；帖后三 9；提前四 12；多二 7；彼前五 3）；道理的"模范"（罗六 17）或教义的"规范"（新译、思高）。有学者认为这词在本节的意思也是"预表"，就是说，帖撒罗尼迦人的经历是典型的，他们的经历预示了所有领受真道的人都会遭遇的经历；帖撒罗尼迦的信徒如今所经历的，亦会发生在马其顿和

---

[118] *pisteuō*. 参上面注 29。

[119] typos.

[120] L. Goppelt, *TDNT* VIII 247, *TDNTA* 1193.

亚该亚的信徒身上。[121] 但本节的文理并不支持这个解释,因为下一节提及的,完全不是马其顿和亚该亚的信徒如何经历了帖撒罗尼迦人一样的经历,而是帖撒罗尼迦人的信心如何声闻于马其顿和亚该亚及其他各处。因此,有关的名词在本节的意思可能是"榜样"(新译同),甚或是"模范"(现中、思高、当圣):[122]帖撒罗尼迦人"在大患难中仍满有喜乐地坚守主道"的见证,成为马其顿和亚该亚所有信徒应当效法的对象,甚或是对他们发出塑造性的影响力的一种模样和规范。

按上面的解释,帖撒罗尼迦人一方面成了使徒和主的"效法者",是因他们分享了使徒和主一样的经历,重点是在"在大患难中,带着圣灵的喜乐"此语上(6 节);另一方面,他们成了马其顿和亚该亚众信者的"榜样"或"模范",是因他们坚守主道的见证,重点是在"在大难之中……领受真道"这方面。"领受真道"在第六节原指初信者接受福音,但接受福音只是起点,之后还必须有继续领受真道的过程(参雅一21),因此保罗用"在大难之中蒙了圣灵所赐的喜乐,领受真道"这话按不同的重点分别解释"效法者"和"模范"二词的意思,是可理解的做法。

"模范"一词在原文是单数的。加尔文采纳复数的说法,认为经文的意思是,榜样的数目和帖撒罗尼迦信徒的人数相等;[123]可是有古卷的抄者将原来单数的"模范"改为复数,使与复数的"你们"相符,比起相反的做法(将复数改为单数)可能得多。[124] 保罗用单数的"模范"一字,表示他所想到的,不是帖撒罗尼迦的每个信徒都是个模范,而是帖撒罗尼迦教会整体构成一个模范,是个模范教会。[125] 保罗称一间教会为其他信徒的模范,在他的书信中再找不到另一个例子(不过他有时也用一些教会某方面的表现,作为别些教会当效法的榜样:参林后八 1～7)。

---

[121] Patte, *Paul's Faith* 134.

[122] Cf. L. Gopellt, *TDNT* VIII 249, *TDNTA* 1193 (*typos* = a model which makes an impress); Marshall 55.

[123] Calvin 338. 彼前五 3 的"榜样"是复数的,含意即是:每个长老都要作信徒的榜样。

[124] Cf. Metzger 629.

[125] MHT 3.25 (cf. 23)则认为本节及帖后三 9 单数的"榜样"属 distributive singular 的用法,即是以单数的名词表达属于一班人中间的每一份子的一样东西,如在林前六 19:"你们的身子(单数)"。但帖前后这两节所用的结构和林前六 19 及类似的例子所用的不同。

一 8 “因为主的道从你们那里已经传扬出来，你们向神的信心不但在马其顿和亚该亚，就是在各处也都传开了” 这两句话在原文的次序是这样的：“(一)因为从你们那里主的道已经传扬出来；(二)不但在马其顿和亚该亚；(三)但是在各处；(四)你们对神的信心也都传开了。”和合本的译法，是把(二)连于(三)，二者同时形容(四)；现代中文译本也是这样。新译本和思高译本则把(二)和(三)分开，把(二)连于(一)，把(三)连于(四)。在英文的圣经译本中，同样有这两种不同的理解。[126]笔者接纳第二个做法为正确的看法，因为(二)和(三)若是相连的话，保罗应说“不但……而且”[127](若全句以“……在各处”结束，他就必会这样说)；保罗不说“而且……”而说“但是……”，表示他没有完成(一)和(二)原来的句子结构，而是中途开始了新的支句。[128] 按此了解，(一)和(二)是描写帖撒罗尼迦人传福音的果效，(三)和(四)是描写他们归主的见证所传到的范围。

“主的道”一词在保罗书信中只用了两次(此处及帖后三 1；[129]保罗较常用“神的道”，如在帖前二 13；林前十四 36；林后二 17，四 2；西一 25)；这词是从旧约先知用的“耶和华的话”一语(例如：赛卅八 4，卅九 5)[130]而来；比较之下，“主的道”的意思显然是“以主(耶稣)为创始者的道”，[131]而不是“关于主的信息”(参现中)，[132]尽管两个意思所指的都是福音。“传扬”一词的原文[133]在新约只出现这一次，在七十士译本亦不多见(珥四 14；传道经四十 13；马加比书卷叁三 2)；它的意思是“使其声音响遍……”(参思高：“声闻于……”)，所提示的图象可能跟喇叭吹响或打雷有关(参传道经四十 13)。这里用的是完成时式被动语态的动词；“已经传扬出来”表

---

[126] 分别参 NEB 及 AV，RSV，NIV，RV，NASB 则保持原文模棱两可的情形。

[127] *ou monon ... alla kai*(如在一 5，二 8，及新约多处)。但本节原文无 *kai* 字。

[128] Lightfoot 15. Cf. Findlay 27; Henneken 59-61.

[129] *ho logos tou kyriou*—两次皆有冠词。此词在使徒行传出现多次(八 25，十三 44、48、49，十五 35、36，十六 32，十九 10、20)。参上面注 103。

[130] 此语在七十士译本的翻译是 *logos kyriou*(参上注)。

[131] *tou kyriou* = subjective genitive.“主”指主耶稣(参 6、3、1 节)。

[132] *tou kyriou* = objective genitive (e.g., TEV; Collins 274; Ellingworth-Nida 13).

[133] *exēcheō*.

示传扬的行动所带来的果效至今仍存，好像说主的道的响声仍然清晰可闻。

这福音是由谁传扬出来的？一说认为，“传扬”所指的是主的道藉着别人报告帖撒罗尼迦人信主的事实而被传播出去；[134]可是，“主的道”可否这样被削弱为“关于帖城信徒如何信福音的报告中所提到的福音”之意，是颇有疑问的。[135] 若“主的道”与“神的道”相等（如上一段解释的），则“传扬出来”较自然的意思是指帖撒罗尼迦人本身主动的见证和传福音的活动。[136] “从你们那里”表示帖撒罗尼迦人成了福音的传播中心；由于他们的努力，福音的响声已遍及“马其顿和亚该亚”。这词组在原文只用了一个冠词，把马其顿和亚该亚两个省份（参 7 节）合成一个单位来看，意思即是希腊全地，与下半节的“各处”相对。[137] 由于帖撒罗尼迦是个人口稠密的希腊城市，它跟全马其顿及更远的地区都有很强的贸易关系，因此我们不难想象，部分的帖撒罗尼迦人在往还各地之际，把福音传扬了出去（参徒十一 19～20）。[138]

除了“主的道”本身传遍了希腊全地之外，帖撒罗尼迦人“向神的信心”也“在各处……都传开了”。在“你们向神的信心”一语中，[139]介系词“向”字强调了读者信心的方向；“向神”与“归向神”（9 节）在原文是同一词组，也许保罗是在后一个思想的影响下才写出“向神的信心”而不说“对神的信心”（来六 1，原文直译）；[140]“以神为信心的方向”自然包括“以神为信心的对象”之意，二者其实是互相关连的。新

---

[134] E.g., Thayer 224 (s.v. *exēcheō*); Whiteley 38.

[135] Higgins（‘Preface’ 87）似乎赞同他所引述另一学者的意见，认为“主的道”在本段是指帖撒罗尼迦人的信心。

[136] Cf. Henneken 62－63; Marshall 56.

[137] Cf. MHT 3.182; Zerwick 184.“马其顿”和“亚该亚”连着出现，亦见于徒十九 21（只用一个冠词）及罗十五 26（没有冠词）。

[138] Cf. Moffatt 5 n.1,25a.

[139] *hē pistis hymōn hē pros ton theon*. 这里重复了冠词，为要表明后一个词组是形容前一个片语，而不是连于随后的动词 *exelelythen*（直译是“已经出去”）；cf. MHT 3.187,221; BDF 269(3).

[140] *pistis epi theon*; cf. *pistos eis theon*（彼前一 21）。

约作者常以基督为信心的对象,较少以神为信心的对象,[141]这并不表示神和基督是互相竞争的两个不同的信心对象,只表示神是在基督里与人相遇,施行拯救。[142] 在第九节下半的提示下,这里的"信心"可能不是指信心的态度(参 3 节),而是特别指读者接受福音、成为信徒的事实(参徒二十 21)。[143] 换言之,帖撒罗尼迦人归主的见证,已传遍了各地。这话很可能含有夸张成分(类似的夸张的讲法可见于罗一 8,十六 19;西一 6;参下文四 10 注释),基本上却是真实可信的。因为帖撒罗尼迦一方面是个海港,为爱琴海区一个繁盛的贸易中心,另一方面亦为陆路的交通中枢,罗马人所建有名的军用公路"伊格那吉亚路",[144]最初是从马其顿的亚底亚海岸之地拉居暗[145]直通帖撒罗尼迦,后来向东延展至腓立比及其海港尼亚波利(徒十六 11),最后还再延伸至拜占庭;可见帖撒罗尼迦的位置非常有利于消息的传播。虽然保罗当时仍在亚该亚的哥林多,但是新近从罗马来的亚居拉、百基拉夫妇可能告诉保罗,他们离开罗马之前已听到帖撒罗尼迦人归主的事,这消息可能也传到了东方(亚细亚、叙利亚、巴勒斯坦);[146]若是这样,保罗便大可以说读者的信心已传遍各地了。[147] 像"传扬"一样,"传开"在原文是完成时式的动词(见注 139):它强调读者的归主见证已被传开、这见证至今仍然为人所知的事实。接着的一句指出了这事实带来的一项结果。

"所以不用我们说什么话" "所以"(新译、当圣同)的原文较宜译为"以致"(思高);原文所用的结构与第七节所用的相同(见注 115),清

---

[141] 除本节、来六 1 及彼前一 21 外,另见于:罗四 5、24(所用结构是 *pisteuein* + epi);约十二 44c,十四 1(用 *pisteuein* + eis);徒十六 34;罗四 3;加三 6;多三 8(用 *pisteuein* + dative);罗四 17(用 *pisteuein* + genitive — by attraction)。

[142] Cf. M.J. Harris, *NIDNTT* III 1214.

[143] Cf. Bultmann, *TDNT* VI 212; *Theology* 1. 90 (*pistis* = *Gläubigwerden*, the act of becoming a believer). 参较一 3 注释注 31。

[144] Via Egnatia = the Egnatian Way.

[145] Dyrrhachium.

[146] Cf. Morris II 61; Hendriksen 53.

[147] 比较本句与罗十六 19("你们的顺服已经名闻各处",新译),可见"信心"包括"顺服"(参罗一 5,十 16),但二者不应被视为相同的(如在 Bultmann, *Theology* 1. 314; Keck, *Paul* 51); cf. Whiteley, *Theology* 162.

楚表示本句是上文的事实所引致的结果。“说”字的原文[148]在古典希腊文中有“如稚童般说话”、“喋喋不休”、“胡言乱语”等意思；[149]但这字在本书出现的另外三次，都是指传讲福音（二2、4、16），这也是在使徒行传（四29、31，十一19，十三46）及其他保罗书信（林前二6、7、13；林后二17，四13；弗六20；腓一14；西四3、4；多二1、15）常见的用法。不过，这字在本句并非指传福音的行动本身，而是指提说帖撒罗尼迦人归主的事；这字和另一个“说”字（四15，五3；帖后二4、5）[150]的分别，在于前者指说话的行动本身，后者则指所说的话的内容。[151] 保罗和他的两位同工，西拉及提摩太（他们刚分别从腓立比及帖撒罗尼迦来到哥林多跟保罗会合：三6；徒十八5），在他们与来自“各处”的人接触时，都不需要提说读者归主的事，因他们归主的消息早就传遍各地了。

一9 “因为他们自己已经报明我们是怎样进到你们那里” 本节和下一节进一步提出理由，解释了保罗及其同工为什么不用说什么，同时提出证据，支持“你们……的信心……在各处也都传开了”那句话。“他们自己”的原文是强调的代名词“他们”（与上一句的“我们”相对）；所指的大抵是保罗及其同工所接触到的、从“各处”而来的人。[152] “报明”一词的原文[153]在新约共用了四十五次（福音书和使徒行传占了四十次），基本的意思是“告诉”（例如：路八20；约十六25；徒十一13）或“报告”（例如：太二8；徒五22），有几次它的意思是“宣告”或“传讲”（太十二18；徒廿六20；来二12；约壹一2、3）。这词在保罗书信出现的另一次也是“宣告”之意（林前十四25，新译），在本节则有“述说”（新译）、“传述”（思高）或“传告”（当圣）的意思。原文用的是现在时式的动词，这表示保罗是从他身在哥林多的角度说话，来自各处的人继续不断地

---

[148] *laleō*.

[149] A. Debrunner, *TDNT* IV 76-77, *TDNTA* 506.

[150] *legō*.

[151] Cf. Trench 286-289(§76); Frame 86; Moore 29.

[152] Cf. Lightfoot 16. *autoi* = *constructio ad sensum* (Ellicott 13*a*).

[153] *apangellō*.

向他述说读者归主的见证。[154] 他们提到这件事的两方面。

第一,"我们是怎样进到你们那里"。"怎样"在原文不是副词,而是形容词"怎样的",[155]在新约里共出现五次;这词本身是中性的(林前三 13),但按不同的文理而得好(徒廿六 29;加二 6;本节)或坏(雅一 24)的含义。同样,"进到"在原文不是动词而是名词,[156]在新约出现的五次都是"进入"之意(本节及二 1;来十 19;彼后一 11)——包括使徒行传十三章二十四节,因耶稣的"来临"(新译、思高)正是指他首次"进入"世界。一般的解释认为,"进入"在本节的重点不是在进入的行动本身,而是在这行动所引起的反应;[157]本句的意思,即是指保罗及其同工从帖撒罗尼迦人那里获得怎样的接待(参现中、当圣)。按另一个解释,"怎样的进入"是指保罗及其同工如何带着能力和确信把福音传给帖撒罗尼迦人。[158] 笔者基本上赞同第二个解释,理由如下:(一)"进入"一词在其他四处经文都是指进入的行动或事实本身。(二)本句的原文在动词"述说"之前有"关于我们"一语(见注 154),动词后的子句直译是"我们有怎样的一种'进入'到你们那里"(而不是"你们怎样接待我们":现中,参新译),下一句则以"你们又怎样归向神"开始[159]——这就清楚表明,本句的重点是在"我们",下一句开始重点才是在"你们"。(三)从二章二至十二节的解释看来,这词在二章一节的重点显然是在保罗及其同工在帖撒罗尼迦人中间的表现,而不是在后者对福音的反应。(四)本句的"进入"解为指宣教士如何宣讲福音,以及如何在他们中间生活(二者一起构成一件事实),下一句开始则指读者对福音的反

---

[154] Cf. Frame 84, 86: *apangellousin* = progressive present. 在这动词之前,原文有 *peri hēmōn*("关于我们")二字,有些抄本作 *peri hymōn*("关于你们");前一个说法较符合文意,因为接着的子句的主词是"我们"。

[155] *hopoios*.

[156] *eisodos*. 这字的反义词是 *exodos*,在新约用了三次,分别指以色列族"出"埃及(来十一 22),以及耶稣和彼得的"去世"(路九 31;彼后一 15)。

[157] Cf. G. Ebel, *NIDNTT* III 940; RSV ('welcome'); NASB, NIV ('reception'). Ellingworth-Nida 14(cf. NEB)则认为重点是在保罗的访问所带来的结果;若是这样,第九节下半和第十节便是解释此句的(参和合、当圣的标点符号)。但下一句开始时原文有"而且"(新译)或"又"(现中)字,因此不宜以 9b～10 节解释此句。

[158] Ellicott 13*b*.

[159] *hopoian eisodon eschomen pros hymas, kai pos epestrepsate pros ton theon*...

应，一方面符合“进入”一词一贯的用法，另一方面也保持了五至七节，以及二章一至十六节先提宣教士的表现，再提读者的回应（一 5、6～7；二 1～12、13～16）的先后次序。

第二，来自各处的人都述说宣教士的“进入”所带来的结果。第九节下半至十节从三方面描写了帖撒罗尼迦人所经历的生命上的改变。

“你们是怎样离弃偶像，归向神” （一）这句描写读者的归主行动，解释了上文“你们的信心”一句。“怎样”一词的原文在本书及后书另外出现两次（四 1；帖后三 7），两次都有形容的作用，即是“如何”的意思；按这个意思解释，本句的“怎样”可指读者是“如何热烈地及如何有效地”归向神的（参 3～6 节）。[160] 不过，这词在本句较可能只是指出一件事实，而不是要形容什么（这是此字在新约时代的希腊文中常见的用法）。[161] “离弃偶像”原文直译是“从偶像（归向）”；“偶像”是复数的，并且有冠词，意思即是“你们那些偶像”。“偶像”一词的原文[162]在新约共出现十一次，保罗书信占了七次；这词可指异教徒所拜的神像（徒七 41；启九 20），亦可指像所代表的假神（林前八 4、7，十 19），因此它的意思往往是模棱两可的（徒十五 20；罗二 20；林前十二 2；林后六 16；本节；约壹五 21）。同字根的抽象名词“拜偶像”[163]及具体名词“拜偶像者”[164]同样具备这种模棱两可的性质。此组字汇的双重意思有力地对我们提示，异教的假神和代表它们的偶像同样虚假无能。保罗认定偶像（即假神）并不真正存在（林前八 4，参现中），它们“本来”（即是在本性和本质上）就不是神（加四 8），只是人的罪（对神悖逆）和愚昧的产品（罗一 23）。但保罗同时承认，在偶像的背后有鬼魔（林后十 19～21）；这事实部分解释了为何偶像可以成为奴役人心的、事奉和敬拜的对象（林前十二 2；参加四 8～9）。

“归向”一词的原文[165]在新约共用了三十六次，除了四次是及物动

---

[160] *pōs* = ‘how’: e.g., Neil 27.

[161] *pōs* = *hoti* (‘that’): cf. MHT 3.137 with n.2; Frame 87; Whiteley 38; Best 81 - 82.

[162] *eidōlon*.

[163] *eidōlolatria*（（在新约出现四次：林前十 14；加五 20；西三 5；彼前四 3）。参冯：“真理”334。

[164] *eidōlolatrēs*（在新约出现七次：林前五 10、11，六 9，十 7；弗五 5；启廿一 8，廿二 15）。

[165] *epistrephō*.

词外(路一 16、17;雅五 19、20),其余的都是不及物动词。这词半数的意思是"回去"(例如:太廿四 18)、"回来"(路八 55)、"回转"(路十七 4)、"转身"(徒九 40)等所谓俗世性的意思;它另一方面的意思是神学性的,指灵性上的"归回"(加四 9)、"回头"(路廿二 32)或"回转"(太十三 15;徒廿八 27),尤其是指悔改"归正/归向神"(徒三 19,廿六 20)、"归向/归服神"(本节;徒十四 15,十五 19,廿六 18;参彼前二 25)或"归向/归服主"(徒九 35,十一 21;林后三 16)。[166] 同字根的名词[167]在新约只出现一次(徒十五 3),没有与"神"或"主"字连用,但显然是指外族人"归主"或"归信上帝"(现中)的事;由此可见,这个名词在早期教会中很快便成为指悔改归主的专门名词。[168]

按原文的次序,"你们归向神"是主句,"离弃偶像(从你们的那些偶像)"是随后的;使徒行传十四章十五节的次序刚好相反("叫你们离弃这些虚妄,归向……神")。这两种次序同时存在,正好说明一项重要的真理:"离弃偶像"和"归向神"不是可分先后的两个步骤,而是同一件事同时发生的正负二面。本节以这样的话描写帖撒罗尼迦人的归主经历,表示他们大部分(甚或绝大多数)是从异教直接进入基督教的(参二 14)。由此我们可以推论,(一)因保罗在会堂传福音而归主的人数(徒十七 4),远不及因他在会堂之外的福音工作而信的人那么多;(二)保罗在帖撒罗尼迦传道的时间,肯定不止于他在会堂跟犹太人及敬虔的希利尼人辩论的三个星期(徒十七 2)。

"要服侍那又真又活的神" (二)本句指出读者"离弃偶像归向神"的目的,间接地描写了他们现今的情况。"服侍"一词的原文[169]在新约共出现二十五次,保罗书信占了十七次;关于这词在保罗书信的用法,可参冯:"腓立比书"306 - 307。"服侍"与"奴仆"(这字没有在本书或后书出现)同一字根,因此含有"以奴仆的身份、像奴仆般服侍"的意

---

[166] 在上述的经文中,"归向神"在原文通常是 *epistrephein epi ton theon*(徒十四 15 无冠词),只有在本节用 *pros ton theon*;"归向主"通常是 *epistrephein epi ton kyrion*,只有在林后三 16 用 *pros kyrion*. 动词里的前置词的作用是指出方向,不是"回"的意思。

[167] *epistrophē*.

[168] F. Laubach, *NIDNTT* I 355.

[169] *douleuo*.

思——这包括认定主人的所有权、顺服主人、甘心服侍主人、讨主人的喜悦(林前七 22～23,参六 20;罗六 16;加一 10;弗六 5～6;西三 22～23)。耶稣以神和玛门为对比,人不可以同时服侍二者(太六 24;路十六 13);保罗在这里(像先知耶利米那样:耶十 3～5、8～10)则以真神和偶像为对比(参徒十四 15)。"神"字在原文并无冠词,因此有学者认为,原文词组[170]的功用是强调读者所服侍的对象的性质——他是神,是又活又真的。[171] 但新约的证据显示,"永生神"(即是"活的神")一词的原文通常是没有冠词的,可见这种结构已成为一种固定的格式,跟有冠词的格式在意思上并无分别。[172] 因此,虽然原文直译是"一位又活又真的神",[173]但它的意思可能仍然是"那又活又真的神"(参和合、当圣)或"这位又活又真的上帝"(现中,参新译)。[174]

"活"字原文[175]在新约共出现一百四十次,保罗书信占五十九次,包括本书五次(参三 8〔见该处注释〕,四 15、17,五 10)。本节以分词作形容词,这种用法亦见于另一些非常宝贵的经文中:神是"永活的父"(约六 57);他使首先的亚当成为"有灵的活人"(林前十五 45);他赐下"活的圣言"(徒七 38,新译;参来四 12);信徒得以重生,就是藉着神"永活长存的道"(彼前一 23,新译);耶稣是"活的粮食"(约六 51,原文直译),人吃了就必永远活着;他赐"活水"给信他的人,这水在他里面成为泉源,直涌到永生(约四 10、14,参七 38～39);他藉着舍身流血,为信徒开了一条"又新又活的路",直通到神的面前(来十 20,参 22);藉着基督的复活,信徒有"活的盼望"(彼前一 3,现中);他们理当把自己当作"活祭"献给神(罗十二 1);就如主是"活石",信徒来到他面前也就像"活石",被建造成为灵宫(彼前二 4、5)。神被称为"活的神"或"永生神",

---

[170] *theōi zonti kai alethinoi*.

[171] Morris II 63.

[172] Cf. *theon zōnta*(徒十四 15); *theōi zonti*(提前四 10;来九 14); *theou zontos*(罗九 26;林后三 3,六 16;提前三 15;来三 12,十 31,十二 22;启七 2); *tou theou tou zontos*(太十六 16,廿六 63;参启十五 7)。

[173] 'a living and true God' (RV, RSV, NASB).

[174] Cf. AV, NEB, NIV: 'the living and true God'.

[175] *zaō*.本节用分词 *zōn*.

不单因为他是“活到永永远远”的(启四 9、10，十 6，十五 7)，也因为他“本身是生命的根源”(约五 26，现中)——不论是自然创造的生命(提前六 13)或是救赎的新生命(弗二 5～6；西二 12～13；罗四 17，八 11；约五 21)。不过，在本节“活的神”是与偶像相对，故其重点可能是在神乃“创造天地的神”这个思想上(参耶十 5、10、11)。

“真”字的原文[176]在新约共用了二十八次，约翰福音、约翰壹书和启示录占二十三次，但在保罗书信里则只出现这一次；保罗较多(四次)用另一个“真”字。[177] 后者用在神身上的时候(约三 33，八 26；罗三 4)，它的意思是“真实无误、确实可靠”；本节的“真”字用在神的身上，有时是指神是忠于他自己的性格，他按自己的性格和意旨行事(约三 33；启六 10)，但它较基本的意思是“真的”、“真正的”，即是“并非赝品”、“如假包换”。本节“真的神”和约翰福音十七章三节“独一的真神”，都是指与一切假神偶像相对的真神，就如“真正敬拜的人”(约四 23，新译)是和拜偶像者相对而说的。[178]

帖撒罗尼迦人从前服侍的是哑巴偶像(参林前十二 2)，“是给那些本来不是神的作奴仆”(加四 8)；如今他们离弃了偶像归向神，就服侍那又活又真的神，这正是他们得自由的部分目的，也是他们的自由的部分内涵——作神的奴仆(彼前二 16；罗六 22；参林前七 22)。另外的那部分——以爱的行动作为“互相服侍”(像奴仆伺候主人)的方法(加五 13)——他们也做到了，因为他们彼此相爱，互相服侍，甚至到了身体疲乏的地步(3 节)。其实这两部分是一体的两面；因此总括来说，他们服侍神的方式，就是藉着生活行为上的见证，以及传福音的活动(一 3、8a)。

一 10 “等候他儿子从天降临，就是他从死里复活的、那位救我们脱离将来忿怒的耶稣” (三)这仍然是读者现今的情形，但特别提到他们对未来的盼望，回应了“因盼望我们主耶稣基督所存的忍耐”(3 节)一语。原文在本节开首有“并且”一词(参现中、新译、当圣)，在文法

---

[176] *alēthinos*.

[177] *alēthēs*. 关于这字在新约的用法，可参冯：“腓立比书”445 - 446。

[178] Cf. Barrett, *John* 133 - 134; Trench 26 - 30(§8); R. Bultmann, *TDNT* I 249, *TDNTA* 39.

上将“等候”与“服侍”连起来，二者同为“归向神”的目的；[179]像“要服侍……”一样，“（要）等候……”间接地描写了读者现今的情况。在意思上，“并且”可说引介出读者的基督徒特征：归依了犹太教的外族人也称得上是离弃了偶像，归向了并服侍永生的真神，但唯有基督徒才符合这里所描写的情形。“等候”一词的原文在新约只出现这一次；这词在主前15～12年间的几份蒲草纸文献中出现，该处提到一些欠债人不可“等到”期限届满才清偿债项。[180] 由此可见，这词本身并不含等候一个人“回来”或“迫切或喜乐地”期待等意思，而只有忍耐和坚信的含意。[181]不过，保罗多次用“热切地等候着”这动词[182]来指耶稣再临（林前一7；腓三20；参来九28）或其他与末日救恩有关的事（罗八19、23、25；加五5），因此“等候他儿子……”实质上应有热切期待的成分在内。

除了本节，保罗书信另有十四次称耶稣基督为“神的儿子”（罗一4；林后一19；加二20；弗四13）、“他的儿子”（罗一3、9，五10，八3、29；林前一9；加一16，四4、6）或“他自己的儿子”（罗八32）；但本节把“他儿子”这词和基督的再临连起来，则是绝无仅有的。[183] “从天上”（现中）这词组在原文以几个不同的格式在保罗书信一共出现七次，只有在本节“天”字是复数的；[184]保罗书信的证据显示，单数的共用了十一次，复数的十次，二者在意思上并无分别。[185] 天是神的所在（参徒七49），因此

---

[179] *epestrepsate ... douleuein ... kai anamenein*.

[180] MM 36 (s. v. *anamenō*).

[181] Cf. Ellicott 14*b*.

[182] *apekdechomai*.

[183] 原文并无“降临”一词，单从字面上看，“从天上”一语是形容“等候”的；但原文的结构显然是一种浓缩的写法，加上“降临”或“降下”（思高）二字是正确和合理的补充。

[184] 本节用 *ek tōn ouranōn*. 另外两个格式是：*ex ouranou*（林前十五47；林后五2；加一8）和 *ap'ouranou*（罗一18；帖前四16；帖后一7）。此外，腓三20亦间接地用了“从天上”（复数：*exouranōn* 一语；参冯：“腓立比书”408。

[185] “在天上”有时是 *en ouranoi*（林前八5；西四1），有时是 *en ouranois*（弗三15，六9；腓三20）、*en tois ouranois*（林后五1；西一5、16、20）或 *epi tois ouranois*（弗一10），比较林后五1和五2，弗六9和西四1，本节各四16等经文，可见单数与复数的意思基本相同。除上述经文外，单数的“天”字见于罗十6；林后十二2；西一23，复数的见于弗四10。原文复数的“天”字可能反映希伯来文的“天”字；后者是复数的，这大抵与希伯来人“多重天”（参林后十二2）的观念有关。

"从天降临"一语不仅表明神的儿子现今是在天上(参腓三 20),可能还有"带着神的权柄和能力而来"之意。接着的一句话可说证实了保罗确有这种含意。

"他从死里复活"较清楚的译法是"他使之从死者中复活"(思高)。"使之……复活"这个动词的原文[186]在保罗书信共用了四十一次;除了三次(罗十三 11;弗五 14;腓一 17)之外,其余的三十八次都是指死人复活的事,其中二十六次是特指耶稣基督的复活。一件重要的事实是,不论所指的是耶稣或别人,经文所用的结构要不是主动语态的"神使……复活",就是被动语态的"……被(神)使之复活";[187]换言之,本节这个动词从没有用来表达自己复活的意思。这个意思不止一次在约翰福音出现(参约二 19、21,十 17、18),在保罗书信则只见于本书四章十四及十六节,该处所用的是关身语态的动词"复活"。[188] 本节所用的结构,最能表达耶稣复活是神主动和具体的行动的结果;声明那是"从死人中"的复活(参注 187(二)(三)),同时强调了耶稣之死与复活的真确性(参林前十五 4:"而且埋葬了")。神使耶稣复活,显明了他是大能的神子(罗一 4);不过在本段经文里,神使耶稣复活的意义可能不是在于证明耶稣是神的儿子,而是在于表示他必会再次降临[189]——这位曾经在世为人的耶稣,神已使他从死人中复活,这是神给万人的"可信的凭据",表明他就是神所设立的审判天下者(徒十七 31,参十 42)。因此,他必会带着神的权柄和能力再次"从天降临",执行神委托给他的职责;这个思想和下一句提到"忿怒"的事实相符。

---

[186] *egeiro*.

[187] (一)神使耶稣复活——四次(林前六 14,十五 15〔两次〕;林后四 14);(二)神使耶稣从死人中复活——八次(罗四 24,八 11〔两次〕,十 9;加一 1;弗一 20;西二 12;帖前一 10);(三)耶稣被(神)使之从死人中复活——七次(罗六 4、9,七 7,八 34;林前十五 12、20;提后二 8);(四)耶稣被(神)使之复活——七次(罗四 25;林前十五 4、13、14、16、17;林后五 15)。以上共二十六次。(五)神使死人复活(林后一 9);(六)神会使信徒复活(林后四 14);(七)信徒被(神)使之复活(林前十五 42、43〔两次〕、44);(八)死人被(神)使之复活,(林前十五 15、16、29、32、35、52)。以上共十二次。

[188] *anistemi-aneste* (second aorist), *anastesontai* (future middle). 有关新约论复活的多种表达方式,详见冯:"腓立比书"374 注 196。

[189] E.g., Lightfoot 17; Neil 32; Whiteley 39 - over against, e.g., Ellicott 14*b*; Denney 324*b*.

“那位救我们脱离将来忿怒的耶稣”按原文的次序是：“耶稣——那位救我们脱离将来忿怒的”。除了“他〔指神〕儿子”外，本书和后书共用了八种耶稣的称呼，计为：(一)“主耶稣基督”；(二)“我们主耶稣基督”；(三)“主耶稣”；(四)“我们主耶稣”；(五)“主”；(六)“基督耶稣”；(七)“基督”；(八)“耶稣”。[190] 本节用最后一个称呼，可能反映教会关于基督复活的最早的信条——“神使耶稣从死人中复活”，又或者保罗有意暗指“耶稣”这名字的含意，即耶稣是拯救者(太一 21)。[191] 无论如何，这里用“耶稣”此名，清楚表明了复活的主和历史上的耶稣是同一个人。“救”字的原文[192]在新约共出现十七次，保罗书信占了十二次；施行拯救的总是神或主耶稣，被拯救的总是人。[193] 比起新约用了一百零七次的另一个“救”字(见于二 16；帖后二 10)，[194]本节“救”字的重点是在负面的“脱离”、过于正面的“进到”(参西一 13；提后四 18 正负二面的对比)；这字亦无“赎”字[195]的含意，即是拯救者要付代价才能成就救赎，而单指拯救者以其能力完成拯救的行动(参林后一 10；提后四 17～18)。“救”字在原文是现在时式的分词，因此有些学者认为，这表示拯救的行动(至少一部分)现今(在耶稣再临前)已在进行中；[196]其实这分词的现在时式是“无时间性的现在时式”，分词与冠词连着用，相等于名词(同样的结构于罗十一 26 译为“救主”)，“救我们的那位”意思即“我们的拯

---

[190] (一)帖前一 1；帖后一 1、2、12b，三 6、12；(二)帖前一 3，五 9、23、28；帖后二 1、14、16、18；(三)帖前二 15，四 1、2；帖后一 7，二 8(?)；(四)帖前二 19，三 11、13；帖后一 8、12a；(五)帖前一 6、8，三 8、12，四 6、15(两次)、16a、17(两次)，五 2、12、27；帖后一 9，二 2、8(?)、13，三 1、3、4、5a、16(两次)；(六)帖前二 14，五 18；(七)帖前二 6，三 2，四 16b；帖后三 5b；(八)帖前一 10，四 14(两次)。

[191] 分别见：Kramer，*Christ* 42(§8e)；Lightfoot 17.

[192] *rhyomai*.

[193] 神是拯救者，见：太六 13，廿七 43；路一 74；林后一 10(三次)；西一 13。主耶稣是拯救者，见：罗十一 26；帖前一 10；提后三 11，四 17、18。有三次没有明说谁是拯救者：罗七 24，十五 31；帖后三 2(在后两段，按文意看，答案应是神)。

[194] *sōzō*.

[195] *exagorazō*(例如：加三 13)，*lytroomai*(例如：多二 14)。

[196] E.g., Best 84; Patte, *Paul's Faith* 138; Mearns, 'Eschatological Development' 143. Cf. Collins 259, 342.

救者”，其重点不是在拯救的时间上，而是在拯救者的身份和功能上。[197]至于所指的拯救行动于何时发生，上文(复活的主是审判者)和下文(“将来忿怒”)同时提示的答案，是于末日审判之时(参3节；帖后一7～8)。

“忿怒”一词的原文[198]在新约共出现三十六次，保罗书信占了二十一次，除了三次指人的忿怒(弗四31；西三8；提前二8)，三次明说是“神的忿怒”(罗一18；弗五6；西三6)之外，其余十五次都只用“忿怒”一词(有或没有冠词)，不过其上下文一律提示，所指的仍是神的忿怒。[199]这词引起了不少争论，以下我们分几个步骤解释：(一)有些学者认为，保罗保存了“忿怒”的观念，只不过是要“描写在一个道德性的宇宙中一种无可避免的因果过程”。[200]从罗马书一章十八至三十二节可见，神的忿怒彰显时所用的方式，确与因果报应的原则相符(特别留意24节〔“所以”〕、26节〔“因此”〕、28节〔“他们既然……神就……”；27节〔“报应”〕；23、25、26节〔“变为”〕)。虽然如此，我们不应把二者等同，认为因果报应的原则就是神的忿怒，[201]因为神是有位格的(不纯是一种力量)，他的忿怒是圣洁公义的神对罪恶和不义所起的一种主动及个人的回应；故此神的忿怒不能被减化为一项非个人性的因果报应的原则。(二)不少学者将神的忿怒定义为神的审判，完全不涉及情绪的问题。[202]再一次从罗马书一章十八至三十二节可见，神的忿怒是以审判罪恶的方式表达出来；在同书二章一至五节，人所积蓄的“忿怒”要在“神震怒，显他公义审判的日子”(5节)变成“神的审判”(3节)。但我们仍然不能因此下结论说，神的忿怒完全不关涉情绪，只是一种审判的行动而已。

---

[197] Cf. Zerwick 372 (‘atemporal present’); Bruce II 1156b; Whiteley 40. 参五24：“那召你们的”相等于“你们的‘呼召者’”。

[198] *orgē*.

[199] 有冠词，七次——本节，二16；罗三5，五9，九22a，十二19，十三5。无冠词，八次——帖前五9；罗二5(两次)、8，四15，九22b，十三4；弗二3。

[200] Dodd, *Romans* 50 (cf. 55). Cf. also Whiteley, *Theology* 67：作者谓保罗用了“个人性”的词藻(“神的忿怒”)来指我们会称之为“非个人性的、自动的”一些过程。

[201] So, correctly, G. Stählin, *TDNT* V 443 with n. 416.

[202] E.g., Bultmann, *Theology* 1.288; Conzelmann, *Outline* 216; Richardson, *Theology* 224.

因为后者可能正是前者具体表达出来的方式。(三)另一些学者指出，在旧约里面，关于神的忿怒的信息，以及对他审判的作为的描述，二者并不是相同的；神的忿怒不仅指一项行动，亦指在神里面的一种"情绪"(例如：民十一 1，廿五 3～4；申廿九 28；诗三十 5，卅八 1；耶廿一 5，卅二 37；结五 15)。[203] 在新约方面，有学者说虽然在多数的有关经文中，神的忿怒所指的是实际行动过于情绪上的反应，但在多处经文中亦包含神的态度在内(罗一 18，九 22；来三 11，四 3；启六 16)，否认这一点跟否认神的"爱"和"怜悯"包括神的态度，是同样不可能的；在新约如在旧约一样，神的忿怒同时是他对邪恶的敌意和不悦，以及他所作出的审判。[204] 在上述的五段经文中，除了引用旧约的、希伯来书那两段外，其余三节都不见得特别清楚表明神的忿怒是一种情绪，可见新约提到神的忿怒时，其重点确实不是放在情绪的一面；但既然神的忿怒是一位有位格的神对罪恶所起的个人的反应，[205]认为它同时涉及情绪是合理的看法。(四)神的忿怒和神的爱同样是圣经表明的事实，二者并无冲突，因为爱是良善的一部分，但若神对罪恶和不义的反应不是"忿怒"而是容忍或不予理会，他便不是良善的，因他没有真正爱人(受害者和犯罪者)。(五)若以人的经验为喻，神的忿怒不能比作一般的人的忿怒，而只可比作一个良善的人对世上的罪恶、腐败、不义等邪恶所起的忿怒；但是因为没有一个人(除耶稣以外；参可三 5)是像神那样完全圣洁、完全善良、完全慈爱，反而总是或多或少受到罪的污染及与罪妥协，甚至这种"高等"人的忿怒亦只能模糊地反映神的忿怒而已。[206]

神的忿怒显然有现在的(罗一 18)和未来的(罗二 5、8，五 9)这两面，后者是较基本的观念；在罗马书五章九节提示下("要……免去"在原文是未来时式的动词)，本节的"忿怒"是指未来的一面。附加的形容词"将来的"(新译)证实了这个意思。原文所用的结构是分词加冠词，[207]意思是"那将要临到的"(现中)。"将来的忿怒"一词亦见于马太

---

[203] J. Fichtner, *TDNT* V 397. Cf. Morris, *Preaching* 129 - 136.

[204] G. Stählin, *TDNT* V 422,423,424 - 425, *TDNTA* 723.

[205] Morris(*Preaching* 161 - 166)尤其强调这一点。

[206] Cranfield, *Romans* 109.

[207] *tēs erchomenēs*.

福音三章七节及路加福音三章七节,[208]不过该二处所用的分词是跟本节不同的另一个"来"字;这字强调"必定会来"之意,本节所用的"来"字,则可能强调"快要临到"的意思("快要"包括"必定"之意)。[209] 神的忿怒是针对人的罪(参罗四 15),而耶稣之所以能拯救信徒脱离将来的忿怒,是因他藉着死和复活,完成了救赎大功(参五 9～10;罗五 9～10)。保罗在帖撒罗尼迦人当中传福音时,必曾提到神对拜偶像及放荡的生活要施行审判,并宣告耶稣能拯救他们免去此审判,[210]而这有关"末日审判"的事实和信息,看来是导致他们接受福音的一个重要因素。

帖撒罗尼迦人所经历生命上的改变,包括了上述的三方面(9b～10 节),这三方面跟第三节所提的三件事正好前后呼应——"离弃偶像、归向神"是他们"因信心所作的工夫"的第一步;他们"服侍那又真又活的神"的方式包括了"因爱心所受的劳苦";"等候他儿子从天降临,……救我们脱离将来的忿怒"具体地说明了他们"因盼望我们主耶稣基督所存的忍耐"。

这两节经文(一 9b～10)的体裁和词藻引起了一些讨论。在体裁方面,这两节显示了一种小心思考出来的结构,如下:

你们是怎样离弃偶像,归向神
要服侍那又真又活的神
等候他儿子从天降临
就是他从死里复活的
耶稣——那位救我们
脱离将来忿怒的

第一、二行的思想是平行的,第二行补充第一行,这两行的焦点是在神的身上;第三、四行提出福音所宣讲关于耶稣的一些基本事实:他

---

[208] *tēs mellousēs orgēs*.

[209] Frame 89; cf. Lightfoot 17. Findlay 31 谓福音书所用的字是指与现在分开的将来,但本节所用的是指由现在继续下去的将来。但在"那将要来的"一词中(*ho erchomenos*,例如:太十一 3;路七 19～20;约六 14,十一 27;徒十九 4;来十 37),"来"字不见得有这种含意。

[210] 大致上说,保罗用本节的"救"字时(见上面注 192),要脱离的若是人,所用的介系词是 *apo*(罗十五 31;帖后三 2),若是物,所用的介系词是 *ek*(本节;罗七 24;林后一 10;西一 13;提后三 11,四 17)。提后四 18 用 *apo*,但要脱离的是"诸般的凶恶"。

死了，复活了，并要从天降临（“从天上”与“从死人中”相对）；第五、六行将耶稣的工作和神的工作连起来：耶稣救我们脱离将临的、神的审判。[211] 在词藻方面，本段有以下的特点：“等候”一词（原文）在新约只出现这一次；“归向”一词（用在悔改归主的意义上）在保罗书信只出现另一次（林后三 16）；“救”字指基督在末日的拯救行动在保罗书信中是绝无仅有的；“他儿子”这称号和他的再临连着出现，也是只有这一次。基于上述两方面的因素，学者普遍认为本段不是（至少不全部是）保罗经手的著作：有认为这是唱给刚接受水礼的信徒听的诗歌，或是几乎可以出自一本教义问答书，或是混合了传统的信条和保罗加上的话。[212] 鉴于“归向神/主”等词多次在使徒行传出现（见上面注 166 及所属正文），本段较可能反映了早期（即保罗之前）宣教士宣讲福音时所用的词汇，甚或反映了一种已定形的公式（亦见于徒十四 15）；[213]其中“神的儿子”的称号与耶稣的再临相连着的独特现象，也许反映了“人子”再临的传统——那些宣教士将“人子”改称“神的儿子”，为要使外邦听众易于明白。[214]

综合本段（一 2～10）的内容，我们可以用“神的拣选”为其主题，这就是保罗为读者常常感谢神的至终的原因——他们是蒙拣选的（4 节）。从本段可见，“神的拣选是透过使徒的宣讲和人的相信而达成”（串释本

---

[211] Neyrey, ‘Eschatology’ 220(with reference to B. Rigaux); cf. Bruce 10. 另一个看法认为这是一首分为两节、每节三行的诗歌，头一节描写那些外族信徒从前归向了神，现今服侍神，并期待神的儿子再临，第二节同样呈现这种三重时间的分法：基督从死里复活，如今拯救我们，并要救我们脱离将来的审判（G. Friedrich, as reported in *NTA* § 10[1965-66]-1021; cf. Best 86）. 但经文的“救”字可否这样“一物二用”是值得怀疑的。

[212] 分别见：G. Friedrich（同上注；cf. Collins 151-152）; Bornkamm, *Paul* 63; Conzelmann, *Outline* 87. 后一位学者认为第三行及第五行“那位救我们的”是保罗加进传统架构里的话。但 Noack（‘Teste Paulo’ 25-26）指出，罗十一 26 显示“救”字（在该处亦是分词与冠词连着用，如在帖前一 10，只是并无宾词）是个已成立的神学名词，因此在帖前本节同样是来自早期教会的宣称。

[213] Cf., e.g., Marshall 57; Bruce 18; Best 86; Whiteley 39; Moore 30; de Jonge, ‘Some Remarks’ 132-133. Wenham (‘Paulinism’ 54)正确地认为，帖前一 9～10 跟徒十七16～31 所记载的布道信息非常相似（帖前是写于保罗在雅典那次讲道后不久的），此事实最自然的解释，就是路加对于保罗在此时期的事奉有准确的资料。

[214] Cf. G. Friedrich（同注 212）; O. Michel, *NIDNTT* III 644. E. Scheweizer (*TDNT* V III 370, *TDNTA* 1211)则认为这改称是保罗经手的.

一 4～5 注释)。在使徒及其同工方面,他们的宣讲和生活,都显出他们有神同在,是神所使用的(5 节);在帖撒罗尼迦人方面,他们不独领受了真道,在大患难中仍有喜乐(6～7 节),并且在美好的生活见证上(3 节〔这是保罗感谢神的直接原因〕、9～10 节)加上口头的见证,使主的道得以传开(8 节)——这一切充分证明,帖城信徒是蒙神拣选的。如上文不止一次指出的,保罗在第二章会进一步解释这两方面:他们如何传福音(二 1～12)及帖城信徒如何接受福音(二 13～16)。

叁 自辩
（二 1～12）

本段进一步解释保罗及其同工"进到"帖城的情形（二 1，参一 9），详细地追述他们在帖城信徒中间工作和生活的表现。保罗的自辩，看来是针对一些毁谤者的指控而发的。有学者认为，保罗在帖城遇到的情形跟哥林多的情形颇为相似：一些人对属灵恩赐的狂热已达到不受控制的程度，他们批评保罗，认为他缺乏能力，缺乏那些较为显眼的属灵恩赐。但此说提供的证据——认为本书一章五节，二章一至十三节和哥林多前书二章四节，四章十五节；哥林多后书四章二节，十一章九节，十二章十二节等经文有平行的现象[①]——颇为薄弱；灵恩问题在本书及后书所占的位置远不及这问题在哥林多前书所占的重要，因此不应把这两个教会的情况混为一谈。

另有学者指出，本段在内容及词藻上都与犬儒派哲士狄奥·屈梭多模[②]（主后 40 年至约 120 年）对理想之犬儒哲士的描写非常相似，以下各点可供比较：（一）狄奥说有些犬儒主义者惧怕群众的"凌辱"，不肯卷入生命的"格斗"中，他们的话可说是"徒然"的；真正的哲士则"放开胆量"面对群众，因为神赐给他勇气。保罗说虽然他曾被害受辱，他的到访不是徒然的；相反地，他在大争战中仍然靠着神放胆宣讲福音。（二）狄奥说江湖术士是骗人的，他们把人带进错谬里去。但保罗声言他所讲的并不是出于错误。（三）对狄奥来说，理想的哲士所讲的是出自纯洁的心，不含诡诈成分在内；保罗说他的呼吁并无不洁的动机，也不是用诡诈。（四）真正的哲士不会为荣耀或金钱施教，也不会谄媚人；保罗声称他没有以传道为名、以图利为实，也没有向人求荣耀或奉承他们。（五）狄奥和保罗都自称是受神引导而讲话的。（六）狄奥强调，哲者不应总是以苛刻的态度对待听众，有时要像慈父或温柔像乳

---

① Dunn，*Jesus* 269. 此外，作者亦引帖前五 19～22 及帖后二 2（尤其是后一段）以支持其说。

② Dio Chrysostom，Cynic philosopher.

母;保罗用了同样的图象。基于这些比较,这位学者结论说,保罗在本段使用了犬儒传统对理想之哲士的描绘来描述他在帖城事奉的情形;而且,就如我们不能证明狄奥是在为自己提出答辩,驳斥别人对他的攻击,同样,我们也不能从本段断定,保罗当时是针对一些实在的敌对者提出自辩。③ 可是,狄奥是笼统地在描写"理想的哲士"这类别的人物,保罗却是具体地在描写三个个别的人物(参一 1)的表现;④保罗若不是要为自己辩护,我们便难以解释为何本段跟狄奥所描写的理想哲士有那么多相似的地方;而且保罗在本段多次以读者所知道的事以及神的鉴察为证(1、2、5、9、10、11 节)——基于这些因素,认为本段反映了一些人对保罗及其同工的批评或毁谤,是较为合理的看法。

关于本段最可能的解释,是认为提摩太在他给保罗的报告中,不单提到三章六节那个好消息,也提到犹太人在帖城继续(参徒十七 5～9)他们的反福音活动:他们丑化保罗传福音的动机,把他放在当日充斥各希腊城市、以推销各种宗教或学说维生的巡回"宣教士"的行列中,他们又用保罗迟迟不回帖城探望信徒的事实攻击他(参二 17～18),说他其实并不关心信徒,只关心自己的名与利。⑤ 他们这种毁谤保罗的政策若是成功的话,即是帖城信徒若对保罗的动机和品格产生怀疑的话,帖城信徒对福音的信心也就必大为动摇。因此保罗在本段详细地和刻意地解释,他和他的同工在信息、动机及行为各方面,都与当日的异教哲

---

③ A.J. Malherbe, as reported in *NTA* § 15(1970 - 71)- 620; 'Exhortation' 248; *Paul* 74 - 75; cf. Boers, 'Form Critical Study' 150; Hock, *Social Context* 48 - 49; Collins 183 - 187.

④ 即是 general and generic 和 specific and individual 的分别。

⑤ Cf. e.g., K.H. Rengstorf, *TDNT* I 411 with n.29; G. Friedrich, *TDNT* III 693; L. Coenen, *NIDNTT* III 50; Neil 50; Moffatt 6; Best 21 - 22. Betz ('Problem of Rhetoric' 22 - 23)从修辞学的角度看本段,指出保罗自辩之法,就是举出两种相反类型的人作为对比:江湖郎中与神的真使者相对(3 - 4);假朋友(他用"谄媚的话",里面"藏着贪心",为要"向……人求荣耀")与真朋友(他连自己也不惜与人分享)相对;巧言善辩的骗子与以诚恳令人信服者相对。关于保罗在帖城的敌对者的身份较详细的讨论,可参 Marshall 16 - 20; esp. Best 16 - 22. 二位作者都指出,认为保罗的敌对者是"属灵狂热者"或诺斯底主义者等看法,皆缺乏经文的支持。

士有别。倘若有部分(即使是少数)的信徒已受到犹太人的谣言影响的话,[⑥]我们便更容易了解保罗为什么用了这么多的篇幅为自己和同工辩护。看来他的辩护是成功的,因为后书完全没有本段自辩的回响。

(I) 在帖城传道的开始(二 1～2)

1 弟兄们,你们自己原晓得我们进到你们那里并不是徒然的。
2 我们从前在腓立比被害受辱,这是你们知道的;然而还是靠我们的
神放开胆量,在大争战中把神的福音传给你们。

二 1 "弟兄们,你们自己原晓得我们进到你们那里并不是徒然的" 这是保罗第二次直接称呼读者为"弟兄们"(参一 4 注释)。"你们自己"这强调格式的代名词与一章九节的"他们自己"[⑦]相对,所提出的意思是:不仅"他们自己已经报明我们是怎样进到你们那里","你们自己"也晓得。原文在句首有"因为"一字,表示保罗现在所讲的跟上文有关;最自然的看法,就是本段进一步解释"我们是怎样进到你们那里"那句话,亦即同时进一步解释一章五节的话,指出三位宣教士在帖城如何传道,在帖城信徒中间如何事奉。本节的"进到"跟一章九节的"进到"在原文是同一个名词,意思亦相同(见该处注释)。这里原文所用的结构,是以"我们进到你们那里"为"知道"的直接受事词,然后加上一句话形容该次的"进入"是怎样的,这样就使人特别留意那句形容的话[⑧]——"并不是徒然的"。

"徒然"、"白费"(新译,当圣)、"没有效果"(现中,思高)等译法,代表了原文那个形容词[⑨]一方面的意思。这词在新约共出现十八次,保罗书信占了十二次;在十八次之中,有八次的意思是"没有效果"(徒四

---

⑥ Donfried ('Cults of Thessalonica' 351)甚至认为那些批评是来自帖撒罗尼迦教会本身;但帖前三 6 的见证不支持这个看法。

⑦ 原文都是 *autoi*.

⑧ Ellicott 15 *b*. *tēn eisodon hēmōn* = proleptic accusative, *hoti* = epexegetic (Robertson, *Pictures* 4.15).

⑨ *kenos*.

25;林前十五 10、58),包括五次用于"徒然领受/奔跑/劳苦"一语中(林后六 1;加二 2;腓二 16(两次);帖前三 5)。另外九次的意思是"空",即"空手"(可十二 3;路一 53,二十 10、11)、"空洞",即是没有内涵(林前十五 14〔两次〕;弗五 6;西二 8;雅二 20)。比较哥林多前书十五章十四节和十七节,可帮助我们掌握这第二个意思:保罗指出,基督复活的事实乃福音的基本部分,"若基督没有复活,我们所传的便是枉然,你们所信的也是枉然"——所传的及所信的都变成缺乏内涵的东西(14 节;参现中、思高的翻译);若是这样,"你们的信便是徒然"——是没有用处、没有果效的,以致"你们仍在罪里"(17 节)。⑩ 由此可见,原文那个形容词本身有"缺乏内涵、虚有其表"和"没有效果、白费心机"这两个意思,前者显然很容易引至后者。问题是:这词在本节是哪一个意思?

一般的中译本(见上一段)及英译本都采纳后者。⑪ 可是,"没有效果"这个意思与文理不符,因为下文(2～12 节)并没有解释使徒的访问在帖城信徒中产生了什么效果(13～16 节才是论这方面的;参一 9b),而是强调保罗及其同工是怎样把福音传给帖城信徒并怎样在他们中间事奉(参一 9a)。另外那个意思则与文理相符:保罗先说他们的"进入"并不是"虚有其表(只在乎言语)、缺乏内涵(没有能力、圣灵和充足的信念)"的(参一 5),然后他就详细地追述他们的"进入"是带着何等丰富的属灵内涵——神的福音、传福音的勇气和能力、纯洁的动机、圣洁的生活、满有爱心和忠心的事奉。因此,虽然有释经者认为保罗可能是故意采用了这模棱两可的讲法,或指出保罗传道的性质及其果效是分不开的,⑫文理却清楚支持这个看法——"不是徒然"所指的,不是(至少主要不是)保罗的访问的结果,而是(至少主要是)那访问的性质。⑬

---

⑩ 林前十五 17 用的字是 *mataios*,14 节用的才是与帖前二 1 相同的 *kenos*.

⑪ 'in vain' (AV, RSV, NASB), 'fruitless' (NEB), 'a failure' (NIV). Cf. Best 89; Ellingworth-Nida 19 - 20;周 44。

⑫ 分别见:Moore 33; Bruce 24. Cf. also A. Oepke, *TDNT* III 660, *TDNTA* 427.

⑬ Cf. Marshall 62 - 63; Ellicott 15*b*; Lightfoot 18; Morris II 68. Cf. also Frame 92; Hendriksen 60 ('empty-handed'). Schmithals (*Paul* 137 - 142)认为此字反映有人说保罗的讲道软弱无力,因他缺乏"属灵人"的外在标记:说方言、得异象和启示、进入忘我的境界等,这正是保罗在哥林多所遇到的批评(林前四 10〔参林后十三 9〕;林后十 1、10,十二 11,十三 3);作者由此推论,保罗在帖撒罗尼迦的敌对者,像他在哥林多的敌对者(转下页)

"是"字在原文是完成时态的，表示使徒的"进入"不但在当时有这种"带着丰富内涵"的性质，就是现在，当保罗说"你们自己知道"这话时，该次的"进入"在作者和读者心中仍然保持着那个性质。

二2 "我们从前在腓立比被害受辱，这是你们知道的" 本节开始时原文用了一个强烈的反语气连接词"相反地"(当圣)，表示保罗现在要讲的话是从正面去解释上一节"不是徒然的"那句话的意思；这一点可说证实了上文对"徒然"一词的解释，因为与"徒然"相对的，就是保罗等人在恶劣环境下仍然勇敢地传福音的事实。保罗首先指出，在他和同工"来到〔帖城〕之前"(思高，参现中)，[14]他们曾在腓立比"被害受辱"；这事记载于使徒行传十六章十六至四十节，保罗在腓立比书一章三十节提到读者"在我身上从前所看见"的争战，也是指这件事。原文用两个过去时式的分词，前一个是主动语态，后一个是被动语态(思高："吃了苦，受了凌辱"；新译："受了苦，又被凌辱")。有学者认为可能前一个分词是把重点放在"受苦"主动的一面，即是说主动和积极地忍受苦难(参腓一29～30)；[15]但"受苦"一词在新约一贯以主动语态的格式出现(共四十二次)，所以这里用主动语态的分词并无特别之处，从文理亦难看出保罗为什么要强调他们在腓立比受苦主动的一面。因此，一些中译本将这个主动语态的分词译成被动之意(和合；现中："受迫害，受侮辱"；参当圣)，并没有违反原文的意思。

"受侮辱"这动词的原文[16]在保罗书信只用了这一次，在新约另外出现四次(被动语态：路十八32；主动语态：太廿二6；路十一45；徒十四5)；同字根的抽象名词[17]出现三次，只有一次是"凌辱"的意思(林后十二10；其余两次指"伤损"：徒廿七10、21)；同字根的具体名词"侮慢

(接上页)一样，是诺斯底主义者。但"徒然"一字不一定要像此作者那样解释。

⑭ 这就是"从前……被害"一词原文(*propaschō*)中的前置词的意思。这词在新约中只用了这一次。

⑮ W. Michaelis, *TDNT* V 924, *TDNTA* 801.

⑯ *hybrizō*. 严格说来，保罗应该用 *prohybristhentes*，与前面的 *propathontes* 保持平行；不过，由于第一个分词已用了前置词，第二个分词便可省略不用而仍有"在……之前"的意思。

⑰ *hybris*.

人的〔人〕”⑱则出现两次(罗一 30;提前一 13)。从使徒行传十六章的记载看来,“被害”是指保罗和西拉在身体方面的受苦(他们被打了许多棍,然后被下在监里),“受辱”则特指他们在精神方面所受的“侮辱”或“凌辱”:他们未经审讯,“并没有定罪”,便被腓立比的官长吩咐人“在众人面前”剥了他们的衣裳,打了许多棍(徒十六 37、22～23)——这对任何人都是一种蛮横和强暴的行为,更何况他们二人是罗马公民,罗马的法律保障他们不会受到这种(受棍打)待遇的。⑲ 尽管保罗“为基督的缘故,就以……凌辱……为可喜乐的”(林后十二 10),他忆述在腓立比所受强横无理的对待时,也许难免心中仍有点愤愤不平哩!

“这是你们知道的”原文是“正如你们知道”(一 5,见该处注释),这是保罗在本书第二次用这句话。帖城信徒知道保罗和西拉二人在腓立比被害受辱的事,大抵是保罗或西拉自己告诉他们的。保罗在本节重提此事,为要衬托出他和同工在帖城传福音的勇气,从而显出他们的福音确是来自神的。因此,本句那两个分词不是单表达时间上的先后次序(“我们在腓立比被害受辱之后,便……”),而是有“虽然”之意:“我们虽然在腓立比遭受了逼害和凌辱,但……”(当圣)。⑳

“然而还是靠我们的神放开胆量” “然而”“可是”(现中、新译、思高)或“但”(当圣),都是中译本为要表达上半节原文那两个分词的含意而加上的。“放开胆量”(参新译)一词的原文㉑在保罗书信只用了两次(另一次是弗六 20),另外只见于使徒行传(七次),同字根的名词㉒在新约共用了三十一次,保罗书信占八次;这组字汇最常见的意思是指宣讲福音的胆量(详参冯:“腓立比书”142;特别比较本节、弗六 20 及徒廿六 26)。㉓ 原文所用的过去时式在这里的作用,可能是把注意力集中于那

---

⑱ *hybristēs*.

⑲ Cf. Bruce 25; Marshall 63.

⑳ Cf. Lightfoot 19; Frame 92 (concessive), over against Ellicott 16*a* (temporal).

㉑ *parrēsiazomai*. 关于此组字汇在希腊文献中的背景以及在新约的用法,可参:Marrow, '*Parrhesia*';可以特别留意 432(第二段),438(第二段),439(第二段),444(第一段),446(末段)。

㉒ *parresia*.

㉓ Frame 93 认为,随后的“传”字表示本节的“放开胆量”一词只有“鼓起勇气”之意,并不包含“讲说”的意思。但这词在弗六 20 及使徒行传多次单独使用时,其意思亦明显(转下页)

个行动的开始：保罗和同工"鼓起"勇气（当圣）、"放开"胆量，传神的福音。[24] 他们这种对人无所畏惧的胆量和勇气，[25]是因他们倚靠神而有的；"靠……神"的原文直译是"在神里"，意思可能是说他们信赖神会在他们传福音的工作上扶持他们，就如他们在腓立比所经历的。[26] 保罗通常以主耶稣为他依赖的对象或信念的基础（"在主里"：帖后三 4；加五 10；腓一 14，二 24），这里用"在神里"，可能是受了"神的福音"这思想的影响。在"我们的神"这词组中，"我们"显然回应了上一句"我们从前在腓立比被害受辱"的"我们"，指保罗和他的同工；若读者及所有其他基督徒也包括在内的话，这最多也只是个附属的意思。

"在大争战中把神的福音传给你们"　"把神的福音传给你们"在原文紧接着"靠我们的神放开胆量"。"传"字（新译"述说"）原文与一章八节的"说"字相同（见该处注释），在这里的意思是"宣讲"（思高）；这字用在这意思上的时候，跟下文第九节那个"传"字[27]同义，就如腓立比书一章十四节的"传"字（即本节所用的）和十五节的"传"字（即本章第九节所用的）是同义一样（详参冯："腓立比书"124）。"神的福音"即是保罗较早时提及的"我们的福音"（一 5；见该处注释）；这里称福音为"神的"，表示神是福音的来源。[28]

"在大争战中"或"在艰巨的格斗中"（思高）描写了保罗和同工是在怎样的情况下把福音传给帖城信徒的。关于"争战"这名词及同字根的动词[29]的字义，请参冯："腓立比书"185－186；名词在本节（如在西二 1）很可能已失去了原来"竞赛"的含意，而只有"斗争"之意。[30] "争战"或

（接上页）是"放胆讲说（传道）"（九 27、28，十四 3，十八 26，十九 8），虽然作者有时加上"说"字（十三 46，廿六 26）。因此本节的"传"字只是将"放胆讲说"一词一方面的含意更清楚地表达出来。

[24] 即是将 *eparresiasametha* 看为 ingressive aorist (Robertson，*Pictures* 4.16).

[25] Cf. H. Schlier，*TDNT* V 883；H.－C. Hahn，*NIDNTT* II 736.

[26] Marshall 63.

[27] 原文分别为：*laleō*，*kēryssō*.

[28] *tou theou* = subjective genitive (e.g.，Lightfoot 20；Best 91) or genitive of origin or originating cause (Ellicott 16*b*), rather than both subjective and objective (e.g.，Moore 33；Keck，*Paul* 32) or both objective genitive and genitive of origin (Collins 294).

[29] *agōn*，*agōnizomai*.

[30] Cf. Pfitzner，*Agon Motif* 6 with n.1.

"格斗"不但表示从事战斗者需要不断地竭尽所能、集中力量以求达到目的,同时含有从事战斗者必须与一股敌对的力量(如障碍、危险等)互相抗衡之意;[31]本句在现代中文译本("不怕任何阻挠")和当代圣经("不屈不挠地")的译法,都反映了这个含意。这词在腓立比书一章三十节是指在逼迫中坚守信仰的"争战",在歌罗西书二章一节则指一种内在和属灵的"尽心竭力"(敌对的力量就是当时威胁着利加斯流域之教会的异端);但本节的"大争战"所指的是什么?(一)有释经者认为所指的可能是外来的逼迫,亦可能是内在的"斗争",即是极大的焦虑,孰是孰非,我们无法断定。此说的理由是:本句上文提到保罗和同工在腓立比的遭遇,这提示"争战"含有"逼迫"之意;另一方面,保罗用"争战"而不用"患难"(一 6)一词,则提示内心的焦虑之意。(二)亦有认为本句的意思是:竭力以赴,并且存着极深的关注和焦虑(即是把"争战"看为内在的)。(三)多数释经者将"争战"解为外来的敌对,本句的意思即是"在强烈的反对之下"(新译)。(四)还有一个看法,就是"争战"同时包括外在的格斗和内在的焦虑。[32] 笔者同意第三个看法,理由如下:(一)根据使徒行传的记载,保罗在帖城传道时,确曾受到犹太人的阻挠(参徒十七 5～9);本书的内证亦显示,犹太人拦阻使徒和同工传福音给外族人(二 15～16);因此,这"强烈的反对"很可能就是来自犹太人的。(二)"争战"纯粹指或包含内在的焦虑这两个看法,都难与"放开胆量"这词的用法互相协调:虽然从某个角度来说,真正的勇敢不在于完全没有惧怕,乃在于虽有惧怕却仍选择去做当做的事;[33]但使徒行传用"放开胆量"这词来指宣讲福音时(徒九 27、28,十三 16,十四 3,十八 26,十九 8,廿六 26;参弗六 20),似乎并没有上述意思上的保留。[34]

---

[31] E. Stauffer, *TDNT* I 137, 138, *TDNTA* 21; A. Ringwald, *NIDNTT* I 647.

[32] (1) Frame 94; (2) Hendriksen 61; (3) e.g., Lightfoot 20; Grayston 68; Best 91 - 92; Marshall 64; Bruce 25; (4) Neil 35; Malherbe, *Paul* 47. Moore 34 认为也许保罗在这里(如在二 1:"徒然")是故意用了模棱两可的讲法。

[33] Cf. Peck, *Road Less Traveled* 131: 'Courage is not the absence of fear; it is the making of action in spite of fear, the moving out against the resistance engendered by fear into the unknown and into the future.'

[34] Cf. Pfitzner, *Agon Motif* 112 - 113.

至于这强烈的反对以什么形式出现，有学者认为保罗想及的主要是他和犹太人之间的"舌战"，因他离开帖城时并没有受到身体方面的伤害；[35]但使徒行传十七章的记载显示，犹太人的反对包括"耸动群众闯进信徒的家"和"在地方官面前控以政治罪名"的行动，虽然保罗的身体没有被卷入该次事件中，该事件却直接引致保罗被逼迅速离开帖城，因此他必会把犹太人的行动看为"强烈的反对"的一部分。无论如何，保罗在自辩的开始便强调他和同工是"在大争战中"传福音给帖城信徒，表明他们不像一些巡回的哲士那样不肯卷入生命的"格斗"中[36]（参二1～12引言）。

(II) 传道的基础及原则(二3～4)

3 我们的劝勉不是出于错误，不是出于污秽，也不是用诡诈。
4 但神既然验中了我们，把福音托付我们，我们就照样讲，不是要讨人
喜欢，乃是要讨那察验我们心的神喜欢。

二3 "我们的劝勉不是出于错误，不是出于污秽，也不是用诡诈" 本节原文开始时有"因为"一词，表示下面的话跟上文很有关系；保罗在这里进一步对读者说明和证实上两节所说的，即是解释他和同工何以能够靠着神放开胆量传福音给帖城信徒，他们的"进入"是如何满有属灵的内涵。全节在原文并无动词，但下一节的"讲"字是现在时式，因此中译本在本节正确地补充的动词"是"字，在意思上也是现在时式的。换言之，这两节所描写的是保罗和同工传福音时惯常持守的原则和态度；第五节开始（"用"字在原文是过去时式）则继续忆述他们在帖城传福音的情形。本节和下一节分别从正反两面提出他们为何及如何传福音。

"我们的劝勉不是出于错误" "劝勉"一词的原文[37]在新约共出现二十九次，保罗书信占了二十次，同字根的动词[38]共出现一百零九次，几乎半数（五十四次）在保罗书信中。有关这组字汇部分的字义研究，

---

[35] 同上，页114。
[36] Donfried, 'Cults of Thessalonica' 351.
[37] *paraklēsis*.
[38] *parakaleō*.

请参冯:“腓立比书”189。在本书和后书,动词用了十次(帖前二 12,三 2、7,四 1、10、18,五 11、14;帖后二 17,三 12),名词则只用了两次(本节;帖后二 16)。本节用“劝勉”这词来指传福音的工作,其重点是在传道的行动本身,而不是在信息的内容。这行动首先包括对未信主的人传福音,因此“劝勉”先有“呼吁”(新译)之意:保罗作基督的使者,就好像神藉着他劝世人接受“与神和好”的道理,从而进入“与神相和”的经历(林后五 20,参 18～19、21;罗五 1)。支持这个解释的另一段经文(除了林后五 18～21 一段外)是使徒行传十三章十五至四十一节:保罗在彼西底的安提阿之会堂中所讲的道(16～41 节),显然是“福音性”或“布道性”的(尤见 38～41 节),可见保罗认为布道性的传道是“劝勉”(15 节,即本节所用的名词)的行动的一部分。较多的时候,“劝勉”的对象是信徒,在这情形下,这行动所指的就是一个地方教会的牧者将福音的真理应用在那个教会及其个别的会众身上,其直接目的是要帮助他们顺服着福音来生活(罗十二 8;提前四 13;来十三 22——原文所用名词与本节相同)。保罗在帖城的传道工作,显然包括对信徒的“劝勉”(10～12 节,11 节所用的是动词),因此我们可以合理地推论,本节的“劝勉”亦包括这方面的意思。综合来说,“我们的劝勉”是指保罗和同工传福音的工作,包括对未归主者的“呼吁”以及对信徒的“劝勉”两方面。[39]

“错谬”一词的原文[40]在新约共用了十次,保罗书信占了四次,包括本书及后书(二 11)各一次。这词在蒲草纸文献中似有主动的“欺骗”之意,[41]但在新约大部分的例子中,这词有被动的意思,即是由于自欺或被人欺骗或迷惑而产生的“错误”(罗一 27,思高:“颠倒是非”;帖后二 11;雅五 20,新译:“歧”途,即是错误的道路;彼后二 18,新译、思高:

㊴ Cf. O. Schmitz, *TDNT* V 795. Kemmler (*Faith* 176 - 177)将“劝勉”解为“安慰”——保罗的宣讲是一种安慰,尤指基督再来的应许和盼望所生的安慰(一 10,四 18,五 11;帖后二 16)。但此说缺乏说服力。

㊵ *planē*.

㊶ MM 516 (s. v.). “欺骗”或“迷惑”是同字根的动词 *planao* 六次出现于保罗书信时(林前六 9,十五 33;加六 7;提后三 13〔两次〕;多三 3)一贯的意思;动词的另一个意思是“走迷了路”(例如:太十八 12;彼前二 25)。

"错谬"的生活;彼后三 17;犹 11)。另外三次,这词可以解为主动的意思(太廿七 64,新译、思高:"骗局";弗四 14;约壹四 6,思高:"欺诈"的神),但至少在后二节亦可解为被动的意思(分别见:思高:引入"荒谬"的诡计;现中:"谬误"的灵),这意思至少在最后一节是更为适合的(因"谬误的灵"与"真理的灵"相对)。至于这词在本节的意思是主动抑或被动,有少数释经者支持前者,认为保罗是说他传道的动机("出于")并不是要欺骗人。[42] 大多数释经者则采纳后者,认为保罗是在否认他的"劝讲"(思高)的来源("出于")是对神的真理(即是关于神的真理)的"错误"或"幻想"(现中、思高)——换言之,他的福音不是来自神。[43] 笔者同意这个看法,理由如下:(一)"不是出于错误"若是指动机,便跟下一句"不是出于污秽"(见下文)有重复之处。(二)第四节与第三节是相对的,而特别和"不是出于错误"相对的是"神既然验中了我们,把福音托付我们"这思想;相对之下,"错误"所关涉的是信息的问题,不是动机的问题。(三)哥林多后书四章二节是和本节性质相同的经文,保罗在该处说他"不行诡诈,不谬讲 神的道理",本节说"不是出于错误,……也不是用诡诈";将两节比较(尽管两处的"诡诈"在原文是不同的字)同样提示我们,本节的"错误"与"神的道理"有关,不是与保罗的动机有关。(四)保罗对"他的福音不是来自神的"这项指控并不陌生(参加一 11~12),他在这里可能是针对同样的指控提出辩护。

"不是出于污秽" "污秽"在另一些译本中翻成"卑污的动机"(当圣)、"不良的动机"(现中)及"不诚"(思高),后者的意思大抵是"缺乏诚意"或"不诚实的动机"。这种译法反映了释经者对本节"污秽"一词第一个解释。[44] 另一个解释是"污秽"指情欲或不道德的行为,可能特别指不道德的性行为:与所谓"圣娼妓"苟合常是异教的一部分(参林前六

---

[42] Denney 326*b* - 327*a*; Schmithals, *Paul* 144 - 145; Bruce 26. Cf. W. Horbury, as reported in *NTA* §27(1983)-660;作者认为保罗当时遭受"说假预言"的指控,他这句话的意思就是:"我们作出先知的劝勉并非要诱惑你们背弃真道。"

[43] E.g., Lightfoot 20; Frame 95; Marshall 64 - 65; Cranfield, '1 Thessalonians 2' 220; H. Braun, *TDNT* VI 250 with n. 152.

[44] Cf., e.g.: Calvin 342; Best 94; Hendriksen 62; Marshall 65; Schmithals, *Paul* 145 - 146.

15～16),异教徒的道德生活至少常与他们的宗教信仰脱节;保罗在本句否认的,就是在这方面他跟其他宗教的宣教士并无分别。[45]"污秽"一词在保罗书信的用法似乎支持这个解释;因为本节的名词[46]在新约共用了十次,几乎全部是在保罗书信中(唯一的例外是太廿三 27),所指的都是与"圣洁"相反、使人不能与神相交的道德上的"不洁",而且大都是指行为(帖前四 7;罗一 24;弗四 19),有多次甚至可能特别指性关系及性行为方面的不洁(林后十二 21;加五 19;弗五 3;西三 5——在这四处地方,"污秽"与"淫乱"连着出现;亦参帖前四 7,比较四 3)。同字根的形容词[47]在保罗书信出现三次,其中一次的意思是"介乎礼仪上的圣洁和救恩意义上的圣洁"的相反(林前七 14),但其余两次都是指不道德的人(弗五 5,参五 3 动词)或不道德的事(林后六 17,按七 1 的提示)。由此可见,本节的"污秽"解为情欲或性方面的不洁是与这组字汇(尤其是名词)在保罗书信的用法相符的。

可是另一方面,本节的文理并不支持这个解释("不洁的性行为"处于"错误"与"诡诈"之间看起来不大自然,本章下文亦无明显提及性行为方面的事),也没有其他证据表示保罗曾受到这种指控。因此上述的第一个解释("卑污的动机")可能较为可取,所指的"污秽"可解为下文提到的"贪心"、"求荣耀"(5、6 节)等利己的动机。下列各点显示这个解释是可能的:(一)名词"污秽"在新约虽然大多数指外在的行为,但在马太福音二十三章二十七节则明指文士和法利赛人"内心〔的〕虚伪和邪恶"(现中);(二)这词在罗马书六章十九节的意思是很广阔的,包括显于行为的和藏于内心的"不洁";(三)保罗在哥林多后书七章一节将

---

[45] Cf., e.g.: Lightfoot 20－21; Frame 95; Neil 37; Moore 34;周 47("所谓污秽就是直接攻击使徒们有淫乱的行为")。Roetzel (*Letters of Paul* 52)则认为保罗获得"污秽"的罪名是因他教导人摒弃律法,这样就鼓励人放纵肉体。

[46] *akatharsia*.

[47] *akathartos*.这字在新约共出现三十一次:(一)二十次在福音书的"污鬼"(*pneuma akatharton*,直译是"污灵")一词中(例如,单数:太十 43;可一 23;路八 29;复数:太十 1;可一 27;路四 36;徒五 16),另一次也是形容"鬼"字(路四 33:*daimonion akatharton*);(二)三次在使徒行传(十 14、28,十一 8),指礼仪上的不洁;(三)三次在保罗书信(见正文);(四)四次在启示录(十七 4,十八 2b,十八 2a,十六 13),后二处的"污秽的灵"在原文(分别是单数和复数)与福音书的"污鬼"相同。

上一节引自以赛亚书五十二章十一节的话应用在读者身上时，把旧约经文的“不洁之物”演绎为“肉体和心灵上的一切玷污”（思高），而“贪心”显然是“使……灵魂污染的事物”（现中）之一——保罗有几次把“贪心”和“污秽”列在同一节里（弗五 3、5；西三 5；参四 19），耶稣则更清楚地把“贪心”列入“从人里面出来而真正使人不洁净”的邪恶之内（可七 22～23，现中）。这个解释不仅是可能的，而且并没有第二个解释所涉及的困难，得出的意思亦与本段（二 1～12）引言所解释的背景相符，介系词（“出自”）更可按其最自然的意思来了解，因此笔者认为这是正确的解释。

“也不是用诡诈” 这里所用名词的原文[48]在新约共出现十一次（保罗书信占了三次），意思是“诡诈”（徒十三 10；罗一 29；彼前二 1），有时指明是心中（可七 22；约一 47）或口中的诡诈（彼前二 22，三 10），或是指“诡计”（太廿六 4；可十四 1；林后十二 16〔在此节和合本作“心计”〕）；最后这个用法最能反映这词所来自那个动词的意思，即是“以饵捕捉”。[49] 同字根的另一个动词和形容词[50]在新约出现各一次，前者描写人的舌头“滚出诡诈”（罗三 13，现中），后者形容保罗在哥林多的敌对者为“诡诈的工人”（林后十一 13，新译）。从哥林多后书十二章十六节可见，保罗被这些人诬捏，说他用诡诈的方法骗取哥林多信徒的金钱，因他是个“狡猾”的人（新译、思高；和合本作“诡诈”）。原文这个形容词[51]在新约只用了这一次，但同字根的名词[52]则出现五次，其意思也是“诡计”（路二十 23，现中、新译、思高；林前三 19〔思高：“计谋”〕；林后十一 3，新译；弗四 14）或“诡诈”（林后四 2）。最后这节的“不行诡诈”跟本句的“不是用诡诈”在意思和结构上[53]都非常接近：该句说保罗及同工不是“行在诡诈中”，本句说他们传道的活动不是“在诡诈中”（原文

---

[48] *dolos*.

[49] *delō*：cf. Robertson，*Pictures* 4.16. 同字根的词（*doloo*）在新约只出现一次（林后四 2），指“掺混”（新译），即是“曲解”（现中）神的道。

[50] *dolioō*，*dolios*.

[51] *panourgos*.

[52] *panourgia*.

[53] *mē peripatountes en panourgiai*，*oude en dolōi*.

直译),介系词"在"字引出了这样的意思——"诡诈"并不是他们行事和传道的道德氛围,他们并不是在"诡诈"的范畴内生活或传道的。[54] 换一个讲法,本句所关注的,不是他们传道的动机,而是他们所用的方法(参当圣:"也没有用诡诈的方法")。[55]

综合本节的意思,保罗先从反面声称,他和同工的传福音活动,并不是基于谬误的信息(源于错误),也不是出于不洁的动机,也没有用诡诈的方法。[56] 他在下一节继而针对上述三点,从正面指出事实是怎样的。

二 4 "但神既然验中了我们,把福音托付我们,我们就照样讲"头两句在原文用的是被动格式,而且所表达的基本上只是一个意思,就是保罗被神"考验合格而受委托传福音"(思高)。"验中"与下文的"察验"在原文是同一个动词,[57]在本书会再出现一次(五 21);这词在新约共用了二十二次,保罗书信占十七次。有关这词部分的字义研究,请参冯:"腓立比书"104;在该处未提及的四节经文中,这词的意思分别是:"分辨"(路十二 56,两次)或"观察"(思高);"试(牛)"(路十四 19);"试验"(约壹四 1)、"察验"(现中)或"考验"(思高);"选择"(罗一 28,和合本的"故意")。最后一节可供与本句比较:该处说人"不愿意持守关于上帝的真知识"(现中),即是他们选择不承认神,不以他为神而荣耀他、感谢他(参罗一 21);本句则说神经过"察验"而"选拔"(现中)了保罗。动词在原文所用的完成时式,强调过去的行动所带来现今仍存的结果:经"考验合格"的保罗是被"验中了",即是被选上的。

神选拔保罗的目的是要把福音——"神的福音"(2 节),一项无价之宝——交托给他。"托付"与"信"(一 7)在原文是同一个字,在新约

---

[54] *en* denotes the 'ethical sphere' (Ellicott 17 *b*) or 'atmosphere' (Frame 96).

[55] Cf., e.g., Calvin 342; Marshall 65, over against Ellicott 17*b* - 18*a*.

[56] Jewett (*Anthropological Terms* 314)认为保罗在本节是答辩纵欲主义者的指控,他们说保罗其实已超脱了传统的道德束缚,却以道德的外衣把他这种自由藏起来,为要给帖城信徒一个好印象,领他们归信基督教。但作者没有提出足够的理由来支持其说。

[57] *dokimazō*. Collins 187 - 188(with reference to A.-M. Denis)指出,此字在保罗时代几乎是个专门名词,指人在被委为法官或其他重要的政治职位之前所受的详细查验和随后的正式任命(cf. 376 - 377).

里另有七次用在“信托”的意思上(路十六 11;约二 24;罗三 2),其中四节与本句特别有关:神把“荣耀的福音”(提前一 11)以及“宣讲的使命”(多一 3,新译),即是传福音的“职责”(林前九 17,新译),尤其是“传福音给外邦人的任务”(加二 7,现中),托付给了保罗。[58] 在这四节经文提示之下,可见本节所说的主要是保罗个人的经历,亦可见“察验”和“选拔”的行动,可以认同为神藉着基督在大马士革的路上呼召保罗作外族人的使徒(提前一 12;林前九 1;加一 15～16),尽管在终极的意义上,保罗是在出生之前便已蒙神把他分别出来(加一 15),像先知耶利米一样(耶一 5)。保罗蒙召受托传福音的经历,断定了他整个人生的意义。

但他在这里自称被神“考验合格”,是否表示他自认配受神的信托?他在其他地方多次告诉我们,他的蒙召受托完全是出于神的恩典和怜悯(例如:罗一 5,现中;林前三 10,十 10;加一 15;弗三 7～8;提前一 13～16),因此神“验中了”他不等于他“配得”(参帖后一 11)这恩典。另一方面,“验中”看起来有“认为合适”的含意(参提前一 12),而保罗亦不怕自认是个忠心的管家(林前四 1),且比众使徒格外劳苦(林前十五 10)。鉴于本段(二 1～12)的自辩性质,这方面的意思也许正是保罗所要强调的。与此同时,我们不可将本句解为神因为预先知道保罗会有、或看见保罗实在有忠心、耐劳、能吃苦等品质而选召他;事实刚好相反——使保罗“有资格作新约的仆役”的是神(林后三 5～6,新译),他能够履行他的使徒任务,是由于主加力量给他(腓四 13;林后十二 9～10;提后四 17;参西一 29)。倘若对我们来说“验中”始终有点“保罗具有一些合适的条件”的意味,这是无法避免的,因为没有任何一种语言本身足以将无限之神以及他与世人的关系表达得绝对完全。[59]

另一个问题是:既然这里所说的其实是保罗个人的经历,那么他为何不用“我”而用“我们”呢?这现象可解释如下:上一节的“我们”确是指保罗和他的同工,那里提出的三点,亦同样适用于保罗及其同工身

---

[58] 本句原文所用的结构(*pisteuthēnai to euangelion*)按文法分析为 passive of *pisteuō* + ‘retained accusative’ of the thing (MHT 3.247; *Idiom* 32; M.J. Harris, *NIDNTT* III 1211).同一结构亦见于刚引述的四节及罗三 2.

[59] Cf. Marshall 66.

上；但当保罗要从正面提出他们传道的基础时，他自然立刻想到他自己蒙召受托传福音的事实，因此就把他的个人经历描写成他和同工的共同经历。保罗这样做不是不合理的，因为(一)他是那个三人宣教队伍(参一 1)的领袖，可以用自己代表全队，[60]而且(二)西拉和提摩太虽然(就证据所及)没有保罗与复活的主相遇并被他委派的那种经历，但“被神验中而受托传福音”这句话，用在他们身上仍是适切的(参一 1 注释及下面注 71)。

“既然……就照样”这种句法，[61]不但指出了他们传道的基础是神的选召，而且表示他们所讲的信息不外乎神所交托的福音；这福音原出于神，因此他们的信息不是出于谬误的。不但如此，这种句法(译为“就如……照着”)同时提示，他们被神验中而受托传福音的事实，直接地影响或断定他们传福音的动机和方法。下半节的话把这方面的含意明白地表达出来。

“不是要讨人喜欢，乃是要讨那察验我们心的神喜欢” “讨人喜欢”即是“取悦于人”(思高)或“讨好人”(现中)。“讨好”一词的原文[62]在新约共出现十七次，除了三次见于福音书(太十四 6；可六 22——希罗底的女儿在席间跳舞而取得希律的欢心)及使徒行传(六 5，新译——全会众都很满意使徒的建议[63])之外，其余十四次都在保罗书信中。笼统地说，保罗用“讨好”或“取悦”来表达两种不同的人生态度：[64]错误的态度包括讨好自己(即是只求满足自己：罗十五 1，思高；基督却不是这样：罗十五 3)，以及讨好人——在坏的意思上(本句；加一 10，两次)。正确的态度则包括讨神喜悦(本节末句；四 1；但不信主的犹太人并不讨神喜悦，属肉体的人，甚至不能讨神喜悦：二 15；罗八 8)、讨主喜悦(林前七 32)、[65]讨妻子或丈夫的喜悦(林前七 33、34)、讨邻舍的喜悦

---

[60] Cf. Best 28.

[61] *kathōs* ... *houtos*.

[62] *areskō*.

[63] 动词在这里反映了同字根的形容词(*arestos*)在蒲草纸文献的一个意思，即是“令人满意”、“可接纳”(MM 75 s.v.).后者在新约只出现四次(约八 29；徒六 2，十二 3；约壹三 22)。

[64] H. Bietenhard, *NIDNTT* II 816; cf. W. Foerster, *TDNT* I 455, *TDNTA* 77.

[65] 同字根的名词(*areskia*)在新约只用了一次，也是指讨主喜悦(西一 10)。

（为要“使他受益，得以建立”：罗十五 2，思高）、讨众人喜悦（即是“求大众的利益，为使他们得救”：林前十 33，思高），以及当兵的讨那招他当兵的人喜悦（提后二 4）。“讨人喜欢”用于好的意思上的时候，有时有为别人的好处而服侍他们的含意（参罗十五 2；林前十 33），古代一些碑文就是用这动词来形容那些对国家作出了贡献的人；而“讨神喜欢”更揉合了事奉和顺从两个意思。[66] 保罗又多次用同字根的复合形容词[67]来指“神所喜悦”的（罗十二 1、2，十四 8；腓四 18）或“主所喜悦”的事物（林后五 9；弗五 10；西二 10），另有一次指奴仆的主人所喜悦的态度（多二 9）。

保罗在这里将“讨人喜欢”和“讨神喜欢”看为互相对立、彼此排斥的态度，就如他在加拉太书一章十节把“讨人的喜欢”和“〔作〕基督的仆人”视为相对一样。该处所反映保罗在加拉太遇到的指控，就是说他看风转舵，为要讨好他的听众而改变他的信息（参加五 11）；这里反映的指控，也许是犹太人说他减去律法的要求而单讲凭恩典得救的信息，为使外邦人容易归信基督，[68]但更可能的（鉴于本节的上下文）是说他怀着自私的动机，用谄媚的话去讨好人。保罗用“不是……乃是”这表达强烈对比的语法（上文的“不是……但”是同一语法）[69]驳斥是项指控。而且“不……讨人喜欢”原文所用的结构，可能表示保罗和同工不是仅有这种意愿（“不是要……”或“不是为取悦于人”，思高；当圣的“不必……”纯属意译），而是实在“不讨好人”（现中）。[70] 无论如何，保罗强

---

[66] MM 75（s.v. *areskō*）；Moore 35.

[67] *euarestos*——除保罗书信八次外，这字只见于希伯来书（十三 21）；其副词（来十二 28）和动词（来十一 5、6，十三 16）亦只见于该书。

[68] Barclay 189 认为这是肯定“无疑”的。

[69] *ou ... alla*.

[70] 本句的原文是 *ouch hōs anthrōpois areskontes*，其特别之处，在于与分词连着用的不是新约通常用的 *mē* 而是 *ou*. 保罗可能采用了古典希腊文的结构（若是这样便无特别之处），但亦可能因他要藉此提示正文采纳的那个意思（cf. MHT 1.231－232；Best 97）. BDF 430（2）认为这里的结构不是古典希腊文的影响所致，而是应按徒廿八 19 相同的结构来解释：该处的 *ouch hōs ... echōn ti* = ‘I did not do this as one who ...’由此推论，本句的意思便是‘we do not speak as those who ...’这解释有利于正文采纳那个意思；但（姑且假定徒廿八 19 可以这样解释）从文法结构的角度看，本句的结构跟徒廿八 19 不尽相同，“不”字不能连于动词“讲”字，只能连于分词“讨好”（cf. Lightfoot 22）. 原文小字 *hos*（新译： （转下页）

调他们取悦的对象是"那察验我们心的神"。原文词组在保罗书信只出现这一次,此语似乎部分引自耶利米书十一章二十节(七十士译本;相似的句子亦见于此译本的耶十二 3,十七 10;诗一三八 1;箴十七 3 等处),所提示的意思,就是神是洞悉一切、包括人心中隐秘的审判者(参传十二 14;罗二 16;林前四 5)。

"心"字原文[71]在新约共用了一百五十六次,保罗书信占三分之一(五十二次),包括本书和后书五次(本节、17 节,三 13;帖后二 17,三 5)。保罗用这字来指一个人的"内心"(现中、当圣本节),即是隐藏在里面的"己"(如在二 17),有时特指人的思想(例如:林前二 9)、意志(例如:罗二 5)或感情方面(例如:腓一 7)。本节的"心灵"(思高)所指的,就是神向之说话,宗教生活植根于其中,并断定道德行为的那个"人里面的中心"(参加四 6);[72]就如人的心灵是神自我启示的对象(参林后三 15～18,四 6),人的心灵也是神鉴察和考验的对象。保罗和同工不单在过去曾被神"验中"选上,而且现在仍继续不断在神的察验下生活和事奉,并且至终要在神和基督的审判台前交账(罗十四 10;林后五 10),因此他们专一讨神的喜悦(参林后五 9)。

由于帖撒罗尼迦教会内并无"第五纵队"(此辞指战时在后方为敌人从事破坏工作者),保罗不需要对第三节所反映的三项指控作正式的答辩(参较加一 11～二 10;林后十至十三章),不过他对这些指控仍然作出了充分的回应。他在本节指出:他和同工是受神委托传福音的,因此他们所传的信息是真确无误的;他们取悦的对象是那验中了他们,并继续不断察验他们的内心与行为的审判者,因此他们事奉的动机是纯正的,他们传福音的方法是没有诡诈成分的。[73]

(接上页)"像")的功用,是将有关的行动从一个特别的角度加以定义——即是将它定义为"讨人喜欢"或"讨神喜欢"(cf. Ellicott 18*b*).

[71] *kardia*. 这字在原文(七十士译本同)是复数的,与复数的"我们"相应,这是希腊文正常的结构,如在三 13;帖后二 17,三 5 一样。以单数的名词与复数的代名词连用(例如:林后三 15,"他们的心")是闪读语法(cf. MHT 3.23). 本节复数的"心"字,清楚地表明复数的"我们"确是指保罗及其同工。

[72] Cf. Cranfield, *Romans* 118; J. Behm, *TDNT* III 612.

[73] Cf. Neil 38; Frame 94,96.

(III) 在帖城传道的表现(二 5～12)

5 因为我们从来没有用过谄媚的话,这是你们知道的;也没有藏着贪心,这是神可以作见证的。

6 我们作基督的使徒,虽然可以叫人尊重,却没有向你们或向别人求荣耀,

7 只在你们中间存心温柔,如同母亲乳养自己的孩子。

8 我们既是这样爱你们,不但愿意将神的福音给你们,连自己的性命也愿意给你们,因你们是我们所疼爱的。

9 弟兄们,你们记念我们的辛苦劳碌,昼夜作工,传神的福音给你们,免得叫你们一人受累。

10 我们向你们信主的人,是何等圣洁、公义,无可指摘,有你们作见证,也有神作见证。

11 你们也晓得我们怎样劝勉你们,安慰你们,嘱咐你们各人,好像父亲待自己的儿女一样。

12 要叫你们行事对得起那召你们进他国、得他荣耀的神。

二 5 "因为我们从来没有用过谄媚的话,这是你们知道的;也没有藏着贪心,这是神可以作见证的" 本节开始的"因为"一词跟第三节开首的"因为"(见该处注释)是平行的:前一个"因为"引介出保罗和同工传道的基础及原则(3～4 节),本节的"因为"则引介出他们在帖城传道的表现(5～12 节),保罗向读者呼吁,要他们从自己的经验中证实,保罗和同工在帖城传道的表现,确与他们一贯的原则相符。就如第四节反驳第三节所含的三项指控,照样,第五至六节从反面提出三点,第七至八、九至十、十一至十二节则按相反的次序分别针对该三点提出反驳或作进一步的解释。

"我们从来没有用过谄媚的话,这是你们知道的" "用过"在原文的结构,有"进入并生存于其中"或"从事某种活动"的含意;保罗和同工从来没有陷入"说谄媚的话"(现中)的状况之中,没有从事以"花言巧语

来谄媚人"(当圣)的活动。[74] "谄媚"一词的原文[75]在新约只出现这一次,其意思可能是"奉承"(新译),也可能是奉承加上欺骗而变成"以巧言欺哄";鉴于第三节"也不是用诡诈"一句(参该处注释),后一个意思较符合文理。[76] 无论如何,这词的意思总含有自私的动机——不是为了使人愉悦,而是为了自己的利益。不过,"谄媚之辞"(思高)一语的重点,就像"谄媚"这词本身一样,[77]显然不在动机而在方式(回应三节下"不是用诡诈"),因为"你们知道的"只能指后者而非前者。"这是你们知道的"原文可直译为"就如你们所知道的"(思高);这句子已在上文出现两次(一 5,二 2),下文会再出现一次(三 4),四次所指的,都是看得见的外在的事实而非看不见的内心的动机。动机问题在接着一句提及。

"也没有藏着贪心,这是神可以作见证的" "藏着贪心"或"藏着贪婪的念头"(现中)的另一种译法是"借故起贪心"或"托故贪婪"(思高)。有关名词的原文[78]在新约另出现五次,一次有"托辞"(约十五 22:"无可推诿")之意,其余四次的意思都是"假装"(徒廿七 30,现中、新译、思高)或"假意"(腓一 18;可十二 40;路二十 47)。就本节而论,上述第二种译法的意思似乎是利用一些事情或场合("故")以遂其贪婪的目的,[79]但第一种译法可能较为可取:就如跟保罗同船的那些水手"把小船放在海里,假作要从船头抛锚的样子",其实是想要逃出船去(徒廿七 30);又如保罗提到的一些人以传扬基督为名,以增加自己的声望为实,在他们传讲基督的行动里面,藏着不纯正的动机(腓一 18);照样,保罗

---

[74] *egenēthēmen* (ingressive aorist) *en*: cf. Ellicott 19 *a*; Findlay 39. Best. (*Paul* 46)认为保罗在一些地方"显然"用了"谄媚的话",例如林后七 4,八 7;帖前后及腓利门的开首对读者的称赞。但这看法值得商榷。

[75] *kolak(e)ia* — from kolax, a flatterer (Robertson, *Pictures* 4.17).

[76] cajolery': cf. Frame 97 - 98; Neil 39. Donfried ('Cults of Thessalonica' 351)谓保罗受到的指控,其中一样是他没有告诉信徒他们可能会继续遭受逼迫,这样就欺骗了他们,但此说难与三 4 的见证协调。

[77] Cf. MM 352 (s.v. *kolakia*),在 *logōi kolakeias* 此词组中,*kolakeias* 可能不是 subjective genitive (Lightfoot 23: 'the words, which flattery uses'),而是 genitive of content (Ellicott 19*a*; Findlay 39: 参林前十二 8;林后六 7).

[78] *prophasis*.

[79] Cf. Calvin 343: 'occasion of covetousness' = 'a snare to trap them'.

和同工被人指控，说他们向帖城信徒传福音的活动隐藏着他们真正的动机，就是“贪心”。[80]

这词的原文[81]在新约另出现九次，除了一次与介系词连着作副词用（弗四 19：“贪行”），另一次按文意要求而译为“勉强”（林后九 5，思高作“小气”）外，其余皆为“贪婪”或“贪心”之意（可七 22；路十二 15；罗一 29；弗五 3；西三 5；彼后二 3、14）；同字根的具体名词“贪心的人”[82]只见于保罗书信（四次：林前五 10、11，六 10；弗五 5）。“贪婪”及“贪婪者”所涉及的范围比“贪财”（提前六 10，原文为抽象名词）及“贪爱钱财”（路十六 14；提后三 2：原文为形容词，可作名词用）[83]较广，因为“贪婪”其实指一种“贪得无厌，罔顾别人的权益，只求满足自己”的欲念；一个贪心的人不但想拥有多过他所享有的，而且想拥有他所不当有的，尤其是想拥有别人所有的。[84] 故此贪婪的对象不限于钱财，也可能是（举例说）性；事实上，在上列的经文中，“贪婪”或“贪婪者”多次与性方面的恶事连着出现（林前五 10、11；弗五 3、5；西三 5）。

不过，“贪心”在本节很可能实在是指贪财，如在路加福音十二章十五节，以及彼得后书二章三节和十四节一样。保罗要驳斥的指控可能是这样的：他一遇到困难便舍帖城信徒而去（参徒十七 5～10），这就证明他在帖城传道的动机很有问题——他只逗留了足够的时间，使他可以得到腓立比教会送来的馈赠（参腓四 16），以及从信主的帖城信徒（尤其是那些“尊贵的妇女”：徒十七 4）身上取利，然后他便一溜烟地逃跑了！对于这项指控，保罗加以严词否认，表示他并不像当代许多异教的宣教士或巡回的哲士说客那样，以图利为目的；[85]他还进一步呼求神

---

[80] 即 *prophasei pleonexias* = ‘pretext of covetousness’. 按此解释，*pleonexias* 可能不是 subjective genitive（Lightfoot 23：‘the pretext of which avarice avails itself’）而是 objective genitive（Ellicott 19*b*：defining that which the *prophasis*‘was intended to mask and conceal’）.

[81] *pleonexia*.

[82] *pleonektēs*.

[83] 二字原文分别为：*philargyria*，*philargyros*.

[84] Cf. Findlay 39；Bruce 30.

[85] cf. G. Delling, *TDNT* VI 273, *TDNTA* 865；J. Schneider, *TDNT* III 818.

为他作证。“这是　神可以作见证的”一句在原文只是两个字，[86]意思是“神〔是此事的〕见证人。”“见证人”这词在新约共出现三十五次，保罗书信占了九次，其中五次保罗呼求神为他作证(本节、10 节；罗九 1；林后一 23；腓一 8)，因为他在其中提及的都是一些隐藏的行动或动机，是读者本身很难知道的(第十节同时以神和读者为见证人，此点见该处注释)。保罗在上半节说，“这是你们知道的”，在下半节则说，“这是　神可以作见证的”，这分别最可能的原因，就是保罗和同工有否用谄媚的话，帖城信徒本身清楚知道，但他们传道活动的背后是否藏着贪心，则不是那么容易看出来；因此保罗向神呼吁的用意，就是要表明他和同工从来没有利用帖城信徒来中饱私囊或达成任何自私的目的(参林后七 2，十二 17、18；徒二十 33)。[87] 换言之，他们传道的动机是纯洁的(回应三节中“不是出于污秽”)，就如他们所用的方法并无诡诈的成分在内。

二 6　“我们……没有向你们或向别人求荣耀”　按原文的次序，本节只有这一句(参现中、新译、思高)。较贴近原文结构的译法是：“也没有向人求荣耀：没有向你们，也没有向别人”(参思高)。[88]“荣耀”一词的原文在新约共出现一百六十六次，几乎半数在保罗书信(七十七次)，包括本书三次(本节、12 节、20 节)及后书两次(一 9，二 14)；本节的“光荣”(思高)指人的“荣誉”(新译)，包括“称赞”(现中)和下文提及的“尊重”。“求”字原文在新约共用了一百一十七次，保罗书信占了二十次。这字在保罗的用法里有时指寻找一个人(提后一 17)，寻索一个人的性命(即是要杀他：罗十一 3)，寻求一种特别的婚姻状况(林前七 27，两次)、一种属灵恩赐(林前十四 12)或一项证据(林后十三 3)。但较多的时候，“求”字所描写的是“人的意志所采决定性的方向”，[89]而这方向是好是歹，端赖于所寻求的对象或追求的目标是正确可嘉的抑或

---

[86] *theos martys*.

[87] Cf. Cranfield, '1 Thessalonians 2'222.

[88] “求”字在原文是个分词，在文法上是附属于第四节的动词“用”字(见该处注释)。换句话说，这动词“支配”着三个词组：*egenēthēmen en logōi kolakeias* (5a)... *en prophasei plenonexias* (5b)... *zētountes ex anthrōpōn doxan* (6a).

[89] 'the decisive direction of the human will'(H.-G. Link, *NIDNTT* III 532).

是错误或可鄙的：属于前一类的是寻找神（罗十 20），寻求在基督里称义（加二 17），寻求上面的事（西三 1），追求作忠心的管家（林前四 2），寻求为基督得人（林后十二 14："我所求的是你们"）；属于后一类的是追求以人为本、与神为敌的"智慧"（林前一 22），寻求建立"自己的义"（罗十 3），寻求自己的利益（林前十 24、33，十三 5；林后十二 14〔"你们的财物"〕；腓二 21），追求取悦于人（加一 10），以及本节所说的向人求荣耀。[90]

保罗在罗马书二章七节告诉我们，神赐永生给"那些耐心行善、寻求荣耀尊贵和不朽的人"（新译），所说的"荣耀"是"真荣"（思高），即是"从上帝来的……荣耀"（现中）；他在本节声称从来没有追求的，则是"人的荣誉"（新译）。这种对比亦见于耶稣的教训中：他谴责为要"得人的荣耀"而作的、假冒敬虔的行为（太六 2），又将犹太人的不信归咎于他们"互相受荣耀，却不求从独一之神来的荣耀"的事实（约五 44，参十二 43）。他一再声言——或是直接地（约八 54b，十六 14），或是间接地（约八 50，十二 23，十三 31、32，十七 1、5）——荣耀他的乃是他的父神（参彼后一 17）；因此他不荣耀自己（约八 54a；参来五 5），也不受从人来的荣耀（约五 41）。保罗效法了他的主，也是从来没有向人求荣耀，而是专一等候主再来时从神和基督那里得着荣耀和称赞（二 19～20；腓二 16；林前四 5；参帖前二 12；帖后二 14；林后四 17；提后二 10）。不过，本句可能并不包含"不受从人来的荣耀"之意；就如耶稣自己在加利利传道时亦曾"受到众人的称扬"（路四 15，思高；"称扬"原文是"荣耀"），到受难周的时候众人至少仍以他为一位先知（太廿一 46），照样，保罗和同工在其传道生涯中亦有被爱戴（加四 13～15）和享受"荣誉、……美名"（林后六 8）的经历（有一次甚至被尊为神明：徒十四 11～13）。本句的重点，只是在"求"的行动和动机上。

"向人"笼统地表达了保罗和同工没有追求的荣耀的性质及来源——那是一种从人来的荣耀；"向你们或向别人"则更具体明确地指出这种荣耀两个可能的来源——（甲）帖城信徒，以及（乙）帖城基督徒圈

---

[90] 与 *zētēo* 同字根的复合动词 *epizētēo* 在保罗书信用了三次，同样显示了两种不同的对象：好的（腓四 17 下）和坏的（罗十一 7；腓四 17 上）。参冯："腓立比书"484 及注 106.

子以外的人,或其他地方的基督徒(参一 7～8),或帖城信徒以外的任何人(这个意思最可能)。[91] 这种双重或三重的表达法强调了保罗要声明的事实——他们从来没有向任何人求取荣耀。他们崇高的身份使他们这种自约的行为显得更为可贵。

“我们作基督的使徒,虽然可以叫人尊重” 这在原文是第七节的开头部分;“可以”在原文是个分词,在文法上受前一个分词“求”字所“支配”着,两个分词间的逻辑关系就是:“我们没有求……虽然我们可以……”。[92]现代中文译本、新译本及思高圣经不以本句连于上文作为一个思想单元的结束(如在和合本及当代圣经),而将本句连于下文作为另一个思想单元的开始,[93]但这做法从原文文法的角度来说是难以接受的。[94] “使徒”一词的原文[95]在新约共出现八十次(保罗书信占三十四次),在帖撒罗尼迦前后书则仅见于此处。关于这词在保罗书信的用法和意义,请参冯:“恩赐”54 - 59,120 - 122。就本节而论,“基督的使徒”一语引起了两个彼此相关的问题:复数的“使徒”一词,除保罗以外,还包括谁?这词应按其狭义抑或广义解释?

“使徒”在这里是个真正的复数名词(即是说,“我们作基督的使徒”并非“我〔保罗〕身为基督的〔一个〕使徒”的另一种讲法),这一点是不容置疑的,尤其因为上文的“心”(4 节)和下文的“性命”(8 节)在原文都是复数的。因此骤然看来,这句话最自然的含意就是保罗将自己、西拉和提摩太一并视为“使徒”。按保罗书信的证据,“使徒”有狭义或广义两个意思:前者指像保罗或彼得那样受了复活的基督特别委任的“使徒”(例如:加一 1,二 8),后者指受教会委

---

[91] Moore 37.原文用了两个不同的介系词(*ex anthrōpōn ... aph' hymōn ... ap' allōn*),但在意思上并无分别(Zerwick 87; MHT 3.259; M.J. Harris, *NIDNTT* III 1174,1176).比较太三 16 及可一 10(*apo tou hydatos*, *ek tou hydatos*);罗二 29 及林前四 5(*ek tou theou*, *apo tou theou*).

[92] *dynamenoi* = concessive participle.

[93] Cf. NIV.

[94] Moffatt 27 *a*:'To put a full-stop after *allōn*, and begin a new sentence with *dynamenoi*, introduces an awkward asyndeton, makes *alla* follow a concessive participle very awkwardly, and is unnecessary for the sense.'这话真是一语中的。

[95] *apostolos*.

派的代表(林后八 23;腓二 25);但从来没有用来指一种"次等的使徒",即是介乎保罗、彼得等"使徒"与以巴弗提及其他"教会代表"之间的。[96] 本节的"使徒"若按狭义解释,便与保罗书信的另一些经文发生冲突,因为在哥林多后书一章一节和歌罗西书一章一节,"作基督耶稣使徒的保罗"和"兄弟提摩太"显然是不同身份的,即是说,保罗显然不认为提摩太有使徒的身份(虽然他肯定有"传福音者"的身份:提后四 5,新译,参思高)。[97] 但若将本节的"使徒"按广义解为不必曾与复活之主相遇的"早期基督教传道者及宣教士"[98](这意思接近上文所说的"次等的使徒"),则与其他的保罗书信所显示的、保罗对"使徒"一词的了解不相协调。可能最佳的解决之法,就是认为"使徒"具有其专门意义(即狭义),但只包括保罗和西拉;就是说,保罗写此句时,已不动声色地把宣教同工团最年轻的成员暂时搁在一旁。[99] 形容词"基督的"则表示他们是受基督所委派,并且是属于基督和事奉基督的。

"叫人尊重"原文所用的结构是不限定格动词加介系词和名词,直译可作"占有份量的地位"或"是一种负累",[100]但其准确意思有待商榷。原文那个名词[101]在新约另外出现五次,三次指一些担子或重担(徒十五 28;启二 24;加六 2),一次指劳苦(即是劳力工作的担子:太二十 12),另一次指重量(林后四 17:"极重……的荣耀"原文直译是"荣耀〔构成〕的重量")。同字根的形容词[102]在新约共用了六次,除了一次有"凶暴"之意(徒二十 29),其余五次的一贯意思是"沉重",分别指"难担"的重

---

[96] Cf. Barrett, *Signs* 46 - 47.

[97] 因此,H. C. Kee (*IDB* IV 650*b*)认为帖前二 7(原文)的含意是保罗将提摩太列为使徒,这看法必须重新商榷。Best 100 的解释也是难以令人满意。

[98] E. g. Schnackenburg, 'Apostles' 294 - 295; Bruce II 1157*a*(作者现已放弃此看法,见下一个注)。

[99] Marshall 69 - 70 (with reference to W. Schmithals). Cf. Ladd, *Theology* 380("使徒"可能包括西拉)。Bruce 31 则把复数的"使徒"看为有笼统性的意思:西拉和提摩太因参与保罗的使徒职事,故此被称为"使徒"。

[100] *en barei einai* = 'to be in (a position of) weight' (Frame 99) or 'to be burdensome' (*Idiom* 78).

[101] *baros*.

[102] *barys*.

担(太廿三 4)、律法里“更重”的事(太廿三 23)、“严重”的控告(徒廿五 7,新译)、“沉重”或“严厉”(新译、现中、思高)的书信(林后十 10),以及“沉重”(思高)即是“难守”的诫命(约壹五 3)。同字根的动词[103]在新约也是出现六次,两次指眼睛“沉重”(太廿六 43,思高)或“打盹”(路九 32),两次指“被压”(林后一 8)或“背负重担”(林后五 4,现中),另两次指人的心被各样事情“累住”(路廿一 34)或“加重教会的负担”(提前五 16,思高)。另一个同字根的复合动词[104]在新约只用了三次,一次(林后二 5)指话说得“太重”,即是“过分”(新译)、“过火”(思高)、“使……人太难堪”(现中);其余两次指叫人在经济方面“受累”(二 9;帖后三 8)。还有另一个同字根的复合动词在新约只用了一次(林后十二 16),也是指经济方面的负累。[105] 以上的资料显示,“尊重”原文这组字汇在新约几乎一律是“重”的意思,但亦有四次(二 9;帖后三 8;林后十二 16;提前五 16)指经济上的负累。是项观察会帮助我们了解本句引起的解释上的问题。

释经者对本句的解释主要分为三种,兹分别讨论如下:(一)“尊重”指经济方面的供给,本句的意思即是保罗和同工有权要求教会供养他们。用来支持此说的理由有三点。第一,保罗书信完全没有把使徒看为当受其他信徒特别尊重的;保罗身为耶稣基督的仆人,并为基督的缘故作众人的仆人(林后四 5),很不可能会认为(即使仅在理论上)他有权受荣誉。第二,保罗必然晓得“工人得工价是应当的”(路十 7)这句训言;他在哥林多前书九章十四节可能就是援引了此句,并在其上文(4～11 节)将这原则加以发挥(参帖后三 9)。第三,本句的下文(7～9 节)支持这个解释,因该处明说保罗和同工没有把经济负担加在帖城信徒身上。[106] 关于第一点,我们应留意本书五章十二、十三节:保罗劝喻信徒要“敬重”和“格外尊重”教会的领袖,可见使徒“有权利叫人敬重”

---

[103] *bareomai*.

[104] *epibareō*.

[105] *katabareō*.在同一段经文里面,保罗还用了另一个不同字根的复合动词 *katanarkao* 来指经济上的负累(林后十二 13、14);这字在新约出现唯一的另一次(林后十一 9),也是在同书的同一部分之内(十至十三章)。

[106] Moore 37. Cf. Bruce 30-31.

(思高)这种说法,跟保罗的思想并无冲突,尽管他事实上并没有行使这权利,就像他没有用靠福音养生的权利一样(林前九 12、15、18)。(二)"尊重"指权柄或有影响力的地位,本句的意思即是"有权要求你们的尊重"(现中)。支持此说的理由是:第一,"虽然……"所附属的主句,提出了"没有向任何人求荣耀"的意思,"虽然有权要求你们的尊重"与"却没有向任何人求荣耀"非常协调("荣耀"与"尊重"几乎同义),但"虽然有权要求你们的经济支持"则与文理不大符合。第二,紧接着本句的下文,提到保罗和同工在帖城信徒中间"存心温柔",这与权柄的意思构成合宜的对比,但与经济支持的意思则并不构成合宜的对比。第三,有关的原文词组并无"对你们"一词,因此意思较可能是"占有份量的地位",因而"有权利受人尊敬"(新译),过于"有权(对你们)成为一种负累",即是受经济上的供奉。[107] 这些理由具充分的说服力。

(三)本句同时包括上述两方面的意思,即是一方面运用使徒的权柄(叫人尊重),另一方面接受信徒的供奉。这样,本节同时综合并回应了上文"藏着贪心"和"向人求荣耀"两个意思,此二者就是寻求一己之利益的双重表现。[108] 部分释经者认为此二者之间有轻重之分:有认为本句的重点是在经济负累的意思上,亦有认为重点是在权柄的意思上,经济负累的意思只属次要,在第九节才清楚表达出来。[109] 这第三种解释的困难,就是原文第五至七节上半节的造句法,清楚地表明了三个独立和分开来(虽然并非互不相关)的意思:

(甲)我们从来没有用过谄媚的话,
　　就如你们所知道的;
(乙)也从来没有藏着贪心,
　　神是此事的见证人;
(丙)也从来没有向任何人求荣耀,
　　虽然我们有权要求你们的尊重。

---

[107] Ellicott 20*b*; Frame 99; Henneken 15 - 16. Cf. Calvin 343; Neil 39; G. Schrenk, *TDNT* I 556, *TDNTA* 96; W. Mundle, *NIDNTT* I 261.

[108] Lightfoot 24; Findlay 40; Moffatt 27 a. Cf. Whiteley 42; Schmithals, *Paul* 148 - 149.

[109] 分别见:Morris II 76; Best 100 - 101.

因此"尊重"原文的意思,可从(丙)部看出来,而不必亦不宜借助于(乙)部来解释(若可同时借助于〔乙〕部和〔甲〕部来解释,情形便略为不同);况且"经济负累"的思想会在第九节清楚表达出来,该处所用的又是另一个字(尽管是同字根的),故此不宜看为早已包含在"尊重"一词之内。

总括来说,上述三种解释之中,第二种最为合理:"可以叫人尊重"原文的意思,就是可以利用使徒所享有的、有"份量"和权柄的地位来发号施令,来要求信徒的"尊崇和……爱戴"(当圣)。"尊重"一词本身并不含经济支持的意思。不过,当保罗写这句话时,可能心中已有教会的经济负担这个思想,这思想到了第九节才表明出来。[110]

二 7 "只在你们中间存心温柔" 这在原文是第七节的第二句。"只"在原文是强烈的反义词"相反地"(当圣),[111]这词引介出第七至十二节对五至六节所含三项指控的反驳,就如第二节的"然而"针对第一节作出对比,第四节的"但"字针对第三节提出对比。[112] 第七至十二节按相反的次序驳斥第五至六节的三项指控:"求荣耀"(7～8 节)、"藏着贪心"(9～10 节)、"用谄媚的话"(11～12 节)。

"存心温柔"、"是谦和的"(新译)或"成了慈祥的"(思高)等译法,都假定了原文所用的确是形容词"温柔"。[113] 可是从抄本的证据来看,另一个字——"婴孩"[114]——有较强的外证支持;基于此点,不少释经者采纳"婴孩"为正确的说法。[115] 两个词在原文的拼法只是一个字母的分别,而这字母就是"成了"或"是"字最后那个字母;因此,若原来的说法是"婴孩",另外那个说法就是因抄者写少了一次那个字母而引起的,但若原来的说法是"温柔",另外那个说法就是因抄者多写了那个字母一

---

[110] Marshall 68－69; Ellingworth-Nida 29.

[111] *alla*.

[112] 三次在原文都用了 *gar* ... *alla* 这种句法(前者在 1、3、5 节,后者在 2、4、7 节)。

[113] *ēpioi*(单数＝*ēpios*).

[114] *nēpioi*(单数＝*nēpios*).

[115] E.g.: Metzger 629－630 (majority of the Committee); Lightfoot 24; Robertson, *Pictures* 4.18; F.W. Beare, *IDB* IV 625 *a*; Patte, *Paul's Faith* 141,375 n.11.

次而产生的。[116] 鉴于“婴孩”一词的原文在其他的保罗书信共用了十次(罗二 20;林前三 1,十三 11〔五次〕;加四 1、3;弗四 14),在新约其他书卷用了四次(太十一 25,廿一 16;路十 21;来五 13),而“温柔”一词的原文则只见于提摩太后书二章二十四节,抄者将罕用的“温柔”一词误抄成较常用的“婴孩”,比相反的情形较为可能。换言之,抄写方面的可能性较多支持“温柔”为原来的说法。

从文理的角度来说,一些支持“婴孩”为原文的释经者认为:(一)为要与“使徒”构成对比,并与“在你们中间”配合,我们需要一个名词而不是形容词;(二)“婴孩”含有不成熟和未发育之意,正好与“使徒”构成极佳的对照;(三)“婴孩”这说法,跟保罗在本书及后书对读者所表现的态度(他是他们中间的一员)非常协调;(四)保罗自喻为“婴孩”是个大胆的图象,但“温柔”则是平顺和乏味的形容词;(五)保罗为“婴孩”与下文保罗为“母亲”的讲法并列,这是富戏剧性的,并且将保罗及帖城信徒之间“家庭性”的联系戏剧化地表达出来。[117] 可是,针对上面第一、二点,我们应留意上一句的重点并不在“作基督的使徒”,而是在“叫人尊重”,因此只有“温柔”才是适合的比对词,“婴孩”则不是那么适合。此外,支持“温柔”为原文的释经者指出:(一)“婴孩”在保罗的用法里通常有不好的意思(林前三 1,十三 11;加四 3;弗四 14),尽管同字根的动词[118](在新约只用了一次)有好的意思(林前十四 20);(二)虽然保罗有时不介意突然改换他所用的图象(参加四 19),可是他先将自己喻为婴孩,随即改喻为乳养自己孩子的母亲,这个改变是难以令人置信的,尤其因为保罗在本段会先后比喻自己为母亲(本节)及父亲(11 节),若是他又把自己喻为婴孩,会破坏本段的合一性;(三)“温柔”则与下一句的意境非常吻合;(四)保罗在其他地方也是把自己和信徒的关系喻为父亲和子女的关系(林前四 14~15;林后六 13;参加四 19,新译:“我的孩子

---

[116] i.e., *egenēthēmen ēpioi* could be a case of haplography, whereas *egenēthēmen nēpioi* could be a case of dittography.

[117] Frame 100; Morris II 77 - 78; Malbon, 'Structural Exegesis' 315. C. Crawford (as reported in *NTA* § 18 [1974]- 598)建议将“婴孩”视为呼格,整句译成:“但是,孩子们啊,我们在你们中间,像母亲照顾自己的孩子。”但“婴孩”可否译成“孩子”,是颇具疑问的。

[118] *nēpiazō*.

们”),因此他在本句把自己描写为温柔的母亲,比自喻为婴孩的可能性大得多。[119]

总括上两段的讨论,不论抄写方面的可能性,或文理和意思方面的考虑,都支持“温柔”是原来的说法;这也是多数释经者和主要的英译本所采纳的说法。[120] “温柔”既与“叫人尊重”相对,其主要意思就是不用权柄,不摆架子。“在你们中间”的原文词组并不是五章十二节所用的简单结构,[121]而是多一个字的“在你们的‘中间’”。[122] 有些释经者认为,这种句法间接地提示了“保罗以他们之中一份子的平等身份在他们中间”之意;[123]但这种结构在新约出现十多次,大多数没有这种含意(太十四 6,十八 2、20;可九 36;路八 7,廿四 36;徒二 22),有几次根本不可能有这种含意(太十 16 = 路十 3;路二 46),只有一两次也许可解为有这种含意(徒一 15,廿七 21),但绝对不能肯定。和本节最相似的是路加福音二十二章二十七节,但在该处,表明耶稣是门徒中一份子这思想的(若这思想存在的话),仍然不是“在你们中间”一语,而是“如同服侍人的”那句话。鉴于这个事实,本节的“在你们中间”不宜作特别解释,其意思纯粹是“在你们当中”。

“如同母亲乳养自己的孩子” 译为“母亲”的希腊字在新约只出现这一次;这字在蒲草纸文献中的意思是“保姆”或“乳娘”,虽然有一次其意思是“母亲”。[124] 中译本把这字译为“母亲”,大概是鉴于下文提及“自己的孩子”;但保罗用“保姆”而不用“母亲”,也许是为要强调爱心的照

---

[119] Metzger 630 (minority opinion); Moore 38; Moffatt 27; Neil 40; Ellingworth-Nida 30; Best 101; Marshall 70. Moore 38 又指出,原文那个字可指父亲的“慈祥”(思高),因此他认为本句预告了第十一节的思想。但此说值得怀疑,因本节明说保罗像个温柔的母亲(“慈母”),第十一节才描写保罗为父亲。

[120] Cf. AV, RV, RSV, NEB, NASB, NIV; Ellicott 21*a*; Denney 327*b*; Whiteley 43; Hendriksen 64 n.48; Bruce 31; G. Bertram, *TDNT* IV 919; G. Braumann, *NIDNTT* I 282.

[121] *en hymin*(参一 5,二 13)。

[122] *en mesōi hymōn*.

[123] Ellicott 21 *b*; Lightfoot 25; Morris II 78.

[124] MM 643(s.v. *trophos*).

顾之意。“乳养”的原文[125]在新约只出现另一次(弗五29),在该处与“保养”连着用,指一个人“顾惜”或“照顾”(现中)自己的身体。这字在申命记二十二章六节(七十士译本)用来指母鸟“伏在”雏上或在蛋上(思高:“伏雏或孵卵”);在这用法的提示下,本节的“照顾”(现中)或“抚育”(思高、当圣)描写母亲把孩子抱在怀里,对他们抚爱呵护,使他们感到温暖和安全。“自己的”一词强调了这保姆对孩子的抚育是温柔和细致的;母亲乳养自己的孩子是母爱的标志。[126] 本句原文在“如同”和“母亲乳养”之间有一小字,[127]表示所描写的不是特别某一次的行动,而是任何时候都可能见到的事——就是说,无论何时有人看见母亲如何爱顾自己的孩子,保罗也如何爱顾帖城信徒。

一些释经者认为,本句开首的“就像”一词,跟下一句的“这样”前后呼应,[128]因此本句应看为新句子的开始,整个意思即是:“就如母亲乳养自己的孩子,照样,我们……也愿意连自己的性命都给你们。”[129]可是,若是这样,上一句(“但我们在你们中间是温柔的”)便结束得太过突然,且在长度上与所对应而说的话(6～7a节)差距颇大;因此,本句较宜看为延续上一句的意思,解释了保罗和同工在帖城信徒中间是怎样“温柔地待”他们(现中),第八节则以“这样”回应上一句的“就像”为基础,进一步发挥上一句里面“爱”的思想,故以第八节首句为新句子的开始(如在和合、新译、现中、思高、当圣及主要的英译本[130]那样)较为正确。

二8　“我们既是这样爱你们,不但愿意将神的福音给你们,连自己的性命也愿意给你们”　“这样”回应了上一句“如同”一词,意思就是“如母亲……自己的孩子那样”。“爱”(现中同)、“疼爱”(新译)、“眷爱”(思高)和“真挚地爱护”(当圣)等译法,都未能把原文动词的准确意思

---

[125] *thalpō*.

[126] Cf. Malherbe, ‘Exhortation’ 242 with n. 23. Best (*Paul* 32)指出,保罗在他的书信中两次清楚地比喻自己为信徒的母亲时(帖前二7;加四19;参林前三1～2),都与他们的归主及基督徒生命的初期有关。这与当代妇女在家庭中的角色通常只是与较年幼的子女有关此一事实互相协调。参下面注196。

[127] *ean*.

[128] *hōs ... houtōs*.

[129] Cf. Best 101; Marshall 70; Malbon, ‘Structural Exegesis’ 315.

[130] AV, RV, RSV, NEB, NASB, NIV. Cf. Metzger 630 (minority opinion).

表达出来。这词在新约只出现这一次；但约伯记三章二十一节(七十士译本)用这字来描写一些受患难、心中愁苦的人“切望”(和合)或“渴望”(思高)死，一则四世纪的碑文用这字描写哀伤的父母“极度渴想着”他们已去世的儿子。[131] 因此本节首句的意思就是：我们既然极度渴想你们，像母亲渴想自己的孩子一般。接着的两句表达了这种渴想所产生的后果。

“愿意”这动词的原文[132]在新约共用了二十一次，超过半数(十一次)在保罗书信中，包括本书两次(本节，三 1)和后书一次(二 12)。其中六次用来指神“喜悦”他的爱子(太三 17，十二 18，十七 5；可一 11；路三 22；彼后一 17)，四次指神不“喜悦”犯罪和信心倒退的人(林前十 5；来十 38)以及不“喜欢”祭物(来十 6、8)，一次指人“喜爱”不义(帖后二 12)，一次指信徒“宁愿”与身体分开，与主同住(林后五 8，新译)；另外八次指神(路十二 32；林前一 21；加一 15；西一 19，新译、思高)、马其顿和亚该亚的教会(罗十五 26、27)以及使徒保罗(林后十二 10，现中；帖前三 1)“乐意”做的一些事情。余下的一次(即是本节)，其意思也是“乐意”(新译、当圣)。原文用过去未完成时式的动词，[133]这时式在本句的功用，似乎并不是要表达一种想望，[134]也不是指一种持久的“愿意”(和合、现中)或准备好的心，[135]而是指出保罗和同工在事实上乐意地和继续不断地与帖城信徒有所分享。[136] “给”字的原文[137]在新约另外出现四次，意思都是“分给”(路三 11；罗一 11，十二 8〔新译〕；弗四 28)，因此这字在本句不宜译为“给”(新译同)、“交给”(思高)或“传给”(当圣)，而

---

[131] MM 447 (s. v. *homeiromai*). Baumert (‘*Omeiromenoi*’, esp. 561 - 562)则认为此字应按被动的意思解为“既被分开”。无论如何，这是个感性的动词，故其宾词用物主位(*hymōn*, genitive).

[132] *eudokeō*.

[133] 上下文(7 节 *egenēthēmen*，8b 节 *egenēthēte*)都清楚表示，8a 节的 eudokoumen (BFBS：ēudokoumen)不是现在时式(Moore 38；Baumert，‘*Omeiromenoi*’561 - 562)，而是 Attic imperfect (Ellicott 22 a；cf. Lightfoot 26；Frame 102).

[134] Cf. *Idiom* 9 with 202：*ēudokoumen* = desiderative imperfect.

[135] G. Schrenk，*TDNT* II 741.

[136] Findlay 43；Morris II 79.

[137] *metadidōmi*.

应译为“跟……分享”（现中）。

按原文的结构，动词只用了一次，宾词则由两部分组成，如下：“我们乐意跟你们分享——不但〔分享〕神的福音，而且〔分享〕我们自己。”现代中文译本（“不但愿意跟你们分享……也愿意给你们”）和当代圣经（“传给你们……为你们牺牲性命”）的译法，反映了一些释经者的意见，[138]即是认为“神的福音”只是“分享”的宾词，“自己的性命”却是另一个没有表达出来的动词的宾词，这动词可由“分享”一词推敲出来，就是“给”，亦即“舍去”。[139] 但这种解释是不必要的，也不是原文结构最自然的解释；这种解释似乎是因这些释经者将第二个宾词解为“自己的性命”（和合、新译，参思高）而引起的。较忠于原文结构的解释是把两个宾词同时看为受“分享”这动词所支配着。[140] “神的福音”意思是“从上帝来的福音”（现中），“跟你们分享神的福音”自然包括“把上帝的福音传给你们”（当圣），但是还包含“使你们和我们同享福音的好处”——即是救恩的福泽（参林前九 22、23）——之意。至于第二个宾词的意思，关键在于其中的名词[141]应如何解释。

这词在新约共出现一百零三次，保罗书信占了十三次（包括本书两次），其中一次有其字面意思，即是“魂”（五 23），三次与“心”同义（弗六 6；腓一 27；西三 23），两次的意思显然是“性命”（罗十一 3；腓二 30，新译、现中：“冒着生命的危险”，即是以“性命”〔思高〕为赌注），但在另外六次，这词似乎反映了希伯来文以“魂”指“人”[142]的用法：最显著的例子是罗马书二章九节（“人”原文作“人的魂”）、十三章一节（“人人”原文作“每一个灵魂”）以及哥林多前书十五章四十五节（“生灵”〔思高〕即是“有生命/有气息的人”〔新译/现中〕）；照样，“为你们的灵魂”（林后

---

[138] Ellicott 22b; Lightfoot 26.

[139] *didōmi*; *dounai tēn psychēn* =“舍命”（可十 45）。按此解释，保罗用了称为 zeugma 的修辞法（即“分享”用于“福音”是合适的，但用于“性命”则严格说来是不合适的，因此要假设其真正的动词是“舍去”或“牺牲”）。

[140] *to euangelion*, *tas psychas* = accusative of the part shared (Frame 102); cf. MHT 3. 231.

[141] *psychē*.

[142] *nep̄eš* = ‘person’.

十二 15)意思即是“为了帮助你们”(现中),“为了我的性命”(罗十六 4,新译)等于“为了我”(现中)、“为救我”(思高),而“我指着我的性命”呼求神作证(林后一 23,思高)的意思,就是“如果我撒谎,愿神惩罚我!”(参现中)。最后两节可说是原字的意思从“性命”过渡到“自己”的例子。

回到本节,保罗的意思不是说,“就算为你们牺牲性命,也在所不惜”(当圣);[143]若把原文词组译为“我们的生命”(现中),那么“跟你们分享我们的生命”的意思可能是分享构成生命的那些东西——时间、精力、健康,而不是单指“昼夜作工……免得叫你们一人受累”(9 节)。[144]最可能的解释是:“我们的生命”意思其实是“我们自己”。保罗和同工跟帖城信徒分享神的福音的同时,也跟他们分享自己——他们把整个自己(这当然包括他们的才干、精力、时间等等)投进传福音和培育信徒的工作中,毫无保留地为他们的缘故付出一切(参林后十二 15),以身作则地教导他们在生活上取悦于神(9～12 节)。[145] 保罗的话并不表示他认为“我们自己”比“神的福音”更宝贵,他只是以“乐意跟你们分享我们自己”这个思想和事实向帖城信徒表示他们对帖城信徒的爱是何等深邃(因“自己”就是我们拥有的最宝贵的东西)。但他的话的确提示我们,对保罗来说,完全地付出自己与传神的福音不可分割,因为传福音的工作不是一次性宣告一个信息,像张贴一份海报那样,而是需要不断地向人呼吁和恳求,锲而不舍地以爱寻找他们和照顾他们;保罗的话提醒我们,“要做一个正正式式的基督徒牧者,人必须付出自己给他所照顾的人,以致他虽然绝对地只属于基督,却属于他们过于属于自己”。[146]

“因你们是我们所疼爱的” 这句回应了上文“我们既然这样极度渴想你们”,进一步指出或强调保罗和同工乐意跟帖城信徒分享他们自己的原因。“因”字的原文不是常见的那个“因”字(如在一 5,二 14,三

---

[143] 参周 51:“……愿意为他们的羊群舍命”。如上文指出,原文没有用“舍”字而用“分享”。

[144] 分别见:E. Schweizer, *TDNT* IX 648, *TDNTA* 1349; Patte, *Paul's Faith* 141.

[145] Cf. Bultmann, *Theology* 1.204; Ladd, *Theology* 460; G. Harder, *NIDNTT* III 683; Findlay 43; Hendriksen 65; Marshall 71; Jewett, *Anthropological Terms* 346-347.

[146] L. Coenen, *NIDNTT* III 54; Cranfield, '1 Thessalonians 2'223(引句出自后者)。

8,四 16,五 9;帖后一 3、10,二 3,三 7),[147]而是将"由于这个原因"之意表达得更为清楚的"因"字(保罗书信另外用了八次:二 18,四 6;罗一 19、21,三 20,八 7;林前十五 9;腓二 26)。[148] 译为"所疼爱的"的原文形容词[149]在新约共出现六十一次,保罗书信占二十七次,其中一次指犹太人、三次指信徒是神所爱的(罗十一 28,一 7;弗五 1;提前六 2),但较多的时候,保罗用这词来称呼读者、同工或其他信徒,表示他(和同工)与被称呼者、被称呼者与读者、或被称呼者与读者及他自己(和同工)之间的亲切关系——他称读者(复数)为"亲爱的"(罗十二 19;林后七 1,十二 19;腓四 1b;各节原文皆无"弟兄"一词,参新译)、"我所亲爱的"(林前十 14,新译;腓二 12)、"我亲爱的弟兄们"(林前十五 58;腓四 1a)、"我所亲爱的儿女"(林前四 14);又称一些个别的信徒为"我所亲爱的"(罗十六 5、8、9)、"我所亲爱的儿子"(林前四 17;提后一 2;两次皆指提摩太)、"我们所亲爱的"(西一 7,指以巴弗;门 1)、"亲爱的"(罗十六 12,新译)、"所亲爱的弟兄"(弗六 21;西四 7、9)、"所亲爱的医生"(西四 14,指路加);并描写信了主的奴仆阿尼西母为他主人"亲爱的弟兄"(门 16)。由此可见,保罗与他的同工及其他信徒的关系一贯地是一种亲切的爱的关系,他和帖城信徒的关系也不例外。本句的"是"字在原文为过去时式,也可译为"成了":[150]帖城信徒自信主以后,便成为保罗和同工所爱的;后者不仅忠于神的托付(4 节),跟帖城信徒分享神的福音,并且因被他们对帖城信徒的爱所推动,同时跟他们分享自己。[151]

保罗在第七、八两节答复了上文所反映"求荣耀"的指控:他和同工没有利用他们的身份或运用他们的权柄要求帖城信徒敬重他们,或逼使他们谦恭顺服,反而温柔得像个"抚育自己孩子的母亲"(思高),并且因爱他们的缘故,就毫不吝啬、绝无保留地付出一切。这两节不但由"如同"和"这样"二词连起来(参 8 节注释首段),在思想内容上也很有关系:因为保罗和同工因爱付出自己,正是母亲抚育自己孩子所持的态度。

---

[147] *hoti*.

[148] *dioti* = *dia touto hoti*, 'because of this, that' (Findlay 44).

[149] *agapētos*.

[150] *egenēthēte* = 'you had become (RSV, NASB, NIV; cf. NEB).

[151] Cf. H.W. Heidland, *TDNT* V 176; *TDNTA* 683.

二 9 “弟兄们,你们记念我们的辛苦劳碌” 本节原文开首有“因为”一词,表示本节与上文有逻辑上的关系:保罗提出本节的事实,来说明并证实第八节的主要意思,即是他和同工乐意跟帖城信徒分享自己——他们的“辛苦劳碌,昼夜作工”正是他们分享自己的其中一面。[152]本节同时回应了第五节下半节,针对“藏着贪心”的指控,根据事实提出答辩。保罗直接称呼读者为“弟兄们”,这是本书的第三次(参一 4 注释)。“记念”一词的原文[153]已在一章三节出现过,在后书再出现一次(二 5),在保罗书信另外用了四次(加二 10;弗二 11;西四 18;提后二 8),在新约共用了二十一次。这词在一章三节所用的结构跟本节所用的有所不同;[154]有释经者认为,动词在前者的意思是较主动的“回想”,在后者则是没有那么主动的“记得”,[155]但这词在新约的用法并不支持此说,其意思是较主动或没有那么主动,并非由所用的结构断定,而是由文理断定。[156] 本节的作用既是要说明上一节的主要意思,“你们记念”的意思就可能不是“你们应该记得”(新译)或“你们应回忆”(思高),而是“你们一定记得”(现中)或“相信你们还记得”(当圣)。

译为“辛苦和劳碌”的原文词组[157]在新约另外出现两次(帖后三 8;林后十一 27)。头一个名词已在一章三节出现过(见该处注释),在保罗书信共用了十一次,在新约共用了十八次。这词的用法显示了两个主要的意思,一个是“麻烦”(路十一 7,十八 5,新译;加六 17,现中)——“难为”(太廿六 10;可十四 6)或“为难”(现中)其实是“找……麻烦”之意;另一个意思较常见,就是“劳苦”(林前三 8〔新译、思高〕,十

---

[152] Cf. Ellicott 23*a*; Lightfoot 26.

[153] *mnēmoneuō*.

[154] 分别是:*mnēmoneuō* + genitive, *mnēmoneuō* + accusative.

[155] Findlay 44.

[156] 在二十一次之中,与 accusative 连着用的只有四次,两次的意思是较主动的,即是“记念”、“想起”(提后二 8;启十八 5),另两次是“记得”(太十六 9;帖前二 9——见正文解释)。在与 genitive 连着用的十七次之中,十四次有较主动的意思(路十七 32;约十五 20,十六 4;徒二十 31、35;加二 10;弗二 11;西四 18;帖前一 3;来十一 15、22〔意思较特别:“提到”〕,十三 7;启二 5,三 3),三次的意思是“记得”(可八 18;约十六 21;帖后二 5)。若动词所用的是命令语气(如属第一种结构的提后二 8,属第二种结构的路十七 32;约十五 20;弗二 11;西四 18;来十三 7;启二 5,三 3 等处),其意思自然是较主动的。

[157] *kopos kai mochthos*.

五 58；林后十 15〔新译、思高〕，十一 23；帖前一 3，三 5；启二 2〔新译〕，十四 13）、“劳苦的成果”（约四 38，新译、思高，参现中），或“勤劳”（林后六 5）。第二个名词除了跟第一个连着出现的三次外，在新约便不再出现。这两个名词的分别，在于前者表达不断工作所带来的疲乏和困倦，后者则强调那工作是困难的和障碍重重的；[158]鉴于这个分别，也许“勤劳和辛苦”（思高）或“劳碌和艰辛”是原文词组较佳的译法。不管我们采纳哪一个翻译，这词组的作用是指出保罗和同工所作的绝不是“门面工夫”，而是辛勤和艰苦的工作；原文重复了名词前的冠词，更有强调此点之效。

“昼夜作工，传神的福音给你们，免得叫你们一人受累” 这话解释了“我们的辛苦劳碌”一语，[159]指出保罗和同工是在什么情形下传福音给帖城信徒的。这是“神的福音”在本书出现的第三次，亦是最后一次（参 8 节、2 节——见该处注释）。“传”字的原文在新约共用了六十一次，保罗书信占了十九次。这字与“先锋”或“前驱者”有关，[160]基本上指一种有能力的宣讲（罗十 14〔分词作名词用〕、15；林前九 27，十五 11；参罗二 21）；传“神的福音”或“福音”（加二 2；西一 23），跟传扬“基督”（林前一 23，十五 12；林后一 19；腓一 15；提前三 16；参林后四 5b）、“道”（提后四 2）或“信心的信息”（罗十 8，新译、现中）基本上是同一回事，与此相对的是传“割礼”（加五 11）、传“自己”（林后四 5）或传“另一个耶稣”（林后十一 4，两次）。本节的“传”字和第二节的“传”字在原文是不同的字（参上面注 27），但在意思上并无分别；事实上，新约用了许多个不同的字来描写“传福音”的行动，表示没有一个动词压倒了其余的而成为一个专门名词。[161] “给你们”在原文不是简单的间接受事位“你们”（如在 8 节、10 节），而是直接受事位之前加上介系词，在这个结构里面，介系词有时表达宣讲的行动发生的地方（如在可一 39，十四 9；

---

[158] Cf. Ellicott 23 *a*；Lightfoot 26；Findlay 44；Robertson，*Pictures* 4.19；Marshall 72. Hock（*Social Context* 34－35）指出，一个技工的生活是非常刻苦的，故此保罗的形容绝不过分。

[159] 原文没有连接词将这话与上文连起来，这现象在文法上称为 asyndeton.

[160] 原文分别为：*kērysso*，*kēryx*.

[161] J. Schniewind，*TDNT* I 71，*TDNTA* 12；L. Coenen，*NIDNTT* III 53－54.

路四 44),有时则表达宣讲的对象或受众(如在可十三 10;路廿四 47);就本节而论,这结构的意思较可能是"给你们"(即是与间接受事位同义),而不是"在你们当中"。[162]

"作工"在原文是个现在时式的分词,其功用是指出保罗和同工是在什么情况下把福音传给帖城信徒的。[163] 原文动词在新约共用了四十一次,保罗书信占了十八次,包括本书两次(本节,四 11)及后书四次(三 8、10、11、12)。保罗用这字来指"行"善(罗二 10;加六 10)、为圣事"劳碌/服务"(林前九 13,和合/思高)、"作"主的工(林前十六 10)、靠赖行为以图称义(罗四 5,参现中)、"做出"伤害别人的事(罗十三 10,现中)、"生出"没有懊悔的悔改(林后七 10,新译)——以上共七次。其余的十一次,这字皆有普通的"作工"之意(罗四 4;西三 23):保罗教导从前偷窃的人,既然信了主,就当"亲手作正当的事"(弗四 28,新译);他又针对帖撒罗尼迦教会的特殊情况(见四 12 注释末段之前一段),劝勉信徒要"亲手做工来维持自己的生活"(四 11,现中),并劝戒其中一些"游手好闲,什么工也不作,反倒专管闲事"的人(帖后三 11),"要安静作工,吃自己的饭"(帖后三 12)。保罗虽然身为使徒,有权不"为自己的衣食工作"(林前九 6,现中),可是他仍然选择"亲手作工"来养活自己(林前四 12,参现中);他和同工在帖城宣教时,就是这样(本节;帖后三 8)以身作则地实践了他们为信徒定下的原则:"若有人不肯作工,就不可吃饭"(帖后三 10)。虽然保罗本身不属劳工阶层,但他愿意放弃他的社会地位,为要与体力劳动者认同。[164]

有释经者认为本节的"作工"亦包括讲道、牧养和祈祷等工作,[165]但下文("免得叫你们一人受累")和上段提及许多相似的经文一致表示,

---

[162] 即是 *eis hymas* = *hymin*. Cf. BDF 207(1); *Idiom* 69; A Oepke, *TDNT* II 425 — over against G. Friedrich, *TDNT* III 704 - 705.

[163] *ergazomenoi* (from *ergazomai*) = modal participle.

[164] Malherbe, *Paul* 55 - 56. 作者(注 83)认为,保罗对他自已劳力作工所持的态度,反映于以下的事实:他把"亲手作工"包括在一系列的艰苦经历之内(林前四 12),又把它看为仆人的工作(林前九 19)以及"自居卑微"之举(林后十一 7)。但保罗在这些地方可能从读者所接受的希腊观点说话,他真正的态度要从别些经文才可以看出来,见四 11 注释第四段。

[165] Veldkamp 37.

这里所指的是为着“供养自己”(当圣)而做的工作。从使徒行传十八章三节可见,保罗是“以制造帐幕为业”的(思高)。当时的帐幕或“帐棚”(和合)有时是用一种由山羊毛织成的粗布造的,这种粗布产于保罗的老家基利家(徒廿一 39),并且因此得名;[166]但多数的帐幕是用皮革造的,而且织布在犹太拉比眼中不是一种高尚的职业,因此保罗所学的手艺可能不是编织造帐幕用的山羊毛布,而是以皮匠的身份制造帐幕。[167]保罗说他和同工“昼夜作工”,字面的意思不是“从朝到晚,整天不停地工作”,[168]而是“在晚间和在日间都工作”,但其含意可能确是大清早(天未亮)便开始工作,直到日落(而不仅是从日出到日落),表示他们格外辛勤。[169] “昼夜”在原文的次序是“晚上和日间”,这是此二字连着出现时在希腊文和拉丁文惯用的次序,也是保罗书信一贯采纳的次序;[170]相反的次序(“昼夜”)是犹太作者常用的次序(例如:耶十四 17,十六 13,卅三 20、25),在新约主要见于启示录和马太福音。[171] 两种次序在意思上并无分别,因此和合本按中文的固定语法一律译成“昼夜”(除于可四 27,为了明显的理由依照原文次序),也不致引起解释上的困难。

保罗对读者解释,他和同工昼夜作工的目的,[172]是“免得叫你们一人受累”,即是“免得加给你们任何人负担”(思高);原文所用的是和二章六节“尊重”一词同字根的复合动词(见上面注 104 及所属正文)。保罗不但在帖撒罗尼迦的时候自食其力、其后在腓立比(见冯:“腓立比

---

[166] 罗马人称之为 *cilicium*,后者跟 Cilicia(基利家)甚为相似。

[167] Cf. Hock, *Social Context* 21,66; W. Michaelis, *TDNT* VII 393 - 394, *TDNTA* 1044 — over against Lightfoot 27.

[168] 周 51。原文所用的结构不可能是这个意思,因 *nyktos kai hēmeras* = genitive of the *kind* of time, ‘both by night and by day’.

[169] Hock, *Social Context* 31 - 32.

[170] *nyktos kai hēmeras* (genitive):本节,三 10;帖后三 8;提前五 5;提后一 3(中译本一 4);可五 5。*nykta kai hēmeran* (accusative):可四 27;路二 37;徒二十 31,廿六 7。

[171] *hēmeras* (*te*) *kai nyktos* (genitive):路十八 7;徒九 24;启四 8,七 15,十二 10,十四 11,二十 10。*hemeras kai nyktas* (accusative plural, with numbers supplied):太四 2,十二 40(两次)。

[172] MHT 3.144 则认为在本节,如在帖后三 8 和弗六 11,*pros to* + infinitive ‘may express tendency and ultimate goal, rather than purpose’,只有在林后三 13,这结构(在保罗书信出现共此四次)才是表达目的。

书"483)、哥林多(徒十八 3;参林前四 12)和以弗所(徒二十 34)也是这样;他的宣教同工显然采取了同样的做法。综合数段有关的经文,我们可以对保罗这种自食其力的宗旨提出几项观察:(一)这宗旨的背景可能是保罗所接受拉比传统的教训,就是研究律法的人应有一份世俗的职业,而不应从研究律法获得世俗的利益。[173] (二)这宗旨适合保罗独立的性格;他似乎对金钱的事特别敏感,以致别人对他的馈赠或资助会使他觉得尴尬(参冯:"腓立比书"486、489)。更为重要的,自食其力适合他的生活方式,此方式跟耶稣的生活方式相似,就是在其中显出"软弱"和"愚拙"(林前一 18～31,四 10～13)。*(三)这宗旨使他可以无所畏惧地传讲神的信息,不必讨人喜欢(4 节),也不必避讳不将神全部的旨意向信徒宣讲(徒二十 27)。(四)这宗旨表明他跟当时一般的"贩卖宗教者"截然不同;在需要时,他可以用他自食其力的事实堵住毁谤者的口,使他们不能够说他传道的动机是为着图利(林后十一 7～12)。(四)保罗采取这宗旨,一方面为要避免成为信徒的负担(本节;帖后三 8),他以父亲的身份(二 12;林前四 15)不希冀他的儿女工作来供养他(林后十二 14);同时他要为信徒树立一个好榜样(四 11;徒二十 35;帖后三 6～12)。(五)保罗不但自给自足,有时还供给(或帮助)同工的需要(徒二十 34;参弗四 28)。

从腓立比书四章十六节可见,保罗在帖城传道时曾接受腓立比教会的资助(该处"一次两次"的正确解释,请参冯:"腓立比书"480－482),他在这里没有提及此事,可能因为那一次的资助不足以使保罗不必作工来维持生活,也许同时因为他不想对帖城信徒提起他从别些信徒得到的资助而令帖城信徒感到尴尬(他在林后十一 8～9 的做法不同,因他的用意不同);[174]因为虽然帖城的信徒包括"不少的显贵妇女"

---

[173] Cf. Bruce 34; *Galatians* 263. 这是大多数学者对背景问题的意见。Best (*Paul* 102)合理地认为,虽然有关犹太拉比的这方面的规例是稍后才订定的,但那个观念本身在保罗时代便已流传着。但 Hock (*Social Context* 22－24)对此看法提出质疑;他认为保罗是从他的父亲学手艺的,这种"父传子"的做法是当代希罗社会的典型做法,而非特殊的犹太人做法。

* Cf. Best, *Paul* 103.

[174] Bruce 35; cf. Marshall 72. 保罗接受腓立比教会的资助,但不受哥林多教会的供给,此点见冯:"腓立比书"482－483,亦参同书 464－465。

(徒十七 4,思高),但可能大部分的信徒仍是贫苦的劳工阶层(参林后八 1～2;希腊人一般对劳力采鄙屑的态度)。保罗和同工不但没有成为教会整体的经济负累,而且没有加重他们中间任何一个人("你们一人"即是"你们任何人",思高)的经济负担。[175] 一位学者指出,保罗在这里说这句话,可能是要自然地过渡到父亲的图像(11 节):古代一些较悲观的道德教师常认为,贪婪令儿女与父亲为敌,甚至到了出卖他们的地步,而父母亦对其子女变得愈发苛求;保罗提醒读者,他放弃对他们有所要求的机会(7 节),反而跟他们分享自己的生命(8 节),可能就是对应着道德教师的那些话,表明他完全没有贪心。[176] 不论保罗是否认识那些话,他在本节所说的,似乎确是针对"藏着贪心"(5 节下)的指控而发的。

二 10 "我们向你们信主的人,是何等圣洁、公义,无可指摘" 这在原文是本节的后半部;前半部跟上一节并无文法上的关系,这表示本节的思想路线是依循着上一节的(参注 159 及所属正文)。"圣洁"、"公义"和"无可指摘"在原文都是副词。头一个在新约只出现这一次,但同字根的形容词[177]在新约共用了八次,多数指神(启十五 4,十六 5)、耶稣(徒二 27,十三 35;来七 26)或神所许与大卫的恩福(徒十三 34),但有两次用在信徒身上:男人应举起"圣洁"的手祷告(提前二 8),为人"圣洁"是作监督的条件之一(多一 8)。同字根的抽象名词[178]在新约只出现两次,分别指神的百姓以"圣洁"和"公义"事奉他(路一 75),以及新造的人有"真理的仁义和圣洁"(弗四 24)。第二个副词[179]在新约另外用了四次,两次的意思是"理所当然地"(路廿三 41,参思高;林前十五 34,参新译),其余两次(如在本节)是"公义地"(多二 12;彼前二 23)。同字根的形容词[180]在新约共出现七十九次,保罗书信占了十七次,后者在"义

---

[175] 按 Hock (*Social Context* 30, cf. 37)的解释,"叫你们一人受累"的意思,就是保罗若像当代的哲士那样(cf. 53–55)投奔一个户主,做一个驻于某家中的教师或知识分子,接受户主所供的膳宿和其他的馈赠(这些合起来等于他的薪酬),便很容易成为一种经济负累,尤其因为帖城信徒多数不是很富有的人。

[176] Malherbe, 'Exhortation' 243.

[177] 原文分别是:*hosiōs*, *hosios*.

[178] *hosiotēs*.

[179] *dikaiōs*.

[180] *dikaios*.

的"这基本意义下显示了好几个不同的重点(详见冯:"腓立比书"447)。第三个副词在新约只出现了一次,即本书五章二十三节;同字根的形容词[181]共用了五次,除了一次指神和以色列先前所立的约并非"没有缺点"(来八 7,现中、新译、思高)外,其余皆指人行为或心灵上的"无可指摘"(路一 6;腓二 15,三 6;帖前三 13)。

值得留意的一件事,就是"圣洁"与"公义"有几次连着出现(形容词:多一 8;名词:路一 75;弗四 24),[182]像在本节那样。一些释经者认为,"圣洁"指人对神的敬虔态度和对神的责任,"公义"指对人的责任,就是合乎公义或"公正"(现中、当圣本节)的行为,"无可指摘"则从负面概括了两方面的意思。[183] 另一些释经者则指出,上述"圣洁"和"公义"的分别,就是古典希腊文的用法上也不是所有作者都遵守的,任何一个词都可以指对神或对人的态度;因此较稳妥的做法,是把"圣洁、公义"看为一个单位,从正面综合了"不论对神或对人都圣洁公义"这个复合意思,"无可指摘"则由反面表达同样的意思。[184] 这个解释比第一个好,尤其因为"圣洁"与"公义"多次连着出现,像是个流行词。不过,"对你们信主的人"一语提示我们,保罗在此想到的,完全是他和同工与帖城信徒关系上的圣洁公义、无可指摘,本节的上文下理(7～9、11～12 节)同样支持这一点。[185] 也许"圣洁"的重点是在内心的态度,"公义"则强调符合神的要求之意。"无可指摘"的意思不是说他们对待帖城信徒的态度和行为在神面前绝无瑕疵或缺点,而是说他们在帖城信徒中间行事光明磊落,动机纯洁清白,以致他们可以挺胸昂首,正视帖城信徒而无所惊惧。[186]

---

[181] 原文分别是:*amemptōs*, *amemptos*.

[182] 另外两个例子是罗七 12(诫命是"圣洁、公义"的)及林前一 30(基督成为信徒的"智慧;就是公义、圣洁和救赎",新译),但"圣洁"在原文所用的是另一个字(分别为形容词 *hagios* 及名词 *hagiōsyne*)。

[183] Cf. Lightfoot 27 - 28; Calvin 354; Robertson, *Pictures* 4.19; Marshall 73, *Luke* 92; Kelly, *Pastoral* 232. Cf. also G. Schrenk, *TDNT* II 191:"公义"在此指与神的律法相应的义。

[184] Cf. Barth, *Ephesians* 510; Ellicott 24*b*; Frame 103; Neil 42; Ziesler, *Righteousness* 152; F. Hauck, *TDNT* V 492, *TDNTA* 735.

[185] Cf. Bruce 35 - 36.

[186] Cf. Cranfield, '1 Thessalonians 2'223.

配合着三个副词,动词"是"字[187]有"在行为上表现得、显出来是"之意。保罗特别声明"向你们信主的人",[188]并不表示他用不同的态度对待非信徒;他加上这话,是因他要针对犹太人的指控,说他对帖城信徒的态度受自私的动机影响,他提出反驳说,不管别人怎样说他们,至少读者知道他们是怎样的人。

"有你们作见证,也有神作见证" 这在原文是本节的首部分,直译为"你们是见证人,神也是"。"神是见证人"这话已在二章五节出现过(参该处注释),这里同时以神和读者为见证人,其意思可能不仅是:"你们可以为我们外表的行动作证,神可以为我们内心的思想作证",而是:到帖城信徒所知的程度,他们可以作证,至于超出他们所知的范围之外的事,则有神为证。[189] 因为帖城信徒不但不能为所看不见的作证,只能为自己所见的作证,而且,单就所见的事来说,他们仍有受欺骗、被蒙蔽的可能。保罗这么严肃地呼求神为他作证,表示他要驳斥的指控是真实而非假设的(参二 1～12 引言第二段)。

本节声明保罗和同工如何对待帖城信徒,上一节提出了他们如何自食其力,两节同时针对第五节下半的指控,证明他们完全没有"藏着贪心"。

二 11 "你们也晓得我们怎样劝勉你们,安慰你们,嘱咐你们各人,好像父亲对待自己的儿女一样" 这翻译把在原文开始第十二节的"劝勉你们,安慰你们,嘱咐你们"提前放进了本节。较贴近原文的翻译是:"你们也同样知道:我们怎样对待了你们中每一个人,就像父亲对待自己的孩子一样"(思高;参现中、新译),其中"我们……对待了……对

---

[187] *ginomai*. 此字在本书和后书共用了十三次(新约共六七十次),与副词连用的只有这一次(cf. BDF 190[2],434[2]);另外的四种用法是:单独用(三 4)、与名词连着(一 6,7,二 1、14)、与形容词连着(一 5b,二 7、8),以及与介系词词组连着(一 5a,二 5,三 5;帖后二 7)。

[188] *hymin* 不是"在你们中间"(Marshall 73),而是"在我们和你们的关系上"(Bruce 36)或"对你们"(现中、新译、思高)。这字的另一解释是"在你们的评估中",即是"在你们眼中"(Hendriksen 67; Collins 217 n. 44; cf. MHT 3. 229),但这解释不及上一个来得自然。有释经者甚至把这字连于动词而得出"我们使自己成为属你们的"之意(Moffatt 28*a*; Findlay 46: *hymin* = dative of possession);但此解释殊不自然(尤其因它使那三个副词"无家可归"),而且不必要地重复了第八节下半的思想。

[189] 分别见:Lightfoot 27; Cranfield, *Romans* 75 n. 4.

待”这些主词和动词是原文没有，由译本顺应着文意的要求而补充的。[190] 思高圣经译为“同样”的原文连接词，[191]在本书另外出现三次(三 6、12，四 5)，其他的保罗书信八次(罗四 6，十二 4；林前十 10，十二 12；林后一 14，三 13、18，八 11)，新约另外只有一次(来四 2)；这词的意思是“正如”(新译)，但比第五节所用的“就如”(思高)更为有力。“正如”表示，保罗现在要举出特别的事实来说明并证实上一节较笼统的话。

“你们每一个人”(现中)比四章四节的“你们各人”[192]更强调每一个别信徒之意。保罗的教导及于个别信徒这句话，有两个可能的解释：(一)保罗在教导全体会众的当儿，不忘记个别信徒的需要，有机会或需要时便针对个别的需要施以教导；(二)保罗的教导包括逐家探访。[193]后者可能较为可取，不过“逐家探访”不应按其字面意义解为像今天教会的牧者探访会友那样，而应按当日的情况解为逐一探访在个别信徒家中聚集的教会(参罗十六 5；林前十六 19；西四 15；门 2)。支持这解释的一项有力证据，就是保罗辞别以弗所教会的长老时，说了两句互相解释的话：他“在三年的岁月里……教导你们每一个人”(徒二十 31，现中；“每一个人”在原文与帖前本节所用的相同)，而这包括“在公共场合”(如在推喇奴的学房，徒十九 9)及“挨家”教导他们(徒二十 20，现中、思高)。我们可以相信，在这种“挨家”的教导中，个别信徒的需要比较容易获得照顾。[194]

保罗以父子关系来描写他和提摩太(林前四 17；腓二 22；提前一 2、18；提后一 2，二 1)、提多(多一 4)及阿尼西母(门 10)的关系；又以同一个图象(父母与子女)来比喻他和哥林多教会(林前四 14~15；林后六 13)及加拉太各教会(加四 19)的关系。“因信主作我真儿子”(提前

---

[190] 保罗忘记了把动词放进句子里，此点的解释见 Findlay 46 - 47. 林后七 5 下半节同样漏去动词。

[191] *kathaper*.

[192] 原文分别为：*hena hekaston hymōn*，*hekaston hymōn*. *heis hekastos* 亦见于帖后一 3；林前十二 18；弗四 7、16；西四 6。

[193] 分别见：(1) Calvin 345；Morris II 84；(2) Whiteley 44.

[194] Malherbe (‘Exhortation’ 244 - 245)指出，许多当代的哲士都认为需要留意听众个别的需要，并按他们的情况施以不同的教导。若保罗对这点有认识，则他在本节和下一节的话，可能有意表示他已做到此事。

一 2)、"照着我们共信之道作我真儿子"(多一 4)、"我在捆锁中所生的儿子"(门 10)、"我在基督耶稣里用福音生了你们"(林前四 15),以及"我为你们再受生产之苦"(加四 19)等形容的话,表示上述的人物和教会都是保罗福音工作的果子。帖城信徒亦不例外,尽管保罗没有直接称呼他们为儿子,而只说"像父亲待自己的儿女一样"(现中)。就如旧约将耶和华同时喻为父亲(申卅二 18a,"生你的磐石";诗一〇三 13)和母亲(申卅二 18b,"产你的 神";赛四十九 15,六十六 13),照样,保罗在本段先后将自己(和同工)喻为母亲(7 节)和父亲(本节);前一个图象把重点放在母亲抚育的温柔、慈爱和自我牺牲这些质素上,后一个图象着眼在尽责的父亲用以表达其爱心的方式上——劝勉、安慰、嘱咐(12 节)。虽然两者所关顾的对象都是"自己的孩子"(思高),[195]但他们在两个图象中似乎是不同年纪的:母亲所乳养的"孩子"比喻初信福音的信徒,父亲所教导的"儿女"则比喻信徒开始成长,他们有责任按照福音的真理及道德标准来过他们新的基督徒的生活。[196] 保罗一经藉着传福音给他们而成为他们的属灵生父,便有责任继续帮助他们在真道上长大成人;他觉得不但在他们当中时有此责任,连不在他们当中时仍然有此责任(参三 1～5;腓一 25、27)。

二 12 *"劝勉你们,安慰你们,嘱咐你们"* 如上文指出(见二 11 注释首段),这在原文是本节的首部分。原文用的是三个分词,其功用是解释漏

---

[195] "自己的孩子"和"自己的儿女"在原文所用的是同一个名词:*ta heautēs tekna*, *tekna heautou*.

[196] Cf. Best 105 - 106. Best (*Paul* 33 - 34)又指出,不论在犹太教或在希罗世界中,教导子女是父亲的责任,母亲教导的对象则是较年幼的子女;参上面注 126。Banks (*Pual's Idea* 176)认为保罗所用的模式是父/母与成年子女(parent — *adult* child),不是父/母与孩童(parent — *infant* child)的关系。无论如何,保罗一面以自己喻为信徒的父母,另一面以神喻为信徒的天父,前者来自古代的广泛用法,后者则几乎完全来自犹太教、耶稣及早期基督教的教训;保罗将两者同时加以采用,并不觉得要把二者合而为一(Best, *Paul* 38 - 39, cf. 34 - 35)。照样,他在本段同时形容自己为帖城信徒的父母和弟兄(7、1、9 节),而并不认为二者互相矛盾;这两个比喻代表着保罗与他带领归主者的双重关系:他作他们属灵父母的地位是一件永不能消失的历史事实,他与他们互为弟兄的关系则是他想要加以发展的,直至这成为他们之间的主要关系,因此他对于不得不把他的弟兄当作婴孩看待(林前三 1)表示遗憾(Best, *Paul* 133 - 134)。

去的动词——可能是“教导”(参林前四 14,现中)[197]——所指的行动是如何作成的;换言之,保罗对帖城信徒的教导,是藉着这三样完成的。这是“劝勉”一词的原文在本书和后书出现十次中的首次;同字根的名词已在本章三节出现过(见该处注释)。译为“安慰”(现中同)的原文在新约只出现另三次(五 14;约十一 11、31——后两次指犹太人传统式的吊慰);同字根的两个名词各出现一次(林前十四 3;腓二 1)。[198] 关于本节头两个分词的解释,有释经者认为第一个指劝勉人依循一特定的路线去行事为人,第二个则指鼓励人继续行在所依循的路线中;亦有认为第一个的意思是“劝勉”,第二个则为“安慰”之意,特指安慰那些感到很难在遭遇反对之下过基督徒生活的人;又有认为第一个是笼统性的,第二和第三个是确切性的,得出的意思就是:“藉着鼓励和警戒,我们劝勉你们,行事要……”。[199] 可是,第一和第二个分词其实都合并了劝勉和安慰的意思,而且在保罗的用法里,四次里有三次,二者是连着出现的(本节;林前十四 3;腓二 1;甚至在五 14,这两个词也在同一节里面出现);因此,二词可能是同义的,加上第二个词的作用也许是强调“鼓励”(新译、思高、当圣)之意。[200] 第三个分词“嘱咐”虽然没有同字根的复合动词“切切嘱咐”(四 6)那么强,[201]但仍然含有“如在见证人面前提出呼吁”之意;这词在新约出现的其余四次,分别译为“证明”、“作见证”、“郑重声明”和“确实地说”(徒二十 26,廿六 22;加五 3,新译;弗四 17),充分反映这词所指的是一种严肃的行动。

“要叫你们行事对得起那召你们进他国、得他荣耀的神”　这句表达了保罗和同工“劝勉、鼓励、忠告”(思高)帖城信徒的目的和内涵。[202] 译为“行事”的原文在保罗书信用了三十二次(只在教牧书信及腓利门书没有出现),包括本书(此处,四 1〔两次〕、12)及后书(三 6、11)共六次,全部用在喻意的意思上。除了两次笼统地指“(凭信心)活着”及“生

---

[197] *enouthetoumen* (Lightfoot 28,29); cf. Best 106: ‘counselled’.

[198] 三个字在原文分别为:*paramytheomai*, *paramythia*, *paramythion*.

[199] 分别见:Lightfoot 29; Morris II 84; Frame 104.

[200] Cf. Stählin, *TDNT* V 820–821, *TDNTA* 785; Best 106; Bruce 36.

[201] 原文分别为:*martyromai*, *diamartyromai*.

[202] 原文所用的结构(*eis to* + infinitive)通常表达目的,但在这里亦可能表示内涵(cf. MHT 3.143,1.219);就本句而论,目的和内涵实质上是相同的。参三 10 注释及其下之注 191。

活(在这世上)”(现中:林后五7,十3),其余的都是特指生活的实践,即是“行事为人”(新译)。[203] “对得起”在原文是个副词,[204]亦可译为“配得上”(新译)或“相称于”(思高);这词在新约另外出现五次,两次与接待或帮助主内同道有关(罗十六2;约叁6),其余三次分别指信徒的生活要与蒙召的恩,与基督的福音“相称”(弗四1;腓一27)和“对得起”主(西一10)。“对得起……神”一词的原文在新约只出现另一次(约叁6),但在希腊的宗教里面亦有以此词表达“祭司的生活应与所事奉的神明相称”之意,因此决定性的问题是受敬拜的神是一位怎样的神。[205] 从本书和后书可以见到神的一些基本属性:他是又活又真的(一9),是鉴察人心的(二4,参5、10节),是慈爱(一4;帖后二16)、圣洁(四3～4、7～8,参五23)和公义的(帖后一5～8)。这些属性断定了信徒应怎样敬拜和事奉他。

神也是“召你们……的神”。“召”字原文在新约共出现一百四十八次,保罗书信占了三十三次,包括本书三次(此处,四7,五24)及后书一次(二14)。除了一次的意思是“邀请”(林前十27,新译),另一次是“称为”(林前十五9),以及三次引自旧约(罗九7、25、26;意思也是“称为”,但实质上指神的呼召)之外,[206]其余的二十八次,不论原文动词所用的是被动语态(即主词是人,十三次)[207]或主动语态(即主词是神,十五次),[208]皆指神的呼召。由于本句的“召”字在原文是现在时的分词,因

---

[203] *peripateō*.这字相当于希伯来文的 *hālak* 一字,后者在旧约广泛地用来指实际的行为,包括道德及灵性的生活(例如:诗一一九1～3)。与此相应的事实,就是基督教在最早期的时候被称为“(这)道”(徒九2,十九9、23,廿二4,廿四14、22)。Banks(‘Paul’ 125 - 126)则认为,保罗如此爱以“行(走)”喻基督徒的生命,是因为他自己实在步行很多,这经历向他提示肉身的行走与属灵的行走之间的比较:他走路(步行)的事实成了他与神同行的比喻。

[204] *axiōs*.

[205] Marshall 74.

[206] 原文动词分别用:present indicative active(林前十27), present infinitive passive(林前十五9), future indicative passive(罗九7、26),及 future indicative active(罗九25) of *kaleō*.

[207] 林前一9,七18a、20、21、24;加五13;弗四1、4;西三15;提前六12(以上用 aorist indicative);林前七18b(用 perfect indicative);林前七22(两次,用 aorist participle).

[208] 本节(帖前二12),五24;罗四17,九11;加五8(以上用 present participle);加一6、15;提后一9(以上用 aorist participle);罗八30(两次),九24;帖前四7;帖后二14(以上用 aorist indicative);林前七15、17(以上用 perfect indicative).

此一些释经者认为这表示神现今继续和有效地呼召帖城信徒进入他将来的国度;[209]但原文用的结构(冠词加现在时式的分词)较可能等于一个名词(即是"那召你们……的"等于"你们的'呼召者'"),其重点在于神是呼召者的身份,而不在他呼召的时间上。[210] 从四章七节及后书二章十四节原文所用的过去时式可见(后一节"藉我们所传的福音"一语更清楚表明),神呼召帖城信徒的行动是已完成的事实,这也是保罗一贯的看法。[211]

"进他国、得他荣耀"——这是神对帖城信徒的呼召。较贴近原文的译法是"进入他的国和荣耀"(新译)。"国"字原文[212]在新约出现一百六十二次,接近八成(一二六次)是在四福音;这是因为"天国"(太三 2)或"神的国"(可一 15)是耶稣传道的主题。这字在保罗书信中共用了十四次,一贯指神或基督的国度,其中呈现了几个重点不同但彼此相关的意思:(一)"神的国"是神藉着基督(降世为人,公开传道,受死和复活)开始设立的,因此神的国是现已存在的(罗十四 17;林前四 20);(二)但神国最后完成的阶段仍是未来的(林前六 9、10,十五 50;加五 21;西四 11;帖后一 5)。(三)神不但藉基督设立了他的国度,而且现今藉基督施行他的统治,因此神国现在的阶段亦称为"他爱子的国"(西一 13)或"基督和神的国"(弗五 5),基督至终要把这"国"交与父神(林前十五 24)。(四)但神国最后完成的阶段亦称为"他〔指基督〕的国度"和"他的天国"(提后四 1、18),显示基督在这国度里与父神的关系非常密切,也许在某一个意义上与父神同享王权。

---

[209] Best 108; Marshall 75; Henneken 44; Collins 290 (cf. 239).

[210] Bruce 37: *kalōn* = timeless participle. Cf. Zerwick 372: *kalōn* = the atemporal present of 'characterization (generality)'. Mearns ('Eschatological Development' 143 - 144)认为保罗可能故意选用这个时式,为要同时包括"从前呼召,现仍呼召"两个意思,以配合"国与荣耀"的现今(已实现)及将来(才实现)两方面的意思。但正文采纳的解释较为可取,因为:(一)保罗用过去时式的实事语气动词和过去时式的分词来描写神呼召的行动(参注 208),但从来没有用现在时式的实事语气动词,这提示我们,冠词加现在时式的分词这结构,与名词相等(Lightfoot 29)。(二)这是一种惯用的希腊文语法,譬如,现在时式的分词 *tiktousa* 的意思是"母亲",而不是"那现在要生孩子的(妇人)"(Whiteley 45)。

[211] 参注 207、208. 留意只有五次用现在时式的分词,而该五次都是和冠词连着用的,相等于名词。

[212] *basileia*.

就本节而论，有释经者认为“国”指现今的属灵国度，但它较可能指末日的国度，[213]因为“国和荣耀”在原文由一个冠词连起来，而“荣耀”一词（参二6注释）在保罗书信中用来指信徒从神而得的一项恩物时，其意思惯常是末日性的（参帖后二14；罗五2，八18、21；林后四17；西一27b，三4；提后二10），因此“国”亦应相应地解为神国未来的、最后完成的阶段。鉴于“国”和“荣耀”在福音书里似乎是交换来用（比较太二十21“在你国里”及可十37“在你的荣耀里”），而且这里冠词只用了一次，“他的国和荣耀”可能是重言法，意思其实是“他荣耀的国度”或“他国度的荣耀”；[214]无论如何，“国”在这词里面是指神在其中施行统治的地域或范畴，而不是像福音书一些地方那样（例如：太六10〔现中〕；路一33〔现中〕，廿二29〔现中、新译〕），指神的统治或“主权”（现中）。本节的意思并不是说，帖城信徒至终能否进入神的国度和荣耀，视乎他们行事为人是否“配得上”（新译）那召他们的神（若是这样，他们便是凭行为得救了）；但本节的含意的确是，只有配得上神的生活行为，才是在神荣耀国度中合适的生活行为。[215]

在这两节（11、12）里面，保罗指出他和同工如何“劝勉、鼓励、忠告”（思高）帖城信徒“要在生活上取悦上帝”（现中），一方面说明并证实了第十节的话，同时针对着第五节上半所反映的指控，表明他们从来没有用谄媚的话来讨好人。

总括本段（二1～12）的内容，我们可以说保罗在驳斥犹太人的毁谤之际，同时显示了有效的传道工作的三个要素：[216]（一）真确的信息——保罗和同工所传的信息“不是出于错误”（3a），而是神托付给他们的福音（4a）——“神的福音”（2b、8b、9b）。（二）纯净的动机——他们的劝勉“不是出于污秽”（3b）：“不是要讨人喜欢”（4b），“没有藏着贪心”（5b），也没有向任何人“求荣耀”（6）；他们传福音是因为被神验中、

---

[213] 分别见：Ellicott 27*a*；Lightfoot 30；及 Zerwick 184；Hendriksen 68；Ellingworth-Nida 35；Ladd，*Theology* 541(cf. 410,364－365)。

[214] Whiteley 45（‘the kingdom of his glory’）；Best 109（‘glorious kingdom’）；Ellingworth-Nida 35－36（‘the glory of his kingdom’）。

[215] Cf. Best 107.

[216] Morris III 1821*b* 称本段为“一个牧师的‘手册’”。

受他委托传福音，因此他们要讨神喜欢(4b)；也是因为被爱推动(8)。(三)正当的方法——他们传福音，没有用诡诈的方法(3c)，没有用谄媚的话(5a)，“不讨好人”(4b，现中)，不求人的荣耀(6)；相反的，他们放开胆量传神的福音(2)，照着神所委托的福音辛勤地、恳切和忠心地宣讲(4、9、11～12)；他们对待信徒，温柔得像抚育自己孩子的母亲(7)，乐意地跟他们分享自己(8)，为免加重他们的经济负担而自己昼夜作工(9)；又在他们中间过着圣洁、公义、无可指摘的生活(10)。在涉及动机和方法这两方面，有人、神为证(1、2、5、9、10、11)。很明显地，信息、动机和方法三者彼此牵连，相辅相成：信息的性质影响了传道的动机和所用的方法，而后二者亦证实这信息实在是“神的福音”。

肆　再次感恩（二 13～16）

上文曾经指出（见一 2～10 注释后的结语），保罗在第一章让我们看见，神对帖城信徒的拣选是透过他和同工的宣讲（一 5）和帖城信徒的相信（一 6～10）而达成的。上一段（二 1～12）进一步解释了前者（他们如何传福音），本段继而进一步解释后者（他们如何信福音）。保罗一方面为帖城信徒对福音的积极回应向神再次感恩（13、14 节），但同时对犹太人的怙恶不悛宣告神的忿怒（15、16 节）。

一些学者认为，本段不属保罗原著，而是由后来的编者加进去的。用来支持此说的理由可分为四方面：（一）历史方面——第十六节下半节说，“神的忿怒临在他们身上，已经到了极处”，这很可能是指主后 70 年耶路撒冷被毁的事件。（二）语言方面——第十四节“效法”一词的用法跟保罗其他地方的用法并不一致，另外一些词语（例如同节的“犹太中，基督耶稣里神的”这个组合）是独特或不寻常的，本段造句法的模式亦与上下文（一 2 至二 12，二 17 至三 10）所呈现的模式不同。（三）内容方面——保罗不大可能会举出犹太的基督徒作为他的外族人教会的榜样（14 节），第十五和十六节的资料（将耶稣的死归咎于犹太人，攻击犹太教，并谓神的忿怒的临在已成终局）跟其他保罗书信的思想不符，第十六节下半节尤其难与罗马书十一章二十五、二十六节互相协调。（四）格式方面——第十七节很自然地连于第十二节，因此本段破坏了这种自然的思路；而且第十三节再用“我们感谢”一词，使本书变成有两段感恩的话，但若本段是插入的，这封信便呈现了完全正常的格式（卷首语，一 1；感恩，一 2～10；使徒的自辩，二 1～12；使徒的临在，二 17～三 13；劝勉，四 1～五 22；结语，五 23～28）。这些理由使一些学者相信，本段是主后 70 年后一位作者插入保罗原信内的，其目的是要强调所有的基督徒如今已联成一个对抗犹太人的阵线，藉此鼓励在逼迫中的读者。①

但上述的理由并不是决定性的。例如,第十六节下半节不必解为指耶路撒冷被毁是已发生的事;在语言和内容方面,本段可能用了一些传统和公式的资料,本段与罗马书九至十一章表面上的冲突也不是无法解释的(见二 16 注释末段);至于格式方面,我们没有理由认为保罗的每一封信都必须一成不变地依照一种特定的格式构成,而且完全没有任何抄本是缺少本段的,因此本段为插入段这种看法缺乏抄本证据的支持。② 下文将从本段为保罗原信一部分的立场来解释。

(I) 帖城信徒对福音的回应(二 13～14)

13 为此,我们也不住地感谢神,因你们听见我们所传神的道,就领受了;不以为是人的道,乃以为是神的道。这道实在是神的,并且运行在你们信主的人心中。

14 弟兄们,你们曾效法犹太中,在基督耶稣里神的各教会。因为你们也受了本地人的苦害,像他们受了犹太人的苦害一样。

二 13 “为此,我们也不住地感谢神” 本句是保罗再次感恩的开始,而不仅重复或延续了第一次的感恩(一 2～10),因为(一)本句原文开首的六个字比一章二节的“我们……感谢”一词强多了,③故其功用不可能仅是把思想带回到该处的题目上;(二)二章一至十二节的自

---

① Cf. B.A. Pearson, as reported in *NTA* §15(1971)-961 and cited in Collins 104-105; Schmidt, 'Linguistic Evidence' (esp. 273-276); Boers, 'Form Critical Study' 152,158 (cf. Collins 113); Roetzel, *Letters of Paul* 107; Keck, *Paul* 15,38. 最后一位作者认为插入部分是二 14～16。关于帖前二 13～16 为插入的话此一看法,详参 Collins 97-114.

② Cf. R. Schippers, as reported in *NTA* §11(1967)-816; Okeke, 'Fate' (esp. 135-136); J. Coppens, as reported in *NTA* §21(1977)-182; Marshall 11-12; Collins 129-135; Martin, *Foundations* 2.162-163; Davies, *Studies* 125; Bruce, *Paul* 167 n.23.但最后一位学者在其注释书中(48-49)亦表示怀疑第 15-16 节并非保罗所写。J.C. Hurd (*IDBS* 900*a*)认为一 2 至二 16 一段呈现 ABA 的结构(一 2～10 感恩,二 13～16 再次感恩,二 1～12 为居间的一段),因此二 13～16 跟一 2～10 有相似之处,并不表示二13～16 是摹仿之作,反而表示它是原著的一部分。

③ 比较:*kai dia touto kai hēmeis eucharistoumen* 和 *eucharistoumen*.

辩部分是属于此信的一段，而不只是一番题外的话；（三）本段提出两点，是第一次感恩没有提及的：帖城信徒领受福音为神的道，他们受患难像犹太的基督徒一样。④ “不住地”或“不断地”（思高）这副词已在一章三节（原文为一 2）出现过；这词在一份罗马时代的蒲草纸文献中用来形容咳嗽，⑤指咳个“不停”。按原文的次序，“也”字是形容“我们”的，“我们也”的意思即是“不但你们……我们也”；这种讲法的含意就是，帖城信徒曾对保罗说（也许是在他们托提摩太交给保罗的一封信上，或是口头转达的信息里），“我们感谢神，因你们把福音传给我们”，而保罗则在这里回应说，“我们也不住地感谢神，因你们接受了我们所传的福音”。⑥ 但这个“也”字于三章五节在同样的结构中（即是注 3 的第二至第四个希腊字）出现，而在该处不可能有上述的含意，因此，可能较好的解释是认为“也”字其实并不是形容“我们”，而是形容“感谢”或形容整句，⑦得出的意思便是：“为此，我们实在感谢神”或“我们实在为此感谢神”（即是“也”字有强调作用）。不过，由于有关的那三个希腊字好像是一种定了型的结构（除本节及三 5 外，亦见于弗一 15 及西一 9），可能最好的做法是将“也”看为形容“为此”，即是强调那个原因，得出的意思便是：“我们感谢神，正是为了这个缘故”。⑧

但“这缘故”（新译）是指上文抑或下文？一些释经者认为是指下文“因你们……”一句所表达的事实。⑨ 可是，“为此”一语在保罗书信另外出现了二十一次，只有一次（门 15）清楚指下文，其余的二十次大都清楚指上文（包括三 5、7；帖后二 11）⑩或至少可能是指上文（林后十三

---

④ Bruce 43; Ellingworth-Nida 37 - 38.

⑤ MM 9 (s. v. *adialeiptos*).

⑥ Bruce 44; Mearns, ‘Eschatological Development’ 146, 150; Lake, *Earlier Epistles* 87.

⑦ BDF 442(12); Zerwick 462; O’Brien, *Thanksgivings* 154.

⑧ Cf. Marshall 77. *Idiom* 167 的意译（‘that is in fact [*kai*] why we give thanks’）支持这个解释；但作者在其解释中则谓“也”字是形容动词“感谢”的。

⑨ Bruce 44; Boers, ‘Form Critical Study’ 151.

⑩ 此外见：罗一 26，四 16，五 12，十三 6，十五 9；林前四 17，十一 10、30；林后四 1，七 13；弗一 15，五 17，六 13；西一 9。

10;提前一 16;提后二 10);[11]换言之,保罗通常的用法对我们提示,除非文理清楚显示“为此”是指下文,否则我们应在上文找寻“此”字所指的是什么。[12] 在这大前提之下,可能最好的解释就是“这缘故”指保罗和同工如何在帖城传道:他们为了帖城信徒而付出的爱和劳苦,使他们对帖城信徒归主的事实倍增感恩的心(并对他们在患难中仍然站立得稳的事实倍感喜乐:参 19～20 节,三 8～9)。[13]

“因你们听见我们所传神的道,就领受了;不以为是人的道,乃以为是神的道。这道实在是神的” 这几句话表达了保罗和同工不断地感谢神的主要原因。[14] 较贴近原文结构的译法是:“当你们从我们领受所听见的、神的道的时候,[15]你们把它接受过来——不是当作人的话,而是当作(如它实在是的)神的道”。说得再准确一点,首句原文所包含的四个项目是按这个次序排列的:(一)你们领受(二)所听见的道(三)从我们(四)神的;(二)是“领受”的直接受事词,(三)形容“领受”,(四)则形容“道”字。在“所听见的道”一词中,[16]“所听见的”原文也是个名词;这词在新约共用了二十四次(保罗书信占十次),其中五次的意思是“耳朵”(可七 35;路七 1;徒十七 20;提后四 3、4),十次有主动的意思,指“听”的行动(太十三 14,引赛六 9;徒廿八 26;罗十 17〔两次〕;加三 2、5;彼后二 8)或“听”的功能(林前十二 17〔两次:思高“听觉”〕;来五 11,原文),八次有被动的意思,分别指耶稣的“名声”(太四 24,十四 1;可一 28,十三 7)、打仗的“风声”(太廿四 6)、先知的“报道”(思高:约十二 38,引赛五十三 1;罗十 16),及以色列人“所听见的”道(来四 2)。本节“所听见的道”一词跟希伯来书四章二节所用的一样,[17]因此译为“所听

---

⑪ 在这三节经文里,*dia touto* 之后皆有 *hina*-clause 随着。

⑫ Cf. Frame 107;作者谓“为此”一词总是指上文,尽管其后有补充或附加的原因提出来。

⑬ Lightfoot 30; Findlay 50 - 51; Erdman 42.

⑭ “因”字原文 *hoti* 亦可译为‘that’(RV, RSV, NASB);若如此翻译,这字可能是解释“为此”一词的“此”字(但上文已指出“此”字可能并非指其下文),或是表示感谢的内容(但感谢的内容也就是感谢的原因)。

⑮ *paralabontes* = temporal participle (aorist of coincident action).

⑯ *logon akoēs*.此词在新约另外只出现一次(来四 2),在七十士译本只见于传道经四十一 26。

⑰ 不过,本节没有用冠词(见上注),来四 2 则有(*ho logos tēs akoēs*).两者皆符合所谓 Apollonius’ canon 的规定;此点见 *Idiom* 114 - 115,特别留意作者所指出的变化。

见的"那个名词的意思也是被动的，只是"道"所指的不是神对以色列民的信息（如在来四 2；参出十九 3～6，廿三 20～33），而是帖城信徒从保罗和同工所听见的福音（参一 5、6、8）。"神的"一词在原文所占的位置不是最自然的位置，[18]好像保罗在写完上述第三项（"从我们"）之后，禁不住要补充"神的"一词，藉此表明神才是这"道"真正的来源，尽管帖城信徒是从保罗和同工那里领受福音的。

"接受"（当圣）的原文[19]是和"领受"（见注 15）不同的字，这就引起了一个问题：二字是否同义词，抑或有不同的意思？（一）一些释经者认为，"领受"指外在的行动，"接受"则指内心的行动；或谓"领受"指外在的行动，"接受"则有欢迎的意思。[20] 不过，"领受"仅指外在的行动这个说法不能成立，因为这词的原文在保罗书信另外用了十次，除了一次有非专门性意义外，其余九次都是个专门性用语，指接受教会的传统教训（详见冯："腓立比书"454）；在这用法上，"领受"不可能不包括内心接受之意。（二）另一些释经者则认为二字为同义词，在意思上很难看出其间有何分别。[21] 不过，"接受"一词的原文在保罗书信（共十三次）的用法，足以显示此词与"领受"之间一项重要的分别："领受"大致上是个专门用语，指领受教会的传统教训，但"接受"则可以指许多不同的事情——领受神的道或福音（一 6，本节；参路八 13；徒八 14，十一 1，十七 11；雅一 21）、神的恩典（林后六 1）、属灵的事（林前二 14）以及爱真理的心（帖后二 10），接受另一个"福音"（林后十一 4）、使徒的劝告（林后八 17）或教会的馈赠（腓四 18），接待保罗和他的同工（加四 14；林后七 15；西四 10），把保罗当作愚妄人来接纳他（林后十一 16），以及"戴上"救恩作为头盔（弗六 17）。（三）对二词在本节的用法最好的解释可能是这样："领受"按其通常专门性意义指领受的行动（包括外在和内在两

---

[18] 因此，Moffatt 28*b* 感到受"试探"要把它视为抄者所加的注释。

[19] *edexasthe*.

[20] 分别见：Ellicott 28*a*；Frame 107 (also Hendriksen 69). Beker (*Paul* 123)则把二字看为分别表达'the two moments within the one process of coming to faith, that is, *reception* and *acceptance* (= appropriation)'.

[21] Moore 43；Marshall 77.

方面),“接受”则进一步特别指出帖城信徒个人的决定去接受所听见的道。㉒

接着的一句在原文并无“以为是”或“拿它当”(思高)等字,因此有释经者认为保罗的用意不是要说明帖城信徒如何看他们所听见的道,而是要指出这实在是什么;㉓换言之,原文应译为:“当你们……领受……神的道的时候,你们不是接受了人的话,而是接受了神的道”。但是,“当你们领受神的道时,你们是接受了神的道”这种讲法,显然是一种赘述,而且随后的“这道实在是神的”一句也同样变成多余的,因此“不以为是人的道,乃以为是　神的道”这译法才正确地反映原文的意思,亦唯有这个意思才符合文理的要求。㉔ 由于神的道是用人的言语宣讲出来,因此有可能被听者将它与人的道混为一谈;保罗感谢神的原因,就是帖城信徒听到他所传的福音时,没有把它看作人的道而已,而是按事实把它接受为神的道㉕——即是以神的道所应得的尊敬和顺从把它接受过来。

“并且运行在你们信主的人心中” 本句开首原文所用的关系代名词,理论上可指“神”或“道”,因此本句在现代中文译本翻成“上帝在你们信的人当中工作”,在新译本则翻成“这道也运行在你们信的人里面”。后者较为可取,因为(一)本节的重点是在帖城信徒领受了神的道,不是在神本身;(二)这道被听见,被接受,又在帖城信徒的生命中发生功效——这是个自然的次序;(三)在保罗书信里,若“运行”一词的主词是“神”,这动词总是用主动格式的(林前十二 6;加二 8〔两次〕,三 5;弗一 11、20;腓二 13a),但本节的动词是被动格式的。㉖ “并且”或“也”字指出这道的另一个性质:它不仅是“神的”,而且“在你们信者身上发生……效力”(思高)。“运行”一词的原文在新约共用了二十一次,保罗书信占十八次;其中十一次是主动格式,主词分别是:神(见上文)、神迹

㉒ Cf. Henneken 53 - 54; Cranfield, ‘1 Thessalonians 2’216.

㉓ Ellicott 28.

㉔ Cf. Lightfoot 31; Cranfield, ‘1 Thessalonians 2’216.后者又指出,用动词“领受”和两个直接受格的词来表达“接受”(甲)为(乙)之意,有他例可援。

㉕ Henneken, 50; B. Klappert, *NIDNTT* III 1112.

㉖ 两个格式分别为:*energeō*, *energeomai*.

(太十四 12;可六 14)、圣灵(林前十二 11)及信徒(腓二 13b)。其余十次则为被动格式,主词分别为:神的道(本节)、神的安慰(林后一 6)、神的能力(弗三 20;西一 29)、信心(加五 6)、义人的祷告(雅五 6)、“不法的隐意”(帖后二 7)、邪灵(即是撒但,弗二 2)、罪恶的情欲(罗七 5),以及死(林后四 12)。这些被动格式可能部分是被动体态,但更可能全是关身语态,[27]即是有主动而非被动的意思(参冯:“真理”302 - 303,连注 71)。[28] 这道“运行在你们信主的人心中”的含意,就是虽然“神的道……是有功效的”(来四 12),[29]但若听者不用信心接受,这道仍是与他们无益的(来四 2)。就帖城信徒来说,神的道曾使他们“离弃偶像,归向神,要服侍那又真又活的神”(一 9),这能救他们灵魂的道(雅一 21)还要继续[30]建立他们,叫他们和一切成圣的人同得基业(徒二十 32)。

保罗在本节可说暗暗地再次驳斥了毁谤者对他的一项指控,即是说他所传的信息并非来自神(参 3～4 节):他满心感谢地指出,帖城信徒把他所传的福音当神的道接受过来,并且这道在他们的生命中发生功效,证明“这道实在是神的”。保罗在其传道生涯中对该项指控殊不陌生,它不仅来自不信主的犹太人(如在帖城),亦来自一些犹太主义者,即是崇尚律法的犹太基督徒(如在加拉太),因此帖城信徒对福音的积极回应——以它为“神的道”来接受——对他是特别有鼓励作用的。

二 14 “弟兄们,你们曾效法犹太中,在基督耶稣里神的各教会” 本句原文开始时有“因为”一字,表示本节提出的事实,证明帖城信徒实在接受了神的福音;理论上,本节亦可被看为证明上一节最后一句话,即是神的道在帖城信徒身上发生功效,[31]但该句只是子句,将本句连于上一节的主句更能使文意一气呵成(“你们……领受了……因为你们曾效法……”)。保罗亲切地称呼读者为“弟兄们”(第四次:参一 4 注

---

[27] 被动格式 = passive form;被动语态 = passive voice;关身语态 = middle voice.

[28] Cf. also G. Bertram *TDNT* II 654.

[29] *energēs*—与 *energeō*/energeomai 同字根的形容词。

[30] “运行”原文是现在时式的动词,表示神的道“发生……效力”是在进行中的事。“信”字在原文是现在时式的分词,与冠词连用等于名词“信徒”(参二 10,一 7),其含意自然是:帖城信徒现在仍然是信主的。

[31] 分别见:Calvin 348; Ellicott 29.

释),可能是要在提及他们遭受逼迫的事实之际,同时表露他那感同身受之情。"你们"在原文是强调格式的代名词,意思可能是"你们这些领受了神的道的人";按照新约的教训,受逼迫是接受福音的自然结果,二者有如形影相随(例如:三 3;腓一 29;提后三 12;可十 29～30;约十五 18、20),因此"你们这些领受了神的道的人"自然成为逼迫的对象(本节下半)。"你们曾效法"原文直译是"你们成为效法者";这词已在一章六节出现过。从下半节看来,这话的意思似乎是:"你们的遭遇跟……所遭遇到的一样"(现中;参新译、思高);换言之,"效法者"在本节的意思(如在一 6 一样),不是自觉地和主动地仿效一个榜样,而是被动地分享同样的经历。[32] 一些释经者认为"效法者"在这里暗示帖城信徒在忍受苦难时,显出了与犹太地的信徒同样的坚稳和勇气来,[33]但这个意思在本节并不明显。当然,在帖城信徒与犹太信徒相同的外在遭遇(被动的受苦害)的背后,有他们相同的内在经历(主动的信福音),但"效法者"所指的只是前者,因此只有被动的意思。

保罗用了三个词组来形容帖城信徒跟他们有相同经历的基督徒同道,按原文的次序是:"神的各教会"、"犹太中"、"在基督耶稣里"。关于"教会"一词在保罗书信里的意义,参上文一章一节中(一 1b)注释。鉴于保罗的习惯是用单数的名词指一个城的"教会",用复数的名词指一省或更大地区内的"众教会",[34]"犹太"在这里可能指罗马省份犹太,而不是此省份南部的"犹太地区"(现中),"犹太中……的各教会"(=加一 22:"犹太……的各教会")即是"犹太、加利利、撒玛利亚,各处的教会"(徒九 31)。这些教会主要是由原来的耶路撒冷教会因司提反殉道后发生的逼迫而分散在各处(参徒八 1)的信徒组成的,但亦可能包括一些在此之前由耶路撒冷的门徒引领归主的人所组成的教会;使徒行传二十二章五节似乎反映出大马士革的教会包括当地的信徒(如亚拿尼

㉜ Cf. W. Michaelis, *TDNT* IV 666-667(*TDNTA* 595), 670, 671; Schütz, *Paul* 226; Best 113; Ellingworth-Nida 41.

㉝ Erdman 43; Wolff 22.

㉞ 单数:罗十六 1(坚革哩);林前一 2;林后一 1;西四 16(老底嘉);帖前一 1;帖后一 1。复数:加一 2;林前十六 1(加拉太);林前十六 19(亚细亚);林后八 1(马其顿);罗十六 4("外邦的众教会")、16("基督的众教会");林前十一 16;帖后一 4("神的众教会")。

亚,徒廿二 10,九 10～17),以及由耶路撒冷逃往该处的信徒,㉟同样的情况可能亦在巴勒斯坦本地出现。保罗以“神的”一词形容教会,除此处外还有以下各处:(单数)哥林多前书一章二节,后书一章一节;前书十一章二十二节,十五章九节;加拉太书一章十三节;提摩太前书三章五节、十五节;参使徒行传二十章二十八节;(复数)哥林多前书十章三十二节,十一章十六节;帖撒罗尼迦后书一章四节。这形容词清楚表明“教会”并不是指世俗的市民集会(参徒十九 32、39、41)。“在基督耶稣里”一词在这里可能并没有它在一章一节中所有那种完满的神学性意义(参一 1b 注释),而只是(如在加一 22)表明这些“犹太中”的教会与犹太人的神权聚会有所不同,因他们是“属于基督耶稣的”(现中)。

“因为你们也受了本地人的苦害,像他们受了犹太人的苦害一样”

本句解释帖城信徒在什么意义上成为了犹太地各教会的“效法者”(见上半节注释);原文的结构有力地表明了帖城信徒和犹太教会遭受同样苦害的事实。㊱“受……苦害”一词的原文㊲在新约共用了四十二次,保罗书信占七次,除了一次有好的意思外(加三 4;见冯:“真理”〔增订版〕191),其余六次皆为“受苦”之意(林前十二 26;林后一 6;腓一 29;帖后一 5;提后一 12);这词在本节的用法较特别的地方,在于它随后有“由……”(思高)等字,因而获得完全被动的“遭受……迫害”(新译)之意。㊳ 原文在“本地人”之前有“自己的”一词,二字在思高圣经译成“自己的同乡”,两个译法都是把原文那个名词㊴(在新约仅见此处)看为有地方性或地理意义;这词的字面意义是“同族人”(新译),因此现代

㉟ 因为徒廿二 5“在那里奉这道的人”的原文(*tous ekeise ontas*)意思可能是“那些去了该处的人”(cf. Bruce, *Book of Acts* 440 - 441 with n. 13). 现代中文译本该节下半的翻译——“……要逮捕这些人,把他们……带回耶路撒冷受刑”——可能反映这个意思。

㊱ *ta auta epathete <u>kai hymeis hypo</u> tōn idiōn symphyletōn*
kathōs <u>kai autoi hypo tōn Ioudaiōn</u>.
在这平行句里面,*kai hymeis hypo* 和 *kai autoi hypo* 构成一种三重的比较语;*ta auta* 的意思则由 *kathōs* 进一步加强起来(cf. BDF 194.1).

㊲ *paschō*. 这字和二 2“被害”的原文(见上文该处注 14)是同字根的。

㊳ W. Michaelis (*TDNT* V 920)称本节为‘the only Pauline instance of a plainly passive use of *paschō*’.

㊴ *symphyletēs*—与 Attic *phyletēs* 同义(BDF 111.2).

中文译本作"自己同胞",这两个译法把原字看为有种族的意义。问题是:在这两种(即是前两个和后两个)译法之间,哪一种才是保罗的意思?

(一)若按后一个意思来解释,本句是说帖城信徒受了他们的同族人(即是外族人)的逼迫,就如犹太的教会受到犹太人的逼迫。[40] 但若是这样,保罗为什么要在下两节提及犹太人呢?而且保罗提到犹太人"不许我们传道给外邦人,使外邦人得救"(16 节),这话显然包括他最近在帖城传道的经历(参徒十七 5);因此帖城信徒的逼迫者只是外邦人这看法是值得怀疑的。[41] (二)就算我们把原文的名词译为"同族人",在解释时也应指出这些外族人对帖城信徒的逼害是在犹太人怂恿煽动下而起的。[42] (三)因此,较简单和较好的做法是采纳前一种的译法:"本地人"或帖城信徒"自己的同乡"也许主要指帖城的外族人,但亦同时包括当地的犹太分子,就如帖撒罗尼迦教会主要是由外族人构成(参一 9),但亦不乏犹太人的成员(徒十七 4)。[43] 本句提及帖城信徒所受的逼迫,主要不是指使徒行传十七章(5～8 节)所载的事件,而是他们在保罗和同工离开帖城后继续遇到的逼迫(参三 4、6、8);倘若马其顿众教会"极度的贫乏"(林后八 2)是他们受逼迫的结果的话(参来十 32～34),那么他们所受的逼迫可能持续了好几年(哥林多后书跟帖撒罗尼迦前后书的写作日期相隔约五、六年)。[44]

至于犹太的教会("他们"[45])所受的逼迫,所指的大抵不是司提反殉道后的那次逼迫,因为在该次保罗是其中的活跃分子(徒八 1,九 1～2),但在这里他显然把自己("我们",15 节)和"犹太人"分开(参较加一 13、22);也不是主后 41 - 44 年间由希律亚基帕王发动的那次(徒十二 1～2),因为该次逼害的对象似乎是使徒而非一般信徒。有释经者认为

---

[40] E. g. Ellingworth-Nida 42.

[41] Marshall 5, 17; *Acts* 276.

[42] E. g. Ellicott 30*a*; Lightfoot 32; Moule, *Birth* 109.

[43] Neil 50; Best 114; Marshall 78 - 79; Ellison, *Mystery* 14; Donfried, 'Paul and Judaism' 248.

[44] Cf. Bruce 50 - 51.

[45] 原文 *autoi*(雄性,"教会"在原文则是雌性)是按意思造句(*constructio ad sensum*)的例子,指那些教会的成员。

这里所指的是与主后 48 年左右(当时巴勒斯坦有新的罗马总督到任)奋锐党加强其活动有关的一次逼迫,但此说因证据不足而受到怀疑。[46] 由于保罗明说受了犹太人苦害的是犹太中的"各教会",他所想到的自然也不是初期的耶路撒冷教会的经历,而是分散在巴勒斯坦各处的教会较新近的经历。无论如何,"犹太人"在这里不是泛指所有犹太人,而是特指巴勒斯坦不信主的犹太人,尤其是(从第十五节可见)耶路撒冷的当权派人士("犹太人"在约翰福音常有此意,例如:一 19,二 18,五 10、15、16、18)。这词在保罗书信另外出现二十五次,都是按其种族和宗教意思指信奉犹太教的人;其中十二次是与"希利尼人"相对(罗一 16,二 9、10,三 9,十 12;林前一 22、23、24,十 32,十二 13;加三 28;西三 11),两次与"外邦人"相对(罗三 29,九 24),两次用在特殊的意思上,指"真犹太人"(罗二 28、29),一次(加二 13)指信主的犹太人(其余八次见于:罗二 17,三 1;林前九 20〔三次〕;林后十一 24;加二 14、15)。

保罗拿犹太的教会受犹太人逼迫的事实,来跟帖城信徒受"本地人"(包括犹太人)的苦害作一比较,可能是因为他想帖城信徒知道,他们的经历和犹太教会的经历是同出一辙、一脉相承的:犹太人从来都逼迫真正跟从神旨意的人,帖城信徒与犹太教会及保罗(15 节)共有的经历,不仅证明他们实在接受了保罗所传的道,同时也证明了这道"实在是神的"(13 节)。

(II) 犹太人的怙恶不悛(二 15~16)

15 这犹太人杀了主耶稣和先知,又把我们赶出去。他们不得神的喜悦,且与众人为敌,

16 不许我们传道给外邦人,使外邦人得救,常常充满自己的罪恶。神的忿怒临在他们身上,已经到了极处。

二 15 "这犹太人杀了主耶稣和先知,又把我们赶出去" 本节和下一节是附加的话:保罗刚提到不信的犹太人在帖城信徒受"本地人"

---

[46] 分别见:Bruce 46 (with reference to R. Jewett); Fung, *Galatians* 6-7 with n.23.

苦害中所扮演的角色，他现在再用五句由分词引介的话对他们作进一步的描述。“这些犹太人”(新译、当圣)或“那些犹太人”(现中、思高)在原文只是个冠词，这冠词承接着上一节的“犹太人”，因此所指的主要仍是犹太地(即巴勒斯坦)不信的犹太人；不过，下文清楚表示，除此以外，保罗也想到帖撒罗尼迦及庇哩亚等地的犹太人领袖。

第一个分词词组在原文字的次序是很特别的，直译是“主他们杀了耶稣和先知们”；保罗把“主”和“耶稣”这样分开来，强调了一件事实——二者指同一个人物：犹太人所杀害的“按肉体说……是从他们出来的”(罗九 5)历史上的耶稣，就是“荣耀的主”(林前二 8)和“生命之原”(徒三 15，思高)，“神已经立他为主为基督”的也就是被犹太人“钉在十字架上的这位耶稣”(徒二 36)。在全部的保罗书信里面，只有此处把杀害耶稣的罪归在不信的犹太人头上(参较林前二 8)，如在使徒行传一样(徒二 23，三 15，四 10，五 30，七 52，十 39)；这里的“犹太人”尤其是指耶路撒冷的宗教当局的事实，更与保罗在彼西底的安提阿传道时所作的指控完全吻合(徒十三 27)。“杀”字原文[47]在新约一共出现七十四次，但在保罗书信另外只用了四次(罗七 11，十一 3〔引王上十九 10〕；林后三 6；弗二 16)，只有此处是指杀害主耶稣；保罗较常用“钉十字架”[48]这动词来描写基督之死，不过七次中有六次是用被动语态(林前一 13、23，二 2；林后十三 4；加三 1，六 14)，只有一次是主动语态(林前二 8)。保罗在本节不用“钉十字架”而用“杀”字，因为只有后者才适用于“主耶稣和先知”这复合受事词上；也许保罗是受了列王纪上十九章十节七十士译本(该处也是用了本节的“杀”字)的影响，[49]不过我们不一定要这样解释，因为福音书所反映的传统，虽然较多用“钉十字架”一词，仍然多次用“杀”字，来指耶稣的死，[50]而保罗在这里可能正是使用了一些福音传统的资料。

“先知”和“主耶稣”在原文是紧密地连着的，所用的结构[51]提示了

---

[47] *apokteinō*.

[48] *stauroō*.

[49] Best 115.

[50] 太十六 21，十七 23，廿六 4；可八 31，九 31(两次)，十 34，十四 1；路九 22，十八 33。参太廿一 38、39；可十二 7、8；路二十 14、15；约十一 53。亦参约五 18，七 1、19、20、25，八 37、40。

[51] *kai* ... *kai* = ‘both ... and’.

先知的殉道和基督被钉死此二事的基本合一性（参太廿一 35～39；可十二 2～8；路二十 10～15）。“先知”一词的原文[52]在新约一共出现一百四十四次，保罗书信占十四次；这里的“先知”不是指新约时代的先知（如在林前十二 28、29，十四 29、32〔两次〕、37；弗二 20，三 5，四 11），因为我们并没有基督徒先知在这时期被杀的记载。[53] 所指的乃是旧约的先知（如在罗一 2，三 21，十一 3），他们排在“主耶稣”之后，是因为耶稣比他们重要（参上引太、可、路三段；来三 1～6；彼前一 10～11）。这些先知被犹太人杀害的事迹，旧约本身的记载不多：除了一些笼统性的报导外（例如：王上十八 4、13，十九 10、14；尼九 26；耶二 30），有关个别先知受害的记录并不多见（示玛雅的儿子乌利亚：耶廿六 20～23；耶何耶大的儿子撒迦利亚：代下廿四 21）。他们在旧约以后的一些传奇作品中成为殉道的英雄，到了耶稣时代，殉道被视为先知职分的一部分；[54]而新约亦多次提到他们被杀害的事实（太廿三 29～37；路十一 47～51；徒七 52；罗十一 3；参来十一 35、37）。

一些释经者认为“先知”应连于下文，下一句变成“又把先知和我们赶出去”。[55] 马太福音五章十二节论逼迫时就是这样把先知和信徒连起来；而且这样做可以免去本句出现从高峰复陷低潮的现象，因为历史和逻辑的次序是从杀害先知推进至杀害耶稣（徒七 52），而不是“杀了主耶稣和先知”。可是，后面这个次序是可以解释的（见上一段）；而且，这是原文较自然的译法，[56]新约多次提及基督和先知同遭杀害的事实（徒七 52；太廿一 35～39；可十二 2～8；路二十 10～15）更强有力地支持这个译法。因此，我们接受“杀了主耶稣和先知”这译法正确地反映了保罗的原意。

---

[52] *prophētēs*.

[53] 多一 12 提及的是“革哩底人中的一个本地先知”。关于保罗书信论新约先知的教导，可参冯：“恩赐”（增订版）60－64。

[54] Cf. J. Jeremias, *TDNT* V 714; G. Friedrich, *TDNT* VI 834.

[55] Neil 51; Wolff 22. 后者因此认为这里所指的是新约的先知。

[56] 即是原文 *tōn <u>kai</u> ton kyrion apokteinantōn Iēsoun <u>kai</u> tous prophētas kai hēmas ekdiōxantōn* 译为‘who killed *both* the Lord Jesus *and* the prophets and drove us out’（参RSV），比起译为‘who *both* killed the Lord Jesus *and* drove the prophets and us out’来得自然，因为 *kai ... kai* 在这里是将两个名词（不是分词）连起来。

第二个分词词组("又把我们赶出去")所用动词的原文在新约只出现这一次。[57] 一些释经者认为这复合动词内的前置词并无特别作用,或认为它的功用只是加强意思,因此这词的意思是"逼迫"或"猛烈地逼迫"。[58] 若是这样,"又迫害我们"(现中)可解为一句笼统性的话,"我们"指"我们作基督的使徒"的(6 节),保罗的意思就是,犹太人怎样逼迫旧约时代神的使者,他们也照样排拒新纪元中基督的特使。[59] 不过,原文分词的过去时态较可能指一件特别的事件,读者最容易想到的显然是犹太人如何煽动帖城的人,并藉地方官的力量将保罗和同工"驱逐出境"(当圣;参徒十七 5～10),也许保罗还想到他其后同样被逼离开庇哩亚(徒十七 13～14)的事实。按此了解,原文动词有地方性或至少半地方性的"驱逐"(思高)之意(此词在七十士译本常有这个意思,例如:申六 19;代上八 13,十二 15〔七十士译本十二 16〕;珥二 20);"我们"不是泛指所有的使徒,而是特指保罗和他的同工;把他们"赶出来"(新译)的不再是巴勒斯坦的犹太人,而是帖城的犹太人。

"他们不得神的喜悦,且与众人为敌" 这在原文是第三和第四个分词词组。[60] 保罗的思想再回到广义的"犹太人"身上。"得……喜悦"跟第四节的"讨……喜欢"在原文是同一个动词(参该处注释);分词所用的现在时式表示,不得神的喜悦是犹太人现今的光景,他们正在依循的路线是神不喜欢的。"众人"一词的原文[61]在保罗书信另外用了十四次,五次的意思是"全人类"(罗五 12、18〔两次〕,新译;提前四 10,思高;多二 11,现中),三次有较弱的"一切人"或"所有人"之意(提前二 1、4,思高;林前十五 19,新译),其余六次都是指笼统性的"众人"(多三 2)或"大家"(罗十二 17、18;林前七 7;林后三 2;腓四 5)。在本节,这词的意思近乎"全人类"(现中、思高),不过保罗主要想到的可能是外族人(16

---

[57] *ekdiōkō*. 这字亦于路十一 49 作为异文出现。MM 193 (s. v.)认为该处的简单动词 *diōkō* 已有"赶出"的意思(见下文)。

[58] 分别见:Frame 112; Cranfield, '1 Thessalonians 2' 225 n. 9.

[59] Moore 45. de Jonge ('Some Remarks' 134)认为"我们"是笼统地指基督徒。

[60] 第四个分词是在 *enantiōn* 之后、没有明写出来的 *ontes*.

[61] *pantes anthropoi*.

节)。"为敌"在原文是个形容词,[62]这词在新约另外用了七次,三次指"逆"风(太十四24;可六48;徒廿七4:现中、思高),两次用在一个有副词作用的词组[63]中,意思是"对面"(可十五39)或"反对"(多二8),其余两次的意思也是"反对"(徒廿六9,廿八17,思高);只有在本节这词是直接地用在人的身上,提示了保罗说这话时的强烈情绪。古代不少作者对犹太人都曾说过与本句类似的话,例如:和保罗同期的埃及人亚匹温说,犹太人指着造物主起誓,不对任何异国人,尤其是希腊人,表示好意;罗马史家塔西图(约55-117年)谓犹太人对所有异族人都怀着仇恨,这种仇恨是人通常用来对待仇敌的;二/三世纪的斐罗斯他杜亦谓犹太人已长久在叛变中,他们叛变的对象不仅为罗马人,而且是全人类。[64] 保罗的话可能反映了同一类的意见;不过,我们不必认为保罗这话也像那些话一样是对犹太人概括性的批判;他的意思似乎只是说,犹太人的行径有违人类最高的幸福、最大的益处。接着的一句随即从保罗的角度解释了"他们不得 神的喜悦,且与众人为敌"是什么意思。

二16 "不许我们传道给外邦人,使外邦人得救" 保罗所用的第五个分词词组是"阻挠我们向外族人传道"(新译)。本节原文开始时并无连接词,这表示本句是解释上文的;一些释经者认为所解释的只是上一句("与众人为敌"),但鉴于该句与再上一句("不得神的喜悦")在文法上("且")和意思上都是相连的,本句较可能同时解释上两句。[65] 换言之,犹太人"阻止"(现中、思高)保罗和同工传道给外邦人,这是神所不喜悦的,因为"神愿意万人得救,明白真道"(提前二4;参彼后三9);这也是与外邦人最高的幸福相违的,因为若没有福音传给他们,他们便不能因信基督得救(参罗一16;徒二十21)。

"不许"一词的原文[66]在新约共用了二十三次,保罗书信只占四次;在本节以外的其余三次,这词分别指保罗"被阻延"(罗一13,思高)而

---

[62] *enantios*.

[63] *ex enantias*.

[64] Josephus, *Contra Apion* 2.121; Tacitus, *Historiae* 5.5.2 (cited in Bruce 47); Philostratus, *Life of Apollonius* 5.33 (cited in Best 117).

[65] 分别见:Lightfoot 34; Denney 330*a*.参这三句在当代圣经的译法和次序。

[66] *kōlyō*.

不能到罗马去,保罗嘱咐哥林多教会不要"禁止"说方言(林前十四 39),以及末期会出现的"禁止"嫁娶的异端(提前四 3)。保罗在他的第二次宣教旅程时,曾有被圣灵禁止他们往亚细亚传道的经历(徒十六 6),那是因为圣灵正引导他们向欧洲进发,在那里开拓新的福音基地;犹太人阻止保罗向外邦人传福音,却是延续了耶稣严词谴责的那些律法师的做法——他们"拿去知识的钥匙,自己不进去,又阻止要进去的人"(路十一 52,新译;参太廿三 13)。就新约的证据所及,犹太人从来没有干脆地禁止保罗或其他人向外族人传道,[67]但是屡次锲而不舍地对保罗向外族人传福音的工作加以阻挠和破坏(徒十三 45、48～50,在彼西底的安提阿;十四 2、4～5,在以哥念;19,在路司得;十七 5～10,在帖撒罗尼迦;13～14,在庇哩亚;十八 12～13,在哥林多),甚至设计要杀害他(徒九 23,二十 3、19,廿三 12、20～21、30,廿五 3,廿六 21;参廿一 11、27～31,廿三 27,廿五 24)。

"外邦人"在原文所用的名词[68]意思是"国"(例如:徒十七 26,廿四 3、10、17,廿六 4,廿八 19)或"百姓"(例如:徒八 9);这词在新约一共出现一百六十二次,保罗书信占五十四次(刚好是三分之一)。复数的名词(有或没有冠词)常有"外邦"或"外邦人"之意,这是从犹太人的角度来说,即是不敬拜真神的外国人或异教徒;他们以神的选民自居,认为外族人因为没有神所赐的律法都是罪人(加二 15,现中:"外族罪人";参太廿六 45)。关于此字在保罗书信的用法,请参四章五节注释。保罗蒙召作使徒,他特别的职分就是传福者给外族人(罗一 5,十一 13,十五 16、18;加一 16,二 8、9;弗三 8;提前二 7;参徒九 15,廿二 21,廿六 18)。犹太人阻挠他向外邦人传道,这分明与他从神领受的旨意和使命正面冲突,因此他确实知道,他们"不得神的喜悦"。

"传道"在原文只是"讲"字(上文已出现三次:4 节、2 节,一 8,见该处注释)。有释经者认为原文此字和随后二字合起来的意思("讲,叫他们得救")相等于"传福音";[69]但原文结构最自然的意思,就是"为要叫

---

[67] Cf. Ellison, *Mystery* 16－17.

[68] *ethnos*.

[69] *lalesai hina sothosin* = *euangelizesthai* (Ellicott 32*a*.)

他们得救”(参思高)乃是“传讲”(现中)行动的目的(“使外邦人得救”这译法可能使人误以为这是“传道”的结果)。“得救”一词的原文[70]在保罗书信共用了二十九次(新约共一○六次),其中五次以人为“拯救”行动的主动者(使徒保罗:罗十一 14;林前九 22;提摩太:提前四 16;信主的妻子或丈夫:林前七 16〔两次〕),其余的二十四次皆以神(一次为基督:提前一 15)为拯救者(尽管“神”字多数的时候并不出现)。在这二十四次之中,有两次是引自旧约的话(罗九 27,引赛十 22;罗十 13,引珥二 32);五次将信徒的得救看为已发生的事,因为神的拯救行动已经发生(原文用简单的过去时式:罗八 24;提后一 9;多三 5;用完成时式:弗二 5、8);三次形容信徒为处于得救的过程中,即是正走在得救的道路上(林前一 18,十五 2;林后二 15);八次则用未来时式的动词提到不同的人的得救——以色列全家(罗十一 26)、一个犯了淫乱之罪的信徒(林前五 5)、一个得不到赏赐的神的工人(林前三 15)、信主的妇女(提前二 15)、保罗(提后四 18),以及一般信徒(罗五 9、10,十 9[71]);另五次笼统地指神拯救的行动,拯救的时间似乎不是末日,而是现在(林前一 21;林前十 33;帖后二 10;提前一 15,二 4);余下一次(即本节)的用法跟哥林多前书十章三十三节、帖撒罗尼迦后书二章十节,和提摩太前书二章四节的用法一样。[72] 得救的意思包括正负二面:就是不灭亡(林前一 18;林后二 15),得以脱离神的忿怒(一 10,五 9;罗五 9～10),以及得以进入神的天国(提后四 18;参帖前二 12)。本节的“得救”若是指现在(而非末日)的得救,意思就是外族人藉着信服福音,现在(不必等到末日)便可以享受救恩的福泽,尽管在终极的意义上,他们的得救要在末日才得以完成。

“常常充满自己的罪恶” 思高圣经将本句译为“以致他们的罪恶时常满盈”;“以致”(新译同)表示犹太人常常“恶贯满盈”(新译、当圣)乃是他们“杀了……赶出……不许”等行动的结果。这是原文结构[73]可

---

[70] *sozo*.

[71] 罗十 9 的 *sōthēsēi* 可能是 logical (not temporal) future,其功用是指出“得救”是“认”和“信”的必然结果,重点完全不在于这得救的行动是在现今抑或将来发生。

[72] 原文分别用:*hina sōthōsin*(本节;林前十 33) *eis to sōthēnai*(帖后二 10); *sōthēnai*(提前二 4).

[73] *eis to* + infinitive (*anaplērōsai*).

能的意思(如在罗七 5;林后八 6,“因此”;加三 17,思高);这结构(在保罗书信另外出现三十九次)的另一个用法是表达目的。[74] 后者比前者较适合本句,因为保罗很可能将犹太人的怙恶不悛看为神计划中的一部分(参腓一 28;帖后二 11～12);[75]换言之,本句不是表达犹太人反对神的使者时自觉的目的,而是表达神在此事上的目的。“充满”在原文是个复合动词,同字根的简单动词[76]在后书一章十一节译为“成就”,但它较常见的意思也是“充满”(例如:罗十五 13;弗一 23,三 19,四 10,五 18);严格地说,简单动词指“充满”一个全空的空间,复合动词则指“补满”一个部分的空间,把还空着的部分填满。[77] 这词在新约出现的另外五次,都没有“补满”的意思(详见冯:“腓立比书”325－326),但这个意思符合本句的文理,因此可被采纳。“恶贯满盈”这思想亦见于创世记十五章十六节、但以理书八章二十三节、马加比书卷贰六章十四至十五节,以及马太福音二十三章三十二节,最后一节跟本节的相似之处尤其显著(耶稣对当代的文士和法利赛人说,“你们去充满你们祖宗的恶贯吧!”保罗则谓犹太人“常常充满自己的罪恶”)。“常常充满”在原文是个有趣的组合,因为“常常”一词表示“充满”是个继续不断的进程,但“充满”所用的时式则把一连串的行动综合为一。[78] 本句的意思似乎是这样:在旧约时代,犹太人(耶稣所称为“你们祖宗”的)曾杀害耶和华的先知;新约时代的犹太人(耶稣称为“你们”的)杀了主耶稣,又赶逐保罗和同工,他们这些反对耶稣和福音使者的行径,延续了他们祖宗的罪恶;就是这样,犹太人在他们历史的每个时期(基督来临前、基督在世时、基督离世归父后)都是在“不断地堆积自己的罪”,好叫(在神的计划中)他们“恶贯满盈”(现中)。[79]

---

[74] 例如:罗一 11,七 4,八 29,十一 11,十五 8、16;林前十 6,十一 22、33;弗一 12、18;腓一 10;帖前二 12,三 2、5、10、13;帖后二 2,三 9。以上十九次。此结构亦见于:罗一 20,三 26,四 11(两次)、16、18,六 12,十二 2、3,十五 13;林前八 10,九 18;林后一 4,四 4,七 3;腓一 23;帖后一 5,二 6、10、11。以上二十次。即保罗书信一共四十三次。

[75] Cf. Frame 113; MHT 1.219,3.143; A. Oepke, *TDNT* II 430－431.

[76] 二字原文分别为:*anaplēroō*, *plēroō*.

[77] Ellicott 32*a*; Lightfoot 34.

[78] Frame 113; Best 118.

[79] Cf. Ellicott 32; Lightfoot 35; Ellison, *Mystery* 18.

“神的忿怒临在他们身上，已经到了极处” 本句在原文只是区区八个字，但所引起的解释真是众说纷纭，莫衷一是。问题在于：“临在”是何时发生的事？译为“到了极处”的原文词组是什么意思？“神的忿怒”在这里指什么？这三个问题是相关的：其中任何一个问题的答案，都会影响另外两个问题的答案。

译为“临在”的原文动词[80]在新约另外出现六次：在四章十五节的意思是“在……之先”，三次的意思是“到”（林后十14）或“达到”（罗九31，现中、新译；腓三16，思高），另两次的意思是“临到”（太十二18；路十一20）。这意思显然最适合本句。不少释经者将原文所用的过去时式看为“预言性”的过去时式，表示神的忿怒必会或即将来到（参思高、新译）；[81]可是本段（13～16节）的词语并无预言色彩，而是实事求事的报导，因此难以看出为何本句要用这种预言性的动词。[82] 较自然的做法是将动词解为“已经临到”（当圣），但在这大前提下原文“临到他们”仍有两个可能的解释：（一）神的忿怒已临到他们身上，他们经历了或仍在经历神的忿怒，或（二）神的忿怒已临到他们头上，即将降在他们身上。若所指的是已发生的一件事，[83]此事件必定是读者所熟悉的，否则他们便不会明白保罗的意思，而这事件究竟是什么却没有令人满意的答案（见下文），因此第二个解释较为可取；保罗的意思是，神的忿怒已经临到犹太人的头上，这忿怒即将以审判形式落在他们身上。[84]

“到了极处”的原文词组[85]在新约另外出现五次，一次的意思是“不断的”（路十八5，新译、思高），三次指信徒在信主的事上坚忍“到底”（太十22，廿四13；可十三13），另一次指耶稣爱他的门徒“到底”或“极度地、完全地”爱他们（约十三1）。这词组在本句的意思引起了几种不同的解释：（一）“完全地”、“极度地”、“到了无可复加”的地步（当圣）。

---

[80] *phthanō*.

[81] *ephthasen* = 'prophetic' or 'proleptic' aorist, indicating certainty (Morris II 92; Wolff 23) or imminence (Frame 113 - 114).

[82] Lightfoot 35; Marshall 80.

[83] E.g. Dahl, *Studies* 137.

[84] Cf. Best 119 - 120; Hendriksen 72.

[85] *eis telos*.

用来支持这解释的理由是,这是原文词组在七十士译本常有的意思(例如:书八 24;代下十二 12),也是此语在希利尼时期之希腊文(约主前 330 年至主后 330 年)用法里的意思。[86] (二)“直到永远”,不过不是严格的“持续到永恒”之意,而是此词组在七十士译本常有的较弱的意思(参该本伯十四 20;诗七十六 8,七十八 5,一〇二 9)。[87] (三)“直到末了”,或进一步明确地解为“直到末日”。[88] (四)“最后”、“终于”(现中)。[89] 在这四个解释中,第一个将原文词组看为程度性的,其余三个则把它看为时间性的。第四个解释最为可能,因为鉴于本句与上一句所呈现的平行现象,[90]原文词组是与“常常”平行,因此较可能是时间性(而非程度性)的;犹太人“常常”堆积自己的罪,神的忿怒“终于”临到他们身上——这个对比既自然亦有意思;根据第二和第三个解释,动词“临在”要解为“已经临到(并持续到)永远/末了”,但就我们在上一段所见的,动词只有“已经临到”而并无“持续下去”之意。[91]

“神的忿怒”在原文只是“忿怒”(如在一章十节;见该处注释),中译本正确地补充“神/上帝的”等字。一些学者认为,保罗只是引用了末世观常见的的词藻,但并无以确切的内容赋予“神的忿怒已完全地临到他们”这句话,或认为这话不必用任何的特别事件解释,而可以用马可福音十二章九节的话加以说明:犹太人的结局终于或完全地来临了,因他们不再受托料理主的葡萄园。[92] 不过,经文(译为“神的忿怒终于临到

---

[86] Lightfoot 35; Ellison, *Mystery* 18; Bruce 48; G. Delling, *TDNT* VIII 56; BDF 207(3); *Idiom* 70. Cf. AV, RV ('to the uttermost'), NASB ('to the utmost').

[87] G. Stählin, *TDNT* V 434, *TDNTA* 725. Cf. NEB ('for good and all'); Court, 'Apocalyptic Pattern' 64.

[88] 分别见:A. Oepke, *TDNT* II 426; Kim, *Origin* 98 n.2; Donfried, 'Paul and Judaism' 251-253.

[89] Frame 114; Best 121; Ellingworth-Nida 45; R. Schippers, *NIDNTT* II 61. Cf. RSV, NIV ('at last').

[90]
anaplerosai	*auton*	*tas hamartias*	*pantote*
ephthasen	*ep'autous*	*he orge*	*eis telos*

[91] 一些释经者合并第一和第四个解释:Moore 47; Marshall 81.后者亦提出 D. Wenham 的意见,即是将原文词组作形容词解为“引至末日的(忿怒)”;但此语较可能形容动词“临到”,像“常常”是形容“充满”一样(见上注)。

[92] 分别见:G. Fitzer, *TDNT* IX 91 with n.23; Davies, *Studies* 125-126.

他们")给人一种清晰的印象，就是保罗心中确是想到一些特别的事件；问题在于：这事件已经发生还是尚未发生？以下是解为已发生的事的一些例子：（一）神已在某一件事上显明了他的忿怒，保罗观察时兆，看出神对犹太人施恩的日子已告结束；神委派犹太人作外族人的光，他们既然拒绝引领外邦人得救，神就不再以他们为他的仆人。[93]（二）"神的忿怒"指犹太人的"硬心"（罗十一 25），这情况要持续"直到末了"，即是直到世界末日的最后事件为止（那时"以色列全家都要得救"，罗十一 26）。[94]（三）犹太人所受的痛苦，他们内部政体的紊乱，道德的衰败，尤其是他们对福音狂烈的反对——这一切都表明他们是在神的忿怒之下；虽然他们的末日尚未来到，但保罗很可能把他们杀害耶稣看为结局的开始。[95]（四）在基督钉十字架的事件上，神的子民对他的悖逆达到顶点，神又自己完全地承受他对罪人的忿怒，让人看见他的忿怒何等可怕；虽然保罗晓得，十字架的审判乃是神对全人类（包括外族人和犹太人）的审判，但他在这里特别提到犹太人作为神的子民特别的罪咎。[96]（五）主后 49 年的逾越节，在耶路撒冷发生骚动，有两三万犹太人被屠杀；由于是次暴乱是由奋锐党徒引发的，保罗很可能将这屠杀事件看为神对犹太人迫害犹太地之教会的惩罚。[97]（六）主后 49 年，革老丢下令将罗马的犹太人驱逐出境（参徒十八 2）：逼害基督徒的犹太人本身受到逼害，这就是"神的忿怒"在本节所指的。[98]

以上的种种解释，或是纯属臆测（如最后二说），或是流于牵强（如第二说），或是晦而不显（即是不是经文明显的意思，如第一、三、四个解释），因此都缺乏说服力。较好的解释，是认为保罗指神的忿怒即将以审判形式落在犹太人的身上。支持这看法的一个主要理由，是本段（二 13～16）反映了一些耶稣的教训的传统资料；保罗论不信主的犹太人

---

[93] Denney 330；Grayston 75.

[94] Munck，*Christ and Israel* 63 - 64.

[95] Lightfoot 35,36.

[96] Cranfield，'1 Thessalonians 2'218 - 219.

[97] Jewett，'Agitators' 205 n.5.

[98] E. Bammel，as reported in *NTA* § 4（1959 - 60）- 739；Mearns，'Eschatological Development' 140.

时，一方面用了一些典型的、外族人对犹太人的批评(15 节下："他们不得　神的喜悦，且与众人为敌")，另一方面用了传统的基督徒对犹太人的批评(15 节上："杀了主耶稣和先知，又把我们赶出去")，同时还加上他自己的控诉(16 节上："不许我们传道给外邦人使外邦人得救")。[99] 本段跟马太福音二十三章二十九至三十八节(参路十一 47～51)所反映的耶稣传统关系尤其密切：两段用了一些相同或相似的钥字，[100] 两段皆以神的报应的思想结束(太廿三 38："你们的家成为荒场"，参 33、36 节；帖前二 16："神的忿怒临在他们身上")。由此看来，保罗和马太是采用了同一些关于耶稣论悖逆之犹太人的传统资料(当时尚未有福音书写成)，尽管二人的使用法按其不同的目的而有所不同。[101] 鉴于此点，保罗在本节很可能是在想及耶稣所预言圣城及圣殿将会被毁的事(参太廿四 15～18；路廿一 5～24，廿三 27～31)，此预言于主后 70 年应验；虽然当时离开犹太人与罗马之战(主后 66 年爆发)还有十六年，但保罗看出战争是无可避免的，而且基督所预言的圣城和圣殿被毁，会在许多读者的眼前获得应验。[102]

本段(二 13～16)引言曾经指出，本句与罗马书九至十一章(尤其是十一 25～26：以色列全家都要得救)的冲突，是一些学者认为本段并非出自保罗手笔的原因之一。接受本段是保罗所写的学者，对两段之

---

[99] Davies, *Studies* 125.

[100] 比较：

		帖前二			太廿三
15	"杀"	*apokteinantōn*	34	"杀害"	*apokteneite*
			37	"杀害"	*apokteinousa*
	"先知"	*tous prophētas*	29、30	"先知"	*tōn prophēton*
			31、37	"先知"	*tous prophētas*
	"赶出"	*ekdiōxantōn*	34	"追逼"	*diōxete* (*apo* . . . *eis*)
16	"充满"	*anaplērōsai*	32	"去充满"	*plērōsate*

[101] R. Schippers (as in n. 2 above); Best 121 - 122.

[102] Ellicott 33*a*; Hendriksen 72; Ellison, *Mystery* 19. 与帖前二 16 本句原文几乎完全相同的话亦见于十二族长遗训中之利未遗训六章十一节。但这话在该处和本节的用法非常不同，故不大可能是一个作者引用了另一个作者，而较可能是二者分别引用了启示文学圈子所用的一些字句。参：Marshall 81 - 82; Best 36, 122 - 123; Whiteley 10, 49; Frame 115 - 116.

间的冲突亦有不同的解释，以下是一些例子：（一）本句与罗马书十一章所说的是一样的（见注 94 及所属正文，亦参注 88 及所属正文）。但如上文指出，这解释流于牵强。（二）保罗写此信时，期待主会很快再临，因此认为神的忿怒已临到犹太人身上，但他写罗马书时，对于主快再临的信念已减退了，因此对犹太人的盼望便再次兴起。[103] 此说可能夸大了两封书信在对主再临的看法上的分别（参罗十三 11）；保罗甚至在写腓立比书时（该书可能是他的监狱书信中的最后一卷），对主的再临仍然怀着热切的期待（腓三 20，四 5）。（三）本句是保罗在情绪激动下而发的话，过于冷静思考而得的结论；就算他从开首便知道以色列至终会全家得救，他在情绪激动下仍然可以说，"以色列完蛋了！"[104]这解释缺乏说服力，因为这几节经文（二 14～16）读起来不像是保罗怒气发作而已，而是对犹太人在他们整个历史中行事的原则提出强烈的谴责。[105] 不错，保罗对犹太人的指控和他的宣教经历很有关系：不久之前他曾因犹太人的计谋而被逼猝然离开帖撒罗尼迦，曾在庇哩亚再度遭受犹太人的阻挠，现今在哥林多同样遇到犹太人的反对（参徒十八 5～6），在信上还要针对帖城的犹太人对他的毁谤提出自辩[106]——在这些苦涩的经历当中，保罗的情绪激动是可理解的。但若说本句只是保罗情绪的产品，则似乎没有正视这段话的严肃性。（四）保罗写此信时，尚未决定自己对以色列最后命运之问题的看法；他在本章十四至十六节的话只是早期的保罗对犹太人一种不甚巧妙、也许是未经思考的反应，而他所指的并不是犹太人整体，只是一些狂烈地阻止福音工作（因而妨碍神的计划）的不信的犹太人。[107] 但保罗所用的是笼统性的"犹太人"，并且在十五节提及他们在其历史中不同时期都与神的使者为敌（先知、耶稣、"我们"），因此他可能是指犹太人整体。

---

[103] Henneken 39 n. 89.

[104] 分别见：Martin, *Foundations* 2. 116; Kim, *Origin* 98. Cf. Collins 127 - 128, with reference to B. Noack.

[105] Denney 330*a*; Morris II 90.

[106] Lightfoot 33; Frame 106, 110; Bruce I 28.

[107] Davies, *Studies* 126 - 127. Cf. W. Marxsen, as cited in Bruce 49 and in Marshall 82 - 83.

照笔者的理解,本段和罗马书十一章的冲突只是表面而非实在的。保罗看见神的审判将要临到圣城和圣殿,唯有一种全国(或全民)的彻底悔改才可以救犹太人脱离这个厄运,但这种悔改正是犹太人整体所缺少的(参太三 8;路三 8);由于圣城和圣殿是犹太人的荣耀,是犹太教的中心(参加四 25),可以象征和代表犹太人整体,[108]因此保罗可以说神的忿怒已临到犹太人整体,在圣城和圣殿被毁的事上,犹太人整体将会受到神忿怒的审判。但从历史事实的角度来看,分散外邦的犹太人大部分并没有卷入主后 70 年的灾难之中;他们与在巴勒斯坦经历"劫后余生"的犹太人一同延续了犹太人的民族和宗教。而保罗在罗马书所预言的,就是有一天,犹太人整体会经历他们在保罗时代所没有经历的悔改,信靠耶稣基督;"这样,全以色列都要得救"(罗十一 26,新译)。

---

[108] Cf. Adamson, *James* 50: 'the rabbis regarded the Palestinian Jews as representing all "the twelve tribes of Israel."'

伍　继续自辩（二 17～三 13）

上文（二 1～12 引言）曾经指出，帖撒罗尼迦的犹太人在保罗离开之后，继续采取毁谤政策，企图使帖城信徒对保罗的品格及传福音的动机产生怀疑。在二章一至十二节，保罗已就信息、动机和方法三方面为自己和同工提出了有力的反驳；他在本段进一步针对他们没有回帖城探望信徒的事实提出答辩。他解释他如何切愿再见到帖城信徒，但因受阻而不能成行（二 17～20），他如何宁愿自己忍受孤单也差派了提摩太去坚固他们（三 1～5），提摩太带回来的好消息如何使他充满感恩喜乐（三 6～10），他又如何继续为他们祈祷（三 11～13）。他对帖城信徒的关怀在本段表露无遗；他尤其关心的是要他们的信心坚固不动摇，这思想在本段出现不下五次（三 3、5、6、7、10）。

(I) 重访计划受阻（二 17～20）

17 弟兄们，我们暂时与你们离别，是面目离别，心里却不离别；我们极力地想法子，很愿意见你们的面，

18 所以我们有意到你们那里。我保罗有一两次要去，只是撒但阻挡了我们。

19 我们的盼望和喜乐并所夸的冠冕是什么呢？岂不是我们主耶稣来的时候，你们在他面前站立得住吗？

20 因为你们就是我们的荣耀、我们的喜乐。

二 17　“弟兄们，我们暂时与你们离别，是面目离别，心里却不离别”　这是保罗第五次亲切地称呼读者为“弟兄们”（参一 4 注释）。“我们”回应第十六节“不许我们传道……”的“我们”；原文用强调格式的代名词，可能暗示这“我们”与上文刚提及不信的犹太人成为对比。译为“暂时”的原文词组在新约只出现这一次，直译的意思是“为时一句钟的

时间";[1]此语是合并两个较短词组[2]的结果,加强了"短暂"的意思。保罗用"暂时"一词来形容他和同工与帖城信徒分离,表示他们离开帖城非常短暂的时间之后,便设法要再见到他们,这就显示他们对帖城信徒的关怀和想念是何等深切。"离别"的原文[3]在新约只出现这一次,直译的意思是"使成为孤儿"。一些释经者认为原文所用的被动语态分词的意思,就是保罗和同工好像父母(参 11 节、7 节)丧失了心爱的儿女一样;[4]可是,虽然同字根的形容词可解为"孤儿"(如在雅一 27)或有较广的"丧失亲人"之意(参约十四 18),而后者可指父母丧失子女或子女丧失父母,或用于其他的关系上(如失去爱人),[5]但似乎并无证据支持本句的动词亦有这种较广的用法。因此,这词较宜按其字面意义解释,这样做亦会使保罗的话更为突出和有力:虽然他和同工与帖城信徒的关系有如父母之于子女,但当他们"被逼/迫……离开"(新译/思高)帖城信徒时,他们就像丧父或丧母的孩童,非常伤心难过。[6] 除了动词本身已含有离别的意思外,随后的原文词组更重复了动词中的前置词,[7]藉此强调了"跟你们分离"(现中)的意思。保罗如此强调他被逼与帖城信徒分离的痛苦,像他指出这分离只是"暂时"的一样,目的是要帖城信徒知道他待他们情如至亲。同样的目的使他提到第三点:至少就他和同工来说,他们与帖城信徒的分离"仅是面目离开,而不是心离开"(思高);原文是个非常简洁的词组。[8] 这种"面"与"心"的对比在新约另外出现一次(林后五 12),该处指外表和内在生命的对比(参撒上十六

---

① *pros kairon horas* = 'for the period of a brief hour' (G. Delling, *TDNT* IX 680); *horas* = genitive of measure (idem, *TDNT* III 461). 关于 *kairos* 一字的用法,见五 1 注释。

② 即古典希腊文的 *pros kairon*("暂时":路八 13;林前七 5)和较后期的 *pros horan*("暂时":约五 35;林后七 8;门 15;"一刻":加二 5)。在后面这词组和帖前二 17 所用的词组里面,"一句钟"自然不是指六十分钟,而是表达短暂的时间之意(cf. H.-C. Hahn, *NIDNTT* III 847-848).

③ *aporphanizō*.

④ Moore 48; Bruce 54; Marshall 85.

⑤ Cf. MM 459 (s.v. *orphanos*).

⑥ Cf. Lightfoot 36; Frame 118; Morris II 93; Best 124.

⑦ *aporphanisthentes* . . . *aph' hymon*.

⑧ *prosopoi ou kardiai*.

7);[9]本节的“面目”显然与“身体”同义(参现中、新译;林前五 3),[10]而“心”虽然保持“人的整个内在生命”此基本意思,但可能特别指保罗和同工的意志和感情,即是说,虽然他们不能与帖城信徒继续同在,但就他们的意志和感情来说,他们是与帖城信徒“仍在一起”的(当圣)。[11]

“我们极力地想法子,很愿意见你们的面” 译为“想法子”(当圣同)的原文动词[12]在新约另外出现十次,意思一贯是“努力”、“竭力”或“尽力”(加二 10,现中、思高;弗四 3;提后二 15;来四 11;彼后一 10,现中、新译、思高;一 15;三 14,现中、思高、新译);虽然有三次(提后四 9、21;多三 12)意思乍看是“赶紧”或“赶快”(思高),其实基本上仍是“尽力”之意,如现代中文译本所反映的——“尽快”(原文本身有副词“快”字)、“尽可能……赶来”、“尽可能赶……来”。这词在本节同样表达极大的努力:[13]保罗和同工“极力地想法子”(当圣:“想尽法子”)要再见帖城信徒的面,即是再次探望他们,跟他们有属灵的沟通。保罗不仅说“见你们”(三 6;罗一 11;林前十六 7;参提后一 4),而特别声明要“见你们的面”(三 10;参西二 1),突出了他们“面对面”相见的性质。

不过,和合本的“极力地”和当代圣经的“尽”字可能不是对动词译法的一部分,而是对原文在动词之前那个副词[14]的翻译。虽然这词在格式上是个比较级的副词,但一些释经者认为这是以比较级代替超级的例子,其实意思是“极度地”。[15] 可是,这词在新约另外出现十一次,其中十次皆为比较性的意思(林后一 12,七 13、15,十一 23〔两次〕,十二 15;加一 14;腓一 14;来二 1,十三 19),只有一次(林后二 4)可能是

---

⑨ 后两节与本节所用的结构略为不同:林后五 12 用 *en prosopoi ... en kardiai*,撒上十六 7(七十士译本)用 *eis prosopon ... eis kardian*.

⑩ 林前五 3 的“心”原文是“灵”(*pneuma*).

⑪ 分别见:J. Behm, *TDNT* III 612; T. Sorg, *NIDNTT* II 182 及 Jewett, *Anthropological Terms* 315. Malherbe (*Paul* 63)指出,虽然保罗在他的信上常提到他和他的教会分开的事实,但他在帖前(二 17 至三 10)所说的话特别伤感,这是由于帖城信徒的特殊处境:他们刚信主不久,因此特别需要鼓励,最好是藉个人接触而来的鼓励。

⑫ *spoudazo*.

⑬ Cf. G. Harder, *TDNT* VII 565; W. Bauder, *NIDNTT* III 1169.

⑭ *perissoterōs*.

⑮ Frame 119; Moore 48 – 49; Morris II 94 n. 52; Ellingworth-Nida 48. Cf. Best 125 ('... approaches the elative usage').

用在高级或最高级的意义上。因此,这词在本节亦较可能属比较性的用法,保罗的意思是:他和同工被逼提早离开帖城的事实,不但没有减弱他们对帖城信徒的怀念,反而使他们更加竭力要回去探望他们。[16] 译为"很愿意"、"非常渴望"(新译)、"热切愿望"(思高)的原文词组[17]直译是"怀着很大的愿望";此语按原文句子的结构并非形容"见"字(如中译本),而是形容动词"想法子"。(关于"愿望"一词在保罗书信的用法,可参冯:"腓立比书"153－154。)

二 18 "所以我们有意到你们那里。我保罗有一两次要去" "所以"背后的原文与第八节的"因"字相同(见该处注释),其意思不是"所以"或"因此"(新译),而是"因为";换言之,保罗现在可能是提出证据,来证明他和同工非常渴望再见到帖城信徒,或(更可能地)是举出理由,解释他们为什么竭力要回去探望帖城信徒。[18] 译为"有意"的原文动词[19]在新约共用了二百零八次,保罗书信占了六十一次,不过在本书和后书另外只出现两次;这两次分别说明了这词最常见的两个意思,即是表达愿望的"愿意"(四 13;现中"希望"),以及表达意志和决心的"愿意"(帖后三 10,思高;和合、新译"肯")。由于本节最后一句提到撒但的阻挠,这词在本节的意思可能不只是"有意"、"很想"(现中、新译)或"切愿"(思高),而是"立心"(当圣),表示着坚决的目的和积极的计划。[20] "我们"不是信札式的复数,[21]而是真正的复数,指保罗和同工:他们"极力地想法子"回去探望帖城信徒,因为他们有这样的决心。

接着的一句是插入句;我们不难想象保罗在口述此信之际,或在代笔人复述写好的信给他听的时候,在此处加上这句。这里单数的"我"字在原文是强调格式的代名词,暗示"我保罗"与其他二位同工(西拉及提摩太)之间的对比,原文在"我"和"保罗"之间的小字,进一步强调了

---

⑯ Calvin 350; Ellicott 34*a*; Lightfoot 37; Moffatt 30*a*; Hendriksen 75; Marshall 85.

⑰ *en pollēi epithymiai*.

⑱ 分别见:Lightfoot 37; Bruce 55 及 Marshall 85.

⑲ *thelō*.

⑳ 分别见:Frame 120; Bultmann, *Theology* 1.223 及 Findlay 58－59; Marshall 85.

㉑ Robertson, *Pictures* 4.23; Zerwick 8.

单数的"我"字，表明保罗是跟其他两位同工分开的；[22]不过，这"对比"的意思不是说其他两位同工不像保罗那么坚决和积极，而只表示保罗现在将自己特别提举出来，因为他是犹太人的毁谤特别的目标。"有一两次"的原文词组[23]在新约只出现另一次（腓四 16），这是由三个小字构成的惯用语（详参冯："腓立比书"481－482），意思是"一再"（新译，参思高）、"不只一次"（现中、当圣）。这词组之前的原文小字有加强意思的作用：保罗不但曾"立心"回去探望帖城信徒，"而且"不只一次这样作。[24] 不只一次等于至少两次；这样看来，保罗在庇哩亚（徒十七 10～14）以及在雅典（或在往雅典的途上，徒十七 15～16），都曾计划和试图重访帖城信徒。

"只是撒但阻挡了我们"　这句表达了保罗和同工（"我们"，不是"我"〔现中〕）重访帖城的计划不能实现、他们一切的努力全部落空的原因。"阻挡"一词的原文[25]在新约另外出现四次，除了一次（徒廿四 4）指"烦扰"（现中、新译）或"耽误"时间（思高）外，其余三次分别指祷告受"阻碍"（彼前三 7），信心的奔跑受到"拦阻"（加五 7），以及保罗访罗马的计划多次被"拦阻"（罗十五 22）。这词在本节的用法跟上述最后三节相同，其基本意思是"阻住去路"，如士兵在街道上进行破坏，以阻追兵。[26]保罗在加拉太书五章七至八节暗示，在加拉太那些煽动者的背后，就是与"那召你们的"相对的撒但；他在本节则明说是"撒但阻挡了我们"。

"撒但"的名字在新约出现共三十六次，保罗书信占了十次。[27] 这名字在旧约只在三段经文出现，但其中所描写的撒但的行动充分反映

---

[22] Ellicott 35*a*. *men* (without *de*) = anacoluthon (BDF 447.2). *egō Paulos*（"我保罗"）在保罗书信另外出现五次（林后十 1；加五 2；弗三 1；西一 23；门 19），每次皆有强调作用。Malherbe (*Paul* 64)认为此语在本节、林后十 1 及门 19 的作用是增强了保罗的话对读者感情上的影响力。

[23] *hapax kai dis*.

[24] *kai* = ascensive (Frame 120; Morris II 95 n.54).

[25] *enkoptō*.

[26] G. Stählin, *TDNT* III 855.

[27] *satanas*(nominative：本节；林前七 5；林后十一 14)，*satanan* (accusative：罗十六 20)，*satana*(genitive：帖后二 9；林后二 11，十二 7；提前五 15)，*satanai* (dative：林前五 5；提前一 10)。

这名字的基本意思——“仇敌”:它的行动是不利于约伯的(伯一、二章),它激动大卫数点以色列人,使他犯了愚昧的罪(代上廿一 1、7～8;参撒下廿四 1、10),它站在大祭司约书亚旁边,与他作对(亚三 1～2)。新约的作者可说将撒但的狰狞面目揭露无遗。撒但又名“魔鬼”(例如:弗四 27,六 11),意即“控告者”或“毁谤者”,亦即是那引诱始祖犯罪的“古蛇”(启十二 9,二十 2;参林后十一 3);此外,它的名称还包括“鬼王”(例如:可三 22)、“别西卜”(例如:太十二 27;路十一 19)、“仇敌”(路十 19;太十三 25、39)、“你们〔信徒〕的仇敌”(彼前五 8)、[28]“那……控告我们弟兄的”(启十二 10)、“那在世界上的”(约壹四 4)、“这世界的王”(约十二 31,十四 30,十六 11)、“这世界的神”(林后四 4)、“彼列”(林后六 15)、“空中掌权者的首领”(弗二 2)、“那诱惑人的”(帖前三 5;太四 3),以及“那恶者”(例如:帖后三 3;弗六 16)。

根据“撒但”这名字在其中出现的一些经文(包括保罗书信的十次),我们可以略窥撒但的活动和命运。从福音书和使徒行传可见,它试探耶稣(可一 13),用疾病捆绑那驼背十八年的女人(路十三 16),进入犹大的心使他出卖耶稣(路廿二 3),取去撒在人心里的道种(可四 15),试探门徒的信心,筛他们像筛麦子一样(路廿二 31),又充满亚拿尼亚的心,叫他欺哄圣灵(徒五 3)。保罗书信让我们看见,撒但能利用人的性欲引诱他们(包括信徒:林前七 5),利用教会过度严厉的惩治而占优势、占便宜(林后二 11,现中,思高),装做光明的天使,在教会的信仰方面以假乱真(林后十一 14),攻击主仆的身体(林后十二 7),拦阻他们的道路(帖前二 18),又能将身体的灾害加给人(提前一 20),甚至败坏人的身体(林前五 5);它的随从者包括一些“废弃了当初所许的愿”而再嫁,或是懒惰饶舌的年轻寡妇(提前五 15,参 11～14 节);它在末日的活动包括使那“不法的人……行各样的异能奇迹和荒诞的事,并且在那些沉沦的人身上,行各样不义的欺诈”(帖后二 9～10,新译)。然而,撒但的败落是已成定局的:耶稣曾“看见撒但从天上坠落”(路十 18),他的福音能使人“从撒但权下归向神”(徒廿六 18),他藉使徒保罗应许信徒说,“赐

---

[28] 此节和前三节的“仇敌”在原文分别是:*antidikos*, *echthros*.

平安的神快要将撒但践踏在你们脚下”（罗十六 20）；它最后的结局，是“被扔在硫磺的火湖里，……直到永永远远”（启二十 10，参 7 节、3 节）。

撒但怎样阻挡保罗和同工，使他们不能回帖城探望信徒呢？释经者对此问题提供了许多不同的答案，例如：（一）保罗的朋友，即是耶孙和几个弟兄，未经保罗同意而为他签保（徒十七 9），使他不能再到帖城；帖城的地方官可能甚至下令，禁止那些宣教士在任何情况下再次入境。㉙ 此说的第一个困难，就是事实上提摩太后来回去探望了帖城信徒（三 1、6）；不过，使徒行传十七章五节和十节只提到保罗和西拉，因此可能提摩太在帖城没有受到众人的注意（他在宣教队伍中的地位显然不及保罗和西拉；也许，由于他父亲是希利尼人，他的样子像希腊人，在一个希腊人的城市中不像其他二人那么容易受人注意〔参徒十六 20〕），他离开帖城往庇哩亚也是在保罗和西拉之后独自前去的。㉚ 较大的困难，是不但保罗和同工立心并试图回帖城去（二 17～18），而且帖城信徒亦显然期待他们会回来，不然的话，犹太人就宣教士不回来的事实攻击他们，这点对帖城信徒便会失去其力量。这样看来，耶孙和其余的人的“保状”，并不牵涉保罗及同工不能回到帖城，而可能只是笼统性地担保那些宣教士会奉公守法，或不会引起骚动。㉛ （二）保罗福音工作当时急迫的需要，使他无法成行。㉜ 但我们难以想象，保罗会把福音工作的压力视为撒但的拦阻。（三）保罗因病——撒但的差役攻击他的身体（林后十二 7）——使宣教士不能成行，因他是三人中的领袖和最重要的成员，他病倒了，其余二人也只好等待。㉝ 反对这看法的一个理由是该段经文所提攻击的结果，不是阻挠保罗，而是锻炼他，使他在福音工作上更有用；㉞此外，以巴弗提病得“几乎要死”，保罗的解释是“因

㉙ 分别见：Bruce 55 (following W. M. Ramsay), II 995*b* 及 Findlay 60; Veldkamp 59.

㉚ Harrison, *Acts* 262, 264; Bruce 64.

㉛ Frame 4; Moore 3; Best 4, 6; Morris II 19. 参导论第三节第七段。

㉜ Moffatt 30.

㉝ Manson, *Studies* 271 n. 1; Stendahl, *Paul* 43. G. Stählin (*TDNT* III 856)认为所指的可能是疾病，或帖城地方官的禁令；C. H. Preisker (*NIDNTT* II 221)也是认为可能指疾病，或犹太人的计谋。

㉞ Bruce 55 - 56.

他为作基督的工夫”（腓二 27、30），而不是因他受撒但的攻击或拦阻；保罗访问罗马的计划多次受阻（罗一 13，十五 22），但他没有说是由于撒但的阻挠。鉴于这些具体的解释都不能令人满意，我们只能承认不知道保罗所指的是什么；我们最多也只能笼统地说，撒但的阻挠跟那些宣教士当时的处境有关；至于实在的困难是什么——是一连串的“意外”，包括旅程的安排上出了问题？是犹太人设计要杀害保罗？[35] 是其他事情？——我们不宜臆测，其实也无从知道。无论如何，保罗不需要在信上解释“撒但阻挡了我们”这话的意思，因为帖城信徒无疑已从提摩太口中获得了答案。

但保罗如何分辨哪一些障碍是出于神，或至少有神的许可（参徒十六 6～7；林后十二 7～9），哪一些是来自撒但？加尔文说，“当我们是为主的工作而努力时，任何的障碍都无疑是来自撒但的”；[36]但这话似乎有点过分。也许保罗对神的旨意敏感到一个程度，能即时辨别障碍的来源；也许他事后回顾，看出一些障碍其实有神的旨意和计划在其中，因为事实证明那些障碍结果使福音工作向前推进（参腓一 12～14），但另一些障碍则只带来负面的结果，使福音工作受损。[37]

二 19 *“我们的盼望和喜乐并所夸的冠冕是什么呢？岂不是我们主耶稣来的时候，你们在他面前站立得住吗？”* 和合本这译法似乎是由于误解了本节原文的结构，把句子在不适当的地方划分为二，因而需要在下半部分补充“站立得住”等字的结果。较正确的译法是这样的：“在我们主耶稣面前，当他再来的时候，我们的盼望或喜乐或所夸耀的冠冕是什么呢？不就是你们吗？”（参新译、思高）原文于句首有“因为”一词，表示本节是解释保罗和同工切望再见到帖城信徒的原因和动力。在第一个问题里面，两个“或”（新译、思高）字所连起来的三个名词是意义相近的，因此“或”字可解作“并”（和合）或“和”（当圣）。[38] “盼望”一词已在一章三节出现过（见该处注释）；这词在本句的意思近乎“信”，即

---

[35] 分别见：Whiteley 50，22；Denney 332.

[36] Calvin 351.

[37] Neil 58；Best 127；Bruce 58.

[38] BDF 446；MHT 3.334. 本节的 *hēmōn*（“我们的”）放在三个名词之前（通常的次序是名词在先），像一 3 的 *hymōn*（“你们的”）一样，是为要免去重复（MHT 3.190）.

是自信的根据；[39]保罗的意思是，帖城信徒若对耶稣忠诚到底（参三 8），这便证明他们（宣教士）的劳苦没有归于徒然（参三 5），他们便可以在主再来时坦然见主，为他们从神所领受的福音使命（参二 4；林前九 2）向主交账。帖城信徒也是他们“喜乐”的根据（这词已在一 6 出现过，参该处注释）；帖城信徒若“靠主站立得稳”（三 8），保罗和同工便可以在主面前欢然交账（参来十三 17）。

“冠冕”一词的原文在新约一共出现十八次，同字根的动词“冠”字[40]三次（提后二 5；来二 7、9）。除了启示录的图象中六次提到不同人物头上的冠冕外（启四 4、10，六 2，九 7，十二 1，十四 14），此组字汇所提及的“冠冕”[41]大致可分为四种：（一）兵丁戴在耶稣头上的“荆棘冠冕”（约十九 5、2；可十五 17；太廿七 29）；（二）耶稣因为受死的苦而得的“荣耀、尊贵的华冠”（来二 9，现中），这冠冕是神在创造的原意中赐给人的（来二 7）；（三）获胜的运动员所得的冠冕（提后二 5；启三 11），用来比喻信徒所得永恒的赏赐——“公义的冠冕”（提后四 8）、“生命的冠冕”（雅一 12；启二 10）、“永不衰残的荣耀冠冕”（彼前五 4），这“不能坏的冠冕”与“能坏的冠冕”相对（林前九 25）；（四）第三种冠冕之下的特别例子：保罗以腓立比教会和帖撒罗尼迦教会为他的冠冕（腓四 1；帖前本节）。本节用“冠冕”喻教会的意思是：帖城信徒若忠诚对主直到他再来，就表示保罗和同工的工程经过基督烈火的考验而存得住，因此可得冠冕为赏赐（林前三 13～14）。

这冠冕称为“所夸耀的冠冕”（新译），此词的原文[42]亦见于七十士译本的箴言十六章三十一节，及以西结书十六章十二节，二十三章四十二节。“夸耀”一词的原文[43]在新约共用了十一次，保罗书信占了十次；这词有一次指夸耀的根据（林后一 12），但通常指夸耀的行动（罗三 27，

---

[39] Not ‘faith’, but ‘confidence’ (Best 128), ‘basis of ... confidence’ (Marshall 87).

[40] 原文分别为：*stephanos*，*stephanoō*.

[41] “冠冕”在原文另有两个字：*diadēma*，指王者的冠冕（启十二 3，十三 1，十九 12）；*stemma*，指路司得城门前丢斯庙的祭司带来准备向巴拿巴和保罗献祭的一些“花圈”（即花冠，徒十四 13）。

[42] *stephanos kauchēseōs*, not so much ‘a crown which procures or denotes renown’ (W. Grundmann, *TDNT* VII 630 n. 75), as ‘a crown to exult in’ (Marshall 87).

[43] *kauchēsis*.

罗十五 17〔?〕;林前十五 31;林后七 4、14,八 24,十一 10、17;雅四 16;本节),就如另一个希腊名词[44](与前一个同字根,在新约也是共用了十一次)较多时指夸耀的根据(罗四 2;林前九 15、16;林后一 14;加六 14;腓一 26),但亦多次指夸耀的行动(林前五 6;林后五 12,九 3;腓二 16;来三 6)。“夸耀”即是“引以为荣”,保罗以帖城信徒为他所引以为荣的冠冕,这其实不是一种“自豪”(思高)之举,因为他工作上的一切成果,完全是由于神的恩典、能力和赐福(林前十五 10;罗十五 17～18);就如“夸耀”在旧约有时与感恩的欢乐同义,保罗的夸耀同样是对神的恩典所起的回应——承认神的恩典,并且感恩欢乐。[45]

按原文的次序,保罗说完“因为什么是我们的盼望或喜乐或所夸耀的冠冕”后,随即插入“不就是你们吗?”一句,然后才继续说“在我们主耶稣面前,当他再来的时候”来完成原先的问题。插入的问句在原文只是四个小字,但看来已经合并了两个重叠的问题——“除了你们还有谁?”和“不就是你们吗?”[46]两者同时强调了“你们实在是”的意思,不过前者(“只有你们才是”)的真确性值得怀疑(参腓四 1;虽然腓立比书的成书日期远在本书之后,但腓立比教会的成立是在帖撒罗尼迦教会之前),因此另一个解释可能较为可取:就是将插入句的第一个小字看为与引介一个问句的小字同义,[47]这样,插入句就只问了一个问题——“不就是你们吗?”这话并不表示只有帖城信徒才是保罗和同工的盼望、喜乐和所夸耀的冠冕。译为“就”的原文小字亦可翻译为“也”,其作用同样是表达“你们,跟我其他的教会一起”、“你们,不次于我所带领归主的其他信徒”的思想;保罗似乎仍然是针对着犹太人的毁谤而对帖城信徒说:“他们诬告我们不关心你们,像关心别的教会那样,但我们的盼望……不也就是你们吗?”[48]保罗称腓立比教会为他的喜乐和他的冠冕

㊹ *kauchēma*.

㊺ R. Bultmann, *TDNT* III 651, *TDNTA* 424.

㊻ *ē ouchi kai hymeis* = *tines alloi ē hymeis* ('who other than you?') + *ouchi kai hymeis* ('is it not indeed you?'). Cf. BDF 446; Bruce 53 n. b.

㊼ Reading ἦ (synonymous with *ara*) instead of ἤ (Bruce 53 n. b.).

㊽ Cf. Moore 51; Hendriksen 77 (*kai* = 'also'); Calvin 351; Ellicott 36b ('even'); Frame 122; Ellingworth-Nida 50.

(腓四 1),其重点是在现今——腓立比人如今就是保罗的喜乐和冠冕,虽然此事在基督的日子(腓二 16)会更加明显(参冯:"腓立比书"418-419)。本节的重点刚好相反:由于帖城信徒在诸般患难中仍然靠主站立得稳,他们如今已是保罗的喜乐(参三 8～9),但他们若继续靠主站立得稳,他们便会确使保罗在基督审判之日获得冠冕为赏赐,而保罗在此想及的是将来的一面,此点由随后的两个词组清楚表明出来。㊾

"在我们主耶稣面前"于此与"在基督〔的审判〕台前"(林后五 10)同义。在"当他来临时"(参思高)一语中,原文所用的是个很有趣的名词:㊿在圣经以外的希腊文献中,这词可指神明对人有帮助的"显现",也可指统治者或高官的"到访"(被访的城市或地区会举行盛大和隆重的欢迎仪式),还可以指祭祀时神明的"同在"(虽是肉眼不能见的)及神火的"显现";这些都属于专门性的用法。[51] 在新约里面,此词共出现二十四次(保罗书信占了十四次),其中六次属于非专门性用法,指有人"来到"(林后七 6、7)或"在"(林后十 10;腓一 26,二 12)或同时包括二者(林前十六 17);[52]其余十八次皆有其专门性意思,十七次指基督的再来(本节,三 13,四 15,五 23;帖后二 1、8;林前十五 23;雅五 7、8;彼后一 16,三 4、12;约壹二 28),包括四次指人子的"降临"(太廿四 3、27、37、39),另一次指不法的人的来临(帖后二 9)。保罗是第一个用这词来指基督荣耀再临的基督徒作者,[53]而本节就是此用法在文献上的首个例子。这词的世俗用法(指神明显现、君王到访;尤其后者)[54]模仿了新约专门用法,不过基督再临此思想的根源则是在旧约和犹太教的信仰:旧约"耶和华的日子"是神审判恶人并拯救他的子民之日(赛

㊾ Cf. Pfitzner, *Agon Motif* 106; Marshall 87.

㊿ *parousia*.

[51] A. Oepke, *TDNT* V 859-861, *TDNTA* 791.

[52] 即是 coming/arrival 及 presence. 前者引致后者,后者包括前者,因此分别只在于重点上。

[53] Gundry, 'Hellenization' 162; cf. A. Oepke, *TDNT* V 865。前一位作者(161-169)认为保罗将有关主再来的传统"希腊化"——就是把主的再来描绘为君王到访的欢乐事件,已死的和活着的信徒会一同有份参与此事(帖前四 15～17)。

[54] 保罗用另一些字来表达前一个意思:*epiphaneia*("显现":提前六 14;提后一 10,四 1、8;参多二 13,亦参帖后二 8)、*apokalypsis*(直译"启示":帖后一 7;林前一 7;彼前一 7、13,参四 13)。

十三 6;结三十 3;珥三 14;摩五 18;番一 14),此日子在新约("神的日子":彼后三 12)通常称为"主的日子"或"主耶稣的日子"等,亦即是基督再临之日(参五 2 注释)。旧约"耶和华的日子"变成新约"基督的日子",是透过福音书"人子的日子"(路十七 24、30)的桥梁。

按古代的习惯,君王到访时,他的子民会把冠冕呈献给他,以示效忠之意;因此有学者认为,也许保罗在本节将帖城信徒视为他要向再来的基督呈献的贡物。[55] 不过,由于"在我们主耶稣面前"一语所提示的是审判的意思(参林后五 10;帖前三 13),"所夸的冠冕"较可能是指保罗所获得的冠冕(如上文解释的),而不是指他所呈献的冠冕。这正是基督再临与君王到访之间的一大分别:地上的君王期待要接受冠冕,天上的君王则赐人冠冕。

二 20 "因为你们就是我们的荣耀、我们的喜乐" 上一节的插入问句"不就是你们吗?"原文所用的格式[56]已暗示正面的答案,译为"因为"的原文小字[57]现在把这答案更清楚地引介出来:是的,"你们的确是……"(现中、思高)。[58] 如在上一节的插入句一样,"你们"在原文是强调格式的代名词,意思即是:"你们——好像被我们弃而不顾,犹太人诬说我们并不关心的一群信徒"。"是"字在原文为现在时式,若按着字面意义来解释,本句的意思便是:帖城信徒如今已经是保罗和同工的荣耀和喜乐,因此在主再来时亦会这样,到时他们会显出为现今所已是的。[59] 不过,较可能的解释是说,"是"字的作用不是要比对现在和将来,而是针对犹太人的毁谤,强调帖城信徒是保罗和同工所亲爱的。[60] 若是这样,"你们就是我们的荣耀、我们的喜乐"这句话,可解释为"你们(如今)就是我们(将来)得荣耀(即是获得"所夸耀的冠冕")和喜乐的根据";支持此解释的一个重要理由,就是本句乃是上一节的插入问句的正面答案,而该问句所涉及的时间是"当他再来的时候",因此本句的

---

[55] C.J. Hemer *NIDNTT* I 406; Bammel, 'Preparation' 91.

[56] *ouchi kai hymeis*;

[57] *gar*.

[58] Cf. BDF 452(2).

[59] Marshall 89; Moore 51.

[60] Frame 123.

“光荣和喜乐”(思高)亦宜解为“在我们主耶稣面前”的。[61]

保罗在这两节(19～20)提出的意思(以帖城信徒为得赏赐的根据),并不表示他把所引领归主的信徒只看为提升自己地位的一项工具;事实上,他们彼此以爱相系(二 8,三 6),以致他们可以彼此为荣(参林后一 14)。他以所带领归主的信徒为夸耀的根据(亦参罗十五 17～19;腓二 16),也没有跟他所强调的原则——“夸口的,当指着主夸口”(林前一 30;林后十 17),“只夸我们主耶稣基督的十字架”(加六 14)——发生冲突,因为他看见神的恩显明在信徒身上而以他们为夸耀,只是他以十架为永久夸耀的根据的一面;如加尔文所说,只要我们总是以神为目标,我们便可以他一切的恩惠为夸耀的根据。[62]

(II) 提摩太的使命(三 1～5)

1 我们既不能再忍,就愿意独自等在雅典,

2 打发我们的兄弟在基督福音上作神执事的提摩太前去,坚固你们,
并在你们所信的道上劝慰你们,

3 免得有人被诸般患难摇动,因为你们自己知道我们受患难原是命
定的。

4 我们在你们那里的时候预先告诉你们,我们必受患难,以后果然应
验了,你们也知道。

5 为此,我既不能再忍,就打发人去,要晓得你们的信心如何,恐怕那
诱惑人的到底诱惑了你们,叫我们的劳苦归于徒然。

三 1 “我们既不能再忍,就愿意独自等在雅典” 本节原文开始时有“为此”(思高)一词,[63]表示这里所说的决定是由于上文所提及要

---

[61] Cf. Findlay 61.作者正确地指出,第十九和二十节是相应对的,这使我们不能将本句解为:“你们如今是,就如你们那时将会是,我们的荣耀。”此二节的原文次序部分呈现交叉式的平行排列法(喜乐——冠冕——你们——在主面前、在他来时——你们——荣耀——喜乐:即是 ABCDCBA; cf. J.C. Hurd, *IDBS* 649*a*),这一点亦支持正文采纳的解释。

[62] 分别见:Bruce 58, Calvin 351.

[63] *dio*.

再次见到帖城信徒的热切想望(二 17～18)。配合着复数的“我们”,原文分词“忍”字、动词“愿意”及形容词“独自”[64]都是复数的;本节的解释引起了至少四种不同的看法。(一)这里用的是信札体裁的复数“我们”,所指的其实是保罗一人(当圣:“我自己”)。[65] 第五节“我既不能再忍”一句似乎支持这看法,但此说有两点困难:第一,上文(二 17～20)将“我们”和“我保罗”(二 18)分开,因此本节的“我们”最自然的解释,是指上一段的“我们”所指的,即是保罗和他的两个同工(二 19 的“我们(主……)”则可能指“我们基督徒”)。第二,复数的“独自”很难解为单指保罗一人;事实上,此复数词在保罗书信出现的另外三次(罗三 29;林前十四 36;腓四 15;西四 11),没有一次是指一个人的。(二)“我们”并不包括保罗的同工,而是指保罗和在雅典信了主的人;保罗的思想不难从“我和我的同工”(上文)转到“我和当地的信徒”(本节)。[66] 可是,此说要假定保罗写此信时已赢得一些雅典人归主,但这点不能肯定;更为重要的,雅典的信徒怎可以被描写为“被留下”(原文[67]直译)在雅典呢?(三)本节用了一种松散(即是不甚严谨)的表达方式,其意思是:“我们(我们三人,或我和提摩太)决定,我应独自留下在雅典,提摩太则应再到你们那里去。”[68]若作决定的“我们”是保罗和提摩太,复数的“独自”仍然是个困难;但若作决定的是保罗和他的两个同工,这解释便和下一个看法实质上相同。(四)复数的“独自”提示,保罗差派提摩太前往帖城之后,仍有西拉和他在一起,而“我们”所指的就是保罗和西拉。[69] 这是原文最自然的解释。

按此解释,保罗被人从庇哩亚带到雅典后(徒十七 13～15a),西拉和提摩太旋即照着保罗的嘱咐也到了雅典(徒十七 15b～16;本节);保罗征得西拉同意,就把提摩太打发回帖城去探望教会(2、5 节),而西拉亦因事再回马其顿去(可能是重访腓立比教会)。二人相继离开保罗

---

[64] *stegontes eudokēsamen ... monoi*.

[65] Ellicott 37 *a*; Neil 62; Whiteley 51; Morris I 60 - 61, II 99, III 1822 *b*; *Idiom* 119.

[66] Mentioned by Best 131.

[67] *kataleiphthēnai* = ‘to be left behind’ (Lightfoot 40).

[68] Marshall 90.

[69] Moffatt 4; Frame 125; Bruce 60.

后，他也离开了雅典，下到哥林多，西拉和提摩太后来在该处再次与保罗会合（徒十八 1、5）；不久之后，保罗便写了此信。

“忍”字在原文与“房顶”（可二 4；太八 8；路七 6）是同字根的，[70]此字根的基本意思是“遮盖”。由这个基本意思，此字继而获得两个相反方向的意思：“留住”（像无裂口的器皿不让所盛的液体漏出去），即是“隐藏”；或“挡住”（像密不透水的船只不让海水渗入船内），即是“抵受”、“忍受”。[71] 这字在新约只出现另外两次，一次指保罗为免福音受到阻碍而“忍受”一切（林前九 12），另一次指爱是凡事“包容”（林前十三 7）。在本节和第五节，“不能再忍”的意思可能是不再能“留住”（即是抑制）内心随时爆发的强烈感受，也可能是再“抵受”不住外在环境造成的压力；也许两者都可包括在内，因为外在的环境（保罗被逼与帖城信徒分离，无从坚固他们的信心，又没有他们的消息）使内心的感受（挂念帖城信徒，亟欲再见到他们）更为强烈。“不能再忍下去”（新译）的结果就是“不能再等下去”（现中）：保罗和西拉“愿意”（即是“乐意”，见二 8 注释）独自留在雅典，打发提摩太回去探望帖城信徒；在此“愿意”含有“决定”（现中、新译、当圣；参思高：“决意”）的意思。

三 2 “打发我们的兄弟在基督福音上作神执事的提摩太前去” “打发”的主事词是“我们”，即是保罗和西拉；提摩太是保罗的“副官”（参一 1 注释），因此差派他回去探望帖城信徒大概是保罗的建议（参 5 节），而西拉则表示赞同。保罗在其他书信中另外提及他所“打发”或计划打发的同工，包括提摩太（林前四 17；腓二 19、23）、以巴弗提（腓二 25、28）、推基古（弗六 22；西四 8；提后四 12；多三 12）、亚提马（多三 12）、没有记名的“几位弟兄”（林后九 3，十二 17）和“那位兄弟”（林后十二 18），以及由教会举荐把捐资送到耶路撒冷教会去的哥林多信徒（林前十六 3）；此外，他又把阿尼西母“打发……回”腓利门那里（门 11）。[72] 这种字眼提示，保罗对这些人是有某程度的权柄的。另一方面，我们发

---

[70] 二字分别为：*stegō*，*stegē*. Cf. W. Kasch, *TDNT* VII 585 - 587, *TDNTA* 1073.

[71] Cf. MM 587 *b* (s.v. *stegō*); Lightfoot 40.

[72] 在上述经文中，林后十二 17 及提后四 12 用 *apostellō*，林后十二 18 用 *synapostello*，门 11 用 *anapempō*，其余皆用 *pempō*.

现保罗"劝"或"请求"(思高)提多往哥林多去,把捐资的事情办妥(林后八 6,十二 18),又"再三地劝"或"多次请求"(思高)亚波罗到哥林多人那里去,但为亚波罗所拒(林前十六 12)。

"兄弟提摩太"一语在保罗书信出现三次(林后一 1;西一 1;门 1),但"我们的兄弟提摩太"则只见本节(及来十三 23)。有释经者认为"兄弟"在此不仅是"基督徒同道",而是有"传道同工"之意;较准确的讲法,是说保罗用了通常指"基督徒同道"的"弟兄"一词来称呼他的同工。[73]这显示保罗感到与提摩太在主内情同手足,也反映了他的谦卑:虽然他显然是宣教队伍的领袖(参徒十五 40,十六 1～3),提摩太更是他在福音上所生的儿子(林前四 17;提前一 2、18),他还是把提摩太与自己(及西拉)列为同等。他更进一步称提摩太为"作神执事的"(参思高:"作天主仆人的")。这双重的称谓都有强调提摩太的身份的作用;保罗这样做,大抵是因提摩太起初在建立帖城教会一事上所扮演的角色并不显著(徒十七 1、4、10 只提到"保罗和西拉",14～15 才提到"西拉和提摩太"),保罗恐怕帖城信徒会认为他并不是个重要的使者,故此刻意强调他的身份。

不过,虽然"作神执事的"这说法有较强的抄本外证支持,但原来的说法较可能是"作神同工的"(和合小字),因为后面这个说法最能解释其他异文的出现,但若原文实在是"作神执事的",这说法很不可能会被改成——"作神同工的"。[74] "作神同工的"这话有两种解释:"与我一同作上帝工人的"(当圣,参现中:"我们的同工,为上帝……"),或"和上帝同工的"(新译)。[75] 后者才是正确的看法,理由如下:(一)此词组在抄本中呈现的多种异文——"作神执事的"、"作神的执事和同工的"、"作神的执事和我们同工的"等等——无非是要除去或缓和"与神同工的"这种大胆的讲法,这表示对有关的抄者来说,此词组的意思显然是"与

---

[73] 分别见:Moore 52; Henneken 22 - 23 及 Marshall 90 (against E. E. Ellis).

[74] 详见 Metzger 631; cf. Whiteley 51 - 52; Best 132 - 133; Bruce 59; Henneken 20. 二词在原文分别为:*diakonon tou theou*, *synergon tou theou*. F. W. Beare (*IDB* IV 625 *a*)则基于外证而接受前者为原来的说法。

[75] 分别见:Grayston 77 及 Ellicott 38 a; Lightfoot 41; Frame 127; Henneken 23 - 24; Bruce 61; Marshall 91; Collins 180 - 181.

神同工的"而不是"与我们一起为神作工的"。(二)"同工"这名词的原文[76]在新约另外出现十二次,除了一次外(约叁 8),其余的都在保罗书信内,其中七次提到"我的同工"(单数:罗十六 21;腓二 25;复数:罗十六 3;腓四 3;门 24)或"我们的同工"(单数:罗十六 9;门 1),其意思显然是"与我/我们同工的";因此,当他用同样的原文结构说"神的同工"时(本节及林前三 9),他的意思乃是"与神同工的"。[77]

提摩太与神同工是"在基督的福音上"(新译);这是信上第五次(亦是最后一次)提到福音。"基督的福音"与"神的福音"(二 2、8、9)及"我们的福音"(一 5)在实质上并无分别;但这些不同的称谓提醒我们,保罗所传的福音有以神为中心的一面,亦有以基督为中心的一面,二者在神藉基督的死和复活救赎世界的计划上融合为一。[78] 不少释经者认为"基督的"一词的意思,是指基督同时是福音的内容及来源(创始者),或除了是福音的内容及来源外,也是福音的宣讲者及使福音成为有效的。[79] 不过,将"基督的"解为"关于基督的"似乎较符合"基督的福音"一词在保罗书信一般的用法(此点见冯:"腓立比书"172 - 173)。[80] "在基督福音上"的意思,即是在"传扬基督的福音"(当圣)的事工上;从下文可见,这工作不单是向未信的人传福音,也包括用福音的真理劝慰和坚固信徒。提摩太获得"神的同工"这崇高的地位,就是因为他从事这种工作。

“坚固你们,并在你们所信的道上劝慰你们” 这是提摩太被打发回帖城去的目的。"坚固"一词的原文在新约共出现十三次,除了两次外,一贯的意思都是"坚固"(例外是路九 51,十六 26;但前者的"定意"

---

[76] *synergos*.

[77] Cf. *ho synergos/hoi synergoi mou*, *ho synergos hemon and ho synergos/hoi synergoi theou*. 林后一 24 虽然用了基本相同的结构,但 *synergoi tes charas hymōn* 的意思显然不可能是"与你们的喜乐同工的",而是"跟你们同工合作,为要使你们有喜乐"(现中)。林后八 23 及西四 11 则用了一个完全不同的结构:*synergos/synergoi eis* ...

[78] Beker, *Paul* 8.

[79] 分别见:Marshall 91; Collins 294; G. Friedrich, *TDNT* II 731, *TDNTA* 271; W. Grundmann, *TDNT* IX 543, *TDNTA* 1330 及 Henneken 26 - 27. Morris III 1821 *a* 则认为福音称为"基督的",是因它来自基督代赎之死。

[80] *tou Christou* = objective genitive, of content (cf. Keck, *Paul* 32 - 33).

直译为“坚固他的面”);同字根的名词[81]只用了一次,指在信仰上“坚固的地步”(彼后三 17)或“稳固的立场”(现中)。在动词方面,“坚固”有四次指人的行动——彼得(路廿二 32)、提摩太(本节)及信徒(雅五 8;启三 2);但有六次是指神(三 13;罗一 11,十六 25;彼前五 10)、主耶稣(帖后三 3)或二者一起(帖后二 17)的行动;另一次则没有明说是谁的行动(彼后一 12)。这现象提示我们,神或基督可以亲自或使用别人来坚固信徒,但信徒亦有责任坚固自己;无论如何,神的旨意是要信徒的“心”,即是他们整个内在的生命得以坚固(三 13;雅五 8),要他们“在一切善行善言上”(帖后二 17)并在他们“已有的真道上”(彼后一 12)得到坚固。就本节而论,“坚固你们”的主要意思就是使帖城信徒不致被诸般患难摇动,在逼迫中仍然坚持他们的信心(3、5 节,参帖后一 4)。

“在你们所信的道上”一语中的介系词有两种解释:(一)“为了(你们所信的道)的缘故”,此语的意思即是为要建立和促进你们的信心;(二)“关于(你们所信的道)”,即是指出提摩太的劝慰是关乎帖城信徒的信心的。[82] 由于随后的一句(即 3 节上半)是解释本句的(见该处注释),第二个解释似乎较为可取。一些中译本将此语看为同时形容“坚固你们”及“劝慰”等字,而得出“在你们的信仰上坚定你们,劝慰你们”(新译)、“在信德上坚固鼓励你们”(思高)或“坚固和帮助你们的信心”(现中)等意思。但和合本的译法可能较符合原文的意思,因为“坚固你们”本身已是一个完整的思想(帖后三 3;罗十六 25;彼前五 10;参徒十八 23;路廿二 32),而且这里的两个动词在后书二章十七节以相反次序再次出现时,显然是分开来用的。不过,虽然从文法角度来说“在你们所信的道上劝慰你们”应与“坚固你们”分开,但在意思上二者是密切相关的:在后的一句(按经文次序)表达了“坚固你们”的方法,或是“坚固”的行动中特别的一面。“劝慰”在原文与“劝勉”(二 12)相同(见二 3 注释);这译法(新译同)正确地将原文视为在此包含“安慰”及“劝勉”两个

---

[81] 原文分别为:*stērizō*, *stērigmos*.

[82] (1) *hyper* = ‘for the sake of’: Ellicott 39 a; Lightfoot 41; Best 134; (2) *hyper* = *peri*: Robertson, *Pictures* 4.47; Frame 127; Idiom 65; MHT 3.270; H. Riesen-feld, *TDNT* VIII 514. Cf. MM 651 *b* (s.v.).

意思,“鼓励”(思高、当圣)这译法正确地将重点放在劝勉的一面,但“帮助”(现中)则仅是一种意译。

三3 “免得有人被诸般患难摇动” “免得”(新译同)这种译法(参思高:“不叫”;现中:“使……不会”)将原文词组看为相等于该词组之前加上介系词,其功用是表达“坚固你们”的目的;[83]另一个看法将原文词组看为表达第二节全节所引致的结果,得出的意思也是差不多。[84] 较佳的看法,是认为此句乃直接附属于上文不限定格动词“劝慰”的受事词,它解释和指出了劝勉的内容,而词组开首的冠词的作用,就是使随后的不限定格动词“动摇”更像一个名词;[85]新约多处其他地方(主要为保罗书信)都有原文结构这种用法(即是作为动词的受事词)的例子(太二十23;徒四18,廿五11;罗十四13;林前十四39;林后二1,十2;腓二6,四10),[86]有力地支持了上述的解释。换言之,提摩太对帖城信徒的劝勉就是:“任何人都不要……”。

“被诸般患难”的原文[87]直译是“在这些困苦中”(思高)。“患难”(关于此词的字义见一6注释)在此主要指“受迫害”(现中);“这些患难”所指的不仅是保罗自己所遭遇的苦难,[88]而是保罗与帖城信徒最近在帖城一同经历的苦难,以及他们分别在哥林多(7节)和帖城继续遭遇到的困难,不过重点是在帖城信徒过于在保罗的身上。[89] “在”字的原文亦可译为“被”,[90]哪一个译法较为可取则视乎我们对随后的动词如何解释而定。“摇动”(现中:“退缩”)一词的原文(在新约只见此处)原指犬只向人“摇尾”乞怜,从而获得“谄媚”“诱骗”之意;按这个意思来

---

[83] 即是将 *to mēdena sainesthai* 看为相等于 *eis to mēdena sainesthai*: Idiom 140; Bruce 59. Frame 128 及 F. Lang(*TDNT* VII 55 n.4)分别提出另外两种对原文结构的了解与此不同、但要旨仍然相同的解释。

[84] Lightfoot 41 - 42 ('Translate "to the end that"').

[85] Ellicott 39; cf. Robertson, *Pictures* 4.25 ('epexegetical articular infinitive in accusative case of general reference').

[86] 原文结构作名词用的例子还有:太十五20;可九10,十二33;罗四13,七18,十三8;林前七26,十一6;林后七11,八10、11,九1;腓一24;来十31。Cf. MHT 3.140 - 141.

[87] *en tais thlipsesin tautais*.

[88] Veldkamp 64 with n.

[89] Cf. Ellicott 40 *a*; Lightfoot 42; Moore 53; Marshall 91 - 92. Malherbe (*Paul* 65)认为所指的是保罗因被逼与帖城信徒分离而感受的痛苦。但这解释与文理(3b~4节)不符。

[90] *en* with dative = 'by' (RV, RSV, NASB, NIV).

解释,保罗就是恐怕帖城信徒会在他们所遭遇的患难中(参新译)被犹太人诱惑(放弃信仰便可免受逼迫)而离开正路。[91] 对保罗来说这是一种"骗诱",因为如此免受逼迫,所付的代价就是失去永远的救恩。这解释符合文理,尤其是与第五节"恐怕那诱惑人的到底诱惑了你们"那句话吻合。虽然如此,可能"受到动摇"(思高)才是原文的意思,理由如下:(一)早期的拉丁文译本及希腊语的释经者(教父)一致将原文那个动词解为"被摇动"。(二)1941 年于开罗附近发现的一份蒲草纸文献,记载了教父俄利根和赫拉克利底斯主教的对话,[92]其中俄利根于结束一次的谈话时说:"一切曾烦扰我们的信仰问题都探讨过了",他所用的"烦扰"一词,[93]正是在讨论中的动词的主动语态格式。这清楚表示此动词可以解为"被摇动"。(三)三世纪的希腊主教赫西基乌斯亦将此动词诠译为"被摇(移)动、受困惑、被搅扰"等意思。[94] (四)"被摇动"与上文"坚固你们"及下文"你们若……站立得稳"(8 节)构成非常合适的对比,也是较显易的意思。[95] 因此,我们接受"任何人都不要被这些患难摇动"为原文正确的意思和译法。

"因为你们自己知道我们受患难原是命定的" 本句提出一项重要的理由来支持上一句的劝勉:任何人都不要被这些患难摇动,因为"我们是注定要受苦的"(思高)。值得留意的一点,是本句和下一节是保罗在忆述提摩太重访帖城信徒的始末当中,直接向帖城信徒说的话,因此有直接劝勉的作用,好像保罗在提摩太完成了他的使命之后,还要不厌其详地再次强调上一句的劝勉似的。"命定"或"注定"一词的原文[96]在新约共出现二十四次(保罗书信占了五次),大多数(十七次)是用于其字面意思上,指斧头"放"在树根上(太三 10;路三 9)、城"建"在山上(太五 14,新译、思高)、田产"积存"在仓房里(路十二 19)、婴孩耶稣"卧"在

---

[91] Cf. MM 567 *b* (s.v. *sainō*); Lightfoot 42; Frame 128; Neil 64; Morris II 101.

[92] Published in 1949 as Origen's *Dialogue with Heraclides* (Bammel, 'Preparation' 93).

[93] *esēnen*.

[94] Hesychius: '*sainetai*: *kineitai*, *saleuetai*, *tarattetai*'.

[95] 这些理由见:F. Lang, *TDNT* VII 55 - 56, *TDNTA* 994 - 995; cf. Whiteley 52; Best 135; Marshall 91; Bruce 62.

[96] *keimai keisthai serves as a quasi-passive of tithenai* (Bruce 59).

马槽里（路二 12、16）、在迦拿婚筵的现场“放着”六口石缸（约二 6，思高）、在耶稣钉十字架的地方有一个盛满了醋的器皿“放在”那里（约十九 29）、在主的身体“安放”的地方天使向妇女报信（太廿八 6；约二十 12；参路廿三 53）、彼得看见在耶稣的坟墓里细麻布和裹头巾不是“放在”一起的（约二十 5、6、7）、打鱼回来的门徒看见岸上“放着”一堆炭火（约廿一 9，思高）、约翰在异象中看见有宝座“安置”在天上（启四 2），从天而降的圣城“是”（直译为“卧着”）四方的（启廿一 16）。此外，这词亦用来指全世界都“伏在”那恶者的手下（约壹五 19）、律法不是为义人“设立”的（提前一 9）、犹太人读旧约时有帕子“盖在”他们的心上（林后三 15，思高）、基督是那已“立”好的根基，此外无人能另“立”根基（林前三 11）、耶稣“被立”是要叫以色列中多人跌倒，多人兴起，并要作毁谤的话柄（路二 34）、保罗是为着护卫福音而“被立”的（腓一 16）。

最后两节原文所用的结构与本节相同，这结构的意思是“被指派要……”。[97]“我们受患难原是命定的”直译是“为此我们被指派”：就如保罗是“派来为福音辩护的”（腓一 16，新译），护卫福音是他从神领受的使命，照样所有信徒（“我们”在此包括保罗和同工、帖城信徒及所有其他信徒）是被指派要受苦的。保罗自承特别负有为教会受苦的使命（西一 24），但他一再表明，苦难也是信徒“所必须经历的”（现中；参徒十四 22，该节与本章二至三节用了一些相同〔或同字根〕的词藻）：因为在我们所蒙的恩里面，“信服基督”与“为他受苦”是分不开的（腓一 29。关于使徒及信徒与基督“一同受苦”的意思，可参冯：“腓立比书”368－370）。保罗说这方面的真理是帖城信徒“自己知道”的，[98]这话的解释在下一节。

三 4　“我们在你们那里的时候预先告诉你们，我们必受患难”　本节开首在原文有“因为”一词（参思高），[99]这个“因为”重复了上一句的“因为”，进一步解释了帖城信徒为什么不应“被这些患难摇动”，亦同

---

[97] *keisthai esi* = ‘to be appointed [to/for] ’(F. Büchsel, *TDNT* III 654).

[98] “自己”在原文是强调的代名词 *autoi*，这词在此意思可能是“实在、事实上”(‘actually’: cf. Adamson, *James* 111－112).

[99] *kai gar* — ‘*gar* introducing the reason, *kai* throwing stress upon it’ (Ellicott 40*b*).

时解释了“你们自己知道”那句话。“在你们那里”(新译同)较贴近原文的译法是“跟你们在一起”。[100] “预先告诉”(现中同)原文用的是过去未完成时式的动词,[101]表示保罗和同工曾不止一次向帖城信徒预告(思高):“我们必受患难”,也许同时反映他们和帖城信徒在该段时间内不止一次受到不信者的攻击。

在“我们必受患难”一句里面,“我们”与上一节的“我们”有同样概括性的意思,指所有信主的人。“必”字的原文[102]本身是个动词,可解为“将会”、“即将要”、“注定要”等意思。这词在新约共用了一百零九次;保罗书信占了十四次,除了三次(本节;罗四 24,八 13)以动词的格式出现外,其余十一次皆以分词的形式出现。在保罗的用法里,这词通常的意思是“将要”,如在“将来得算为义的人”(罗四 24)、“以后要信他、接受永恒生命的人”(提前一 16,现中)、“为将来建立坚固的根基”(提前六 19,现中)、“将来的事”(罗八 38;林前三 22;西二 17,现中)、“来世”(弗一 21)、“来生”(提前四 8)等词语中。但若所提及的是按照神的旨意和命定发生的事,这词便获得“必会”的意思,如在“将来要向我们显出的荣耀”(罗八 18)、“那要来的信的道理”(加三 23,新译)、“将要审判活人死人的基督耶稣”(提后四 1,新译)等词语,以及在下列经文中:“亚当是那以后要来之人的预像”(罗五 14);“如果随着肉体而活,你们必定死”(罗八 13,新译);“我们必受患难”(本节)——因为这是神所命定的(3 节)。

“受患难”的原文动词[103]在新约共出现十次,保罗书信占了七次。这词主动语态的字面意思是“挤压”,如在“免得人群拥挤他”(可三 9,现中)一句中;其譬喻性的意思是“将患难加给”(帖后一 6)。其余八次皆为被动语态,且都是用在譬喻性的意思上:一次指引到永生的路是“狭〔新译、思高〕小〔和合〕难走〔现中〕”的(太七 14),另外七次指一些需要救济的“困苦的人”(提前五 10,新译)、因信而受患难的无名英雄

---

[100] *pros hymas*(亦见于帖后二 5,三 10)。*pros* + accusative = ‘with’(of‘position’):*Idiom* 53; M.J. Harris, *NIDNTT* III 1204. 参可六 3;约一 1、2;及比较下面注 121。

[101] *proelegomen*. *prolegō* 在新约的用法,详见四 6 注释。

[102] *mellō*.

[103] *thlibo*.

(来十一 37),以及保罗和同工“受患难”、“四面受压”、“周围遭患难”(林后一 6,四 8,七 5)[104]的经历、帖城信徒受患难的经历(帖后一 7)和所有信徒“必受患难”的命运(本节)。在此原文所用的现在时式表示,“受患难”不是一次过的事情,而是信徒不断的、重复的、经常的,甚至可说是正常的情况。这不仅是保罗的教训(参提后三 12),也是使徒时代整个教会的教训(参约十五 18～20;来十三 13;雅五 10～11;彼前四 12～13;约壹三 13)。

“以后果然应验了,你们也知道” 本句原文开首有“正如”[105]一词(参一 5b 注释),表明了其后事情的“发生”(现中、思高)是一如保罗所预言的。“正如……你们……知道”重复了二章二节、五节(及一章五节)同一句话,这提示我们,保罗在此的用意不单是以“你们所经历的是我们早已预告的”这事实来鼓励帖城信徒,也是同时以此事实驳斥犹太人的巧言欺哄:后者说,帖城信徒所受的患难证明他们所领受的福音是一种“错误”(二 3),但保罗反驳说,他和同工早就预告帖城信徒必会受患难,以后果然应验了,这事实正好说明,他们所领受的实在是神的道(二 13)。[106]

三 5 “为此,我既不能再忍,就打发人去,要晓得你们的信心如何” “为此”可能指随后的一句(我打发人去,因我不能再忍),但较可能是指上文提出的事实(参二 13 注释):由于他曾预言的苦难已发生在帖城信徒身上。[107] “我”在原文是“我也”,[108]这“也”字可像二章十三节“我们也”的“也”字那样解释(见该处注释,连注 7、8),得出的意思是:“我打发人去,正是为了这个缘故。”“我”字在原文是强调格式的代名词;这里从第一节的“我们”转为单数的“我”,就像二章十八节从“我们”转为“我保罗”一样,突出了保罗个人在这事上的参与;保罗如此强调他自己所扮演的角色,是因为犹太人的毁谤是特别针对他的。就事实而论,保罗第二次的布道旅程是他自己计划的,他也是宣教队伍的领袖,

---

[104] 后二节在原文用了同一个结构:*en panti thlibomenoi*.

[105] *kathōs*.

[106] Cf. Frame 124,128－129.

[107] 分别见:Bruce 63; Ellicott 41 *a*.

[108] *kagō* = *kai egō*.

因此打发提摩太回帖城去很可能是保罗的主意(不过西拉也表示赞同,参 1 节),这显著的角色在这里由"我"字表明了出来。[109]

"不能再忍"和"打发"(原文并无"人"字)重复了一节和二节相同的字眼(只是由复数改为单数;见该处注释)。这里补充了打发提摩太重访帖城信徒的初步目的(第二节则表明至终的目的):"要知道你们的信心(到底怎样)"(现中)。原文所用的"知道"一词,在本书和后书只用了这一次(见一 4 注释之注 59),在此指透过亲身接触和实地观察而得的知识(参思高:"探悉");所用的过去时式亦与此意思相符。[110] 这是"你们的信心"一语在本章出现五次中的第二次(参 2、6、7、10 节),原文"信"字所指的不是帖城信徒"所信之事",[111]而是他们的"信心"(现中、新译同;参一 8 及该处注释)。

"恐怕那诱惑人的到底诱惑了你们,叫我们的劳苦归于徒然" "恐怕"正确地译出了原文结构的意思。[112] "那诱惑人的"或"那试探人的"(新译)指魔鬼,亦即撒但(比较太四 1、3;可一 13;路四 2;亦参二 18 注释);它一方面阻挠保罗和同工重访帖城的计划,另一方面对帖城信徒施行诱惑,要他们离弃真道,放弃他们的信仰。"诱惑"一词的原文[113]在新约共出现三十八次,保罗书信占了七次;这词有三次的意思是"想要",即是"设法"或"企图"(徒九 26,廿四 6,思高;十六 7),另有六次是"察验"(林后十三 5,新译)、"试验"(约六 6;来十一 17;启二 2)或"试炼"(启二 10,三 10),还有九次指耶稣的敌人"试探"他,即是存着"陷害"(现中)的意图向耶稣问难(太十六 1,十九 3,廿二 18、35;可八 11,十 2,十二 15;路十一 16;约八 6),以及四次指"试探"神(徒十五 10;林前十 9;来三 8)或圣灵(徒五 9)。其余的十六次皆为"试探"(即是诱之犯罪)之意:耶稣在公开传道之先曾在旷野受魔鬼的试探(太四 1、3;可一 13;路四 2),他在世为人时亦曾凡事受过试探,因此他能搭救被试探

---

[109] C. Lecompte (as reported in *NTA* §27 [1983]-446)则认为本节及五 27 的"我"是西拉,不是保罗。

[110] *gnōnai* (aorist) = 'to come to know' (Burdick, '*Oida* and *Ginōsko*' 353).

[111] *fides quae creditur* (Bammel, 'Preparation' 92 n.3).

[112] *mē pōs* (with *phoboumenos* understood):参罗十一 21;加四 11。

[113] *peirazō*.

的人（来四 15，二 18〔二次〕）；神不试探人（雅一 13b），人受试探（林前十 13；加六 1；雅一 13a〔两次〕）乃是被自己的私欲所诱惑（雅一 14），也是被撒但所引诱（林前七 5；帖前本节〔两次〕）。撒但引诱帖城信徒离弃福音的方法，主要不是叫他们被保罗的经历（从一城被逐到另一城）吓倒，[114]而是利用他们自己所遭受的逼迫患难（一 6，二 14，三 3～4；帖后一 4～6），要使他们半途而废。

保罗所惧怕的有两方面：（一）撒但诱惑帖城信徒的行动——“到底诱惑了你们”。原文所用的结构[115]表示所指的乃是已成为过去的事，就是说，不论撒但有或没有诱惑帖城信徒，在保罗写此信时这都是属于过去的；“诱惑”一词在此的含意，是“成功地诱惑了”，而保罗的恐惧就是这行动实在已经发生。（二）这行动对宣教士的意义——“叫我们的劳苦归于徒然”。原文所用的结构[116]表示所指的是属于将来的，就是说，宣教士的劳苦会否显出为、证实为徒然，在保罗写信时仍是未知之数，要等提摩太回到帖城信徒那里才可以知晓；而保罗的恐惧就是提摩太可能发现帖城信徒实在离弃了真道，宣教士的劳苦“也就”（“叫”字原文直译）归于徒然。[117] 关于“劳苦”一词，见一章三节及二章九节注释；这词在此主要指传道事工方面的劳苦，但不必排除保罗因自食其力而付出的劳碌工作。“徒然”一词已在二章一节出现过（参该处注释），这里的意思是“没有效果”：徒然劳苦（加四 11）及“徒然奔跑”（加二 2）与“没有空跑，也没有徒劳”（腓二 16）相对，二者分别表达了保罗对他一生的恐惧和目标。[118] 本节（及刚引用的三节经文）一方面表达了由于认识使命

---

[114] W. Foerster, *TDNT* VII 161.

[115] *me pos* + indicative (*epeirasen*).

[116] *mē pōs* + subjunctive (*genētai*).

[117] 这种结构和意义上的分别，亦见于加二 2（参冯：“真理与自由”99 注 380）。见：Robertson, *Pictures* 4.26; Zerwick 344; MHT 3.99; BDF 370(2). 现代中文译本于本节所表达的肯定语气——“我不相信魔鬼已经迷惑了你们，而我们的工作落了空！”——跟原文结构所表达的恐惧与焦虑大不相符。

[118] *eis kenon*（本节；林后六 1；加二 2；腓二 16〔两次〕；参赛六十五 23，七十士译本）的同义词除了 *eikēi*（加四 11，三 4〔两次〕；罗十三 4；林前十五 2；西二 18；参太五 22）还有 *eis matēn*（诗一二七〔七十士译本；马索拉抄本一二六〕1）和 *kenōs*（赛四十九 4，七十士译本）。Radl（‘Alle Mühe umsonst?’, esp. 146 - 149）指出，保罗提及他的使徒工作“归于徒然”的时候，所用的词藻是受了七十士译本赛四十九 4 的影响。

之艰巨而来的强烈责任感,同时也反映着对神恩典的大能的强烈信念,即是在正常情况之下,“为主工作绝不会是徒然的”(林前十五 58,现中)。[119]

还有一点值得留意:虽然神对帖城信徒的拣选已经透过使徒的宣讲和人的相信而达成(一 5～6),保罗也知道帖城信徒是蒙拣选的(一 4;我们可以假定这“知识”是保罗仍与帖城信徒在一起时便有,而不必等保罗写此信时回顾之下才有的),但他仍然深感需要“打发人去,……恐怕……我们的劳苦归于徒然”。这就提示我们,神的拣选和人的努力(帖城信徒要坚守所信,不为患难所摇动;保罗要差提摩太去坚固、劝慰他们)绝非互相排斥的:尽管神的拣选是先决条件,人的回应和其后的努力也是不可少的(参四 1 注释末段;腓二 12～13,及冯:“腓立比书”270－277)。耶稣不是早就说过,唯有坚持到底的人才能得救么(太十 22,廿四 13;可十三 13)?

(III) 提摩太的报告(三 6～10)

6 但提摩太刚才从你们那里回来,将你们信心和爱心的好消息报给我们,又说你们常常记念我们,切切地想见我们,如同我们想见你们一样。

7 所以弟兄们,我们在一切困苦患难之中,因着你们的信心就得了安慰。

8 你们若靠主站立得稳,我们就活了。

9 我们在神面前,因着你们甚是喜乐,为这一切喜乐,可用何等的感谢为你们报答神呢?

10 我们昼夜切切地祈求,要见你们的面,补满你们信心的不足。

三 6 “但提摩太刚才从你们那里回来,将你们信心和爱心的好消息报给我们” “但”字有转折作用:保罗在上一段(三 1～5)解释完提摩太如何被打发回帖城去,现在(三 6～10)转而描写提摩太的报告所

[119] Cf. A. Oepke, *TDNT* III 660, *TDNTA* 426－427.

带来的反应。译为"刚才"的副词在新约共用了三十六次,保罗书信占三分之一;在保罗的用法里,这字的意思大多数是"现在"(与过去相对:加一 9、10;与未来相对:林前十六 7;帖后二 7;与终极的将来相对:林前十三 12〔两次〕),包括一次作形容词用(林前四 11),三次用于"(直)到如今"一语中(林前四 13,八 7,十五 6),但有一次的意思是"此刻"(加四 20;参太三 15,廿六 53;约十三 37),而在本节的意思则是"刚才"(参太九 18)。[120] 这表示提摩太回来后不久,保罗便写此信(甚或提摩太一回来报告行程后,保罗便立即写信)。"回来"在原文作"回到我们这里"(思高);[121]倘若西拉从马其顿回来的时间比提摩太早(参徒十八 5),"我们"所指的可能就是保罗和西拉,如在第一节一样;但若西拉还未回来,所指的就是保罗和哥林多的信徒。前者较为可取,因为下一节的"我们"不大可能是指保罗和哥林多人,而显然是指保罗和他的同工。

"将……好消息报给"在原文是一个字,这字在新约共用了五十四次,保罗书信占二十一次,除本节外,其余二十次皆为"传福音"的意思。[122] 有释经者认为,这词在本节也不是完全属世俗的用法,因为"福音"在广义上可包括基督在信徒身上显明为大能救主的好消息,这种消息可引致未信主的人相信他,及使信徒更加坚信和感恩;故此提摩太带来有关帖城信徒信心和爱心的好消息,确是一种"传福音"的行动。[123] 但较简单和自然的解释,是把本节这词看为非专门性用法的一个例子,其意思不是"传福音",而是"报好信息"(如在路一 19)。

"信心"和"爱心"在保罗书信中经常一起出现:除了在"信、爱、望"

---

[120] Cf. Thayer 75 (s.v. *arti*); BAGD 110 (s.v.); Collins 221 n.66.

[121] *elthontos ... pros hēmas*.介系词 *pros* 在此(如在太廿六 57)有其基本的空间性意思,指动向或方向(M.J. Harris, *NIDNTT* III 1204).参较上面注 100。

[122] *euangelizō*.这字的主动语态在新约只出现两次(启十 7,十四 6)。在保罗书信的二十一次中,一次为被动语态(加一 11),二十次为关身语态(middle voice),后者显示了五种不同的结构:(一)单独用——罗十五 20;林前一 17,九 16(两次)、18;林后十 16;(二)with dative of person——罗一 15;林前十五 2;加一 8〔两次〕,四 13;(三)with accusative of person——加一 9、16;(四)with accusative of thing——罗十 15;加一 23;(五)with dative of person and accusative of thing(即是合并〔二〕及〔四〕)——林前十五 1;林后十一 7;弗二 17,三 8,帖前三 6。第六种结构(合并〔三〕和〔四〕)在新约只用了一次(徒十三 32;徒十七 18 其实与此不同,故不能计算在内)。

[123] Marshall 94 (with reference to C. Masson); Whiteley 53; cf. Best 139 - 140.

这个组合(一 3,五 8;林前十三 13;西一 4～5)外,还有在一些基督徒美德或相关的系列里(林后八 7;弗六 23;提前二 15,六 11;提后三 10;多二 2;参弗四 2～5;罗五 1～5),以及以"一双"的姿态出现(弗一 15;提前一 14;提后一 13;门 5)。有释经者认为保罗在本节故意使"爱"的意思模棱两可,不说明是帖城信徒彼此的爱或对神的爱。[124] 但后书一章三节同样提到帖城信徒的信心和爱心,而后者明指"你们众人彼此相爱的心",因此本节的"爱"可能是指同样的事情(参 12 节,一 3);保罗书信另一些与该节相似的经文(弗一 15;西一 4),以及"爱"字(名词及动词)在本书和后书的用法(见一 3 注释),都支持这个结论。在本段上述的经文中,爱心和信心好像是两项分开来的基督徒美德,但二者其实有不可分的关系:最佳的注释,就是"以爱的行动表现出来的信心"那句话(加五 6,现中;详参冯:"真理"302－307)。帖城信徒对神的信心,除了表达于他们在日常生活上忠于基督的见证外(见一 3 注释),亦可见于他们彼此相爱的行动(一 3,四 9),包括他们对宣教士的想念(本节下半)。

加尔文认为"信心和爱心"简洁地表达了"敬虔〔生活〕的总和";我们若不忘记二者的正确关系,这话是可被接受的。[125] 本节只提信心和爱心,没有同时提到盼望(比较一 3,五 8),并不是因为帖城信徒在盼望上比在信心和爱心上有更大的"不足"(10 节)之处,而可能是因为盼望其实是信心的一面,信心可说已包含盼望在内,故此虽然盼望是"信、爱、望"这个"三组合"的一部分,但保罗亦多次只提前两样而把后者省略不提(参弗一 15;提前一 14;提后一 13;门 5)。[126]

"又说你们常常记念我们,切切地想见我们,如同我们想见你们一样" 这是提摩太带回来的好消息的第二部分(首部分是他们的信心和爱心),也可以看为他们的"爱心"特别的一面。副词"常常"(参一 2 注释)在新约共用了四十一次,保罗书信占二十七次;在保罗的用法里,这

---

[124] Moore 55. Malherbe,(*Paul* 67)认为两者都不是,而是帖城信徒对保罗的爱。但本节的结构显然将帖城信徒的"信心和爱心"与他们对保罗及同工的"记念"分开。

[125] Calvin 354; cf. Best 140.

[126] Cf. Best 140; Marshall 94.因此我们不必认为,三 6 已暗示帖城信徒的主要问题(参四 13)是他们对主再来的信心已不复存在(Hyldahl,'Auferstehung Christi' 123).

词可放在所形容的动词或分词之前或之后，[127]因此在本节“常常”可形容“记念”或“切切地想”，不过解为“常常记念”似乎较为自然（参现中、新译、思高、当圣）。[128]“记念”在原文作“有好的记念”，这名词[129]在新约共用了七次，全部在保罗书信里，四次用在“（祷告时）提起”[130]一语中（罗一9；弗一16；帖前一12；门4），另外三次的意思是“想念”（腓一3；提后一3；本节）。鉴于“有”字有副词“常常”形容，这动词所指的是一种始于过去，至今仍然继续下去的行动；[131]换言之，自保罗和同工被逼离开帖城后，帖城信徒一直没有忘记他们，而是对他们有“好的记念”。

“好”字的原文在保罗书信共用了四十七次（新约共一〇二次），除了作名词用之外（廿四次；见五15注释），此字作形容词的用法显示了多种不同的意思：在外在“有用”的意义上，指“良善”（即本意是要使人得益）的诫命（罗七12），以及造就人的“好”话（弗四29）；在“有内在价值（尤指道德价值）”的意义上，指“待人有恩”的年轻妇女（多二5）、神在信徒生命中已开始的“善”工（腓一6）、他所赐的“美好”（即是真实可靠）的盼望（帖后二16）、“无亏/无愧”的良心（提前一5、19，和合/新译）、人（包括信徒）所行的“善”或“好”行为（〔单数：〕罗二7，九11，十三3；林后五10；九8；西一10；帖后二17；提前五10；提后二21，三17；多一16，三1；〔复数：〕弗二10；提前二10）、仆人应对主人显出“实在”的忠信（多二10，思高），以及帖城信徒对保罗和同工“仁慈”（太二十15，新译；参彼前二18）的记念（本节；留意这意思与多二5的“待人有恩”基本相同）。[132]所谓“仁慈的记念”，意思就是帖城信徒对保罗等人有美好愉快的回忆，他们不是想起那些宣教士便感到苦涩，因后者给他们带来很多

---

[127] *pantote* 在前——林后二14，四10，九8；腓一20，二12；西一3，四12；帖前四17，五15、16；提后三7。在后——林前一4，十五58；林后五6；加四18；弗五20；腓四4；帖前一2，二16；帖后一3、11，二13；门4。缺动词——西四6。受争议的——罗一10（可能是在后）；腓一4（可能是在前）。

[128] Also AV, RV, RSV, NEB, NASB, NIV.

[129] *mneia*.

[130] *mneian poieisthai*.

[131] Frame 132; cf. *Moods and Tenses* 17 ('the present of past action still in progress').

[132] Cf. Thayer 2-3 (s.v. *agathos*); BAGD 2-3 (s.v.).

麻烦,而是怀着喜乐的心、友善的态度以及亲切的感情来记念他们。[133]

"切切地想"在原文是个复合动词,[134]这词在保罗书信出现七次(新约另外两次:雅四 5;彼前二 2),分别指信徒"切望"得到那从天上来的住处(林后五 2,思高)、接受哥林多信徒捐资济助的贫穷圣徒"切切地想念"他们(林后九 14)、以巴弗提"很想念"腓立比人(腓二 26)、保罗也"切切地想念"他们(腓一 8)、"切切地想"见罗马人(罗一 11)和提摩太(提后一 4),以及帖城信徒"切切地想"见保罗和同工(本节)。保罗又用同字根的形容词称呼腓立比人为他"所想念"的弟兄(腓四 1),及同字根的另两个名词分别指他多年来要走访罗马的强烈"心愿"(罗十五 23,思高)和哥林多人向他的"想念"(林后七 7、11)。[135] 由此可见,这组字汇最常用来指保罗对信徒的想念及信徒对保罗的想念;本节独特处是在于最后一句的"如同"一词(见二 11 注释)指出了一种彼此渴望相见的现象。

"有好消息从远方来〔那里有自己的亲人〕,就如拿凉水给口渴的人喝"(箴廿五 25);提摩太带回来的好消息,消除了保罗的恐惧和焦虑(3、5 节),使他大得安慰、振奋和喜乐(7～9 节)。从下文可见,最使保罗得到安慰和鼓励的,是这个好消息的第一部分(本节上半),第二部分(本节下半)则可说有锦上添花的作用,也是保罗"甚是喜乐"(10 节)的部分原因。

三 7 "所以弟兄们,我们在一切困苦患难之中,因着你们的信心就得了安慰" "所以"原文作"为此"(思高;参 5 节,见二 13 注释);"此"所指的就是上一节提出的事实——提摩太从帖城信徒那里带了好消息回来。[136] 这是保罗在信上第六次直接称呼读者为"弟兄们"(参一 4

---

[133] Cf. Moore 56; Bruce 66; Marshall 95. Malherbe (*Paul* 67 - 68)则解为帖城信徒继续以保罗为他们的教师,渴望再见到他,并记得他的教训和榜样。

[134] *epipotheō*.

[135] 这三个字依次为:*epipothētos*, *epipothia*, *epipothēsis*.

[136] 由于 *dia touto* 这短语在保罗书信另外的二十一次(见二 13 注释连同注 10)都是在一句的开端出现——在此语之前有一两个小字的只有帖后二 11、提前一 16 及门 15 三处地方——上一节(帖前三 6:此节在原文并不是独立的主句,也缺少主句应有的动词)可能是一句没有完成的句子(Best 141; Moore 56;留意 RSV 在本节开首的破折号)。若把上一节看为附属本节主句的子句(*elthontos* ... *kai euangelisamenou* ... *dia touto pareklēthēmen*),则可见前面两个分词(genitive absolutes)不仅是指出时间的 temporal participles,更是指出原因的 causal participles,而 *dia touto* 则把两个分词综合起来。

注释);上下文表明保罗和帖城信徒的命运是相关的,因此这称号在这里特别显得有意义。"我们"指保罗和他的同工;"得了安慰"(新译同;参思高、当圣)的原文亦可翻译成"得到了鼓励"(现中;见二3注释),不过前者比后者更符合"在一切困苦患难之中"这句话。[137] 这里的"患难"即是第三节"这些患难"中属于保罗和同工的那部分。"困苦"一词的原文[138]在保罗书信出现九次,新约共十七次,其中十二次的意思是"必须",[139]另外五次的意思是"灾难"或"困苦",分别指耶稣预言要临到犹太地的大灾难(路廿一23)、信徒所经历的"现今的艰难"(林前七26),尤其是使徒保罗及其同工不断遭受的"急难"(林后十二10)、穷乏(林后六4)和"困苦"(本节)。本节这两个词,有释经者认为可以这样区分:"困苦"特别指缺乏身体所需之物,"患难"则指逼迫以及一般来自外面的痛苦。[140] 但新约的证据并不支持这种严格的区分;而且这两个字在哥林多后书六章四节再次一起出现,这现象亦见于七十士译本的约伯记十五章二十四节、诗篇二十四(马索拉抄本二十五)篇十七节、一一八(一一九)篇一四三节,以及西番雅书一章十五节,表示二字是连着使用的一对。[141] 因此,"困苦"与"患难"可视为几乎同义。[142]

---

[137] Cf. O. Schmitz, *TDNT* V 794,797; G. Braumann, *NIDNTT* I 571.

[138] *anankē*.

[139] 太十八7;罗十三5;林前九16;来九16、23;(*echein anankēn*:)路十四18;林前七37;来七27;犹3;(*ex anankēs*:)林后九7;来七12;(*kata anankēn*:)门14。

[140] Lightfoot 45; Frame 133; Neil 68.

[141] *anankē kai thlipsis*(本节;伯十五24,七十士译本);*thlipsis kai anankē*(诗一一八143及番一15,七十士译本);*en thlipsesin, en anankais*(林后六4);*hai thlipseis ... tōn anankōn*(诗廿四17,七十士译本)。

[142] H. Schlier, *TDNT* III 146; R. Morgenthaler, *NIDNTT* II 664. 中译本对这二字译法上的不一致,也反映将二字严格区分的困难(参上注原文):

	本节		林后六 4	
和合	困苦	患难	患难	穷乏
新译	困苦	患难	患难	贫乏
现中	患难	困苦	患难	困苦
思高	磨难	困苦	艰难	贫乏
当圣	困苦	患难	患难	艰苦

留意原文二字在两节的先后次序刚好相反;亦留意现代中文译本于林后六4以该二词翻译原文的三个字(*thlipseis*, *anankai*, *stenochoriai*).

释经者多认为这里的"困苦患难"是指外来的痛苦和试炼,[143]但其实当中可能亦含有内心痛苦的成分。因为"一切困苦患难"原文作"我们的一切困苦患难",这"我们"指保罗和同工,而他们的"困苦患难"除了包括三人在帖城与帖城信徒一同遭受的患难(参一 6,三 3 及该处注释),以及保罗其后在哥林多所遭遇犹太人的敌对(徒十八 6)外,还包括他们与帖城信徒分离后为他们挂心那种"不能再忍"的焦虑(1 节),以及保罗在哥林多时那种"又软弱,又惧怕,又甚战兢"(林前二 3)的感受,这感受跟他在马其顿不止一次被人从这城逐到那城的经历不无关系。[144] 这样,"一切"便可自然地解释为包括外来和内在两方面的患难,而不必解为单指外来患难的强烈程度。[145]

原文于"在我们的一切困苦患难之中"这话之前有两个小字,思高圣经译为"由你们",之后才是"因着你们的信心"这词组。这两个词组[146]先后指出保罗和同工"得了安慰"的原因和媒介:"由你们"较正确的译法是"因你们",[147]"因着"较严格的译法是"藉着"或"透过"。换言之,保罗先说他和同工因为帖城信徒而得安慰,然后进一步解释,那是藉着他们的信心(即是因看见他们有坚定而活泼的信心)。在"你们的信心"一语中,原文强调"你们"一词:[148]帖城信徒的信心是经得起"这些患难"的考验而屹立不倒的信心(参 3、8 节)。保罗将提摩

---

[143] Best 141; Marshall 95; Cf. Ellicott 43 *b* (on *anankē*).

[144] Cf. Bruce 67.(作者甚至认为本节所指的困苦患难是心理方面过于身体方面的。)在哥林多管会堂的基利司布全家归主的事实,势必使不信的犹太人更加反对保罗(徒十八 8,参 12 节),不过这事发生于"西拉和提摩太从马其顿来"(徒十八 5)一段时间之后,帖撒罗尼迦前书可能早已发出,故此保罗等人在哥林多遭遇的患难,只有最早期的可包括在本节的"困苦患难"之内。

[145] As in Best 141 - 142. 在 *epi pasēi tēi anankēi* 一语中,介系词的意思是"在"('in': Robertson, *Pictures* 4.26); Frame 133 则认为介系词在此表达目的:"得到鼓励……去面对一切缺乏和逼迫。"

[146] *eph' hymin, dai tēs hymōn pisteōs*.

[147] 即使"由你们"所要表达的意思不是"从你们那里"而是"由于你们","因你们"仍是较清晰的译法。Bruce 67 把原文词组译为'over you', 'with regard to you',但用在表达感受(如"安慰")的动词之后,这里的介系词常有指出原因的作用(cf. BDF 235.2),故宜译为'because of you' (Best 191; Marshall 95).

[148] MHT 3.190: emphatic *hymōn* in attributive position.

太带回来的好消息(参 6 节)浓缩为“你们的信心”,因为“信心”就是最能概括地描写整个新生命之根基的字眼(这信心最值得注意的表达法就是爱心的行动)。[149]

三 8 “你们若靠主站立得稳,我们就活了” 原文开始时有“因为”(思高)一词,表示本节跟上文有逻辑上的关系:保罗和同工藉着帖城信徒的信心而得了安慰,因为他们的生命跟帖城信徒的生命是连在一起的。按原文的次序,接着的一句是“现在〔思高〕我们就活了”,然后才是“你们若靠主站立得稳”。副词“现在”的原文在保罗书信出现五十一次(新约共一百四十七次),其中显示了多种不同的用法:(一)作形容词用,这字出现在下列的短语里:“今时”(罗三 26,八 18,十一 5;林后八 14)、“今世”(提前六 17;提后四 10;多二 12)、“今生”(提前四 8)、“现在的耶路撒冷”(加四 25)。[150] (二)与冠词连起来作名词用,这字见于下列短语:“直到如今”(罗八 22;腓一 5)、“从今以后”(林后五 16a)。[151](三)作副词用,这字有一两次与另一个小字连用,如在“就是如今”(林前三 2)和“甚至现在(或现在也如此)”(腓一 20;思高:“尤其是现在”),[152]有几次与“从前”(罗十一 30;加一 23;弗五 8)或“当时”(罗六 21,新译;加四 9、29)相对,[153]但最常见的情形是单独使用。[154] 在上述三种用法中,这词都是指时间上的“现在”;但(四)另有几次其意思是所谓逻辑性的“现在”,[155]意思即是“既是这样”、“在这情况下”、“事实上”,[156](五)有一两次更可能同时包括时间上和逻辑性两方面的意思(林后七 9;西一 24)。现在的问题是:本节的“现在”属于哪一种用法?释经者

---

[149] Denney 335*a*.

[150] 原文依次为:*ho nyn kairos*, *ho nyn aiōn*, *hē nyn zoē*, *hē nyn Ierousalēm*.

[151] *achri tou nyn*, *apo tou nyn*.

[152] *eti nyn*, *kai nyn*.

[153] opposed to *pote*, *tote*.

[154] 罗五 9、11,六 19,十一 31(两次),十三 11,十六 26;林前十六 12;林后五 16b,六 2(两次),七 9,十三 2;加二 20,三 3;弗二 2,三 5、10;腓一 30,二 12,三 18;西一 26;帖后二 6;提后一 10。

[155] 英文分别称为 temporal *nyn* 及 logical/ethical *nyn*.

[156] 罗八 1;林前五 11,七 14,十二 20,十四 6。

的答案包括(三)(四)和(五);[157]笔者认为文理支持最后那个看法,因为"现在"不但与保罗未听到关于帖城信徒的好消息那段时间相对,亦含有"既是这样"、"你们既是信心坚定"之意。

"活"字原文已在一章九节出现过(参该处注释),除了在该处提及分词作形容词的用法外,这字在保罗书信中显示了下列多种不同的用法:(一)指有肉身的生命,与"死"相对——分词作名词用,其意思是"活人"(罗十四 9b;林后四 11,五 15a;帖前四 15、17;提后四 1)。作为动词,在一般意义上指"活着"(罗七 1、2、3,十四 8a、c;林前七 39;提前五 6)或"活命",即是继续活下去(林后一 8;腓一 21);或特指传福音者靠福音"养生"(林前九 14),信徒要像出死"得生"的人,把自己献给神(罗六 13,新译),基督死后又"活过来"(罗十四 9a,新译),并靠着神的大能"活着"(林后十三 4a,新译),保罗也是靠此能力与基督一同活着(林后十三 4b,现中),甚至可说如今活着的不再是保罗,而是在他里面的基督(加二 20a、b;参林后六 9);或用在神用来起誓的"我凭着我的永生起誓"(原文直译为"我活着")一语中(罗十四 11)。(二)指享受那真正的生命——这生命是因信(罗一 17;加三 11)并藉着圣灵(加五 25)而得的,尽管理论上可藉遵行律法而得(罗十 5;加三 12);信徒若靠着圣灵治死身体的恶行,就必活着(罗八 13b);基督替我们死,其目的就是要我们与他同活(帖前五 10)。(三)指过生活——"在肉身"活着(加二 20c,;腓一 22)不等于"顺从肉体"活着(罗八 12、13),反而可以是生活在对神儿子的信靠内(加二 20d,参思高);信徒不应"在世俗中"(西二 20)或在罪中(罗六 2;西三 7)活着,乃要"有节地、公正地、虔敬地在今世生活"(多二 12,思高;参提后三 12);没有一个人是"向自己"活的(罗十四 7,原文直译),乃是"向主活着"(罗十四 8b,原文直译);就如基督是向神活着,信徒也当看自己是在基督里向神活着(罗六 10、11);基督替众人死,目的是叫人不再为自己而活,乃是为主而活(林后五 15b);为神而活乃是保罗向律法死去的目的和结果(加二 19,参现中);他曾在"没有

---

[157] (3) Marshall 95;(4) Ellicott 44 *a*;BAGD 545*b* (s. v.);(5) Lightfoot 45;Morris II 107 n. 16;Best 142. G. Stählin (*TDNT* IV 1109)则认为这字在此也许只是个连接词。

律法”的情况下过生活（罗七 9），其后以使徒身份指摘彼得，因他虽然自己“按照外邦人的方式，而不按照犹太人的方式”过活（加二 14，思高），却仍强迫外邦人犹太化。

至于本节的“活”字，其意思不大可能仅是“可以松一口气”（现中），[158]而是有较强的“可以活下去”（新译，参思高）或“活〔过来〕了”（和合）之意，二者之间又以后者较为可取。因为保罗的生命，是跟他的教会的属灵景况连在一起的：他天天为众教会挂心（林后十一 28），他常把信徒放在自己心上，与他们同生共死（林后七 3），他们的软弱使他焦虑（林后十一 29），同样，他们的悔改或长进使他感到快慰（林后七 6～13；门 7）。现在提摩太带来有关帖城信徒信心和爱心的好消息，不但使保罗和同工“大得安慰”（7 节，当圣），更好像给他们打了强心针，把一股新的生命和力量注入他们里面，使他们的精神为之一振，得以在他们的“一切困苦患难之中”振奋前行。[159] 使徒行传十八章五节的记载，可说间接地支持这个解释：西拉和提摩太来到哥林多后，保罗就“专心传扬主的道，向犹太人极力证明耶稣是基督”（徒十八 5，新译），这事实可能不但反映西拉及提摩太带来了马其顿的教会给保罗的经济支持（参林后十一 9；腓四 15），以致他可以“用全部的时间传讲信息”（徒十八 5，现中），同时反映他们所带来关于那些教会（至少是或尤其是关于帖城信徒）的好消息，使他脱离初到哥林多时所经历的疑虑和缺乏信心的景况（参林前二 3），坚强有力地宣扬福音。[160]

在接着（按原文次序）的子句里面，“站立得稳”原文只是“站立”；这词[161]在新约共用了十次，两次描写“站着”的姿势（可三 31，十一 25），一次指魔鬼不“守”真理（约八 44；原文直译为“不站在真理上”，思高），但在保罗书信的七次其意思皆为“站稳”（除本节外：帖后二 15；罗十四 4；林前十六 13；加五 1；腓一 27，四 1）。“靠主”（参当圣）的原文直译是“在主里”（新译，参思高）；而“在主里站立得稳”（亦见于腓四 1）跟“在信仰上站稳”（林前十六 13，

---

[158] Cf. BAGD 336 *a* (s.v. *zaō*): ‘removal of anxiety’.

[159] Moore 57; Whiteley 54; Marshall 95 - 96.

[160] Cf. Neil xv; Morris II 20; Marshall, *Acts* 294.

[161] *stēkō*.

现中,参新译)不但在意思上互相协调,甚至可互相解释(详见冯:"腓立比书"419-420),二者同样需要信徒不断地运用对主的信心和不断地顺从他。"在主里"(亦见于五 12)或"在主耶稣里"(四 1)跟"在基督耶稣里"(二 14,参一 1)的分别,可能在于后者是关乎神已经成就的救赎工作,前者则是关乎这工作如何在信徒的行为上实施和显明出来。[162]

"若……站立得稳"在原文所用的不寻常结构,[163]引起了几种不同的解释。一说认为原文动词的实事语气,表示事实是与这里的条件相符的:"你们若站立得稳"的意思即是"如果你们站立得稳(而你们实在如此)"。[164] 另一说进一步地将这结构看为表达原因,意思即是"既然你们站立得稳"。[165] 又有释经者认为这条件分句藏着劝勉:"要继续在顺服主的事上站稳,因为这会使我们的生活和工作在许多患难中得到安慰和力量";或认为不是句子的格式,而是保罗在此用条件句的事实,暗示保罗对于帖城信徒的信心仍然有点保留。[166] 最好的解释可能是这样:原文的特殊结构是一种俗语性的用法(参可十一 25),[167]本身并不表示条件已经达到——此意思乃是由上下文(7 节、9 节)表达出来。但保罗在"现在我们就活了"之后(留意原文次序)加上这条件子句,可能有呼吁的用意,即是要帖城信徒继续"对主有坚定的信心"(现中)及顺从他,以致保罗对他们的信心(因他们而得的安慰和喜乐)会显明为不是落空的。"你们"在原文是强调格式,与上一节的"你们"(也是强调的)前后呼应,这里的意思可能是:"你们这些与我们同受患难、为我们所亲爱所挂念的一群"。

三 9 "我们在神面前,因着你们甚是喜乐" 这在原文是本节的后半部,中译本按中文语法的要求把它提到前面来。"因着你们"可按第六节解释:由于帖城信徒的信心和爱心(后者包括他们对宣教士的想

---

[162] Bruce 68 (with reference to C. F. D. Moule). 参冯:"腓立比书"120 连注 26 。

[163] *ean stēkete* = *ean* + indicative (not subjunctive).

[164] Moore 57; Best 143; cf. Zerwick 330,331.

[165] BDF 372 (1*a*); MHT 3.115-116.

[166] 分别见:W. Grundmann, *TDNT* VII 637, *TDNTA* 1082 及 Frame 133.

[167] Bruce 65 n. b. (a colloquialism; *ean* + subjunctive = more classical). Cf. MHT 1.167-168,2.73.

念),保罗和同工"满有喜乐"(新译)。[168]"在 神面前"原文是"在我们的上帝面前"(新译;参一3):这"我们"可能不仅指保罗和同工(因为神不仅是他们的神),而是指他们和帖城信徒。保罗等人"在神面前"喜乐有两方面的含意:(一)他们的喜乐是真实(不虚假)和纯净(不自私)的,可以受得住神的鉴察;他们不是沾沾自喜,更不是自以为颇了不起而有一种飘飘然的满足感。(二)在他们的喜乐当中,他们认定一切美好的事物皆从神而来(参林前四7;雅一17),因而将感谢归给他(参利廿三40;申十二12)。

"为这一切喜乐,可用何等的感谢为你们报答神呢?" 按原文的次序,这是在前的主句,上一段所讨论的是在后的子句。原文开始时有"因为"一词,[169]若按其字面意义解释,本句便与上文(尤其是上一节)有某种逻辑关系;但由于这关系不容易界定,得出的结果也不太令人满意,[170]这词较宜看为相等于"那么"、"既是这样"(这词在问句中有时可如此解释:参徒八31,十九35)。[171]"用何等的感谢……报答神"的意思即是"怎样感谢上帝"(当圣);不过这辞令式问句的格式使人想起诗篇一一六篇十二节(七十士译本一一五3)。[172]动词"感谢"在上文已出现过两次(一2,二13),这里用的是名词;[173]这词在新约共出现十五次(保

---

[168] *hēi* (dative)有两种解释:(一)cognate accusative(参太二10:*echaresan charan*) attracted to the case of its antecedent (Robertson, *Pictures* 4.26; Ellicott 45 *a*; MHT 2.419: 'a special form of tautology').(二)instrumental of manner(参约三29:*charai chairei*):Lightfoot 46.不过这关系代名词应如何解释并不影响其意思和译法:*hēi chairomen* = 'with which we rejoice'.

[169] *gar*.

[170] 例如:Frame 133将本节的"因为"看为与上一节的"因为"平行,再一次证实"因着你们的信心"一语——帖城信徒的信心使保罗和同工不但得到生命,而且得到喜乐。Ellicott 44*a* 及 Bruce 68则分别认为"因为"所证实的是上一节那句话,或是解释了为何有关帖城信徒信心稳固的消息对于保罗和同工构成一股生命气息。

[171] Best 144; Marshall 97; cf. BDF 452(1).

[172] 比较:

tina ... tōi theōi antapodounai	*peri hymōn*	(本节)
ti antapodōsō tōi kyriōi	*peri pantōn*	(诗一一五3,七十士译本)

[173] *eucharistia*. O'Brien (*Thanksgivings* 156)指出,这里用"我们能〔过去时式〕以怎样的感谢报答神"这讲法,而不用"我们常常感谢神",表示此乃保罗听见提摩太带回来的好消息后的即时反应。

罗书信占了十二次——文法结构见冯:“腓立比书”439 注 68),除了一次指对人的“感激”(徒廿四 3,新译、思高),其余皆指向神感谢的行动(本节;林前十四 16;林后四 15,九 11、12〔复数〕;弗五 4;腓四 6,西二 7,四 2,提前二 1〔复数〕,四 3、4;启四 9,七 12),没有一次是指圣餐,该种用法的例子在“十二使徒遗训”和安提阿主教伊格那丢(约于 98 - 117 年间殉道)的书信中才开始出现。[174]

“报答”原文是含有两个前置词的复合动词,[175]在新约另外出现六次,三次用在好的意思上,指“报答”(路十四 14,两次)或“偿还”(罗十一 35),三次用在坏的意思上,指“报应”(帖后一 6;罗十二 19;来十 30)。同字根的两个名词[176]分别出现两次和一次;前者的意思分别为“报答”(路十四 12)和“报应”(罗十一 9),后者(西三 24)则为“赏赐”“报酬”(思高)或“报赏”(现中)。严格说来,这三个字(动词和名词)里面那两个前置词(见注 175)各有意思,第二个表达“回”报之意,第一个则表示所回报的是与有关的善德或恶行“互相对称、完全相等”的;一些释经者认为本节的“报答”应按这个意思解释。[177] 不过,在上述例子中,明显地强调这“对称”“相等”之意的只有一处(帖后一 6);即使我们说当回报者是神的时候,这些字可能有这个意思,本节也不符合这个情形,因这里是人向神回报。故此我们不宜严格地解释动词内的前置词;保罗的用意,只是抒发他那种在领受神的恩典之余、深感无以为报的心情。他向神报以感谢是“为你们”(新译),即是“关于你们”的;[178]所指的仍是“因着你们”(本节)的“信心和爱心”(6 节)。保罗将帖城信徒的美好表现,以及这事给他们带来的“这一切喜乐”——“一切”指喜乐的全部[179]——都看为向神感谢的原因,就如他所教训读者的(五 18)。与此

---

[174] 即是以 *eucharistia* = Eucharist; cf. BAGD 328 - 329 (s. v.).

[175] *antapodidōmi* = *anti* + *apo* + *didōmi*.

[176] *antapodoma*, *antapodosis*.

[177] Lightfoot 46; Morris II 108 n. 18.

[178] *peri hymōn*.

[179] ‘all the joy’ = ‘the joy taken in its whole extent’ (Ellicott 45*a*). 另一解释认为“一切”指喜乐的强烈程度(e. g., Best 144; O'Brien, *Thanksgivings* 157),但本节的“一切(喜乐)”跟第七节的“一切(困苦患难)”(参该处注释)前后呼应,似应同样解为“全部”。

构成鲜明对比的做法，就是希西家在其祷告蒙耶和华应允后，“不但没有照他所受的恩惠还报，反而心高气傲”（代下卅二 25，思高）。[180]

三 10 “*我们昼夜切切地祈求*” “昼夜”在原文是“黑夜〔和〕白日”（思高），这短语已在二章九节出现过（见该处注释），其意思不是“从朝到晚，整天不停的……”，而是“在晚间和在日间都……”。[181] “昼夜……祈求”与二章九节的“昼夜作工”可说前后呼应：这两句的平行状态提示我们，至少有些时候保罗是一面工作一面祈祷的（他以皮匠身份制造帐幕的工作，容许他这样做）。昼夜向神呼吁（诗八十八 1；，马加比书贰二，十三 10；路十八 7）或在夜间祷告（诗廿二 2，七十七 2）表示极大的需要或极度的关注。副词“切切地”有力地加强了后面那个意思。原文由两个前置词和一个形容词组合而成：[182]（一）形容词本身有“多〔于〕”（太五 37）或“丰丰富富”（约十 10，现中）的意思；由这个形容词构成的副词的意思（原级）是“分外”（徒廿六 11）或“非常”（现中、新译），或是（比较级）“更加”（新译：太廿七 23；可十五 14，十 26）。（二）形容词加上第二个前置词（见注 182）作副词用，其意思是“十分”（可六 51）。这短语在狄奥多田（二世纪）所修订的七十士译本中用来描写尼布甲尼撒的火窑（但三 22），意思是烧得“极”热。[183]（三）这短语再加上第一个前置词，直译便变成“超过十分”或“超过极度”，表示一种绝顶的、无以复加的程度；但以理书三章二十二节在两个希腊文版本中就是

---

[180] 七十士译本此节的翻译，用了本节的动词“报答”和注 176 列出的第一个名词：*kai ou kata to antapodoma*, *ho edōken autōi*, *antapedōken Ezekias*, *alla hypsothe he kardia autou*. 就如名词在这里指耶和华的“恩惠”，动词在七十士译本诗一一五 3b（上面注 172）*hōn antapedōken moi* 一句里面指耶和华所“赐”的厚恩；二者都没有“对称、相等”的含意。

[181] Collins 359 认为此短语在本节的意思并不是“在晚间的祈祷和日间的祈祷”，而是表示保罗的祈祷在天亮前便已开始，并会整天继续下去（Paul ‘is indicating that his prayer had begun before the break of day, and that it will continue through the day’）. 笔者认为前一个意思正是原文的意思；后一个意思似乎是在本节和二 9（见该处注释）比较之下引申出来的，但同一个短语用在“作工”和“祈祷”此二事上，虽然有相同的基本意思（见正文），但其含意不一定完全相同（即是在“整天作工”和“整天祈祷”此两句中，“整天”的意思不必是两次完全相同的）。

[182] *hyperekperissou* = *hyper* + *ek* + *perissou*. *perissou* = genitive of *perissos*. Adverb of *perissos* = *perissōs*.

[183] Bruce 68. 狄奥多田 = Theodotion.

用了这个字。[184]

保罗除了在本节用这个复合副词来表达他为帖城信徒的祈求是极其"恳切"(现中、思高)或"迫切"(新译),亦在五章十三节用它来指信徒应该以"最大的"(现中)敬意对待教会中劳苦事奉的人,又在以弗所书三章二十节用它来指神能够成就一切,"远超过"(现中,参思高)我们所求所想的。在新约作者中,保罗特别喜欢使用一些表示极度之意的动词(例如:帖后一 3,"格外增长";其他例子见冯:"腓立比书"252 注353)和副词,后者的例子还有:"远超过"(弗一 21,四 10)和作形容词用的"超级"(新译:林后十一 5,十二 11)或"超等"(现中、思高)。

"祈求"一词的原文[185]在保罗书信另外出现五次,新约共用了二十二次,一贯的意思是"请求"。请求的对象包括耶稣(路五 12,八 38,九 38)和他的门徒(路九 40)、亚基帕王(徒廿六 3)、哥林多人(林后十 2)、保罗和同工(林后八 4)以及不信者(林后五 20);若随后(甚或之前,按原文次序)有直接引述讲者的话,这词的意思相等于"请……"(路八 28;徒八 34,廿一 39;加四 12)。若请求的对象是神,这词的意思便是祈求(太九 38;路十 2,廿一 36;徒四 31,八 22,十 2;罗一 10;本节)或特指代求(路廿二 32;徒八 24)。"祈求"与"祷告"(五 17、25)[186]的分别,在于后者一般指向神祈祷,前者则指为明确的需要向神请求帮助和供应(参冯:"腓立比书"82 - 83)。当代的犹太人和基督徒都有一日三次定时祈祷的习惯(参诗五十五 17;徒三 1,十 30),可能本节的"祈求"也是在这些有规律的祈祷时间内作的[187](参一 2 注释)。

思高圣经将本节看为保罗对上一节提出的问题的回答:"我们惟有黑夜白日恳切祈求……"。[188] 可是这两节在原文的结构并不支持这种分法:"祈求"是个分词,因此这词必须视为延伸了上一节开始的问句,直到本节末了。若把这分词连于上节主句的动词来解释,得出的意思

---

[184] BAGD 840 *b* (s. v.).

[185] *deomai*. 同字根的名词为 *deēsis*.

[186] *proseuchomai*. 同字根的名词为 *proseuchē*.

[187] Wiles, *Prayers* 182.

[188] Reese ('Linguistic Approach' 215)持同样的看法。

便是："当我们昼夜恳切祈求时，我们能以怎样的感谢报答神呢？"[189]较好的解释是将分词看为附属于上节子句的"甚是喜乐"一词，而二者在文法上被连起来，不是因任何的逻辑关系，乃纯为联想的结果：保罗提及他们因帖城信徒而喜乐，同时想起他放在祷告中的一个心愿——就是本节下半所说的。[190]

"要见你们的面，补满你们信心的不足" 这是保罗等人昼夜恳切祈求的目的和内涵。[191] 原文有"并且"一词介于两个动词之间，直译是"要见……并且要补满……"（新译）；另一方面，两个动词同属一个冠词之下（见注 191），表示"见"和"补满"不是保罗祈求的内涵中可分开的两部分，而是紧连在一起的两面（参思高："为能见到……，为能弥补……"，好像将二者等同），前者必然引致后者（参和合、当圣；现中——"……去看你们，来补足……"——甚至将前者只看为引致后者的方法）。"见你们的面"一语已在二章十七节出现过（见该处注释）。[192]

"补满"一词的原文[193]在保罗书信另外出现四次，新约共用了十三次，主要有三方面的意思：（一）使恢复原状——如"补"网（太四 21；可一 19）、"挽回"被过犯所胜的弟兄（加六 1）。（二）置于正当的状态中、使之完全——"成全"信徒的是神（来十三 21；彼前五 10）；哥林多的信徒要在同一的心思和意见上"团结起来"（林前一 10，新译，参现中），他们也要"改过自新"（林后十三 11，原文试译）；一个"受过完备教育"的学生也仅如他的师傅而已（路六 40，思高）。（三）创造、预备、装备——宇宙是藉着神的话"造成"的（来十一 3）；他曾为基督"预备"了一个身体（来十 5）；他使颂赞"发"自婴孩和吃奶者的口中（太廿一 16，参现中），又多多容忍那可怒、"预备"遭毁灭的器皿（罗九 22）。同字根的两个名词（见注 193）分属第二（"改正到完全的状态"，林后十三 9）和第三种用法（"装备"，弗四 12，新译）；本节的"补满"（新译同）或"补足"（现中）则是属第二种用法。这个意思是与随后的受事

---

[189] Ellicott 45*a*；Wiles，*Prayers* 184 n.4.

[190] Lightfoot 47.

[191] 原文用 *eis to idein ... kai katartisai* ...关于这结构，见上文二 12 注释之注 202。

[192] "你们的"一词在两节的位置不同（该节 *to prosopon hymon*，本节 *hymon to prosōpon*），但后者亦是正常的位置，因此并无强调之意（MHT 3.189）.

[193] *katartizō*.同字根的名词有两个：*katartisis*，*katartismos*.

词"不足"相对之下而得的:保罗书信另有五次提到各种的"不足"或"缺乏"时,相对的动词总是"补足"或"补满"(林前十六 17;腓二 30;西一 24;林后九 12,十一 9),可见本节的动词亦是"补足"的意思。[194]

"不足"一词的原文[195]在新约共用了九次,只有一次不在保罗书信里。其中五次指与富裕相对(林后八 14,两次)、需要别人补足(林后九 12,十一 9)的物质或经济上的缺乏(路廿一 4);两次指教会信徒未能亲身探候保罗而构成的"不及之处",这份不足由他们的代表填补了(林前十六 17;腓二 30);另一次指基督"为着……他的教会所忍受而未完成的苦难",这些苦难保罗乐意自己努力分担(西一 24,现中);在本节则指帖城信徒"在信心上的"(现中)不足之处。鉴于上文保罗曾热烈地嘉许他们的信心(6～8 节),"你们的信心"在这里可能不是狭义地指"信、爱、望"三组合(参一 3)中的第一样,而是广义地指他们整个的基督徒生命和经历;这里提到帖城信徒信心上的不足,其后的祷告随即祈求他们的爱心增长(12 节),同样表明"信心"在本节指信徒继续的生命。[196] 倘若"不足"一词是单数的话,"信心的不足"便可能指帖城信徒的信心本身有不足之处,但"不足"在原文是复数的,表示保罗想及的是帖城信徒的基督徒生命和经历中一些明确的"缺陷"(思高),一些保罗极想回到他们那里去满足的"需要"(现中)。[197]

有释经者认为,由于一章三节和五章八节(即本书的首章和末章)都提到信、爱和望,但提摩太的报告只提到帖城信徒的信心和爱心(6 节),而且信上多次在重要的地方强调盼望(一 10,二 19,三 13)及主的再来(二 19,三 13,四 15,五 23),帖城信徒信心上的缺乏就是关乎盼望的层面。[198] 不过,

---

[194] Lightfoot 47. 在上述五节经文中,原文用了三个同字根的复合动词,依次(第一、二处,第三处,第四、五处)为:*anapleroo*, *antanapleroo*, *prosanapleroo*.

[195] *hysterēma*.

[196] Wiles, *Prayers* 185.

[197] W. L. Lane, *NIDNTT* III 955. U. Wilckens (*TDNT* VIII 599, *TDNTA* 1241)将原文短语解为"在末日之前对信心本身所存在着的不足"('a deficiency which exists for faith as such in the time before the end'),就是说,帖城信徒需要使徒的教导和劝勉,以及神和主耶稣亲自使他们刚强(11～13 节),才能坚持信心到底。但这样对"信心的不足"作出客观性的解释,不及把此语解为主观性的"缺陷"来得自然。

[198] Donfried, 'Cults of Thessalonica' 347 - 348.

第六节不必有这种含意（见该处注释），原文用复数的“不足”一词亦肯定不支持这个解释。从下文看来，帖城信徒在信心上的缺陷主要涉及圣洁（四3～8）、弟兄相爱（四 9～12）以及已死信徒与主再来之关系（四 13～18）等问题（详见下面注释）。[199] 在四章一节至五章二十二节这段里面，保罗多次提到帖城信徒已从他和同工领受的一些教训（四 1、9，五 1），同时也补充他们在帖城传道时未有需要或机会提出的一些教训（例如：四 13～18）；由此可见，帖城信徒的“缺陷”不能仅视为“资料上的缺口”，[200]其实部分是他们道德灵性上的失败，部分（可能较少的部分）才是由于他们未有足够教义上的知识引致的。[201] 保罗以牧者的身份，直言不讳地指出帖城信徒的缺陷，却没有对他们严斥怒骂；他表示极想亲自再到他们那里，针对他们的需要帮助他们，但在这个祈求蒙应允之前，他只能以书信暂代自己（参提前三 14；加四 20）。

在本段（三 6～10）里面，第一人称和第二人称的代名词出现得特别频密：“我们”一词出现了六次，另外隐含着“我们”在其中的第一人称动词四次；[202]“你们”一词出现了十次（两次特别强调），另外隐含“你们”在其中的第二人称动词两次。[203] 这情形反映了保罗等人与帖城信徒之间丰富的感情。[204] 另一方面，保罗显出极大的喜乐，强调他们的喜乐是“因你们”（7 节，见注释）、他们的感谢是“为你们”（9 节），又于首末都提到走访帖城信徒的事（6、10 节），这一切提示我们，犹太人的毁谤仍然在保罗的心头。[205] 第十节提到他昼夜恳切祈求的事实、目的和内涵，不

---

[199] 一些释经者（如 Frame 11 - 12；W. L. Lane〔同注 197〕）认为，帖城信徒的问题涉及五 14 所提的软弱的人（参四 1～8）、闲懒不作工的人（参四 9～12）以及灰心的人（参四 13 至五 11）；但 Best 231 - 232 对此看法（即是把那三种人肯定地认同为那三段经文所涉及的“问题人物”）提出异议。见该节注释。

[200] ‘gaps of information’（Bammel，‘Preparation’ 92）.

[201] Cf. Best 145；Neil 70；Whiteley 54.

[202] 计为：hēmeis 一次，*hēmas* 两次，*hēmō*n 两次，hē*min* 一次。（第九节的 *hemōn* 不计算在内，因为这个“我们”可能包括读者在内。）动词：*pareklēthēmen*，*zōmen*，*dynametha*，*chairomen*.

[203] 计为：*hymeis* 一次，*hymas* 两次，*hymōn* 六次，*hymin* 一次。（强调的为第七节末的“你们”，及第八节的“你们”。）动词：*echete*，*stēkete*.

[204] Cf. Best 139.

[205] Frame 130.

单为接着的祷告(11～13 节)预备道路,也机巧地为其后的劝勉做好准备。从这个角度看,本节和接着的三节可说是过渡性的一段,让保罗平顺地将思想重点从上文的感恩和自辩转到下文的劝勉上去。

(IV) 保罗献上祷告(三 11～13)

11 愿神我们的父和我们的主耶稣,一直引领我们到你们那里去;
12 又愿主叫你们彼此相爱的心,并爱众人的心,都能增长、充足,如同
我们爱你们一样,
13 好使你们当我们主耶稣同他众圣徒来的时候,在我们父神面前心里
坚固,成为圣洁,无可责备。

三 11 “愿神我们的父和我们的主耶稣” 本节和随后的两节构成信上第一个“祈愿”(五 23 是第二个);所以称为“祈愿”只是因原文用了愿望语气而非请求语气的动词,[206]在意义上与直接的祈求并无分别(比较:民十 35:“耶和华啊,求你兴起!”诗六十八 1:“愿神兴起”)。[207]原文开始时有两个小字,[208]在本书和后书的五次祷告中,有四次是以此二字开始的(五 23;帖后二 16,三 16),余下的一次(帖后三 5)则只用了第二个小字开始(参罗十五 5、13),可见第二个小字并无反语气作用,而只是引介一个新的思想阶段;[209]至于第一个小字,“自己”或“他”可能是诗篇(诗人称神为“你”)的回响。[210] 鉴于这些用法,这两个小字本身似乎并不包含与上文相对的意思,若有这种意思,也是由文理表明出来的(如在诗廿二 19,见注 210)。就本节而论,我们不必认为“自己”与离此甚远的“撒但”或计划受阻的宣教士(二 18)构成对比;[211]保罗的信

---

[206] *kateuthynai* = optative (not infinitive). On the optative, cf. BDF 384.“祈愿”英文为‘wish prayer’(Wiles, *Prayers* 52).

[207] Bruce 70 - 71.

[208] *autos de*.

[209] Ellicott 46*a* 称之为‘the *de metabatikion*’(过渡性的 de)。

[210] 例如:七十士译本之诗二十一 20(旧约诗廿二 19)*sy de*, *kyrie*;一〇一(一〇二)27 *sy de diameneis*. Cf. G. Schrenk, *TDNT* V 1007 n.373; Bruce 71.

[211] As in Moore 59 and Ellicott 46*a*, respectively.

念——神活跃地在人的事上施行统治，没有他的帮助，事情便不能成功——足以解释为何他用了强调的“自己”或“亲自”（现中）这个词。[212]

“神我们的父”在原文是“我们的神和父”，如在一章三节那样（见该处注释）。帖城信徒生活上的佳美表现都是在这位神的面前（一 3），他也自然是保罗祈求的对象；但保罗以“和”字将“我们的主耶稣”[213]与“我们的神和父”连起来（重复的“我们的”一词增强了两个短语的平行性和合一性），[214]使他与父神并驾齐驱地也成为保罗祈求的对象，显出为与神同享指引人当行之路的特权（参诗卅二 8，卅七 23；箴三 6，十六 9）。如在一章一节，主耶稣与神并列的事实显示基督在保罗心中所占的崇高地位。

“一直引领我们到你们那里去” “引领”一词的原文[215]在新约另外只出现两次：撒迦利亚预言弥赛亚要“引导”在黑暗中的人的脚，走上平安的路（路一 79，新译）；保罗为帖城信徒的另一个祈愿，就是要主“引导”他们的心进入神的爱及基督的坚忍里去（帖后三 5，见该处注释）。“我们到你们那里去”在原文是“我们去你们那里的道路”（思高）；“道路”一词的原文[216]在新约共用了一百零一次，在保罗书信一共出现六次，其他五次（罗三 16、17，十一 33；林前四 17，十二 31）皆有喻意性的意思，只有本节才保持其字面意义（“道路”，亦可解为“旅程”）。[217] 七十士译本不乏“引领”和“道路”二字连着出现的例子，这方面的证据显示，原文那个动词固然有时确是“引导”之意，例如：“愿我的道路蒙引导”（诗一一八〔旧约诗一一九〕5），“他〔聪明的家仆〕的道路必蒙引导”（箴十三 13a〔此节只见于七十士译本〕）；但亦多次含有“直”的意思，例如：以色列家投诉耶和华的“道不公平”（结十八 25，三次）；愚昧的妇人向“直行其道”的过路人呼叫（箴九 15）；“行事正直的”，为恶人所憎恶（箴

---

[212] Morris II 111 n. 20; Lightfoot 48; cf. Frame 136. Cf. also MHT 3. 40 - 41.

[213] 原文直译是“我们的主，耶稣”（*ho kyrios hēmōn Iēsous*），而不是“我们的‘主耶稣’”（*ho kyrios Iēsous hēmōn*）。关于耶稣在本书和后书的七种称呼，详参一 10 注释（连注 190）。

[214] G. Schrenk, *TDNT* V 1007.

[215] *kateuthynō*.

[216] *hodos*.

[217] Cf. W. Michaelis, *TDNT* V 69, 113 n. 14.

廿九 27);诗人求神“使你的道路在我面前正直”(诗五 9b〔旧约 8b〕);所罗门训诲人“要修直你的道路”(箴四 26b)。这两个意思不是互相排斥的,有时可以交换来用,甚或合并起来,例如:犹太女英雄犹滴求神“引导她的道路”或“修直她的道路”,使他的子民可以重新起来(犹滴传十二 8),这话思高圣经翻成“指给她一条……正路”,即是合并了“指(引)”和“正(直)”两个意思。照样,本节“一直引领”这译法,看来也是合并“引导”和“修直”(思高:“铺平”)这两个意思的结果。不管我们采纳哪一个翻译,保罗的意思显然是求神除去一切拦阻,给他们通达的道路直到帖城信徒那里去(参新译、现中:“开路”)。

如上文指出,“愿……一直引领”在原文是个愿望语气的动词(见注 206),这种用以表达愿望的动词在新约共有三十八个例子,保罗常用的“断乎不可”占十五次(除了路二十 16,全部在保罗书信里),在其余的二十三次里面,保罗书信占了十五次(罗十五 5、13;门 20;提后一 16、18,四 16),包括本书和后书九次(本节、12 节〔两次〕,五 23〔两次〕;帖后二 17〔两次〕,三 5、16);在全部三十八次之中,只有一次(门 20:第一人称单数)不是第三人称单数的。[218] 本节的动词是单数,但祷告的对象却是复数(神和主耶稣),这现象引起了几种不同的解释:(一)两个主词用一个单数的动词这现象,通常发生于那两个主词非常密切地相连着的情况下,如在马太福音五章十八节:“就算天〔和〕地废去〔单数〕……”。[219] 本节是相同的情况。(二)单数的动词表示基督(就其神性而言)是与神合一的(参约十 30)。[220] (三)与此有关的一点,就是同一个现象亦在后书二章十六、十七节出现,该处的次序是“主耶稣基督,和……父神”,而“自己”一词则是连于“主耶稣基督”(见新译);因此有释经者认为前书本节的“自己”是同时指神和主耶稣二者[221](参现中:“愿上帝……和我们的主耶稣亲自开路”)。(四)单数的动词并无特别

---

[218] MHT 1.194－195; BDF 384; *Idiom* 32.

[219] Whiteley 55.

[220] Robertson, *Pictures* 4.27; Ellicott 46*b*; Denney 336*b*. J. A. Hewett (as reported in *NTA* §20 [1976]-560)认为保罗采用这不寻常结构的原因,是要避免将神和基督二者完全分开或完全合并起来。

[221] Frame 136－137; Best 147.

的神学意义，只是与较接近它的那个名词（即是主耶稣）相符的结果。[222]

笔者对上述的解释都未能感到完全满意，因此建议这单数动词的问题可按下面的步骤解决：（一）原文所用的结构是两个主词在先，动词在后；若动词在先，多过一个主词在后，单数的动词可解释为与第一个（即是较接近或最接近动词的那个）名词相符的结果（例如：太五 18；可二 25；约二 2，十八 15，二十 3；徒十一 14，十六 30；罗十六 21；林前十三 13；提后一 15）。这解释不能用于本节（或帖后二 17）。（二）在两个主词之后，所用的动词有时是复数的，例如："天〔和〕地要废去"（可十三 31），但较多的时候是单数的，例如："天〔和〕地要废去"（太廿四 35），"那里〔地上〕有虫和锈〔将财宝〕毁坏"（太六 19，原文直译），"连风和海也听从他"（可四 41），"恩典和真理都是由耶稣基督来的"（约一 17），"血肉之体〔原文作'肉和血'〕不能承受神的国"（林前十五 50）。[223]（三）由此看来，在两个主词之后用的动词是复数或是单数，个别作者有权决定（比较：可十三 31 及太廿四 35；可十三 31 及四 41）；但在上述（第二点之下）用单数动词的例子中，可以看出一件共通的事实，就是有关的两个主词，就其与动词的关系而言，是密切相连的，以致二词可被看为一个主词。（四）在本节，单数的动词本身并不足以表示基督是与神合一的（尽管基督确是与神合一的），正如同样的结构并不表示天和地、虫和锈、风和海、恩典和真理是合一的；但此单数动词的确表示耶稣与神同为"引导"者。（五）因此，就事实而论，"自己"或"亲自"一词可同时连于主耶稣及父神（如在现中），但从文法的角度还是较宜看为只连于前者（因二者各有自己的冠词和所有格的代名词[224]）。

三 12 "又愿主叫你们彼此相爱的心，并爱众人的心，都能增长、充足" 保罗祈求的第一部分是关乎他和同工的（"我们的道路"，11 节），现在第二部分（12～13 节）是关乎帖城信徒的。"你们"于原文是在句首的强调位置，隐含着与"我们"对比之意：不管神会否赐他们通达的道路回到帖城信徒那里去，保罗求主把极大的爱心赐给帖城信徒。"主"指"主耶稣"（11、13 节）：虽然保罗一般的做法是以神为祷告对象

---

[222] Bruce 71，II 1158（agreement with the nearer subject.）.

[223] Cf. MHT 3.313，314.

[224] *ho ... hēmōn kai ho ... hēmōn*. *autos* 不能同时指此二者。

(见一 2 注释,参五 17 注释),但在其书信中亦有几次直接向主耶稣祷告(帖后三 5、16;林前十六 22,提后一 16、18;参林后十二 8),像司提反那样(徒七 59、60),另有一两次则同时以二者为祷告的对象(11 节;帖后二 16～17)。

按原文的结构,两个动词都是及物动词,更严格地说是造因式的用法:"愿主使你们增长、充足"。"在爱心上"则指出帖城信徒要在其中增长、充足的范畴:[225]"增长"这词在后书一章三节(该处译为"充足")是用来形容帖城信徒的爱心,可见本节"在爱心上"此短语不应只连于(按原文次序较为接近的动词)"充足",而应同时连于"增长、充足"两个动词。"增长"一词的原文[226]在新约另外出现八次(只有一次不在保罗书信中),全部属不及物的用法;除了一次的意思是"有余"(林后八 15),其余七次的意思都是"增多",其主词分别是:罪(罗五 20,两次)、恩典(罗六 1;林后四 15)、爱心(帖后一 3)、"果子"(腓四 17)和基督徒美德(彼后一 8)。本节所指的"增长"不是数量上的增加,而是灵性上的长进和扩张。这动词已有"充充足足"(新译)的含意,[227]但第二个动词更加强化这方面的意思。

"充足"一词的原文[228]在保罗书信共出现二十六次(新约全部三十九次),其中二十二次是不及物的用法,四次是及物(或造因式)用法。在前一类用法中,有九次以事物为主词,分别指:神的恩典和赏赐"丰盛地临到"众人(罗五 15,参新译);基督的苦楚,加在保罗等人的身上"越多",他们藉基督而得的安慰也"越多"(林后一 5a、b,参思高);保罗求腓立比信徒的爱心"增长"(腓一 9,思高);他们的夸耀会因保罗之故"越发加增"(腓一 26);神的真实会因人的虚谎"越发显出"他的荣耀(罗三 7);新约称义的职事比旧约定罪的职事"越发有"荣光(林后三 9);马其顿信徒满溢的喜乐和极度的贫乏,"汇流出"丰厚的慷慨来(林后八 2,新译);供应圣徒之需的事,使许多人对神的感谢"格外增多"(林后九 12,新译)。另有

---

[225] *en agapēi* denotes the 'sphere in which' (Frame 138) rather than the instrument 'with which' (Ellicott 47*b*) they are to be enlarged.

[226] *pleonazō*.

[227] G. Delling, *TDNT* VI 265.

[228] *perisseuō*.

十三次以人为主词，分别指：保罗懂得如何“处富裕”（腓四 12a、b，新译）；他因为收到腓立比人的馈赠而“绰绰有余”（腓四 18，新译）；食物不能使我们被神看中，因此我们不会因吃了什么食物而在这方面变得富裕起来（林前八 8，原文意译）；保罗劝勉哥林多人当求“多得”造就教会的恩赐（林前十四 12），要在主的工作上时常“发愤勉力”（林前十五 58，思高），并且要在捐输的事上“超群出众”，就如他们在好些其他事上都“超群出众”一样（林后八 7a、b，思高）；在保罗的观念中，信徒应是藉着圣灵的能力“满有”盼望（罗十五 13，新译）、“满有”感谢的心（西二 7，新译）、“多行”各样善事的（林后九 8b）；他一再嘱咐帖城信徒，在讨神喜悦的生活和弟兄相爱的事上，要照他们现在所行的“更加努力”（帖前四 1、10，现中）。在及物用法的四次里面，这动词分别指：恩惠（由于蒙恩的人增多）使感谢也“越增加”（林后四 15，思高）；神能将各样恩惠“多多地加给”信徒（林后九 8a）；他已将恩典“充充足足地赐给”我们（弗一 8，新译）；保罗求神使帖城信徒的爱心“多而又多”（本节，新译）。

这两个动词的分别，在于前者（“增长”）在新约里总是表达一个生长、繁衍或增多的过程，而后者（“充足”）则表达一种极其丰富的性质。[229] 本节以后者加强前者，合起来的意思就是“使你们增长至满溢的地步”（参思高、当圣）；[230]换言之，保罗祈求神使帖城信徒成为有极度的爱心，成为爱心满溢的信徒（参腓一 9）。[231] 所指的爱包括“彼此相爱的心”，即是“弟兄们相爱”（四 1；原文是个名词，参思高），以及“爱众人的心”——“众人”不是指“众弟兄”（五 26、27），而是指不信主的“人类”（现中）。保罗似乎了解到，教会很容易成为一个内向的群体，因此他像彼得一样提醒信徒，有了“彼此相爱的心”，还要加上“爱众人的心”（参五 15；加六 10；彼后一 7）；[232]唯有这样，他们才可以成为天父的女儿（太五 45～48；路六 32～36），也唯有这样，他们才可以有效地领人归信基督。

“如同我们爱你们一样” 这子句在原文并无动词，直译只是：“就

---

[229] W. Bauder, D. Müller, *NIDNTT* II 131.

[230] 原文用 aorist 时态，表示重点是在“增长满溢”（思高）的事实（而非过程）。但“增长”此行动本身是渐进性的。

[231] Denney 336*b*.

[232] Cf. Whiteley 55; Best 149.

像我们对你们一样"(参思高)。这种省略语法在本章六节已用过一次,该处的"如同我们想见你们一样"在原文并无动词,"想见"是根据上文补充进去的。照样,本句若按上文补充动词,全句的意思便是:"就像我们在对你们的爱心上增长、充足一样"。[233] 按此解释,这两个动词在本句是不及物的用法,在上句(主句)则为及物(造因式)用法;这种现象亦见于哥林多后书九章八节,该处的动词先是及物用法(神能将各样的恩惠"多多地加给"你们——"使(各样恩惠向你们)显为丰富"),然后是不及物用法(使你们能"多行"各样善事)。[234] 不过,我们不能排除另一个可能性,就是保罗并没有很清楚明确地想到他所省略的动词是什么,[235] 因此一般中译本对这子句的译法(新译、现中、当圣大致与和合本相同;思高作:"就像我们对你们所有的爱情")也许足以表达保罗的意思。无论如何,保罗提出他和同工对帖城信徒的爱作为帖城信徒的爱心量度的标准(关于"如同"一词,见二 11 注释),这就表示本节不仅为对主的祷告,也同时是对帖城信徒间接的劝勉,要他们让主成就他的计划在他们身上。[236]

三 13 "好使你们……在我们父神面前心里坚固,成为圣洁,无可责备" 本节并非保罗祈愿中的第三部分(如在新译、当圣:"愿……又愿……(也)愿"),而是第二部分的延续:"愿主使你们……增长满溢,……好坚固你们的心……"(思高)。换言之,"坚固"这行动的主词仍然是上一节的"主"。"好坚固你们的心"一语在原文所用的结构跟本章二节"为了要……坚定你们"(新译)所用的相同,[237]其作用是指出上两个动词("使……增长满溢")所描写的行动之目的:保罗求主使帖城信徒的爱心满溢,好使他能"坚固你们的心〔使之〕在圣洁中无可指摘"(原文直译)。其中的逻辑关系下文会较详细讨论,现在我们先留意本节本身的意思。

---

[233] *kathaper kai hēmeis* (*pleonazomen kai perisseuomen tēi agapēi*) *eis hymas*——括号内的字是补充进去的。

[234] Ellicott 47－48; Frame 137.

[235] Lightfoot 49.

[236] Marshall 101.

[237] *eis to stērixai* + accusative of object.

“坚固”这动词已在本章二节出现过(参该处注释),该处是人(提摩太)的行动,坚固的对象是“你们”;这里是神(主)的行动,坚固的对象是“你们的心”。[238] “坚固你们的心”这个讲法可能反映旧约的词语,[239]不过那些词语所指的跟保罗所指的是不同的事。“心”(参二 4 注释)在这里一定包括人的意志:帖城信徒信主未久,且一向在异教的道德标准下过生活,故此特别需要主使他们“心志坚定”(现中),才能抗衡旧日的思想和行为继续向他们发出的引诱。但保罗的祈愿所关注的不仅是他们的意志,而是他们整个的“心”——就是神向之说话,宗教生活植根于其中,并断定道德行为的那个“人里面的中心”(如在二 4 一样)[240]——都被主坚立到“在圣洁中无可指摘”的地步(参思高)。“圣洁”在原文并不是四章三节“成为圣洁”那个字(指“成圣”的过程或其效果;[241]见该处注释),也不是在新约只出现一次,用来描写神的“圣洁”那个字[242](这字描写一种抽象的素质),而是另一个字。[243] 这字在新约另外只出现两次,一次用于“圣洁的灵”(罗一 4,新译)此短语中,另一次则指信徒在身体和心灵上成为圣洁的状态或情况(林后七 1)。不管罗马书一章四节所指的是“圣善的灵”(即是圣灵?)或是基督“圣洁/至圣的神性”(现中/思高),“圣洁”在本节的用法显然跟另外那一节较为接近;鉴于保罗是在谈及信徒的心,“圣洁”首先指内心的圣洁,一种纯净清洁的性情和气质,这种内在的圣洁会化为道德生活上的圣洁表现(参二 10)。[244] “无可指摘”的原文[245]在新约另外出现四次,两次指在遵守律法或遵行神的诫命规条上的完全(路一 6;腓三 6),一

---

[238] *hymōn tas kardias* ——“你们的”在“心”之前,并不表示强调。见上面注 192。

[239] 例如:诗一〇四 15(参思高;七十士译本〔一〇三 15〕作:“面饼坚固人心”);士十九 5、8(七十士译本作:“用饼〔块〕坚固你的心”);诗一一二(七十士译本一一一)8。此语亦见于传道经六 37(参思高)及廿二 16(思高德训篇廿二 19)。

[240] J. Behm, *TDNT* III 612–613, *TDNTA* 416. Collins 362 则认为“心”在此指整个人。

[241] *hagiasmos*.

[242] *hagiotēs*. 和合及新译于林后一 12 译为“圣洁”的亦是这个字;不过该处的原文较可能是 *haplotēs*(现中:“坦率”;思高:“直爽”)。Cf. Metzger 575.

[243] *hagiōsynē*.

[244] Cf. O. Procksch, *TDNT* I 108,115, *TDNTA* 18.

[245] *amemptos*.

次指头一个约(即旧约)不是“没有瑕疵”(来八 7),还有一次指信徒在人(尤其是不信主的人)面前“无可指摘”(腓二 15);这里则指信徒的心要“在圣洁中无可指摘”,意思即是,他们的心要“完全圣洁”(新译、当圣)。

保罗在二章十节曾提到他和同工在帖城信徒中间“是何等圣洁……无可指摘”,该处所用的是副词,后者与本节的形容词“无可指摘”是同字根的;虽然该处的重点是在保罗等人对待帖城信徒的态度和行为(见该处注释),但“也有神作见证”一句表示他们的“圣洁”和“无可指摘”也是在神面前的。本节则明明把重点放在“在我们父神面前”,强调所说内心的完全圣洁是经得起神鉴察的。“我们父神”原文作“我们的神和父”(参 11 节及一 3 注释);神是信徒的父,表示他们与神的关系不再(如未信主时)停留在犯人与审判者的层面,但这并不抹杀他们仍要受到审判的事实。[246] 本节提示信徒要在神面前受审(参罗十四 10:“在神的台前”),二章十九节则提示审判是“在我们的主耶稣面前”(参林后五 10:“在基督台前”),这些不同的讲法意味着基督与父神同享审判的特权(参约五 22、27;徒十 42,十七 31)。但两节所提施行审判的时间是一样的。

“当我们主耶稣同他众圣徒来的时候” 这是信上第二次用“来”这名词来指基督的再临(参二 19 注释),本句的特点在于加上了“同他众圣徒”此短语——直译是“和他所有的圣者”。[247] “圣者”一词的原文[248]在信上另外出现四次,都是形容词(一 5、6,四 8,五 26),但在本节是形容词作名词用。这些和基督同来的“众圣者”(思高)是什么呢?这问题引起了三种不同的答案:(一)他们是基督的“信徒们”(现中;参新译、当圣)——或是在基督里已死的信徒,或是已死的和活着的信徒。[249] 这个看法的论据如下:“圣者”的原文在保罗书信其他地方一贯的意思是“圣

---

[246] Cf. Best 151 - 152.

[247] *meta pantōn tōn hagiōn autou*. M. J. Harris (*NIDNTT* III 1206 - 1207)指出,*meta* + genitive 较适合表达密切相关或相随的情形;*syn* + dative 则较适合表达个人密切的联合之意,如指信徒与基督联合(西三 3)或永远与基督同在(帖前四 17)。

[248] *hagios*. 此字的字义研究见下文,及五 26 注释。

[249] 分别见:Denney 337*a*; Moore 60. 下面的论据主要引自后者。

徒”，这意思很适合本句的文理（当主再来时信徒要圣洁，12 节），[250]而且后书一章十节谈及主降临要在他的“圣者”身上得荣耀，所指的肯定是信徒（在该处“他的圣者”与“一切信的人”是平行的）；还有，原文不一定要解为基督和已死的信徒来到活的信徒那里，而可解为“在我们主耶稣荣耀的同在面前”，这样，他的“众圣徒”便可包括已死的和活着的信徒，也许这正是保罗用“所有”一词的原因。可是，这种解释有至少两方面的困难：第一，若“众圣徒”包括已死的和活着的信徒，“来”字便要解为“同在”而非“再来”；但上文曾经指出（见二 19 注释），“来”字于新约用在专门性意思上的其他十七次（只有一次不是指基督），其意思都是“来临”而非“同在”，亦无足够理由要我们将本节的“来”字看为例外处理。[251] 第二，若“圣徒”是指已死的信徒（与活着的信徒相对），“所有”一词便难以解释（“所有的圣徒”不能解为“所有已死的信徒”）；而且，保罗显然预期他的读者会明白“同他的众圣者”是什么意思，若“圣者”是指已死的信徒，则保罗早已将这方面的真理告诉帖城信徒，可是他在四章十三至十八节解释已死信徒的命运时，却好像是在向读者提供一些他们前所未知的新资料。

（二）“他的众圣者”是指陪同着基督来临的天使。[252] 这看法的论据如下：保罗很可能引用了撒迦利亚书十四章五节描写耶和华的日子所用的话（“有一切圣者同来”在七十士译本作“并所有的圣者和他〔一起〕”），该处的描写是基于旧约较早时对耶和华显现的描述（例如：申卅三 2，参现中），“圣者”指的是“天使”（现中）；虽然自十二使徒遗训（十六 7）开始，“圣者”常被解为圣徒，但在新约本身（太廿五 31）以及犹大书十四节引用的以诺书中，“圣者”是被解为天使的。事实上，在旧约及两约之间的犹太教文献中，“圣者”经常指天使（例如：伯十五 15；诗八

---

[250] Lightfoot 50 将 13 节的“在圣洁中”和本节的“圣者”这样拉上关系：“……在圣洁中，使你们预备好加入圣徒的集会，他们会于主来时陪伴他。”

[251] Mearns（‘Eschatological Development’ 144）认为“来”字在本节是双关语，一方面指复活的主如今已“在”他的国里，另一方面指他从天上荣耀地再临。但这看法（对笔者来说）没有说服力。

[252] Frame 136；Grayston 78；Vos，*Eschatology* 137；Ladd，*Theology* 557；O. Procksch，*TDNT* I 109，*TDNTA* 17；Ross，‘1 Thessalonians 3.13’.

十九 5;但四 13,八 13——各节参现中)。[253] 此外,福音书把天使和人子降临(太廿五 31;可八 38;参可十三 26～27)及审判(太十三 41)连起来;后书一章七节明说主耶稣要“同他有能力的天使”从天上显现,施行审判。以上各点都支持本节的“圣者”应解为天使,其中以第一点和最后一点最具说服力(因为是属前后书本身的内证)。第一点的意义尤其重大:保罗几乎不自觉地(也可说不动声色地)把撒迦利亚书形容耶和华的话用来描写主耶稣,对于按正统的犹太信仰及严谨的法利赛派教条受训的保罗,这种以耶稣“代替”耶和华的做法实有惊人的含意;“圣者”要按撒迦利亚书的原意解为天使,才可使这含意充分地显明出来——那些与基督同来的众天使,表明了基督再临之时要作的,正是先知描写为父神要作的。[254]

这看法涉及两点困难。第一,若保罗的用意是说众天使将与基督同来,那为什么他不干脆用“天使”一词,如在后书一章七节那样呢?第二,新约其他地方从没有用“圣者”一词指天使。不过,这两点不足以推翻这个解释。关于第一点,保罗用“圣者”而不用“天使”的理由可能很简单,就是因他引用了撒迦利亚书的话。关于第二点,“圣者”一词的原文(见注 248)在保罗书信另外出现七十五次(新约共二三三次),作形容词用的占去三十六次;[255]其余的三十九次都是作名词用,解为圣徒。[256]这词在新约其他地方出现的一百五十七次中,作形容词用的占去一百

---

[253] 以上论据参:Moffatt 33*a*; Best 152 - 153.

[254] Bruce II 1158*b*; Whiteley 58; Kreitzer, *Jesus and God* 117 - 118. Cf. Steele, ‘Jewish Scriptures’ 14*a*.

[255] 十九次于“圣经”(罗一 2)、“圣殿”(弗二 21)、“圣召”(提后一 19)及“圣灵”(罗五 5,九 1,十四 17,十五 13、16;林前六 19,十二 3;林后六 6,十三 13;弗一 13,四 30;帖前一 5、6,四 8;提后一 14;多三 5)等二字短语中;十七次形容其他项目:神的殿(林前三 17)、律法和诫命(罗七 12a、b)、使徒和先知(弗三 5)、新面和全团(罗十一 16a、b)、教会(弗五 27)、信徒(弗一 4;西一 22,三 12)、信徒的身体与灵魂(林前七 34)、信徒的儿女(林前七 14)、活祭(罗十二 1)、问安之吻(罗十六 16;林前十六 20;林后十三 12a;帖前五 26——各段参现中)。

[256] 六次于卷首问安(罗一 7;林前一 2;林后一 1;弗一 1;腓一 1;西一 2),四次于信末问安(罗十六 15;林后十三 12b;腓四 21、22),二十九次于其他部分(罗八 27,十二 13,十五 25、26、31,十六 2;林前六 1、2,十四 33,十六 1、15;林后八 4,九 1、12;弗一 15、18,二 19,三 8、18,四 12,五 3,六 18;西一 4、12、26;帖后一 10;提前五 10;门 5、7)。

一十七次;[257]作名词用的四十次中,十一次指圣所或至圣所,[258]七次指耶稣基督,[259]一次泛指圣洁的人(启廿二 11),其余的二十一次则指圣徒。[260] 可见在新约将这词作名词用的七十九次中,没有一次是指天使,却有六十次是解为圣徒。不过有一件事值得留意:除了在后书一章十节外,“圣徒”这词从来没有在论及基督再来的文理中出现,而唯一例外的那节经文,并没有描写信徒陪着耶稣。[261] 因此,鉴于第一个看法(“圣者”=信徒)所牵涉的困难,以及支持第二个看法的正面理由,我们可以将这词在本节的意思(=天使)看为特别的个案。而“所有的”可解为有强调主再来时的威荣之意。

(三)第三个看法认为“圣者”同时包括天使和已死的信徒。用以支持此说的理由其实不多,说服力也不大,例如:没有理由认为保罗的思想只限于二者之中的一样;“所有的”一词可支持此说;后书一章十节的“圣者”是与“信的人”平行,而且保罗真正关注的,乃是基督要在神面前把属他的人坚立于圣洁中的那个时候,那也是他自己的工作要接受评估的时候,因此“众圣者”可能包括信徒。[262] 如上文指出,保罗在下一

---

[257] 七十四次于“圣灵”一词中(太 5、可 4、路 13、约 3、徒 41、来 5、彼前 1、彼后 1、犹 1);二十八次于二字短语中:“圣父”(约十七 11)、“圣仆(或子)”(徒四 27、30)、“圣天使”(可八 38,路九 26;徒十 22;启十四 10)、“圣‘无数’”(犹 14,“千万圣者”原文直译;参现中)、“圣先知”(路一 70;徒三 21;彼后三 2)、“圣约”(路一 72)、“圣诫命”(彼后二 21,新译、思高)、“圣山”(彼后一 18)、“圣城”(太四 5,廿七 53;启十一 2,廿一 2、10,廿二 19)、“圣地”(太廿四 15;徒六 13,廿一 28)、“圣物”(太七 6)、“圣洁弟兄”(来三 1)、“圣洁妇人”(彼前三 5)、“圣洁生活”(彼后三 11,参新译、现中)、“至圣的信仰”(犹 20a,新译、现中);三次在“圣哉!圣哉!圣哉!”此公式内(启四 8);十二次形容其他项目:“那召你们的”(彼前一 15a)、神(彼前一 16b;启六 10)、神的名(路一 49)、信徒(彼前一 15b、16a)、他们所构成的祭司群体(彼前二 5)和国度(彼前二 9)、有份于头一次复活的(启二十 6)、摩西所站之地(徒七 33)、施洗约翰(可六 20)、头生的男丁(路二 23)。

[258] “圣所”:来八 2,九 1(参新译)、2、8b、24、25,十 19(参思高),十三 11。“至圣所”:来九 3(两次)、12。

[259] “神的圣者”:可一 24;路四 34;约六 69。“圣者”:路一 35b;徒三 14;约壹二 20;启三 7(原文)。

[260] 太廿七 52;徒九 13、32、41,廿六 10;来六 10,十三 24;犹 3;启五 8,八 3、4,十一 18,十三 7、10,十四 12,十六 6,十七 6,十八 20、24,十九 8,二十 9。其中只有来十三 24 一次是用于信末问安。

[261] Best 152.

[262] 分别见:Morris II 114 - 115, III 1823*b*; Ellicott 49*a*; Bruce 74, 'Thessalonian Correspondence' 334. Cf. Lightfoot 50; Neil 74; Ridderbos, *Paul* 266,531,534.

章才处理已死信徒的问题，因此不大可能在这里已包括他们在“众圣者”一语中，而且此词的用法并不支持这个看法。

基于上面的讨论，笔者接受第二个看法为正确的解释。保罗在本节的祈求（即是他的祈愿的第二部分），是要主耶稣坚固信徒的心，直到当他同他所有的天使来的时候，他们的心在神面前是“在圣洁中无可指摘”的。这种“完全圣洁”的地步可说总括了生命的意义，它是主耶稣要成就在信徒身上至终的目的；从另一个角度看，这也是信徒当追求的目标，而他们之所以有可能达到这目标，是因为他们已因信称义，并在那个基础上领受了圣灵（四 8），[263]这位圣灵的运行和结出的果子是神所喜悦的。[264] 在这方面，加尔文提醒我们一点重要的真理：保罗的祷告并不排除赦罪的道理，因为这是我们的圣洁在神的眼中站立得住的方法，不然的话，我们的“圣洁”是满了污点的。[265]

现在我们要回到本节注释开始时提出的问题，就是“在爱心上增长、充足”与“心里坚固，在圣洁中无可指摘”二者之间的逻辑关系。保罗以“好使”二字将后者连于前者，这表示前者是条件，后者是结果：因为爱的本质是以别人最大的好处为目标，若没有强烈的爱为基础，信徒的意志很容易引使他作出违反神旨意和呼召的事，即是有不洁的行为（参四 3～8）；相反的，信徒若在爱心上增长充足，便不会过着一个以己为中心的生活，亦即是说，便会脱离罪（罪的本质正是以己为中心）而趋向圣洁。[266] 不过，以上的解释过分将“圣洁”的重点放在消极的一面（圣洁即是罪或不洁的反面），尽管这重点也是四章三至八节的重点（特别留意 3 节）。其实“圣洁”的基本意义是一种分别出来归属于神的特殊关系（详参冯：“腓立比书”67－68），同时有正面和负面的含意。从消极的角度看，圣洁即是脱离罪恶不义，因此已包括“无可指摘”的观念；从积极的角度看，圣洁就是归耶和华为圣，即是有神所称许的行为，后者可用“爱人如己”

---

[263] Cf. Fung, ‘Justification, Sonship’.

[264] W. Grundmann, *TDNT* IV 573, *TDNTA* 580.

[265] Calvin 356－357.

[266] Cf. Frame 138; Neil 73; T. McComiskey, *NIDNTT* II 144.

一语总括起来（罗十三 9），因为“爱别人的，就成全了律法”（罗十三 8，新译；参罗十三 10；加五 14——后者见冯：“真理”324）。这样，在本段的文理中，“爱心”和“圣洁”并不是众多美德中的两项，而是包括了一切基督徒活动的概括性字眼：就对人的关系来说，信徒的整个生活行为都应是爱心的行为；就对神的关系而言，则应为圣洁的表现。[267] 简言之，爱心与圣洁可说是实质上相等的；但鉴于保罗用了“好使”二字，我们也许应把二者的关系看为目标与途径的关系：他祈求主使帖城信徒的爱心增长、充足，“这样”（现中）便会使他们的心被坚立到“在圣洁中无可指摘”的地步。[268] 从信徒的角度来说，“追求圣洁”（来十二 14）直到“在圣洁中无可指摘”是目标，“追求爱”（林前十四 1）是达到这目标的途径和方法。

有些抄本在本节末了有“阿们”一词，在这（外证）方面支持和反对双方可说势均力敌。从抄写过程的角度来看，可能有抄者认为保罗书信的主体有“阿们”一词是不适合的，因而将原有的字省去；亦可能有抄者认为，在这里加上“阿们”，可使这段经文（以本节为结束）适用为礼拜仪式的一部分。经文批判学者对此点未有一致的结论。[269] 若“阿们”确实是原本有的，则其作用可能是加强和确定上文的话（即是表示保罗实在衷心地如此祈求，或强调主耶稣必会同他所有的天使来临）。（关于“阿们”一词的用法，可参冯：“腓立比书”498 - 499。）无论如何，保罗的祈愿终于得以实现（徒二十 1），不过那是约五年后的事。由此看来，连使徒保罗也有祷告“尚未”蒙应允的经验。

保罗的祈愿（三 11～13）一方面是向神直接的祈求（11 节）和代求

---

[267] Best 151.

[268] Cf. Denney 337*a*. Jewett (*Anthropological Terms* 316 - 317)问道：“爱心增长如何能使〔信徒〕面对主的来临时心得坚固呢？”他的答案是：爱心是末日国度临在的记号（一 3，二 7、8、11），因此，信徒若在爱心上不断增长、充足，就是不断地证明神的同在和能力，他们的心就会因此得坚固。但作者在他的问题和答案里，都省掉那非常重要的短语——“在圣洁中”。保罗不是仅说“坚固你们的心”，而是说“坚固你们的心（使之）在圣洁中无可指摘”。Neyrey (‘Eschatology’ 223)谓耶稣救我们脱离神的忿怒（一 10）所用的方法，就是把教会坚立于圣洁中（本节），就如他受死是为要拯救教会脱离它的罪（五 9～10）。但本节和一 10 能否这样拉上关系，值得怀疑。

[269] Cf. Metzger 631.

(12～13 节),另一方面是向帖城信徒间接的劝勉,鼓励他们在追求爱心与圣洁以及预备主的再来这些方面更加努力。[270] 这祈愿更有承上启下的作用:第十节报导了保罗等人的祷告,是要见帖城信徒的面,补满他们信心的不足;保罗的祈愿一面重复了那个祷告的内容(11 节回应"见你们的面",12～13 节回应"补满你们信心的不足"),但同时插入了两点新的思想:(一)他们的不足若不是由保罗再访他们而得以补满,便是由主直接补满;(二)主的再来是万物所指向的目标。与第十节比较之下,祈愿的重点不是在第一部分(要见帖城信徒),而是在第二部分(要他们信心的不足得到补满):他们在爱心、圣洁以及预备主来这些方面需要继续长进。这新的重点为下文的劝勉铺好道路:圣洁(四 3～8)、弟兄相爱(四 9～12)和主的再来(四 13 至五 11)正是本书第二个主要部分所论的一些问题。[271]

回顾本段(二 17 至三 13),我们看见保罗与帖城信徒关系上的三个要素:(一)爱——与帖城信徒分离,恍如孩童丧失父母;虽然身体离开,但心灵仍与他们在一起(二 17a);很想见他们,不只一次想到他们那里(二 17b、18,三 6b);以他们为盼望、喜乐、荣耀及夸耀的冠冕(二 19～20);挂念他们到了不能再忍的地步(三 1、5);因接到关于他们的好消息而满有喜乐和对神感恩(三 6～9)。(二)愿望——要他们在患难中得安慰、抵挡诱惑、在信心上坚固不动摇(三 2～3、5、8),要补满他们信心的不足,要他们成为爱心满溢、于主再来时在神面前完全圣洁的人(三 10、12～13)。(三)行动——想尽法子要见帖城信徒(二 17b);打发提摩太去帮助他们(三 2、5);昼夜恳切祈求(三 10～13)。在这三样之中,爱是根源,其他两样是果实:爱产生愿望,愿望被爱推动,便化为爱的行动。

---

[270] Cf. Wiles, *Prayers* 71,69.

[271] Cf. Wiles, *Prayers* 53; Frame 135－136; Marshall 99. Best 146－147 则认为:第十一节显然与上文(二 7 至三 10)有关,但第十二和十三节所论的都是一般性的重要课题,很难证明此二节和四章一节以后一段(除四 3 外)有任何真正的关连。

陆　劝勉
（四 1～五 24）

在保罗写给教会的九封书信中(腓利门书不算入这类,不过留意第二节:"以及在你家的教会"),只有哥林多前后书没有明显的劝勉部分。有些时候,实际生活上的劝勉是紧随教义性的阐释或讨论之后,而且前者跟后者的逻辑关系非常密切(见罗十二 1;加五 13;弗四 1;西三 5)。另一些时候,书信的结构并不依照这种模式:例如,腓立比书根本没有纯教义性的段落,却有两段劝勉的话(一 27 至二 18,四 2～9);帖撒罗尼迦后书虽有可称为教义性的一段(二 1～12),但劝勉的部分(三 6～16)既不是紧随该段,也没有第一类书信所见的那种密切的逻辑关系。本书(像腓立比书一样)并无明显的教义部分,但它的劝勉部分跟上文保罗的祷告(三 10～14)有相当密切的关系(参三 10 注释末段,及三 11～13 总结)。本段的劝勉话就是保罗若能回到他们那里去补满他们信心的不足,便会亲口传给他们的教诲。整段以"讨　神的喜悦"这思想开始(四 1～2),引介出关于圣洁自守(四 3～8)、弟兄相爱(四 9～12)、已死信徒的命运(四 13～18)、主再来的时候日期(五 1～11),以及各种的基督徒责任(五 12～22)的教训,最后以祷告(五 23～24)结束。这里的劝勉有不少是重复和扩充了保罗早已给了帖城信徒的口头教训(参四 1、2、9、10、11,五 1、2、11),但至少关于"睡了的人"那段(四 13～18),则是保罗以前未有需要或机会提及的。

(I) 要讨神的喜悦(四 1～2)

1 弟兄们,我还有话说:我们靠着主耶稣求你们、劝你们,你们既然受了我们的教训,知道该怎样行,可以讨神的喜悦,就要照你们现在所行的,更加勉励。
2 你们原晓得我们凭主耶稣传给你们什么命令。

四1 “弟兄们，我还有话说：我们靠着主耶稣求你们、劝你们” 这是保罗在信上第七次直接称呼读者为“弟兄们”(参一4注释)，也是他在信上第一次用这称呼引介劝勉的话(另外：四10，五12、14；参五25)。保罗常在劝勉之前或之际直接称读者为“弟兄们”，不论他有或没有用“劝”字(有：罗十二1，〔十五30，〕十六17；林前一10，十六15〔中译本16〕；没有：林前十四20、39，十五58；林后十三11；加六1；腓三1、17，四8；帖后二1〔中译本2：原文用“求”字〕、15，三1、6、13)；好像要以他和读者的主内弟兄的关系，并他对主内肢体的爱，来增强他的劝勉并使读者更容易接受似的。

“我还有话说”在原文只是一个字，[①]这字是个形容词，意思是(一)“其余的”(启八13)或(二)“其他的”(现中：罗一13；林前九5；加二13；腓四3)，即是“别的”(林后十二13)；若与冠词连起来作名词用，其意思便是(一)“其余的(人)”(启九20，十一13)或(二)“其他的(人)”(现中：林前七12；腓一13，提前五20；思高：帖前四13，五6)，即是“别的(人)”(弗二3；另见罗十一7；林后十三2)，或“其他的”(林前十一34，现中)即是“别的”(林前十五37，新译、现中、思高)事物。这词还可以(单独或与冠词连着)作副词用，[②]本节和后书三章一节就是二个例子。在新约另外有十三个例子，显示了几个不同的意思：(一)“从此以后”(〔甲〕提后四8；〔乙〕林前七29；来十13；〔丙〕加六17；弗六10[③])；(二)“仍然(睡)”(〔乙〕可十四41；〔乙或甲〕太廿六45)，即是“(睡)下去”(思高)；(三)“末了”(〔甲〕林后十三11，新译、现中)或“终于”(〔甲〕徒廿七20，现中)；(四)“此外”(〔甲〕林前一16，四2〔思高〕)或“还有”(〔乙〕腓三1，四8)。在本节，这字〔甲〕若译为“末了”(现中)或“最后”(当圣)，[④]可指这是信上最后的主要部分；但把它看为有过渡性作用(如在腓三1，四8)而译成“此外”(新译、思高)或“我还有话说”，[⑤]似乎较为自然。这解释的含意就是随后的话并不是保罗写信

---

① *loipos*.

② *loipon*, *to loipon*, *tou loipou*. 下文分别以“甲”“乙”“丙”表示之。

③ Cf. Thayer 382 (s.v. *loipos*).

④ Cf. *Idiom* 34,161 ('finally').

⑤ Cf. BDF 160.

的主要目的。[⑥] 另一个看法是这字在此相等于过渡性或强调的“所以”一词,[⑦]但原文在这字之后已有“所以”一词,因此这解释并不适合本节。

至于中译本没有译出来的“所以”一词,[⑧]若看为有推理性的意思,则本节及下文与上文的逻辑关系可能是这样:保罗的劝勉是基于他的祈愿,他既已为帖城信徒向神有所请求,现在他们也要负起他们一方的责任;或是这样:“鉴于我们彼此的关系是如上所述;我们如此劳苦,你们亦为福音受了苦;神为你们成就了这么多——因此我们劝你们”。[⑨] 不过,跟这字在另一些经文的用法(参五 6;罗十二 1;弗四 1;西三 5)比较之下,它在本节看来并没有很清楚的推理性意思,因此可能只是个连接词而已。[⑩]

“求”字的原文[⑪]在古典希腊文只有“问”的意思,但在新约里它的意思可以是“问”(如在太廿一 24;可四 10;路廿二 68;约一 25),也可以是“请求”(思高:本节,五 12;帖后二 1),在后一个意思上这字和另一个希腊动词(见于弗三 13)同义。[⑫] 有些学者认为这两个“求”字的分别在于:前者(本节)比后者(弗三 13)有较大的“平等”及较多的“熟不拘礼”的含意;[⑬]但新约的证据并不支持这种区别(见冯:“腓立比书”428 注 19)。[⑭]“劝勉”(现中)这动词在上文已出现过三次(二 12,三 2、7;参二 3 注

---

⑥ Cf. Longenecker, ‘Early Eschatology’ 89.

⑦ 分别见:Marshall 104; MM 380 (s.v. *loipos*).

⑧ *oun*.

⑨ 分别见:Ellicott 49*a*;及 Lightfoot 51; Frame 141; Best 154.

⑩ Cf. Bruce 77. See also Collins 300 n.7.

⑪ *erōtaō*.

⑫ *aiteō*.

⑬ Lightfoot 51; Trench 144–146(§40).

⑭ 除了该处提出的各点外,还有下列的补充资料:(一)*erotao* 可指向“上级”的请求:路十六 27(在阴间受苦的财主求“我祖”亚伯拉罕);可七 26(叙利非尼基妇人“俯伏在他脚前”〔25 节〕求耶稣)。不同的人向耶稣请求医治(路四 38,七 3;约四 47),亦可算入这种用法之列。(二)二字同样用来指圣殿门口那个瘸腿者“求乞”的行动(新译:徒三 3[*erōtaō*]、2[*aiteō*]);指门徒向耶稣的请求(前者:约四 31;后者:太二十 20、22;可十 35、38);指犹太人的领袖向彼拉多请求(前者:约十九 31;后者:太廿七 20;可十五 8;路廿三 23;徒三 14,十三 28)。二者亦分别指犹太人向千夫长的请求(前者:徒廿三 20)和向非斯都的请求(后者:徒廿五 3、15);不过,千夫长的地位显然跟非斯都的有别。(三)另一方面,约翰福音指耶稣向父神请求时,若“求”字是出自耶稣口中,则总是用前者(约十四 16,十六 26,十七 9〔两次〕、15、20),只有“求”字是出自马大口中的那一次(约十一 22),才用后者;这一点是否重要,有待商榷。

释)。由于"求"和"劝"这两个动词的原文在蒲草纸文献中常以同义词的姿态连着出现,[15]合起来的意思就像中文的"请+求",有些释经者认为二字在本节正是这个用法。[16] 不过,鉴于(一)保罗书信里面再没有这样的例子,"求"字在其中出现的另外三次都是单独使用的(五 12;帖后二 1;腓四 3),(二)而且第二个动词在本书及后书出现的另外九次之中,没有一次是"请求"的意思,却有五次是(或含有)"劝勉"之意(二 12,三 2,四 10,五 14;帖后三 12),本节的两个动词可能各有其本身的意思。按此了解,"劝勉"比"请求"较为有力或严肃;保罗常在他讨论的转折点(例如:林前一 10;林后六 1,十 1;腓四 2;提前二 1),尤其是开始信上的劝勉部分时(罗十二 1;弗四 1),使用这词。

许多中英文译本(和合、新译、现中、思高、当圣)[17]都把"靠着主耶稣"一语看为同时形容"求"和"劝",而得出"靠着主耶稣求你们、劝你们"的意思。不过,有两点提示我们,"在主耶稣里"(新译,参思高)此短语可能只形容"劝"字:(一)"求"字在保罗书信出现的另外那三次(见上段),都没有"在主里"等语形容;(二)但"劝"字多次与这类的话连着出现:"靠主耶稣基督"(帖后三 12)、"藉着我们主耶稣基督"(罗十五 30)、"藉我们主耶稣基督的名"(林前一 10)、"藉着基督的温柔、和平"(林后十 1)、"凭着上帝的仁慈"(罗十二 1,新译)。这样,本句便可译成:"我们求你们,并在主耶稣里劝勉(你们)";"求"是以弟兄的身份向"弟兄们"请求,"劝勉"则是以主耶稣代言人的身份说话。[18] 按此了解,整句是"我们凭主耶稣命令你们"(参 2 节)一种较机智和委婉的讲法,在实际意思上并没有很大的分别;"吩咐"和"劝勉"在后书三章十二节(见思高)显然是同义词,这一点足以支持上面的看法。

"在主耶稣里"此短语(参三 8,五 12:"在主里")可能包括两方面的意思:(一)主耶稣是保罗的劝勉后面的基础,使徒的劝勉是基于("靠着",当圣同)并带着主耶稣所赋予的权柄的。[19] 单就这方面的意思来

---

⑮ Cf. MM 255 (s.v. *erōtaō*), 484 (s.v. *parakaleo*).

⑯ Whiteley 59; Best 154; Malherbe, *Paul* 77 n.51. Cf. Collins 301.

⑰ RV, RSV, NEB, NASB, NIV.

⑱ Cf. AV; Lightfoot 52.

⑲ Frame 142; G. Braumann, *NIDNTT* I 570 - 571; M.J. Harris, *NIDNTT* III 1192.

说，“靠着主耶稣”与“奉主耶稣的名”同义。[20]（二）信徒的整个生命，是被基督临世的事实所造成的新处境所支配着的，保罗和他的教会同样是在主耶稣的同在和能力之下；[21]因此，当保罗“在主耶稣里”劝勉信徒时，他觉得基督是在这个劝勉的行动上有份的[22]（参林后十三3：“基督在我里面说话”；林前七40，参十四37）。

“既然受了我们的教训，知道该怎样行，可以讨神的喜悦” “既然受了我们的教训”原文直译是“就如你们从我们〔现中，参思高〕领受了”，“领受”的宾词则由随后的话构成。动词“领受”的原文已在二章十三节出现过（参该处注释），它在该处指领受救恩的信息，在这里则指领受有关基督徒生活伦理道德的教训（参帖后二15，及该节注释）；[23]两次的“领受”都是指保罗及其同工在帖城初传福音那段时期，不过帖城信徒自然是先领受福音的信息，然后才领受伦理的教训。原文在“知道该怎样行”之前有中性的冠词，这是一种古典希腊文的惯用语法（参罗八26；路一62，九46，廿二23、24、2、4；徒四21——尤其是最后三节），就是将冠词放在间接问句之前而使句子成为相等于一个名词，不过在意思上并不造成任何分别；[24]冠词在这里的作用，就是极清楚地表明，帖城信徒从保罗等人所领受的，就是“你们应当怎样行和讨神的喜悦”（原文直译）的教训。（因此，“领受了我们的教训，又知道怎样行……”〔当圣〕这译法，错误地用了“又”字，使“领受”的宾词变成两样东西。）

“该”字的原文[25]在保罗书信（除了本节及后书三章七节）另外出现二十三次（新约共一〇一次），显示了五种略为不同的“必须”之意：（一）为要达到某一种结果而产生的“必然”性（林前十一19，新译）；（二）由环境或别人造成的“必须”，即是“不得已”（林后十一30，十二1）；（三）因神的计划（林前十五25、53；林后五10）或道德律（罗一27）而产生的“必要”；（四）属于信徒的责任（林前八2）或特别职分（弗六20；西四4；

---

⑳ Cf. Moore 61; Collins 306.

㉑ H. Bietenhard, *NIDNTT* II 517; Marshall 104.

㉒ Cf. Dunn, *Jesus* 324; Bruce 78.

㉓ Cf. also G. Delling, *TDNT* IV 13; H. Seesemann, *TDNT* V 944.

㉔ Robertson, *Pictures* 4.28; BDF 267(2); MHT 3.182.

㉕ *dei*.

提前三 2、7、15；提后二 24；多一 7、11a)的“当”；(五)唯其如此才是适合的“当”(正面的：罗八 26，十二 3；林后二 3；西四 6；提后二 6；反面的：提前五 13；多一 11b)。本节的“该”(及帖后三 7 的“应当”)属第四种意思，指信徒当尽的本分；而这责任至终是基于神的旨意，这旨意已藉保罗向帖城信徒所传的命令(3 节、2 节)表明出来。㉖

“行”字已在二章十二节出现过(参该处注释)，意即“行事为人”。虽然原文在“行事为人”与“讨上帝的喜悦”之间确有“并且”一字(新译)，但这字在这里的作用是表达结果，㉗整句的意思其实是“知道该怎样行(以致)可以讨神的喜悦”，即是“怎样在生活上讨上帝的喜欢”(现中)。这是信上第三次提到“讨神的喜悦”(参二 4〔见该处注释〕、15)，强调了这个思想对保罗的重要性。旧约的以诺对本句提供了最好的生命诠释：他“与　神同行”(创五 22)，神将他接去，表明他“得到了上帝的欢心”(来十一 5，现中)；我们也许可以说，保罗传给帖城信徒的教训的总意，就是要他们都作新约时代的以诺(在上引句那个意思上)。

“*就要照你们现在所行的，更加勉励*”　首句原文直译是：“就如你们实在(或也)正在行〔的一样〕”。㉘ 上文刚说完了这一句：“就如你们从我们领受了(那)‘你们应当怎样行和讨神喜悦’〔的教训〕”(原文直译)，顺着下来的意思应该是“你们也当照样行”(参思高：“你们就该怎样行事”)；不过，单是一句命令可能含有对读者目前的行为提出指责之意，因此，按他一贯尽可能对信徒表示欣赏和加以鼓励的作风，保罗把句子改成现在的样子。这样一来，原本要作归结分句的“你们也当照样行”里面的“行”字，在现在的归结分句里面也改为另一个动词。㉙ “勉励”跟三章十二节的“充足”在原文是同一个动词(参该处注

㉖ Cf. W. Grundmann, *TDNT* II 21,24; E. Tiedtke, H.-G. Link, *NIDNTT* II 666.

㉗ *kai* = consecutive: BDF 442(2).

㉘ *kathōs kai peripateite*. 动词的现在时式表示着眼点是在“你们现在所行的”(新译同)，并没有“一向都这样做”(现中)的意思。

㉙ 另外，原文在“在主耶稣里劝勉(你们)”和“就如你们从我们领受了”之间所用的那个连接词(*hina*)——其作用是表达“劝勉”的目的和内容——也因为跟它属下的支句相隔太远而需要在“要……更加勉励”之前重复一次。以上对本节结构的解释，见 Lightfoot 52; cf. Frame 142; Whiteley 59; Neil 76; Best 156. 有些抄本缺少“就如你们也在行的”(转下页)

释),不过在该处是作及物动词用,这里是不及物的用法;"更加勉励"的意思即是"更加努力"(现中),"更向前迈进"(思高)。保罗一面为读者祈求,求主"使他们(在爱心上增长、充足)",一面劝勉他们在讨神喜悦的生活上"更加努力";这就再一次提示我们,在基督徒的生命中,神的工作和人的努力并非互相排斥,而是相辅相成的(参三 5 注释末段)。

四 2 "你们原晓得我们凭主耶稣传给你们什么命令" 原文在句首有"因为"一字,其作用似乎是证实"就如你们领受了"一句(你们确实是领受了,因为你们知道……),同时支持"要更加勉励"一句(你们要更加努力,因为……)。这是信上用"你们知道"这动词九次中的第八次(参一 5 注释);保罗在这里提起这件事实,为要使读者觉得,他现在不是要给他们一些任意发出的新命令,而是他早已"藉着主耶稣"(现中)"给了"(思高)他们的。这动词在保罗书信中共出现七十二次(新约共四一五次),显示了多种略为不同的用法,并且涉及非常丰富的内容。这词以被动语态出现时(二十一次),所暗示的主词就是神(或基督),所赐下的包括:给使徒保罗的"恩典"(罗十二 3,十五 15;林前三 10;加二 9;弗三 2、7、8)、"管家职分"(西一 25,新译)、"口才"(弗六 19)以及他身上的"一根刺"(林后十二 7);给提摩太的"恩赐"(提前四 14);给哥林多教会的"恩惠"(林前一 4);给马其顿众教会乐捐的"恩典"(林后八 1);给女人的头发(林前十一 15);给所有信徒的"恩典"(罗十二 6,新译;弗四 7,提后一 9)、"应许"(加三 22)、圣灵(罗五 5)和圣灵"所彰显的"(林前十二 7〔现中〕、8)。在以主动语态出现的五十一次之中,(一)这词有八次指一些一般性的情形或历史性的特殊情况,前者为:乐器所"发"的声音(林前十四 7〔两次〕、8,参新译)和舌头所"说"的话(林前十四 9),后者为:雅各、矶法和约翰向保罗和巴拿巴"伸出"右手互相许诺(加二 9,新译),加拉太人愿意(若可能的话)把眼睛剜出来给保罗(加四 15),哥林多的信徒先把自己"献给"主,然后献给

(接上页)一句,但此句不但有很强的外证(抄本的证据)支持,而且"就要更加勉励"需要该句作为前设,其意思才得以完全;因此,该句被省掉可能是由于意外(抄者把第二个"就如"句漏抄了),或是由于抄者误以为它是多余的而故意把它省掉(Metzger 632)。

保罗及其同工(林后八 5,参新译),亚伯拉罕因信将荣耀“归给”神(罗四 20)。

很自然地,这动词以神或基督为主词的次数最多,(二)前者占二十一次:神把更大的光荣“分给”有缺欠的肢体(林前十二 24,参现中);他随己意给种子一个形体(林前十五 38);他博“施”济贫(林后九 9,思高);他把保罗对哥林多人那样的热情,“放”在提多的心里(林后八 16,新译);他把与神和好的道理“托付”给保罗等人(林后五 18,新译),又把使徒的权柄给他(林后十 8,十三 10);他曾开恩把永远的安慰和美好的盼望赐给信徒(帖后二 16),藉着基督把胜利赐给他们(林前十五 57,参新译、思高),并赐圣灵在他们心里作得救的凭据(林后一 22,五 5;帖前四 8);他给他们的是“有能力、仁爱、自律的灵”(提后一 7,新译),但他曾给不信的以色列人“麻木的灵”(罗十一 8,新译);他或者会给予抵挡真道的人悔改的心(提后二 25),但必会报应(即是给予“报复”)不听从福音的人(帖后一 8,参思高);他已立基督为教会至高的元首(弗一 22,参新译、思高);他会赐给信徒智慧和启示的灵(弗一 17,新译)、彼此同心(罗十五 5)、“内在的人”得以刚强(弗三 16,新译、思高);可是他没有赐下“一个能叫人得生的律法”(加三 21;即是所颁布的律法事实上不能给人带来生命,参现中)。(三)以基督为主词的占了十次:他曾舍了自己作万人的赎价(加一 4;提前二 6;多二 14),又在复活后“赐恩赐给人”(弗四 8,现中),“指定”人作先知、传福音者、牧师和教师(弗四 11,现中),这是照着他所赐给各人的(林前三 5);保罗应许提摩太,主会在凡事上给他“领悟力”(提后二 7,新译),又为曾帮助他自己的阿尼色弗祈祷,求主(赐)怜悯(给)他和他的一家(提后一 16、18);作为保罗祷求的对象,他会赐平安给信徒(帖后三 16)。

此外,(四)这词以信徒为主词的有五次:他们每人都要向神交账(罗十四 12,参思高);他们的言语要能使听的人得益处(直译为“要把恩典给听的人”,弗四 29);他们不可为自己复仇,乃要“让路给(神的)忿怒”(罗十二 19,直译,参思高);也不可给魔鬼留有余地(弗四 29,思高),或(年轻的寡妇尤其要注意此点)给敌人以诽谤的任何借口(提前五 14,思高)。最后,(五)以保罗(和同工)为主词的有余下的七次:保罗把他的意见告诉哥林多人(林前七 25;林后八 10);他要给他们以他和同工为夸耀的机会(林后五 12,参新译、思高);保罗和同工不在任何事上给任何人跌倒的因由(林后六 3,思高),他们不使用靠福音养生的权柄,也是为要免使基督的福音受到妨碍(林前九 12:直译为"不把任何障碍给基督的福音");他们将主的命令传给帖城信徒(本节),又把自己给他们作效法的榜样(帖后三 9)。

"命令"一词的原文[30]在新约另外出现四次,分别指腓立比裁判官给狱吏的命令(徒十六 24)、大祭司等人给使徒的禁令(徒五 28),以及保罗对提摩太的嘱咐或"训令"(提前一 5、18,思高);同字根的动词在下文第十一节出现(见该处注释)。本节的"命令"显然同时包括负面的"诫命"(思高、当圣;参 3、5 节)和正面的教训(参 4、11 节),指有关生活及行为明确而具体的规则或方针。当代的哲士也有对人施以道德训诲的传统,但保罗的"劝勉"和"命令"跟那种训诲的分别,是在于他要求帖城信徒在生活上讨神的喜悦,及在于这劝勉和命令是"在主耶稣里"(1节)和"藉着主耶稣"(本节,现中)发出的。[31] 后面这短语引起了好几种解释:(一)"基于耶稣的话语和榜样":"基督的心意"(林前二 16,新译)是基督徒良心的准绳;(二)跟"奉主耶稣的名"同义;(三)"由主耶稣所致"(参思高:"因主耶稣"),即是"凭着主耶稣的权力〔权柄〕"(当圣);(四)"藉着我们在他里面的基督之活动"(即是罗十五 18"基督藉着我"或林后五 20"神藉着我们"的反面);(五)"在主耶稣的感动、影响、推动之下(而发)";(六)与上一节的"在主耶稣里"同义,保罗在本节改用这短语,纯粹是一种文学上的变换而已。[32] 最后这个解释可能是最正确的,尤其因为有关的两个原文介系词("在"和"藉")有时可以作同义词交换来用(比较:帖后三 6〔前者〕和林前一 10〔后者〕;徒四 10〔前者〕和四 30〔后者〕);鉴于上文对"在主耶稣里"一语的解释(参 1 节注释),接受第六个解释其实即是包括接受第二、三、五个解释在内。但不管这短语在细则

---

[30] *parangelia*.

[31] Cf. Malherbe, 'Exhortation' 250 - 254; *Paul* 77.

[32] 分别见:(1) Denney 338*a*; (2) *Idiom* 57; Bruce 80; (3) A. Oepke, *TDNT* II 68; (4) Best 158; (5) Ellicott 51*a*; Lightfoot 52; Frame 144; Whiteley 59; Dunn, *Jesus* 237, 279; (6) Moore 61; Marshall 105; Collins 306 n. 40.

上应如何解释,它所表达的基本意思是不容置疑的:保罗传给帖城信徒的命令,至终是来自主耶稣,保罗不过是他的代言人;正因这缘故,这些命令是教会所必须遵守的。[33] 保罗和同工传给帖城信徒的是"什么命令",大致上可从本劝勉部分的内容(四 3～五 22)看出来。

(II) 要以圣洁自守(四 3～8)

3 神的旨意就是要你们成为圣洁,远避淫行;
4 要你们各人晓得怎样用圣洁、尊贵守着自己的身体,
5 不放纵私欲的邪情,像那不认识神的外邦人。
6 不要一个人在这事上越分,欺负他的弟兄,因为这一类的事,主必报
应,正如我预先对你们说过,又切切嘱咐你们的。
7 神召我们,本不是要我们沾染污秽,乃是要我们成为圣洁。
8 所以,那弃绝的,不是弃绝人,乃是弃绝那赐圣灵给你们的神。

四 3 "神的旨意就是要你们成为圣洁,远避淫行" 首句原文直译为:"因为这是神的旨意"。"因为"在这里的作用不是指出理由或原因,而是提供解释,就是解释上一节"什么命令"的性质和内容。"旨意"一词的原文[34]在保罗书信一共出现二十四次(新约六十二次),除了两次指人的意志或意愿(林前七 37〔参新译、现中、思高〕,十六 12),一次指人的肉体和心意"所喜好的"(弗二 3,新译、思高),一次指魔鬼的意思(提后二 26,参新译、思高),另一次指主(耶稣)的旨意(弗五 17),其

---

[33] Cf. Uprichard, 'Person and Work, 111; O. Schmitz, *TDNT* V 764, *TDNTA* 777; W. Mundle, *NIDNTT* I 341.关于"保罗的权柄之基础"此问题,参 Best (*Paul* 76-85)的讨论。作者这样总结(85):"保罗认为他的权柄是来自旧约,来自社会所接受〔为美善〕的,来自耶稣的教训,来自教会的传统;这一切都需要加以修改来适应新的处境。他如此加以修改的能力是来自他和基督的关系,以及他从圣灵领受的引导。他发出新指示的信心也是来自基督与圣灵,以及来自他是他所带领归主者之'父'此一特别关系。他的权柄有一种类似旧约先知所有的直接感('immediacy'),这也是新约先知的话语所必曾具备的。当然,他并非总是带着这种'直接'的信心说话的。……他常以辩论的方式提出理由来支持他的立场。"亦参冯:"恩赐"58-59,120-122。

[34] *thelēma*.

余十九次皆指神的旨意。[35] "神的旨意"一语在原文所用的结构跟保罗常用的两种结构略有分别(见注35),即不是两个名词都有或都没有冠词,而是只有"旨意"无冠词。有些释经者认为,这是由于这里的"旨意"并不是神全部的旨意;[36]可是,两个名词都有冠词的时候,也不见得所指的就是神全部的旨意(参罗一10;弗六6),因此这解释缺乏说服力。另一些释经者从文法角度提出别的可能性,但他们的解释并不一致。[37]可能最好的做法,就是接受原文结构确是保罗提及"神的旨意"时较特别的结构,但这结构本身(即是只有第二个名词之前有冠词)在保罗书信中并不是独特的,[38]因此不必含有特别的意思。本句的真正次序可能是"神的旨意是这样"(即"神的旨意"才是主词〔如在中译本〕,"这"其实是辅词〔或宾词〕),不过原文把"这"字放在动词之先,为要强调上一节"什么命令"的内容就是"这样"。[39]

"神的旨意"一词(以及同字根的动词"要"或"愿意"[40])在保罗书信里的用法,显示两个略为不同的意思:(一)指神的计划,就是他定意要成就并且亲自作成的事,例如:他的救赎工作(加一4;弗一5、9、11;动词:西一27),呼召保罗成为使徒(林前一1;林后一1;弗一1;西一1;提后一1),以及在自然界(林前十五38,动词)和在教会里(林前十二18,动词)所作的安排(另参:罗一10,十五32〔名词〕;罗九18、22〔动词〕)。(二)指神的心意,就是他想要它发生,却不一定会发生的事,因为在这些事上人主动和积极的回应分外重要(动词:提前二4;名词:罗二18,十二2;林后八5;弗六6〔参五17〕;西一9,

---

[35] *to thelēma*:罗二18。*to thelēma autou*:弗一5、9、11;西一9。*to thelema tou theou*:罗一10,十二2;加一4;弗六6。*thelēma theou*:罗十五32;林前一1;林后一1,八5;弗一1;西一1;帖前五18;提后一1。*pan thelema tou theou*:西四12。*thelēma tou theou*:帖前本节(四3)。最后这个结构可描写为 a modification of Apollonius' canon (cf. *Idiom* 114–115).

[36] Lightfoot 52,53; Whiteley 59; Morris II 122; Best 159; Marshall 106; G. Schrenk, *TDNT* III 58.

[37] 例如:Ellicott 51; Frame 146(受希伯来文语法影响);Bruce 82("神的旨意"是辅词,"这"才是主词)。

[38] 例如:*doxa tēs charitos autou*(弗一6);*endeixis tes dikaiosynes autou*(罗三25)。

[39] Frame 146; Marshall 106.

[40] *thelō*.

四 12;帖前本节,五 18)。本节和五章十八节是保罗明确而具体地指出神的旨意(第二个意思)是什么的少数经文中的两段(参提前二 4);较多的时候,他是笼统地提到神的(或主的)旨意,并且似乎预期他的读者会晓得他说的是什么(例如:罗十二 2;弗五 17;西一 9,四 12),但在本节,紧接着"神的旨意就是这样"之后便有"你们〔的〕圣洁"(新译、现中)一语作为解释。

这里用的是跟三章十三节不同的名词"圣洁",这字[41]在新约共用了十次:两次指圣灵把人分别出来使之归于基督的行动(帖后二 13;彼前一 12),其余八次都是指"成圣"的过程或其果效(本节、4 节、7 节;罗六 19、22;林前一 30;提前二 15;来十二 14)。这就是说,信徒除了藉着圣灵的工作(帖后二 13;彼前一 2;参罗十五 16)、因信(帖后二 13)、在基督里(林前一 2)在地位上成为圣洁(林前六 11)之后,必须进而经历在实际的生活行为上"成为圣洁"的过程。"你们的圣洁"可解为"你们(被神使你们)成为圣洁",或"你们叫自己成为圣洁",鉴于下文的重点是在信徒当做的事,后者较适合本段的文意;不过我们要同时强调,保罗绝对不认为信徒可以靠自己的力量成为圣洁,因此,"使自己成圣"的重点只是在信徒本身有责任,需要采取主动去使自己成为圣洁,却绝不等于"靠自己成圣";[42]事实上,在信徒采取主动的背后先有神的主动(腓二 13),他们在"使自己成圣"的过程中,必须倚赖神的工作(帖前五 23)以及圣灵的引导和能力(加五 16、18、25b;罗八 13、14)。"成为圣洁"本身的意思非常广泛(参三 13"圣洁"一词的注释),不过在本段,它的意思显然是和"淫行"、"私欲的邪情"及"污秽"(3b、5、7 节)相对,因此其重点是较狭窄地局限于"清洁"之意。保罗在下文(3～6 节在原文是一句)以四个不限定格的词引介的话阐释"成为圣洁"所涉及的内容。[43]

---

[41] *hagiasmos*.

[42] Cf. Best 160; Henneken 11; Küng, *Justification* 296, 306 ('there is a "selfsanctification" of man in so far as man himself — not by himself, but he himself — has to sanctify himself').

[43] *apechesthai*, *eidenai*, (*mē*) *hyperbainein kai pleonektein* = epexegetical infinitives.

“远避”（新译同）亦可翻译为“戒绝”（思高，当圣；基本意思是“（禁）戒”，“绝”是这字的含意）。原文在新约另外出现五次，[44]分别指耶路撒冷会议要求外邦信徒禁戒不作（吃）的事（物）（徒十五 20、29），假师傅禁戒食物（提前四 3），信徒应禁戒肉体的私欲（彼前二 11）及远避“各种坏的”灵恩现象（帖前五 22，思高；详见该节注释）。本节要信徒禁戒的“淫行”（新译同）或“邪淫”（思高），原文[45]在保罗书信另外出现九次（详参冯：“真理”332－333；新约共二十五次），泛指一切“淫乱的事”（现中、当圣），即是一切在婚姻以外的（因此包括婚前的）性行为。保罗在此解释“成圣”的意思，首先提到的是“远避淫行”，这一点不一定表示帖城信徒当中正有这类事情发生，因为若真是这样的话，保罗可能会采较严厉的语气加以谴责或改正（参林前六 12～20，五 1～5）。他先提此事较可能的原因，是由于当代的异教社会对性关系采取极随便的态度，“淫乱的事”对当时的希腊世界是像饮食一样无关痛痒的事；雅典最伟大的雄辩家狄摩西尼[46]的一句话，代表了当时的一般态度，他说：“我们养情妇来娱乐我们〔她们也可以作理性方面的伴侣〕，养妾侍〔在奴隶制度下这是很容易办到的事〕来满足我们日常身体方面的需要，但我们有妻子为我们生合法的儿女并做我们家庭可靠的监护人。”当时并无大众舆论的喉舌来抨击淫乱的事，尽管一个在性事上过度放纵自己的人可能会受人讥讽，就像一个声名狼藉的贪食或嗜酒者会受到讥讽一样；一些公开的宗教更涉及礼仪上的淫乱（即是与“圣娼妓”苟合），在帖撒罗尼迦就有这样的宗教。[47] 保罗写此信时的所在地哥林多，也是道德标准非常低落，甚至教会也受到异教社会的影响（参林前五 1～2，六 12、15～16）。因此我们不难了解，为何保罗多次以性关系方面的罪开始他信上的“罪恶的目录”（罗一 24；林前六 9；加五 19；弗五 3、5；西三 5），又

---

[44] *apechomai*. 所用的两个结构在意思上并无分别：*apechomai* + genitive（徒十五 20、29；提前四 3；彼前二 11）；*apechomai apo* + genitive（帖前五 22；本节）。*apechesthai* = direct middle, ‘holding oneself from’.

[45] *porneia*.

[46] Demosthenes (c. 384－322 B. C.).

[47] The cult of the Cabiri of Samothrace. 以上有关当代异教社会的资料，见 Bruce 87，82，II 1158*b*. 亦参冯：“真理”333－334。

在这里将“远避淫行”看为“圣洁”的第一个元素。他要信主不久的帖城信徒认定一件事:他们必须跟他们所来自、所习惯的异教社会的性标准一刀两段!

“远避”或“戒绝”是新约作者教导信徒对付“肉体”的方法之一(参彼前二11);“逃避”(淫行,林前六 18;少年的私欲,提后二 22)是比“远避”更强有力、更富动感的讲法,但基本上是跟“远避”相同的对策。另一个方法是:“把肉体……钉在十字架上”(加五 24;见冯:“真理”354 - 355 之注释),实际上相等于“(靠着圣灵)治死身体的恶行”(罗八 13)或“治死……在地上的肢体”(西三 5)。至于与“肉体”同一阵线的“世界”和“魔鬼”(参弗二 2～3),新约作者教导我们的对策是:“不要爱世界和世界上的事”(约壹二 15;参雅四 4),“不要效法这个世界,只要心意更新而变化”(罗十二 2);“要用坚固的信心抵挡”魔鬼和它的诡计(彼前五 9;雅四 7;弗六 11)。

四 4 “要你们各人晓得怎样用圣洁、尊贵守着自己的身体” 本句与“远避淫行”是平行的,它从正面解释“成为圣洁”的意思,就如“远避淫行”是负面的解释。“晓得”在这里有“学而知之”的含意,因为生活上的圣洁不是一时冲动便唾手可得的东西,而是要用心培养的习惯。[48]“你们各人”表示这里的嘱咐适用在读者之中“每一个人”(现中)的身上。“守着〔新译:保守〕自己的身体”是原文短语[49]的两个主要解释之一;[50]另一个主要解释是“娶得自己的妻子”(见串释注)或“与自己的妻

---

[48] Cf. Lightfoot 53; Moffatt 34 *a*. Frame 148 将“晓得”解为“欣赏(你妻子的)价值”(参五 12,该节的“敬重”在原文是同一个字),又将此字和随后的“守着”(他译为“娶得”)分开,从而得出以下的意思:“藉着欣赏你妻子的价值来远避淫行”,“以圣洁的精神结婚,藉此避免跟弟兄的妻子行淫”。但这做法有两点困难:(一)作者要在“娶得”之后补充“他的妻子”一语(即是把它重复一次);(二)“晓得”或“认识”通常不能解为“尊重”(除非文理清楚支持这个意思,如在五 12),但本段的文理并不支持此意思,这样解释反而拆坏了“晓得(怎样)守着〔或娶得〕”这个非常自然而符合文意的思想单元。因此二字不应分开(cf. Best 163; Marshall 107).

[49] *to heautou skeuos ktasthai*.

[50] Cf. NEB ('to gain mastery over his body'), NIV ('to control his own body'); Whiteley 60 - 61; Neil 79 - 80; Morris I 75 - 76, II 123 - 124; Bruce 83, I 31, II 1158 *b*; Marshall 107 - 109; Henneken 56 with n. 36; M. Wolniewicz, as reported in *NTA* § 8(1963 - 64) - 1077.

子相处"(现中页边注)。[51] 我们要先看原文的名词及动词在新约的用法,然后讨论上述两个解释。

"身体"原文(见注 49)直译作"器皿",这词在新约一共出现二十三次,保罗书信占七次;其中十六次按字面意义指"器皿"(单数:路八 16;约十九 29〔思高〕;罗九 21;复数:提后二 20;启二 27)或作任何用途的物件(单数:可十一 16;徒十 11、16,十一 5;复数:启十八 12a、b),后者包括一个人的"家具"或"财物"(复数:太十二 29;可三 27〔此二节参新译、现中〕;路十七 31)、一条船的"船具"(单数:徒廿七 17,思高),以及"崇拜及礼仪上所用的各样器皿"(复数:来九 21,现中)。其余七次则为喻意性的用法,分别指(除本节外):保罗是神所拣选的器皿(徒九 15),妻子是比丈夫"较为脆弱的器皿"(彼前三 7,思高),人若自洁,就必作贵重的器皿(提后二 21;以上三节为单数,以下三节为复数),福音的宝贝是放在瓦器里(林后四 7),灭亡的和得救的人分别是"可怒……的器皿"和"蒙怜悯……的器皿"(罗九 22、23)。"守着"或"娶得"的原文[52]在保罗书信不再出现,在新约则另外用了六次,一贯的意思都是"取得":耶稣叫门徒"腰袋里不要带金银铜钱"(太十 9),意即不要"取"金钱放进腰袋里去;他们要以坚忍的心志,"赢取"自己的灵魂(路廿一 19,新译;参和合小字);法利赛人自夸"凡我所得的,都捐上十分之一"(路十八 12),即是他奉献全部"收入"的十分之一(现中,参新译);卖主的犹大用他作恶的工价"买"了一块田(徒一 18),行邪术的西门以为神的恩赐可用钱"买得"(徒八 20,思高),千夫长花了一大笔钱才"取得"罗马籍(徒廿二 28,新译,参现中)。

支持本句应解作"娶(取)得自己的妻子"或"与自己的妻子相处"的论据如下:(一)"取得"是原文动词通常的意思(见上一段);这词的完成

---

[51] Cf. RSV ('to take a wife for himself'), GNB('to live with his wife'); Robertson, *Pictures* 4.29; Ellicott 52 - 53; Frame 147 - 150; Moffatt 34; Moore 62 - 63; Best 161 - 163; Palmer 25 - 26; Thayer 363 (s.v. *ktaomai*), 577 (s.v. *skeuos*); BAGD 455 *a* (s.v. *ktaomai* 1); C. Maurer, *TDNT* VII 365 - 367, *TDNTA* 1040; C. Brown, *NIDNTT* III 1064 - 1065; Collins 313 - 317, 'Unity'; Ridderbos, *Paul* 308 with n. 138; Schmithals, *Paul* 155 - 156; H. Schlier, as reported in *NTA* § 7 (1962 - 63) - 887.

[52] *ktaomai*.

时式(这时式没有在新约出现)才是“守着”或“持守”(思高)之意。[53]（二)“器皿”一词在彼得前书三章七节是指妻子,故在本节也可以解为“妻子”。(三)“自己的”在原文(见注 49)是个强调的所有格代名词,保罗并无理由要强调“各人……自己的身体”,却很有理由强调“各人……自己的妻子”,就如他在哥林多前书七章二节所作的一样。(四)有关的动词在七十士译本用来指结婚(得四 10;传道经卅六 24)。(五)希伯来文的“器皿”一词在一些拉比文献论及性事的文理中用来指女人。[54]（六)原文所用的短语(名词 + 动词)可能是保罗在希伯来文“取一个妇人”一语的影响下创出来的,该语可指“娶妻”(即是“进入”婚姻:申廿一 13,廿四 1),亦可指“作丈夫”(即是继续婚姻的关系:申廿二 22;赛五十四 1),而两者都有性关系的含意(意指以性交为婚姻的基础)。[55] 因此,保罗所创的短语的意思便可能是“娶得自己的妻子”,从而变成“与妻子相处(在性交的意义上)”,或同时有“取得”和“享有(持守)”之意。

但这些理由不是决定性的。(一)蒲草纸文献的证据显示,原文动词的将来时式可以有“享(持)有”的意思,这词的现在时式可有“获得完全的控制”之意。[56] 事实上,若在这里把动词译为“取得控制”,便可保存它特有的“进入(一种状态)、开始(某个行动)”的意思。(二)在彼得前书三章七节,“器皿”不单是指妻子,也同样指丈夫,夫妻同为神的“器皿”,只不过妻子是“较为脆弱”的一个;但她绝对不是丈夫的“器皿”,整本圣经也没有这种讲法的例子(除非本节正是一例)。(三)“自己的”这

---

[53] *kekēmai* (indicative), *載ktēsthai* (infinitive). Cf. BAGD 455*a* (s.v. *ktaomai* 3).

[54] *kᵉlî*. Cf. C. Maurer, *TDNT* VII 361－362.

[55] *bā'al 'iššâh*. Cf. C. Maurer, *TDNT* VII 366.

[56] MM 362 (s.v. *ktaomai*). C. Maurer (*TDNT* VII 366).认为这词在七十士译本下列地方的意思是继续性的:赛廿六 13 (*ktēsai hēmas* = ‘Be lord over us, reign over us’);传道经廿二 23 (*pistin ktēsasthai* = ‘to keep faith’);在路廿一 19 也是(*ktēsesthe tas psychas hymōn* = ‘you will preserve your lives’)。可是,赛廿六 13 可解为‘Take up your reign over us’;传道经廿二 23 可译为‘Win (your neighbour’s) confidence’ (NEB);路廿一 19 的意思可能不是“保全灵魂”(参思高)或“保守自己的生命”(现中),而是“赢取自己的灵魂”(新译)或“得生命”(和合小字;cf. Marshall, *Luke* 770)。这样,在这三节动词的性质便仍是 ingressive 而不是 durative.换言之,我们不能引用这些经文来支持动词可解为“守着”的看法。重要的事实乃是,有关的动词(不论是希伯来文或希腊文)可解为“操纵”或“(对……)行使权力”,如赛廿六 13 所说明的(Whitton, ‘Neglected Meaning’ 142).

个代名词在新约时期已有逐渐减弱的趋势，[57]保罗亦在其他地方用它来指一个人自己的身体，而并无强调之意（罗四 19；弗五 28～29）。哥林多前书七章二节的情况跟本节不同：该处以婚姻为避免淫乱之事的方法，“男子当各有自己的妻子；女子也当各有自己的丈夫”，没有任何一方是对方的“器皿”（参彼前三 7）。（四）在所提及的七十士译本两处地方，原文有“妇人”一词作为宾词，因此七十士译本所用的短语，[58]跟本节所用的不同。（五）希伯来文的“器皿”一词指妇人的那些地方，其上文下理清楚显示这样的意思；还有，拉比文献的证据，部分表达一种贬低妇女地位的看法，并且全部不是早期的。（六）这是可能的，但这个可能性并不排除另一个可能，就是动词可解为“取得（对身体的）控制”；不但如此，鉴于希腊文的“器皿”一词在别处从来没有“妻子”的意思，保罗在本节（在希伯来文用语的影响下）用希腊文的“器皿”一字来指妻子这看法，其实颇值得怀疑。

上述的讨论显示，将本句解为“娶得妻子”或“与妻子相处”的论据不强。此外，这看法还涉及两点困难：（一）将妻子视为丈夫的“器皿”，不但有失高雅的品味，更反映出一种低下的婚姻观，以及对妇女之地位一种贬抑的评估，好像婚姻的主要目的是满足性欲，而妻子的主要功用就是作丈夫性欲方面的工具似的。虽然哥林多前书七章二节可说同样反映了低下的婚姻观，但在该段至少妻子和丈夫是站在相互的关系上。也许保罗在本节并无贬抑妇女地位的含意，就如随后（按原文次序）的“用圣洁、尊贵”一语所表示的。（二）第二点困难正好和此语有关，因为按“器皿指妻子”的解释，“用圣洁……不放纵……”（4b～5 节）这些话便是形容丈夫应如何与妻子相处（在性事的意义上），但本段的文理（尤其是 6、7 两节）表示保罗在此应提到丈夫应如何避免与别人发生关系才是。当然，保罗的逻辑可能是这样：基督徒的成圣过程包括基督徒的婚姻在内，成为圣洁一面是远避淫行，一面是在圣洁与尊贵中娶得妻子

---

[57] 这字在下列经文不见得有强调之意：太廿一 8；路九 60，十二 36，十三 19、34，十五 5、20，十六 5，十九 13；罗五 8，十六 4；林前七 37；弗五 33；帖前二 8、11、12。亦参太廿五 3；可八 14，九 8，十四 7；路九 47；约十二 8；林后八 5，十三 5。

[58] *ktasthai gynaika*.

并与她相处;但下文提示,保罗的逻辑可能更简单,就是:要远避淫行,圣洁自守,不侵犯别人。

本句第二个主要解释是"守着/保守"(和合/新译)或"控制/支配"(现中/当圣)"自己的身体",鉴于动词的特有意思(即表达行动的"开始",见上文),后者较为可取;这样"控制"包括"取得控制"及"继续控制",而"用圣洁、尊贵"所形容的是后面那个意思。支持这第二个解释的论据,部分已在上文关于第一个解释的讨论中间接提出,这里补充主要的理由:(一)名词"器皿"在保罗书信中部分的喻意性用法,特别是哥林多后书四章七节(亦参提后二 21;彼前三 7;见上文),支持此解释。若谓"器皿"在那三段经文其实是指整个人,不单是人的身体,则本句亦可作同样解释:"控制自己的身体"即是"控制自己",较精确的意思(在何事上控制自己)则由文理决定。(二)保罗在哥林多前书六章十二至二十节要读者"逃避淫行"(18 节),他呼吁的根据就是身体的尊贵地位——"你们的身子就是圣灵的殿……这圣灵是从神而来,住在你们里头的"(19 节);本节(按第二个解释)同样呼吁信徒要控制自己的身体,第八节同样提到神把圣灵赐给了他们。(三)在撒母耳记上二十一章五节,希伯来文的"器皿"一字两次用来指大卫的僮仆们的"器皿……是洁净的",就是说,他们戒绝了女色,因此"是身洁的"(思高),可以吃圣饼(挪伯的祭司只有这些);由此可见,"器皿"在此是指"身体",甚或特指他们身体上的性器官。七十士译本就是用希腊文的"器皿"一字来翻译那个希伯来字(虽然此译本没有将希伯来文该节清楚的性意思翻出来)。在这事实底下,本节的"器皿"可能是用作男性生殖器官的讳称,较可能是指身体(着眼在其性功能的一面)。[59] (四)加尔文认为,"器皿"无疑指身体,因为保罗的话是同时及同样向丈夫和妻子说的。[60] 不过,这理由的说服力不大,因为即使保罗是在教导男士应如何娶得妻子或与妻子相处,其中的原则亦涉及妻子应有的、相应的义务;况且下文"欺负他的弟兄"一语(6 节)表示,保罗的话确是以男的为主要对象(见

---

[59] Cf. BAGD 754 *a* (s. v. *skeuos* 2); Donfried, 'Cults of Thessalonica' 342; Whitton, 'Neglected Meaning'.

[60] Calvin 359.

下文注释)。虽然如此,第一至三项理由,加上第一个解释所涉及的困难,足以支持这个结论:"成为圣洁"的第二个元素,就是"控制自己的身体",即是在性欲方面控制自己。

"用圣洁、尊贵"原文[61]直译作"在圣洁和尊贵中";"圣洁"与上一节的"成为圣洁"在原文是同一个字,这里指"成为圣洁"(过程)的果效,就是成为圣洁(在生活上分别出来归给神)的状态。"尊贵"一词的原文[62]在保罗书信另外出现十七次(新约共四十一次),除了两次指信徒是以重"价"买来的(林前六 20,七 23),另一次的意思是"价值"(西二 23,新译、现中、思高),其余十四次的基本意思都是尊贵或恭敬,包括:(一)对人显出的"恭敬"(罗十二 10;提前六 1);(二)一己所享受来自别人的"尊贵"(罗二 7、10;提前一 17〔在此三节与"荣耀"连用〕,六 16;罗九 21;提后二 20、21;林前十二 23、24〔思高〕)、"恭敬"(罗十三 7,两次)或"敬奉"(提前五 17)。这字在本节若解为"恭敬"(思高:"敬意"),则所指的不仅为对妻子的"敬重"(彼前三 7),亦包括对别人的尊敬,这份尊敬使自己不向人作出不道德的行为。[63] 可是,原文的意思可能根本不是"用圣洁尊贵的方法"(新译)或"依照圣洁合宜的方法"(现中),而是"在圣洁和尊贵的状态之中",意即"让身体保持圣洁和尊贵"(当圣);"尊贵"在这里指一种端庄、堪受尊敬的情况。[64] 与这字同字根的反义动词[65]在罗马书一章二十四节指人以污秽的事彼此"玷辱"自己的身体;保罗在本节的劝勉,就是叫帖城信徒不要行淫乱的事,免得身体陷入犯了罪和羞辱的状况中,乃要把身体保守在一种圣洁和尊贵的状态中。

四 5 "不放纵私欲的邪情" 此句在原文并无动词,直译只作"不在私欲的邪情中",与上一节的"在圣洁和尊贵中"相对,因此严格说来,应补充的动词是上一节的"控制(自己的身体)";[66]但"不要放纵"(思高同)显然是合适的意译。"私欲"的原文已在二章十七节出现过,指保罗

---

[61] *en hagiasmōi kai timēi*.

[62] *timē*.

[63] Marshall 109 - 110 认为必须这样解释。

[64] BAGD 818 *a* (s.v. *timē* 2c):'as a state of being *respectability*'.

[65] *atimazō*.

[66] Patte,'Structural Exegesis' 118.

和同工要再见到帖城信徒的愿望(参该处注释);这里则有不好的意思。“邪情”一词的原文在使徒后期教父伊格那丢的著作中常常出现(而且总是单数),指基督的受苦(另一次在巴拿巴书信六 7);[67]但在新约只用了另外两次,一次指可耻的“情欲”(罗一 26),另一次与“私欲”连着在一列的罪恶中出现(西三 5:“邪情、恶欲”)。本节不但将这两样连起来,并且表示它们之间的逻辑关系:“私欲的邪情”意指由私欲产生的邪情。[68] 若上一节所说的是与妻子相处的事,这种邪情就是正当和合理的性欲(参林前七 2、5、9)被夸大和扭歪的结果,它变成不受控制,只知利用妻子来满足自己,并且破坏与妻子的关系。[69] 但若上一节是说各人应控制自己的身体(上文所采纳的看法),“放纵私欲的邪情”便是指一个人被不受控制的性欲所胜,而作出淫乱的事(参 6 节);保罗说“不要”这样,正面的说法是“要控制自己的身体,将它保持于圣洁尊贵的状态中”。同样的教训亦见于希伯来书十三章四节:“婚姻应受尊重,床笫应是无玷污的”(思高)。

“像那不认识神的外邦人” “像”字原文在上文已出现三次(二 11〔见该处注释〕,三 6、12),意思是“就如”。[70] 译为“外邦人”的原文里面的名词[71]已在二章十六节出现过(参该处注释)。它在保罗书信的五十四次中,除了四次有一般性的“国”(罗四 17、18)或“民”(罗十 19〔两次〕)的意思,两次指与以色列分开的“万国”(加三 8b)或“万族”(罗十五 11,新译;参思高),其余的四十八次都是指“外邦人”的专用名词,[72]有时和“犹太人”相对(罗三 29〔两次〕,九 24,十五 10;林前一 23;林后十一 26;加二 8、9、15;弗二 11〔参 12 节〕),有时指外邦

---

[67] Cf. BAGD 603*a* (s.v. *pathos* 1).

[68] *epithymias* = genitive of origin, not genitive of quality like *atimias* (罗一 26): W. Michaelis, *TDNT* V 928.

[69] Cf. Palmer 26.

[70] 由这字引介的比较子句里面,这字之后常有“而且”(*kai* = ‘also’)一字,不论该子句的比较是正面的(三 6、12;罗四 6;林后一 14)或负面的(本节;来四 2);后一种情形显然占少数。

[71] *ethnos*.

[72] 罗一 5、13,二 14、24,九 30,十一 11、12、13b、25,十五 9(两次)、12(两次)、16(两次)、18、26;加一 16,二 2,三 8a、14;弗三 6、8;西一 27;帖前二 16;提前二 7,三 16;提后四 17;及下文所列的二十次。

信徒(罗十一 13a,十五 27,十六 4;加二 12、14〔与犹太基督徒相对〕;弗三 1),有几次则与(外邦的)基督徒相对(林前五 1,十二 2;弗四 17;本节)。最后这种用法的含意就是:基督徒才是真受割礼(腓三 3)的真犹太人(罗二 28、29),新约的教会已取代了旧约时代以色列为神选民的地位,成了新约时代的"神的子民",就是属灵(不是属肉体:林前十 18)的真以色列(参加六 16)。既然"外邦人"在这里是和外邦的基督徒成为对比,这词其实就是"非信徒"或"异教徒"(现中)的意思。

原文的结构表示,"不认识神"是外邦人的特征。这思想和词语出自耶利米书十章二十五节和诗篇七十九(七十士译本七十八)篇六节;[73]这思想反映了旧约及犹太教对外邦人的普遍看法,也是保罗书信里重复出现的题目。[74] "不认识 神"这话用在不同的外邦人身上可能有不同的意思,它可指"不晓得有神的存在"或"虽然相信有神,却不知道他是怎样的",或"虽然知道上帝,却不尊他为上帝",反而"故意不认识上帝"(罗一 21、28,新译),不感谢他,不顺从他启示的旨意来生活。[75]不管外邦人是在哪一个特别的意思上不认识神,他们不认识神的一个结果就是他们"放纵私欲的邪情";这清楚提示我们,宗教与道德是一体的两面,假宗教必导致败坏的行为,保罗在罗马书一章对两者的逻辑关系,作了淋漓尽致的描绘和发人深省的剖析(21~23,败坏的宗教;24~32,败坏的道德)。

四 6 "不要一个人在这事上越分,欺负他的弟兄" 原文并无"一个人",这字是从第四节的"你们各人"补充进来的:"各人都不要……"即是"不要一个人……"或"谁也不要"(新译)。本句在文法上与上文的关系有三种解释:(一)本句表达了"晓得怎样……守着自己的身体"的

---

[73] "不认识你的列国/外邦"在七十士译本该两处分别译作:*ethnē ta mē eidota se*, *ethnē ta mē ginōskonta se*(这提示 *oida* 与 *ginōskō* 是同义的);本节的 *ta ethnē ta mē eidota ton theon* 跟前者尤其相似。

[74] 不认识神:帖后一 8;加四 8(以上用 *oida*);林前一 21(用 *ginosko*);林前十五 34(用名词 *agnosia*)。认识神:罗一 21;加四 9(以上用 *ginosko*);多一 16(用 *oida*);林后十 5(用名词 *gnosis*)。

[75] Cf. Whiteley 62.

结果。[76] 但原文不限定格动词"(不)越分"之前的冠词可否这样解为表达结果,是颇有疑问的。(二)这冠词表示本句并不是像"与妻子相处"(见 4 节注释)那样附属于"晓得怎样"之下,而是与"晓得怎样"平行,提出了"远避淫行"一句里面新的一点,即是跟别人(不只是配偶)在性方面所犯的罪。[77] 可是,这看法把有冠词的"越分〔和〕欺负"视为与无冠词的"晓得"完全平行,这是难以令人满意的。较好的看法是:(三)本句与第三节"你们的圣洁"一语平行,它的作用是提出"成为圣洁"的一项特别说明,它的思想则是较直接地由第四节下半(原文次序)的"在圣洁和尊贵中"一语所引发的。[78] 换言之,从文法的角度看,本句的结构(冠词加不限定格动词)相等于一个名词(如在三 3a 一样,参该处注释),因此是与上文另一个名词("圣洁")平行;但就其内容来说,本句仍是解释"你们的圣洁"一语的。按此了解,第三至六节内的四个不限定格动词的相互关系可表达如下:

"你们的圣洁"(3a) = { 消极:"**远避**淫行"(3b)
积极:"**晓得**……守着"(4a) { 积极:"在圣洁和尊贵中"(4b)
消极:"不放纵"……(5) } }
‖
"不……**越分**[和]**欺负**……弟兄"(6a)

加尔文将本节和上文分开来解释,认为这里所谈的与性方面的不洁无关,而是笼统地指欺压邻舍和对别人的财物起贪心;[79]但这解释并不自然,而且忽视了"在这事上"显浅的意思(见下文),更破坏了本段的文意前后呼应的现象,[80]因此本节应连着上文来解释。[81]

用来谈及"成为圣洁"所涉及的内容的第三个动词是"越分"(这词

---

[76] Lightfoot 56 (*to* used in the sense of *hoste*).

[77] Best 165 – 166. Cf. Rickards, '1 Thessalonians 4.4 – 6', esp. 247.

[78] Cf. Ellicott 54*a*; Robertson, *Pictures* 4.29.

[79] Calvin 359. Hodgson ('Gospel and Ethics' 347)也是认为四 6 教导信徒要"避免贪婪"。

[80] 比较:

3 节　神的旨意　要你们成为圣洁 ╲╱ 远避淫行
7 节　神召我们　不是…沾染污秽 ╱╲ 乃是…成为圣洁

[81] Cf. Ellicott 54 *a*; Frame 153; Neil 81; Collins 318 – 319, 'Unity' 423.

在新约出现仅此一次），在原文有“和”字（现中：“或”）把这词与随后的“欺负”连起来。一些释经者把它看为及物动词，而得出“胜过他的弟兄”之意[82]（参思高：“侵犯”；现中：“对不起”）；但这词的基本意思是“越过”，如越过界限，若作及物动词解，意思便是“越过（不理会）他的弟兄（的权益）”，不过较合适的意思是“越分”或“越轨”（新译，参当圣），即是将原文视为单独地（无宾词）作不及物动词用。[83]

第四个动词（“欺负”）的原文[84]在新约另外出现四次，全部在保罗书信中，一次为被动语态，指信徒被撒但“（用诡计）胜过”（林后二 11）或“让〔它〕占了便宜”（思高），另三次为主动语态，意思是“占〔人的〕便宜”（林后七 2〔与“亏负”和“败坏”连着出现〕，十二 17、18）；这也是此词在本节的意思。“占……便宜”（新译、现中）不仅为“对不起”（当圣）或“损害”（思高）之意，而总是含有为要满足自己而欺骗别人的意思，[85]难怪同字根的抽象名词和具体名词[86]的意思分别是“贪婪”及“贪婪者”（见二 5 注释），因为贪婪正是一种“贪得无厌，罔顾别人的权益，只求满足自己”的欲念。

“在这事上”的原文词组[87]引起了几种解释。（一）若把“事”字解为“贸易”或“生意”，全句的意思就是“不要在生意上讹诈〔越过，即不顾〕弟兄，占他的便宜”。[88] 但这看法有两个困难。第一，原文在新约的用法并不支持这个解释，因为这字出现另外十次，三次较笼统地指任何事情（太十八 19；罗十六 2）或各样的坏事（雅三 16），七次较明确地特指某一些事：已发生的事（路一 1〔参现中〕；徒五 4）、将来的事物（来十 1，参思高）、所望之事（来十一 1）、两件不可更改的事（来六 18〔参思高〕，即是神的应许和誓言）、讨论中（上文所指）的“那事件”（林后七 11，思

---

[82] Ellicott 54*a*；Frame 152；Moffatt 34*b*.

[83] Cf. MM 652 (s. v. *hyperbaino*).

[84] *pleonekteō*.

[85] Ellicott 54*b*.

[86] 原文分别为：*pleonexia*，*pleonektes*.

[87] *en tōi pragmati*.

[88] Cf. Thayer 534 (s. v. *pragma* b)；J. Schneider，*TDNT* V 744，*TDNTA* 773；H. - C. Hahn，*NIDNTT* III 1158.

高；参新译），以及在哥林多教会里信徒相争的事（林前六 1）。可见原文十次中没有一次可解为“生意”；虽然有一个例子（主前一世纪）用这字来指“生意”，但这意思是否适用于本节是非常值得怀疑的。[89] 第二，经文完全没有线索提示我们，本节的主题已由上文的“淫行”转为生意上的欺诈，倘若真是改变了主题，这改变是非常突然的；况且第七节再回到本节上文的主题上，使我们更有理由相信整段（3～8 节）只有一个主题（参注 80）。

（二）第二种看法将原文解为“诉讼”。[90] 这是原文在蒲草纸文献中常见的用法，[91]思高圣经在哥林多前书六章一节就是把原文译为“争讼”。有学者甚至认为，本段（3～8 节）所指的其实是有关女儿继承父亲的产业的问题：按雅典及其他一些希腊城市的法律，在无直系的男承继人的情况下，女儿有权继承父亲的产业，而死者的至亲则有权和她结婚，使产业保存在原来的家族之内；这样一来，有关的双方往往先要跟他们已有的配偶离异才可以结婚，有关的女儿的承继权常常受到别人争议，最后结合的两人可能违犯了旧约“近亲不可结合”的律例（利十八 6～18），即是在那个意义上犯了“淫乱”之罪。帖城信徒可能曾就这类的事询问使徒的意见，保罗的回答是：这种结合是“淫乱”，应被禁止，也不要因此类事件进行诉讼。[92] 但从经文本身我们无法看出“事”字有“诉讼”之意，上述学者的特别解释更有不少困难。[93]

最自然的看法，就是（三）将原文解为“在这事上”（新译同）。在此之下仍有两个可能的解释：其一是以“这事”或“这样的事”（思高）、“这种事情”（现中、当圣）为“性关系之事”的雅词；[94]其二是将“在这事上”看为与哥林多后书七章十一节的“在那事上”（新译）同义（原文结构大

---

[89] MM 532 s. v. (4).

[90] G. Delling, *TDNT* VI 271.

[91] MM 532 s. v. (2).

[92] H. Baltensweiler, as reported in *NTA* §8(1963 - 64)- 257, in Bruce 85, in Marshall 111 and in Collins 318 n. 114.

[93] 详见 Best 163 - 164. M. Adinolfi (as reported in *NTA* §21 [1977]- 183)则认为那是个可能的解释。

[94] Marshall 111. Frame 152 则以之为“各式各样的不洁”（参 6b：“这一切〔的事〕”，思高）的雅词。

致相同),即是“在讨论中的那件事”,亦即是淫乱的事。[95] 虽然这两个解释结果相同,后者可能较为可取,因为“越过”和“占便宜”这两个动词本身并无性方面的含意,故此“事”字不必看为一种雅词,其意思可由文理决定。“在这事上”在英文钦定译本作“在任何事上”;[96]这可能是译者(误)把冠词看成“任何”一字的结果。[97]

“他的弟兄”若按广义解释,可指信徒或非信徒,与“他的邻舍”相等;但鉴于“弟兄”一词在信上其他地方一贯指信徒(参一 4 注释),而且本段所关注的似乎是教会内的事(参 9 节:弟兄相爱),“弟兄”较可能是指信主的弟兄。[98] 当然,这并不表示保罗默许信徒“在这事上”占非信徒的便宜(参林前六 12～20),只表示他此刻的关注,是信徒不会越过界限而闯进弟兄的领域中去占他的便宜(参林前六 8)。这事所牵涉的女士可能是那弟兄的妻子或是他家中的另一个成员,不过“占他弟兄的便宜”这种简单的说法支持前者多过后者。

“因为这一类的事,主必报应” 以上(3～6a,见本节注释首段图解)是保罗劝勉的内容,以下(6b～8)他提出三个理由来支持他的劝勉;本句是第一个理由。原文直译作:“因为主〔是〕关乎这一切事的报复者”。“这一切〔的事〕”(思高)不仅指上半节所说的“越轨的行为”(当圣),而是概指一切的淫乱(3 节)、私欲的邪情(5 节)和不洁(7 节)。由于“神是伸冤的神,他必会按人的行为施报”这思想在旧约非常普遍(申卅二 35;诗九十九 8;赛五十九 18;弥五 15;鸿一 2),这句话不一定是来自诗篇九十四(七十士译本九十三)篇一节的引句。“报复者”(参思高)意指要求应得的赔偿或施予应得的惩罚者,因此本句的意思就是“主一定要惩罚”(现中)这一切的事。但“主”是指主耶稣还是指神?

“报复者”原文[99]在新约只出现另一次,指执政者(罗十三 4)。同字

---

[95] Bruce 84; C. Maurer, *TDNT* VI 639－640, *TDNTA* 928. Cf. S.M. Grill, as reported in *NTA* §11(1966－67)－1135.

[96] AV: ‘in any matter’.

[97] Whiteley 62; Bruce 81 n.d. 即是以 ἐν τῷ 为 ἔν τῳ,后者等于 ἔν τινι (cf. MHT 2.60).

[98] 分别见 Whiteley 62－63; Neil 82 及 Frame 153; Best 166.

[99] *ekdikos*.

根的动词[100]在新约共用了六次，意思是"复仇"(罗十二 19a，现中、思高)、"责罚"(林后十 6)、"伸冤"(路十八 3、5；启六 10，十九 2)，其主词依次为：信徒、保罗、地上的法官和神。同字根的抽象名词[101](诗九十三 1〔七十士译本〕就是用这字)在新约共出现九次，分别指摩西为一个受欺压的同胞"报仇"(徒七 24)，哥林多人对他们中间一个会友的"责罚"(林后七 11)或君王所派的官吏对作恶者的"惩罚"(彼前二 14，参思高)，神为他的选民(路十八 7、8)或为信徒(罗十二 19b；来十 30)"伸冤"，神"报应"的日子(路廿一 22)，以及主耶稣对不信从福音者的"报应"(帖后一 8)。可见在此组字汇出现的另外十六次之中，以神为主词的不下九次，以主耶稣为主词的只有一次。虽然如此，我们不能仅以这种次数的多寡来断定本节的"主"是指神抑或主耶稣；认为本节的报复者"肯定"是神的讲法，[102]更无足够的理由支持。相反的，"主"较可能是指主耶稣，理由如下：(一)"主"字在本章一、二节显然是指主耶稣；它在一至三章出现十次，全部是指主耶稣，包括经文没有提耶稣之名的四次(一 6、8，三 8、12；另外：一 1、3，二 15、19，三 11、13)；(二)就如在上文(1～3节)"主耶稣"跟"神"是分开的，本节的"主"跟下文(7～8 节)的"神"也是分开的；(三)后书一章七至八节明说报应者是将要来的主耶稣。由此看来，旧约所宣告神必审判、伸冤、报应的信息，在保罗的宣讲中变成"主耶稣是报复者"；再一次(参三 13 注释：保罗以耶稣"代替"耶和华)，这事的含意就是：耶稣是神末日公义审判的全权代理人。[103](倘若本句真是援引了诗篇九十四篇一节的话，则保罗是故意省掉了"神"字，为要把原指父神的一节经文，应用在耶稣的身上。[104])

按后书一章七至八节的提示，主"对这一切……要报复"(思高)的时间，主要是他再来施行末日审判之时。但这事实并不排除另一个可能性，就是他的报应到某个程度在今生便已显明(参林前十一 29～30；

---

[100] *ekdikeō*.

[101] *ekdikēsis*.

[102] Neyrey, 'Eschatology' 223 - 225(225).

[103] Cf. Steele, 'Jewish Scriptures' 15*a*; Collins 270 - 271.(留意后一位作者在同书 320 已改变其立场，将"主"解为指神而非基督。)

[104] Marshall 112.

罗十三 1～4，一 18～32〔比较二 5～6〕)。我们可以就性关系这事从箴言取材来加以说明：不远离淫妇的结果，就是虚耗精力(箴五 9)、丧失财富(10 节)、受良心谴责(11～13 节)、名誉扫地，几乎连性命也不保(14 节；参箴六 33～35)——简言之，与妇人行淫的，“等于在毁灭自己”(箴六 32，现中；参思高)。

“正如我预先对你们说过，又切切嘱咐你们的” 这是信上第十次用译为“正如”的连接词，[105]它的作用是强调上一句话不是首次对帖城信徒说的。“我”原文作“我们”(新译、现中、思高)，指保罗和同工(一 1)。译为“预先……说过”的原文[106]在新约另外出现十四次，其意思六次为“预言”将要发生的事(太廿四 25；可十三 23；徒一 16；罗九 29；彼后三 2；犹 17)，两次为“〔在上文〕已经说过”(林后七 3；来四 7)，另一次为“〔从前或先前〕已经说过”(加一 9)，其余五次为“〔事情发生之前〕预先告诉”(三 4；林后十三 2〔两次〕；加五 21〔两次〕)；它在本句不是第三种用法，意即“我们从前告诉过(你们)”(新译，参思高)，而是第四种用法。第二个动词也是过去时式，所指的是跟前一个动词的行动同时发生的；原文[107]在新约另外出现十四次，三次用于“在神面前嘱咐”一语中(提前五 21；提后四 1，二 14〔此节见新译、现中、思高〕)，一次的意思是“警告”(路十六 28，新译、现中、思高)，其余十次皆指严肃地“作见证”(徒二 40，八 25)，所见证的包括神对人的眷顾(来二 6)、神的国度(徒廿八 23)、神的福音(徒二十 24)、向神悔改信靠基督的道理(徒二十 21)、耶稣是基督(徒十八 5)和神所立的审判者(徒十 42)的事实、关乎主的事(徒廿三 11，原文)，以及保罗的命运(徒二十 23)。这字在本句基本上也是“作见证”的意思(因此思高作“已证明过”)，[108]不过由于所见证的内容而得“警告过”(现中)或“严严警戒过”(新译)之意(参路十六 28)。原文以“又”字(新译)将两个动词连起来，但这可能是一种重言法，意即“曾经郑重地警告”(当圣)。

一些释经者认为，本节(和 8 节)严厉的词语表示，帖城信徒当中实

---

[105] *kathōs*(一 5，二 2、4、5、13，四 1a)，*kathos kai*(二 14，三 4，四 1b、6)。

[106] *proeipon*, used as 2nd aorist of *prolego*(后者见三 4)。

[107] *diamartyromai*.

[108] Cf. H. Strathmann, *TDNT* V 512.

在发生了淫乱的事;[109]不过,若是这样,为何保罗不针对这些个案加以谴责或改正,是颇令人费解的(参 3 节注释),而且"郑重地警告"不是保罗如今在信上才作的事,乃是他们在帖城信徒中间的时候已经作了。也许我们只能说,提摩太带回来的消息,使保罗觉得需要重申从前已经说过的警戒话(参林后十二 20 至十三 2;但该处反映的情况比本段清楚和严重得多)。不论如何,有一件事是不容置疑的:保罗早在向帖城信徒传福音的时候,就已经把基督教的道德要求和神将临的审判——不仅对不信者,亦包括对犯罪的信徒——紧连起来。[110] "主是报复者"此信息似乎跟"要爱你们的仇敌"(太五 44)和"要以善胜恶"(罗十二 21)的教训不相协调,亦不为许多现代人所欢迎;部分的困难在于"报复"和"复仇"等字眼所表达的是个人性(或团体、种族性)的"报仇雪恨"之意,但这组字汇在圣经所表达的思想,乃是神站在被别人的罪行和邪恶所害者的一边,为他们伸冤,并且以审判者的身份维护道德法纪,惩罚那些触犯此法却以为仍可逍遥法外的人。[111]

四 7 *"神召我们,本不是要我们沾染污秽,乃是要我们成为圣洁"* 原文在句首有"因为"一字(见思高、当圣);它的作用不是将本节连于第六节下半节(主必施行"报复",因为……),而是连于第三至六节上半节,[112]换言之,它是跟第六节下半节的"因为"平行,[113]引介出读者应顺从上文(3～6a)之劝勉的第二个理由。前一个理由关乎主的报应,是较消极的;现在提出的理由是积极的,涉及神选召信徒的目的。关于"召"字,详见二章十二节注释,这里指神曾藉福音呼召帖城信徒。"神"字在原文的位置表示它是略为强调的:选召信徒的是神,而这位神是圣洁的,因此他要求他的子民也要圣洁(利十一 44～45,十九 2,二十 7;彼前一 16);但更为强调的,是随后的对比,这对比从正反两面描写神的呼召。

---

[109] Marshall 107; Bruce 85,87. Donfried ('Cults of Thessalonica' 341 - 342)也是认为,本段劝勉的程度反映帖城信徒当中发生了非常严重的道德问题,跟哥林多教会的情况相似。

[110] Neil 82.

[111] Marshall 112. U. Falkenroth (*NIDNTT* III 97)指出"报复者"一词有"职位"的意味。

[112] 分别见:Lightfoot 58; Best 167.

[113] 原文先后为:*dioti*, *gar*.

反面来说，神对信徒的呼召“不是为不洁”（思高）。“不洁”或“污秽”的原文已在二章三节出现过（见该处注释）；这字在该处主要指贪心，在本节则主要指淫乱。原文所用的结构（参加五 13；弗二 10）[114]清楚表示，“不洁”并不是神呼召信徒的目的。这话自然包括“不是要我们生活在淫乱中”（现中）的意思，同时也证实了第六节的“这事”不是指生意，而是指性关系。正面来说，神呼召信徒“在圣洁中”（原文直译），[115]所用的结构跟第四节的“在圣洁（和尊贵）中”相同。两句之间介系词的转换引起了几种解释：（一）思高圣经（“而是为成圣”）将本句的介系词看为与上一句的介系词完全同义，另外数本中译本（和合、新译、现中、当圣）的译法（“不是要……乃/而是要”）似乎反映了与此相同的看法。（二）本句的介系词仅表示一种静态的“在……中”，即是指出基督徒被召生活于其中的那个范畴。[116] 但前一个看法将两个分别颇大的介系词当作相同的意思，这个解释则忽视了这介系词是与动词“呼召”连着用的事实；两者都有其困难之处。最好的解释是：（三）这里的介系词是一种含蓄的用法，本句的意思是“神召我们（进入，以致我们是）在圣洁中”。[117] 这解释避去了上述的困难，并且有哥林多前书七章十五节相同的结构支持（见原文）。按此了解，本句的含意就是，“成为圣洁”不仅是神呼召信徒的目的，也是他的呼召的一部分，“成圣”的过程已经开始：神藉着圣灵将他们分别出来归于自己（帖后二 13；参彼前一 2），又藉着福音以圣召召他们（帖后二 14；提后一 9），他们就成为“奉召作圣徒”的人（罗一 7；林前一 2），他们也就要把这身份在他们的日常生活中表明出来（彼前一 15）。[118]

总括本节的意思：“不洁”的道德状况，跟神的呼召绝不可能拉上关系，神呼召信徒进入并存在于“圣洁”的状况中，因此他们应以圣洁

---

[114] *epi* + dative of purpose/destination：BDF 235（4）；Zerwick 129；*Idiom* 50；M. J. Harris，*NIDNTT* III 1193.

[115] *en hagiasmōi*.

[116] Ellicott 56*a*.

[117] pregnant/proleptic *eis* = ‘into，so as to be in’：Lightfoot 58；Frame 155；MHT 3.263；M.J. Harris，*NIDNTT* III 1191.

[118] Bruce 85 – 86.

的生活来实现并完成神呼召他们的目的。[119]

四 8 “所以,那弃绝的,不是弃绝人,乃是弃绝那赐圣灵给你们的神” “所以”的原文[120]在新约另外只出现一次(来十二 1,见新译、思高);这字比另外三个类似的词——“为此”(二 13,三 5)、“为此”(三 1,思高)、“所以”(四 18)[121]——更强,不过它的作用跟它们一样,就是引介出从上文讨论所得合乎逻辑的结论。既然呼召信徒进入并生活于圣洁中的是神,他的旨意是要他们远避淫行,而违反这旨意的必会受到主的报应,“因此”(现中)那弃绝的就是弃绝神;这就同时指出了信徒应顺从上文的劝勉(3～6a)的第三个理由。“弃绝”原文动词[122]在新约另外出现十四次(全部作及物动词用),主要有两方面的意思:(一)“废弃”,如废弃(即是宣告为无效)立好的约(加三 15),废弃(即当作无效)神的诫命(可七 9)、摩西的律法(来十 28,思高)、(寡妇)当初所许的愿(提前五 12),废弃(即是使之失其效能)神的旨意(路七 30)、神的恩典(加二 21,新译;参思高:“使天主的恩宠无效”)、人的聪明(林前一 19);(二)“弃绝,即是拒绝、不承认”,如拒绝人(的请求:可六 26,新译、现中),拒绝主权者(犹 8,思高:参新译:“藐视主权”),拒绝基督(路十 16a〔两次〕;约十二 48:现中、思高),拒绝神(路十 16b〔两次〕,现中、思高)。同字根的名词[123]只在希伯来书出现两次,分别指“先前的诫命之废除”(七 18,思高,参现中)及基督将人的罪除掉(九 26)。从上列经文可见,动词所表达的大多数(占十一次)是一些不敬畏神的行动,[124]本节的两次也是这种用法,有上述第二方面的意思。

在“那弃绝的”一词里面,并无表示所弃绝的(宾词)是什么,若要提出一个宾词,我们可按第二节的提示补充“这命令”(新译)或“这诫命”(思高,当圣),或者(更好的)按第三至七节的文意补充“这种教训”(现中),但本节下半节则提示所弃绝的其实是神。由此看来,保罗可能故

---

[119] Cf. O. Procksch, *TDNT* I 113.

[120] *toigaroun*.

[121] *dia touto*, *dio*, *hōste*.

[122] *atheteō*.

[123] *athetēsis*.

[124] ‘acts of irreligion’ (J.I. Packer, *NIDNTT* I 74).

意在这里先不提弃绝的是什么，为要把整个重点放在弃绝的是谁这一点上：[125]原文用的结构（冠词加分词）相等于一个名词，因此本节可译为："拒绝者所拒绝的不是人而是……神"，原文的重点显然是在于最后这个对比。[126] "人"字在原文（单数）并无冠词，一些释经者认为这是由于（或表示）保罗心中没有特别想到任何一个人；但较自然的解释，是认为"人"字暗指保罗和同工（参当圣："并不是违抗我们"），[127]不过保罗不明说"我们"而说"人"，为要构成"不是人，乃是神"的鲜明对比。保罗在二章十三节已用过这种对比来强调他所传的福音是从神而来的真理（参加一 11、12），又在同章四节用它来强调他取悦的对象是神（参加一 10）；这对比在本节的作用是强调神是最高的权威，人显然无法跟他比较（参加一 1），因此拒绝者的行动是极严重的错误（罪行）。另一方面，虽然本节的重点是在于神人的对比，但其含意包括神与他所差派的代表认同，在他们奉派去作的工作上，他们可说有与神同等的权柄；这是新旧约同样启示的真理（参出十六 8；撒上八 7），尤其在耶稣的教训中曾屡次被阐明出来（太十 40〔对十二使徒〕；路十 16〔对七十个门徒〕；可九 37；约十三 20〔作为一般性的原则〕）。倘若本节是暗指耶稣的一句话，那么最可能的就是路加福音那一节。

在保罗用来形容神的附加语里面，[128]"赐"字（见四 2 注释）在原文是现在时式的分词；一些释经者认为这时式表示神不断将圣灵赐给信徒，圣灵不断向信徒发出警告，要他们提防沾染污秽，[129]但这解释似乎过分强调此时式的重要性，得出的意思亦不大自然。在保罗提到神把圣灵赐给信徒的另外两节经文中（林后一 22，五 5），所用的分词都是简单的过去时式，表示在过去一次完成的行动；两节经文都提到

---

[125] Cf. Ellicott 56 *a*; Frame 155.

[126] *ho athetōn ouk anthrōpon athetei alla ton theon*. 此句部分跟赛廿一 2 中的一句在七十士译本的翻译非常相似：*ho athetōn athetei*.

[127] 分别见 Bruce 86; Best 169 及 Moore 65; Marshall 113 - 114. 与此同时，这句话不足以支持"本节反映保罗的使徒权柄在帖撒罗尼迦受到攻击"此一看法（cf. Schmithals, *Paul* 157 - 158）.

[128] 经文批判学者对于原文在"赐"字之前是否有"也"（*kai*）字，意见未能一致。若此字是原著的一部分，则其意思是：神不但召信徒进入并生活于圣洁中，他"也"把圣灵赐给他们。

[129] Lightfoot 58; Neil 84; Morris II 128.

圣灵是神赐给信徒作为他们至终得救的“凭据”的，因此分词所用的时式恰当地表明赐予的行动已经发生。本节分词的现在时式显然不可能表示赐给的行动尚未发生或尚未完成（否则本节便跟另外那两节无法协调），也不必解为神不断地将圣灵赐给信徒；原文所用的结构（冠词加分词）再一次可解为等于名词，意即“赐予（圣灵）者”，如“弃绝者”（上半节）、“拯救者”（一 10）、“呼召者”（二 12，五 24；参加五 8）这些词语一样。换言之，在这种用法里面，分词的现在时式并不特指现今（与过去及未来相对），[130]而是描写神作为赐予者的身份或特性。

神所赐的是“他的圣灵”（原文直译）；若接受“他自己的圣灵”（新译；参思高：“自己的圣神”）这译法，“自己的”不应被看为有强调之意，因为原文没有强调“他的”一字，而且强调神“自己的”圣灵的含意就是还有“不是自己（即是别‘人’）的”圣灵，后面这个思想是无稽的。保罗书信里面用来指圣灵的词语极其丰富，实在不胜枚举；最常用的是（一）简单的一个“灵”字（有或无冠词，但原文无“圣”字；例如：五 19；加三 2、5；腓二 1），这灵有时称为（二）“他〔神〕儿子的灵”（加四 6）、“基督的灵”（罗八 9c）、“耶稣基督之灵”（腓一 19）、“主的灵”（林后三 17b），亦称为（三）“圣灵”（即原文有“圣”字），[131]或（四）“神的灵”、[132]“从 神来的灵”（林前二 12b）、“叫耶稣从死里复活者的灵”（罗八 11a），以及“他的灵”（弗三 16）。本节的“他的圣灵”，像以弗所书四章三十节的“神的圣灵”一样，是合并第三和第四种说法的结果。

---

[130] 因此称为，‘timeless present’ (cf. Moffatt 35 *a*; Best 170)，或‘the atemporal present of “characterization (generality)”’ (Zerwick 372).

[131] *to hagion pneuma*：林前六 19；林后十三 13。*to pneuma to hagion*：弗一 13。*to pneuma to hagion tou theou*：弗四 30。*to pneuma autou to hagion*：帖前四 8。*dia pneumatos hagiou*：罗五 5；提后一 14。*en pneumati hagioi*：罗九 1，十四 17，十五 16；林前十二 3b；林后六 6；帖前一 5。*en dynamei pneumatos hagiou*：罗十五 13。*dia anakainōseōs pneumatos hagiou*：多三 5。*meta charas pneumatos hagiou*：帖前一 6。*pneuma hagiōsynēs*：罗一 4（新译“圣洁的灵”）。“灵”字原文无“圣”字或其他形容词语而仍指圣灵的例子，详见第五章，注646－649。

[132] *to pneuma tou theou*：林前二 11b、14，三 16，六 11。*pneuma theou*：罗八 9b、14，十五 19（异文）；林前七 40，十二 3a；林后三 3；腓三 3。

保罗从第七节的“神召我们〔所有信徒〕”改为这里的“神赐他的圣灵给你们〔帖城的信徒〕”，使神的赐予变成个人化；不但如此，“给你们”在原文所用的结构比起第二节的“给你们”多了一个介系词，[133]更清楚地指出神赐圣灵这行动是“向着”他们作的，意即圣灵是被赐“到”他们那里去的（参思高：“赋予你们身上”）。这两点使本节成为对帖城信徒特别有力的呼吁。神把圣灵赐给了他们的含意至少有二：他们的身体成了圣灵的殿，因此他们不应以淫行得罪自己的身体，亦即是得罪圣灵的殿（林前六 18～19，参三 16）；圣灵是信徒过圣洁生活的力量（参结卅六 27），因此他们可以靠着圣灵不沾染污秽，而是成为圣洁。

这是保罗书信中把圣灵与“成为圣洁”一词明确地连起来的三数段经文之一（另：帖后二 13；罗十五 16；林前六 11），不过保罗屡屡提及圣灵在信徒生命中的活动（例如：罗八 1～16；加五 16～25），显示圣灵在信徒成圣的过程中占了最重要的地位。本段（3～8 节）就是由“圣洁”（3、4、7 节）和“圣灵”（本节）的思想串连起来的。当代一些道德哲士讨论婚姻内外的性行为时，也是谈到名誉（“尊贵”）、私欲、亏负别人的妻子等问题，但使保罗的教训跟这等哲士的教训截然不同的，是他所强调的、信徒应顺从他的劝勉的三项理由：[134]主的报应（6b）、神呼召的目的（7）、圣灵的能力以及不顺从的严重性（8）。由此我们亦可以看见，信徒不论已婚或未婚，都当圣洁自守，因为这是三而一的神——圣父、圣子、圣灵——同时牵涉在内的事情。[135]

(III) 关于弟兄相爱(四 9～12)

9 论到弟兄们相爱，不用人写信给你们，因为你们自己蒙了神的教训，叫你们彼此相爱。

10 你们向马其顿全地的众弟兄固然是这样行，但我劝弟兄们要更加

---

[133] 不只是 *hymin*，而是 *eis hymas*. Cf. Ellicott 57*a*.

[134] Cf. Malherbe, ‘Exhortation’ 250 - 251.

[135] Cf. M. Adinolfi, as reported in *NTA* § 23(1979)- 587.一些学者认为，四1～9 这（转下页）

勉励；
11 又要立志作安静人，办自己的事，亲手作工，正如我们从前所吩咐你
们的，
12 叫你们可以向外人行事端正，自己也就没有什么缺乏了。

四 9 “论到弟兄们相爱，不用人写信给你们” “论到”或“关于”（思高、新译、现中、当圣）原文所用的结构，[136]在哥林多前书多次用来引介出保罗对哥林多人向他询问之事的回答（七 1、25，八 1，十二 1，十六 1；参八 4，十六 12），在本书下文再出现一次（五 1，参四 13）；因此一些释经者认为帖城信徒亦曾写信给保罗问及几样事情，而保罗在这里开始逐一回答。[137] 但此看法的可能性不大，因为本书缺乏："你们信上所提的事"（林前七 1）这种确凿的证据；"弟兄相爱"通常不是信徒需要向使徒请示，或向人提出询问的事情；保罗明说帖城信徒并无此需要。其实这里所用的结构，在希腊文学上常用来引介一些教导性的话，更是将一篇论文冠以题目的典型做法，跟回答别人的询问不必有任何关系。[138] 因此较可能的解释是：保罗根据提摩太带回来的口头报告，就数方面的事向帖城信徒提出劝勉。[139] 这些事包括上一段所提关于圣洁自守的问题，本段与该段的逻辑关系似乎是这样：保罗曾就性关系之事给予帖城信徒详细的教导，但关于弟兄相爱的问题，他觉得无此需要[140]（五 1 是类似的情形；在四 13，有关的结构并不是在句子的开端，如在五 1 和本节那样）。两件事在性质上亦有关系，因为淫乱之事基本上是自私的行为，跟爱弟兄正好相反（参 6a）。

（接上页）段（像彼前一 13～22）可能原来是一个早期（即保罗之前）"基督徒圣洁生活之法典"的一部分，此法典将耶稣基督的教会看为一个"新利未团体"（cf. Martin, *Foundations* 2.254；Doty, *Letters* 59）；此说未获学者普遍支持。不论如何，经文本身强调本段的劝勉是保罗等人的教训（1、2、6 节）。

[136] *peri de* + genitive.

[137] Henneken 74 n.5；Frame 157；J.C. Hurd, *IDBS* 900.

[138] Boers, 'Form Critical Study' 157. 此结构在可十二 26，十三 32；约十六 11；徒廿一 25 等处的用法，也是跟回答询问无关（cf. Morris II 39）.

[139] Denney 337 *b*；Neil 75；Best 171, 14 - 15.

[140] Marshall 114.

“弟兄相爱”原文是个抽象名词，[141]由同字根的形容词“(友)爱弟兄”(思高)得来。[142] 名词在七十士译本及圣经以外的用法总是指对同血统的兄弟之爱，但在新约出现的六次皆指对主内的弟兄之爱(罗十二 10；来十三 1；彼前一 22；彼后一 7〔两次〕)。这里不用上文已出现三次的名词“爱”字(一 3，三 6、12；但下半节用同字根的动词，参一 4)，因为该字可以指没有获得回报的爱，但保罗此刻的关注是主内“弟兄姊妹之间”(当圣)的彼此相爱。“不用人写信给你们”原文直译是“你们没有需要〔要人〕写给你们”；[143]有释经者认为这是一种辞令式的讲法，即是作者假意说过“你们用不着人写什么给你们”这句之后，才提出他(仍然)要说的话，藉此使读者更易接受他的劝勉或命令；但其实这是与事实相符的一句话。[144]

“因为你们自己蒙了神的教训，叫你们彼此相爱” 本句解释上一句(“因为”)。“你们自己”(思高、新译同)在原文[145]获得双重强调，因为

---

[141] *philadelphia*. “非拉铁非”(启一 11，三 7)原文就是这个字。

[142] *philadelphos*. 同字根的复合词在新约另有不下二十个，计为：(一)形容词十个：*philagathos*，“喜爱良善”(多一 8，新译)、*philandros*，“爱丈夫”(多二 4)、*philargyros*，“贪爱钱财”(提后三 2；路十六 14)、*philautos*，“只/专爱自己”(提后三 2，思高/新译)、*philēdonos*，“爱享乐”(提后三 4，新译、现中)，*philotheos*，“爱神”(提后三 4)、*philoneikos*，“〔爱〕辩驳”(林前十一 16)、*philoxenos*，“乐意接待客旅”(提前三 2〔新译〕；多一 8；彼前四 9)、*philostorgos*，“亲热〔即是爱得热切〕”(罗十二 10)、*philoteknos*，“爱儿女”(多二 4)。(二)副词两个：*philanthropos*，“宽(待)”(徒廿七 3)或“优(待)”(思高)、*philophronōs*，“善意〔地〕”(徒廿八 7，新译)。(三)动词两个：*philoprōteuō*，“爱作首领”(约叁 9，思高)、*philotimeomai*“立志”(见四 11 注释)。(四)抽象名词五个：*philanthropia*，“(神)对人的慈爱”(多三 4，思高)及〔人对人的〕情分”(徒廿八 2)或“友善”(思高、新译、现中；参副词“宽(待)”)、*philargyria*，“贪财”(提前六 10；参形容词)、*philoneikia*，“争论”(路廿二 24；参形容词“〔爱〕辩驳”)、*philoxenia*，“接待客旅”(来十三 2；罗十二 13；参形容词)、*philosophia*，“理学”(西二 8)或“哲学”(思高、新译、现中)。(五)具体名词一个：*philosophos*“哲士”(徒十七 18，思高)或“哲学家”(新译、现中；参上一个字)。

[143] *echete graphein* 从文法角度来说是不正确的，*echete graphesthai*(五 1)才对(BDF 393.5). 因此另一个说法 *echomen* 获得一些释经者及译本的支持(Bruce 88 n. a；现中：“我用不着……”；当圣：“我不必……”)。另一方面，*echete* 不但有很好的抄本证据支持，而且足以解释为何有一些异文出现，因此应被接纳为原文(Metzger 632)；虽然 *echete graphein hymin* 有点不规则，但只要于动词之后在思想上补充 *tina* 一字便可(见正文直译；参和合、新译：“〔你们〕不用人……”、“〔你们〕用不着人……”；Lightfoot 59)。

[144] 分别见 Ellicott 57 b 及 Milligan 52 *b*；BDF 495(1).

[145] *autoi hymeis*.

除了有“自己”一字外,“你们”也是个单独的代名词,而不是隐含在动词里面。这样强调“你们自己”,暗示此词与上一句补充的“人”字构成对比。“蒙了神的教训”在原文只是两个字,直译为“是‘蒙神教导的’”;后一个字的原文[146]在整本希腊文圣经中(包括七十士译本)只出现这一次,并且这是它在现存的希腊文献中出现的首次。不过,以赛亚曾预言在新纪元里面锡安的儿女都要“受耶和华的教训”(赛五十四 13),耶稣按七十士译本引此语说,凡到他那里去的都要“蒙神的教训”(约六 45),所用的正是构成本节“蒙神教导的”那两个字。[147] 在本节所用的复合形容词里面,“受了……教导”和“上帝的”(新译)两部分同样受到强调:前者由下一节的“你们……是这样行”获得证实,后者则与上半节所隐含的“我们”(“用不着人”包括“用不着我们”)构成对比。[148]

本句的意思,不仅为“你们自己受了上帝的教导,要彼此相爱”(新译),更加是“上帝已经教导你们怎样彼此相爱”(现中);[149]换言之,帖城信徒不仅(也许是从保罗和同工那里)领受了耶稣要门徒彼此相爱的教

---

[146] *theodidaktos*.以 *theo* 为首部分的复合字,在新约出现的地方还有:(一)形容词四个:*theomachos*,“攻击神”(徒五 39)或“与上帝作对”的(新译,参思高)、*theopneustos*,“神所默示”(提后三 16),即是“受神灵感(而写)”的(现中,参思高)、*theosebēs*,“敬奉神”的(约九 31)、*theostygēs*,“憎恨上帝”的(罗一 30,新译、现中)。(二)抽象名词 *theosebeia*,“敬神”(提前二 10;参形容词)。(三)专有名词 *Theophilos*,“提阿非罗”,意即“神所爱的”(路一 3;徒一 1)。

[147] *didaktoi theou*. Roetzel (‘Theodidaktoi’ 327 - 328)认为,保罗在本节用词的直接背景是受希腊教化的犹太人圈子;他指出一世纪的犹太作家斐罗在他的著作中常用“自我教导”(*autodidaktos*)来指不用人的教导而直接从神领受智慧、德行或知识的人:“自我教导”者即是“蒙神教导”的,与受人教导者或“未受教导”者(*adidaktos*)相对;因此“蒙了神的教训”一词,可能是保罗自铸的,为要将“自我教导”的含意清楚地表明出来(330)。但鉴于正文所指出的事实,此词的直接背景较可能是旧约。

[148] Lightfoot 59, over against Ellicott 58*a*(后者认为重点只在“受了教导”那部分)。Malherbe (‘Exhortation’ 253; cf. *Paul* 105)认为保罗说帖城信徒蒙了神的教导要彼此相爱这话,事实上是暗示他同意柏拉图主义者蒲鲁塔克(Plutarch, c. 46 - 119)对享乐主义者(Epicureans)的批评,就是他们全无爱人类的心,没有被“属神的火花”所感,因他们对友谊存功利式看法,只以它为达到一己快乐的途径,而不是像斯多亚派那样,将友谊看为发自人本性的神的礼物。但此说纯属臆测,难以证实或否定。参 Roetzel (‘Theodidaktoi’ 326 - 327)对此说的评论。

[149] 不论按哪一个译法,*eis to agapan* 都是等于 epexegetical infinitive (MHT 1.219),像三 10 的 *eis to idein* 一样(MHT 3.143).

训(约十三 34,十五 12、17),更加是“从上帝那里领受了彼此相爱的教训”(当圣,参思高)以及实践这教训的能力。因为信徒之所以是“蒙神教导的”,乃因他们是新纪元里面的(赛五十四 13)、新约底下的(耶卅一 31~34)神的子民,神要将他的灵放在他的子民里面的应许(结卅六 26~27)已在新约的信徒身上获得应验(四 8);在此意义上,“蒙神教导”跟“蒙圣灵教导”(林前二 13b,原文直译)[150]是同义的。由此看来,“蒙了神的教训”在本句主要指圣灵在信徒心中使他们彼此相爱的心(参一 3:“爱心所受的劳苦”)得以增长(参三 12)。[151] 较笼统地说,“蒙了神的教训”可以包括“受了我们〔保罗和同工〕的教训”(四 1),而保罗的教训不仅包括在世为人的主耶稣的教训(林前七 10〔参可十 11~12;太五 32,十九 9〕,九 14〔参路十 7〕),他更声称自己所传、所写的,都是“主的命令”(林前十四 37;参帖前四 2),都反映基督的心意(林前二 16;参林后十三 3),都是他在神的灵感动之下而发的(林前七 40,二 13)。因此,神的话跟保罗作为神的代言人所说的话是不能分的。不过,“蒙了神的教训”的含意是信徒同时获得能力去遵行,“受了我们的教训”则本身并无此种含意。就事实而论,不管有关的教训是什么,遵行的能力都是来自圣灵,只是在顺从圣灵这事上,不但信徒跟信徒有程度上的差别,而且一个信徒亦可能在一些事上顺从圣灵,在别些事上却不顺从。[152]

四 10 “你们向马其顿全地的众弟兄固然是这样行” 原文开始时有“因为”一字,[153]表示本句是支持或解释上一句的,所用的是一种“由较大的至较小的”的论证法:帖城信徒向马其顿全地“所有的弟兄”(新译)都显出爱心,可见他们本身(即是作为一个教会)也必然是彼此相爱的。[154] 按使徒行传的记载,马其顿的弟兄除了读者本身只包括腓立比教会和庇哩亚的信徒(徒十六 11~40,十七 10~12),因此,除非保

---

[150] *didaktoi pneumatos*. 参注 147。

[151] Cf. Marshall 115.

[152] 同上注。

[153] *gar*.

[154] Calvin 361; Frame 159; Morris II 131. 原文于“在全马其顿”之前的冠词若不属原著,这短语便可连于动词,指帖城信徒“在马其顿全地”都表现出爱弟兄的心(Milligan 53*a*).

罗在离开帖城(或庇哩亚)与写此信期间还在马其顿其他市镇建立了教会,[155]否则"全马其顿"(思高、新译)是一种略为夸大的讲法(参一 8)。在"固然是这样行"一语里面,"固然"意即"实在"(参新译:"其实";当圣:"诚然……确实"),[156]"是这样行"直译为"正在做这件事",即是照着上一节所提的教训而行(参现中)。帖城信徒向马其顿全地其他信徒显出爱心的方式,大抵包括接待客旅、接济有需要的肢体,以及支持他们教会的福音事工。

"但我劝弟兄们要更加勉励"　"但我劝弟兄们"较贴近原文的译法是:"不过/但是,弟兄们,我们劝你们"(思高/新译)。这是保罗在信上第八次直接称呼读者为"弟兄们"(参一 4 注释),以及第四次用"劝"字的原文动词来指他和同工的事奉(四 1,三 2、二 12;参二 3 注释)。"勉励"跟三章十二节的"充足"在原文是同一个动词,而"更加勉励"一语已在本章一节出现过(见该处注释);此动词在短短十二节里面连续三次出现,这事实一方面反映一种正确的基督徒人生是非常丰富的,同时强调信徒在属灵的领域上"必须再接再厉,更求进步"(当圣)。保罗在本句的劝勉为帖城信徒所接受了,并在他们的生命中结出累累的果实,这是根据哥林多后书八章一至五节推理而得的合理结论。但保罗的劝勉不限于一句笼统性的"要更加努力"(现中),亦包括一些非常具体和明确的指示(11～12 节),就如他在上一段不仅笼统地劝勉他们在讨神喜悦的生活上"更加勉励"(1 节),更进而提醒他们一些具体和明确的命令(2～8 节);可见在这两段里面,保罗采用了相同的手法。[157] 换言之,本节和下面两节的关系,就是原则和应用的关系,"更加地彼此相爱"(新译)这项原则要在帖城信徒的实际处境中实行出来;就如罗马书十三章八至十节所论"彼此相爱"的原则,要在罗马信徒处理他们对吃素和守日意见不一的实际问题上实行出来(罗十四 1 至十五 13)。[158]

---

[155] Lightfoot 60 认为这是可能的('probable').

[156] *kai* = 'indeed' (RSV, NASB), 'in fact' (NEB, NIV).

[157] Frame 157.

[158] Best 171.

四 11 “又要立志作安静人，办自己的事，亲手作工” 这三句话从文法角度看是完全平行的(原文在三者之间有两个“和”字将它们连起来)，但从意思的角度分析，三者的关系可能是这样：“立志”的内涵有三部分，即是“作安静人”、“办自己的事”和“亲手作工”(参思高：“以〔三者〕为光荣”)，而“作安静人”的意思则由随后的两句加以决定。“立志”的原文[159](在新约另外只见于罗十五 20；林后五 9)有两种解释：“以……为〔一己之〕雄心大志”(即是“立志”〔新译、现中、当圣同〕)，或“竭力/务求”。[160] 鉴于蒲草纸及其他希腊文献的证据，后者似较为可取。[161] “立志/竭力作安静人”是修辞学上所谓“矛盾词语”[162]的一个例子，因为一个人的雄心大志通常需要他努力以赴，“竭力”和“安静”则更显然互不协调。

后面这个动词的原文[163]在新约另外出现四次，一次指照着旧约的诫命在安息日“休息”(路廿三 56，现中)，其余三次(路十四 4；徒十一 18，廿一 14)的意思分别为：“默然不语”(现中；如在七十士译本伯卅二 6；尼五 8)、“平静下来”(思高)、“住了口”。同字根的名词[164]在新约出现四次，一次的意思是“安静”(即是不作声，徒廿二 2)，两次指由内心安静的状况或态度而生的外在的“沉静”(提前二 11、12)或“沉默”(现中)，另一次(帖后三 12)的意思是和“专管闲事”相对的“安静”。还有同字根的形容词，[165]在新约用了两次，分别指“宁静”的生活(提前二 2，思高)和“安静”的心灵(彼前三 4，参新译)。上述的证据显示，这字汇在路加的著作中多数有“不出声”、“保持安静”之意，在路加以外的书卷中则指(或至少包括)一种“安静”的态度或“平静安宁”的状况(参冯：“恩赐”增订版 221 - 222)。本节“作安静人”的意思，不是“过安定的生活”(思高)，除非“安定”并非指如在“维持及确保香港的安定与繁荣”一

---

[159] *philotimeomai*.

[160] Cf. respectively, NEB, NASB, NIV and AV, RV, RSV.

[161] Cf. Milligan 53 - 54; MM 672 s.v.; Frame 162; Cranfield, *Romans* 763 n.1.

[162] oxymoron.

[163] *hēsychazō*.

[164] *hēsychia*.

[165] *hēsychios*.

语中的那种"安定",也不是"过安宁的生活"(当圣),因为"安定"和"安宁"的生活不是由自己"立志"或"竭力"便能达致的;从随后的两句看来,它的意思乃是"过安静的生活"(新译),即是"安分守己"(现中),不管别人的闲事,[166]后书三章十二节名词"安静"的意思(见上文),也是支持这个解释。

"办自己的事"(新译同)意即"专务己业"(思高),其含意就是不要"专管别人的闲事"(帖后三11,现中)。"办"字原文[167]在保罗书信另外出现十七次(新约共三十九次),其中四次有好的意思,十次有坏的意思,三次为中性的意思(详参冯:"腓立比书"456注147);它在这里的意思也是好的。"自己的事"原文为"自己的东西",[168]在新约另外出现七次,按不同的文理而得(一)"本性"(约八44,思高、新译、现中),(二)"自己的羊"(约十4),(三)"自己的地方"(约一11a〔思高:"自己的领域"〕,十六32),(四)"自己的家"(约十九27;徒廿一6),(五)"自己所有的"(路十八28)——不仅是"我们的家"(现中),而是"我们的一切所有"(思高)——等意思。它在本句的意思隐含了与"别人的事"构成的对比。保罗劝勉腓立比的信徒"不要单顾自己的事,也要顾别人的事"(腓二4),乍看似乎跟本句互相冲突,但其实不然:该段所指的是顾及别人的利益(参冯:"腓立比书"202-203),因此是信徒当留心去作的,但本句所暗指的是干扰别人的事(即是自己无权干涉的事),因此是被禁止的。不过,本句用的是正面的讲法,信徒若"专心做自己的工作"(当圣),就不会理别人的闲事了。

"作工"一词的原文已在二章九节出现过(见该处注释),这里加上有力的"亲手"一语(原文作"用你们〔自己〕的手"),更清楚地表示"作工"有"劳作"(思高)之意;换言之,上一句的"办"字是笼统和抽象的,本句的"作工"则具体地指要付出体力劳动的工作。[169]当代的希腊文化对体力劳作存轻蔑不屑的态度,但保罗在他的教训(弗四28;本节)和实

---

[166] Cf. M.J. Harris, *NIDNTT* III 112: 'an unobtrusive life of tranquillity'.

[167] *prassō*.

[168] *ta idia*.

[169] Cf.C. Maurer, *TDNT* VI 636 n.14; H.-C Hahn, *NIDNTT* III 1157."凡事亲力亲为"(当圣)是错误的意译。

际生活中（林前四 12；徒二十 34；参帖前二 9；帖后三 8）都改正了这种错谬；这对他的读者非常重要，因为他们不少是来自手工艺或奴仆阶层的（参林前一 26）。不过，本句的重点不是在运用劳力的本身，而是在于"作工"，与闲懒"不肯作工"（帖后三 10）相对。明乎此点，我们便可将"亲手"看为一种"以偏代全"的讲法，"作工"亦可视为概括人间一切有用的职业。[170] 综合本句和上一句："过安静的生活"的意思和方法，主要在乎"亲手做工来维持自己的生活"（现中）。

"正如我们从前所吩咐你们的" 这是信上第十一次用"正如"这个连词（参一 5 注释）。本句可能是连于前面所有三句的（参当圣），但较可能是只连于"亲手作工"一句，因为：（一）"（要竭力）作安静人，办自己的事"这两句话，似乎是保罗针对帖城的教会内某一种特别情况而发的（见下一节注释第五段），若把本句连于上面所有三句，其含意就是这种特别情况从起初（保罗还在帖城时）便已存在，这好像不太可能；（二）后书三章十节提到保罗等人曾吩咐帖城信徒说，"若有人不肯作工，就不可吃饭"，明明将"吩咐"只与"作工"连起来。[171] 不论如何，这里的动词不应译为"劝导"（现中），"吩咐"（思高、新译、当圣同）才是正确的译法。原文[172]与本章二节的名词"命令"同一字根，这动词在保罗书信一共出现十二次，新约全部为三十一次，一贯的意思都是"吩咐"或"命令"，除了一次（徒十五 5）没有明说谁是主词外，其余三十次分别指：（一）耶稣吩咐各式人等——十二个门徒（太十 5；可六 8；路九 21）、群众（太十五 35；可八 6）、睚鲁和妻子（路八 56）、被医好的麻风患者（路五 14）、污鬼（路八 29）；（二）复活的耶稣吩咐使徒（徒一 4，十 42）；（三）神吩咐人（徒十七 30）；（四）犹太人的公会吩咐使徒（徒四 18，五 28、40）；（五）腓

---

[170] Cf. Calvin 362. Malherbe (*Paul* 101)认为，保罗在本节所用的字汇，暗示他把基督徒和那些不负社会责任的犬儒哲士分开——后者往往于归信犬儒主义后便放弃工作、游手好闲、多管别人的事。Hock (*Social Context* 42 - 47, esp. 47)同样认为帖前四 11～12 的教导反映一件事，就是保罗显然熟悉希罗哲士的道德传统；他在本节的用意，就是要帖城信徒不参与公开的活动（"作安静人"），并致力于一份合适的工作（"亲手作工"）。Roetzel ('Theodidaktoi' 324 - 325, 329 - 330)对此解释提出异议；但他本身提供的解释（保罗以斐罗所反映的犹太观念为背景）是否正确，同样值得商榷（参上面注 147）。

[171] Cf. Frame 160, 162, over against Ellicott 60*a*; Best 177 - 178.

[172] *parangellō*.

立比的官长吩咐狱吏(徒十六 23);(六)罗马千夫长吩咐向他报讯的少年人(徒廿三 22)和告保罗的人(徒廿三 30);(七)保罗吩咐鬼(徒十六 18),吩咐提摩太(提前六 13),吩咐哥林多教会(林前七 10,十一 17)及帖撒罗尼迦教会(本节;帖后三 4、6、10、12)的信徒;(八)提摩太要吩咐教会内外的人——传异教者(提前一 3)、信徒(四 11)、寡妇(五 7)和富足的人(六 17)。第二至六项尤其清楚说明,"吩咐"所表达的,是一种满有权柄的命令;而保罗之所以能"命令"信徒,是因他有复活之主所赋的使徒权柄。[173]

四 12 "叫你们可以向外人行事端正,自己也就没有什么缺乏了"

本节表达了上文的劝勉的双重目的("使",新译)或预期的结果("这样",现中):"向外人行事端正"特别回应"作安静人,办自己的事","自己也就没有什么缺乏"则回应"亲手作工"。(一)这是"行事"一词在本书出现的第四次,亦是最后一次,意即"行事为人"(新译;参二 12 注释)。"端正"原文是个副词,[174]在新约另外出现两次,一次在"按着次序"的提示下意为"规规矩矩地"做事(林前十四 40),另一次也是在"行事为人要端正"一语中(罗十三 13),在"好像行在白昼"的提示下,有"光明磊落/正大"(新译/现中)之意。同字根的形容词[175]在新约出现五次,分别指"尊贵"或"显贵"(思高)的议员约瑟(可十五 43)、一些不信的(徒十三 50)和信主的(徒十七 12)"尊贵的"(即是"上流社会的",现中)妇女、身体上"俊美"或"端雅"(思高)的部分(林前十二 24),以及道德方面"合宜"的事(林前七 35)。同字根的抽象名词[176]在新约只出现一次(林前十二 23),指身体方面的"俊美"或"端雅"(思高)。同字根的反义词有三个:形容词[177]指身体上"不俊美"或"不端雅"(思高)的部分(林

---

[173] Malherbe(*Paul* 77 n.50)则认为本节的动词若译为"命令",可能是过分强烈,四 2 同字根的名词 *parangelia* 相等于 *parangelma*,即是关于在一个特别处境中如何生活的规则。但有关保罗的使徒权柄的讨论,可参冯:"恩赐"120－121; Guthrie, *Theology* 769; Ladd, *Theology* 379－383; Schütz, *Paul*.

[174] *euschēmonōs*.

[175] *euschēmōn*.

[176] *euschēmosynē*.

[177] *aschēmōn*.

前十二 23，意指身体上的私隐处）；抽象名词[178]出现两次，分别指身体的“羞耻”（启十六 15，即是私隐处），以及同性恋者所作的“羞耻的事”（罗一 27）；动词[179]也是出现两次，意思分别是“待的不合宜”（林前七 36，思高）或“有不合适的行动”（新译），以及“作害羞〔即是无礼/失礼〕的事”（林前十三 5，参思高/新译）。本节副词的意思大抵不是“有光彩〔地〕（思高；参形容词），可能包括“规规矩矩”（参林前十四 40）之意，与下文“不守规矩”一字（五 14，形容词；参帖后三 6、11，副词）相对，但主要的意思还是“端正”（参罗十三 13）或引申为“得人尊敬”（参新译、现中、当圣）。

保罗这句话所关注的是信徒的行为所留给“外人”的印象。这词的原文[180]在新约另外出现四次，意思一律为“那些在外面的人”，所指的有一次是耶稣门徒的圈子以外的人（可四 11），另三次为“非信徒”，尤指异教徒（林前五 12、13；西四 5）；后者也是它在本节的意思。[181]“向外人”的意思不是“在外人前”（思高），而是像在歌罗西书四章五节一样，[182]指“与外人”交往。保罗书信的劝勉部分屡次强调，信徒必须谨慎自己的行为，免得成为非信徒的绊脚石，使他们不信主而不得救（林前十 32～33），又免得本身被人毁谤（提前三 7），神的名和道理亦被亵渎（提前六 1）；积极地说，他们要在所处的世代中发光（腓二 15），并且使神的道理在凡事上得着尊荣（多二 10）。同样的关注亦见于彼得前书（二 12，三 1、16）。

（二）上文的劝勉第二方面的目的，就是要信徒在经济上自立。“没有什么缺乏”（参新译）这译法将原文[183]有关的字看为中性的；另一个译法，“不仰仗任何人”（思高），把该字看为阳性的；把两个译法合并起来，便变成“不必靠人，也不致缺乏”（当圣）。支持第一个看法的理

---

[178] *aschēmosynē*.

[179] *aschēmoneō*.

[180] *hoi exō*.

[181] *hoi exōthen*（提前三 7）亦是同样意思。但在徒廿六 11 和林后四 16，*exō* 的作用是形容随后的名词，并不（像在上述的经文那样）与冠词构成一个独立的思想单元。

[182] 原文在两节皆为（*peripatein*）*pros tous exō*.

[183] *mēdenos chreian echēte*.

由，就是在原文所用的“需要(名词)加另一名词”这结构中，后面的名词通常指一些东西而不是一个人，[184]但这结构也有几次用来指需要人(医生——太九 12；可二 17；路五 31；见证人——太廿六 65；可十四 63)，而且保罗在本段所关注的并不是惟恐帖城信徒有所缺乏而成为饿殍，而是要信徒不成为别人的负累，不做基督徒群体内或社会上的寄生虫；即使我们接受第一个译法“没有什么缺乏”，在解释上仍需要按文意的要求而加上“〔因此〕不需要倚赖别人的供给”(现中)之意，但这是较为累赘的做法，因此可能第二个看法才是正确的解释。[185]“不仰仗任何人”即是不成为任何人的负累(参帖后三 8)，信徒这样在经济上独立才不致失去教外人士的尊敬；除此以外，保罗还在其他地方提出信徒应当努力亲手作工的两个原因：“不可偷盗”是神的诫命(罗十三 9)；神的旨意是要信徒藉着工作不但自给自足，并且有余可以帮助有需要的人(弗四 28)。[186] 保罗的工作伦理观，可借助于加拉太书六章二、五两节加以说明：“各人的担子……要自己担当”(新译)，因此信徒应自给自足，但与此同时，“各人的重担要互相担当”，故此信徒要帮助有真正需要的人。[187] 由于信徒的经济自立有助于教会在世上的形象，因此信徒的工作是对教会一种间接的服侍，在这意义上，所谓世俗的职业跟直接服侍教会的工作之间的分别不是绝对的；归根究底地说，信徒的一切工作都是那位将工作委给人的神(参创二 15)所指派给他们的。[188]

上文曾经指出(见四 10 注释)，第十一、十二节的劝勉是在“弟兄相

---

[184] 太六 8，廿一 3；可十一 3；路九 11，十 42，十五 7，十九 31、34，廿二 71；约十三 29；林前十二 21(两次)；来五 12b，十 36；启廿一 23，廿二 5——以上共十六次。另有十次“需要”一字由随后的 *hina* — clause(约二 25，十六 30；约壹二 27)或 infinitive/infinitival phrase 加以解释(太三 14，十四 16；帖前一 8，四 9，五 1；来五 12a，七 11)。此外有十六次对“需要”一字没有解释，不过从文理可看出所指的也是一些东西或事情(可二 25；约十三 10；徒二 45，四 35，六 3，二十 34，廿八 10；罗十二 13；林前十二 24；弗四 28；腓二 25，四 16、19；多三 14；约壹三 17；启三 17。还有一次指“事情的需要”(弗四 29，思高)。上列全部四十三次，所指的都不是人；不过林前十二 21 的拟人化说法可视为从物转到人的过渡性用法。

[185] Cf. Moore 67; Whiteley 66; Marshall 117 — over against Lightfoot 61; Milligan 55*a*.

[186] Cf. Mare, ‘Pauline Work Ethic’ 365.

[187] Cf. Best 178.

[188] Cf. G. Bertram, *TDNT* II 649, *TDNTA* 253 - 254.

爱”的标题下发出的,这些明确的指示,跟那个主题至少有两方面的关系:教会中只要有几个会友不“过安静的生活,〔即是〕办自己的事,亲手作工”,反而闲懒不作工,专管闲事(参帖后三 11),便足以使整个教会陷在不名誉之中;只要有一个会友做寄生虫,便会使教会的健全受损,尤其使他所仗赖的弟兄受累。两者皆有违弟兄相爱的原则,尤以后者为甚(至少是更为明显):就如担当彼此的重担积极地完成了“基督的律法”,即是彼此相爱的命令(加六 2;参冯:“真理”365 - 367),同样,负累弟兄的寄生虫就是违反了爱弟兄的原则。因为人要生存就得工作,若非自己工作就要靠别人工作;而那选择靠弟兄的工作来生活的人,事实就是把原属自己的一份给了弟兄,使他做双份;这是一种极度自私的做法,跟爱弟兄的原则背道而驰。[189]

保罗在本段(四 9～12)只谈及弟兄相爱而没有谈到“爱众人”(三 12),因为他此刻的关注主要不是教外人士本身(参林前五 12),而是教会内部的情况以及此情况对教外人士的影响(参林前十四 23～25);这情况就是有一些会友不安分守己,好管闲事,并且懒惰不作工,倚赖较富有弟兄的爱心和慷慨过活。早期教会的成员不少是奴仆或曾是奴仆(即徒六 9 的所谓“自由人”),他们曾是或仍是其主人的私有物,他们的心态还未发展到小商人那种坚决要维持经济独立的地步,而他们信主的事实也没有带来即时的彻底改变,因此,除非我们对早期教会存着浪漫色彩的错觉,否则在帖城信徒当中出现的上述情况是不足为怪的。[190] 问题是这种情况跟他们对主再来的期待有何关系。一说认为部分帖城信徒闲懒不作工是直接由他们错误的末世观引起的:他们误以为主耶稣再临是迫近眉睫之事,因此兴奋不安(不能安定),而这种内在的心态引致的外在表现,就是懒惰不作工和干扰别人的生活。[191] 另一些释经者则认为本段所述的情况与主再来的问题无关:本段的主题是弟兄相爱,因此较自然的解释是部分信徒误解了弟兄相爱的道理,认为所有信

---

[189] Denney 342*a*.

[190] Whiteley 66.

[191] Cf. Lightfoot 62; Milligan xlvi — xlvii; Frame 160; Morris II 132; Best 175; Bruce 91. Marshall 117 认为,保罗在本段之后随即谈到主再来的事,其后又重提那些不守规矩的人,这可能表示二者是有关的。但这理由不强,因为五 14 还提及另外两种人。

徒既成了一个大家庭,他们便可以受弟兄的供养,并且闯进弟兄的私人领域里面;而且保罗对他们的回答并不是说,虽然主快要回来,但他们仍需作工,也不是说,主的再临可能不是他们想象中那么迫近的事,因此他们应当继续工作,而是说,他们的行为不是表示弟兄相爱之法,正确的途径是尊重弟兄的私人范围,并且自食其力,不负累别人。[192] 这些理由很有说服力,因此正确的看法,就是认为本段所反映的问题是由一些会友误解彼此相爱的道理并滥用别人爱心的济助而引起的(参串释四 11～12 注释):这些会友很可能是来自社会基层的穷苦的体力劳动者,他们一经进入基督徒的爱的群体后,便拒绝工作,成为那些努力工作、因此有经济能力的会友的负累(此问题到保罗写帖后时仍然没有改善)。[193] 保罗劝喻这些基督徒爱心的受惠者要自食其力,就如他从教会成立的开始便这样教导帖城信徒(参帖后三 6)。[194]

本段(四 9～12)与上两段(四 3～8,1～2)是连为一体的,因为有几点把三段贯串起来而使一至十二节成为一个单元:保罗三次提到他和同工从前给了帖城信徒的教导(1～2、6、11 节),两次提到信徒的行事为人(1、12),两次勉励信徒要更加努力(1、10 节),并且多次提出三一真神作为信徒生活至终的指标(1、3、6、7、8、9 节)。此点对本书(帖前)的完整性的讨论有其重要性(参导论第陆节之下第三种理论)。

---

[192] Moore 66; cf. B.N. Kaye, as reported in *NTA* §19(1975)-1046.后者认为问题的根源是地方性,也许是社会性的;亦参 Malherbe, *Paul* 106 n.27. Lake (*Earlier Epistles* 98)忖测帖城信徒面临的危险,是一些"职业性的基督徒",靠教会的供给为生;Mearns('Eschatological Development' 147)断言帖城信徒起初并不期待主会很快回来(他们接到此信之后才有这种期待),因此本段的情况与主的再来无关;Schmithals (*Paul* 159-160)则认为问题是由诺斯底异端的影响所引起的。

[193] Cf. Russell, 'The Idle' 112-113. Hock (*Social Context* 42-47)认为,保罗在帖前四 10b～12 所说的话并不是因帖城教会出现特别问题而引起的(作者不接受帖后三 6～13 的证据,因他不认为帖后是保罗写的),而是反映保罗所熟悉的希罗哲士的道德传统;cf. Malherbe, 'Exhortation' 251-252.笔者接受帖后是保罗的作品(详参后书注释导论),因此认为正文采纳的解释(以帖后三 6～13 诠释帖前四 11 及五 14)较为合理。另有释经者认为那些闲懒不作工者想要教会支持他们的做法而遭拒绝,因此保罗特别说出五 12～13 的话;但这看法没有足够的证据支持:cf. Best 171,176, over against Frame 160; Morris II 133.

[194] Cf. Russell, 'The Idle' 108.

(IV) 关于睡了的人(四 13～18)

13 论到睡了的人，我们不愿意弟兄们不知道，恐怕你们忧伤，像那些没有指望的人一样。
14 我们若信耶稣死而复活了，那已经在耶稣里睡了的人，神也必将他与耶稣一同带来。
15 我们现在照主的话告诉你们一件事：我们这活着还存留到主降临的人，断不能在那已经睡了的人之先，
16 因为主必亲自从天降临，有呼叫的声音和天使长的声音，又有神的号吹响，那在基督里死了的人必先复活。
17 以后我们这活着还存留的人，必和他们一同被提到云里，在空中与主相遇。这样，我们就要和主永远同在。
18 所以，你们当用这些话彼此劝慰。

四 13 "论到睡了的人，我们不愿意弟兄们不知道" 本节在原文以后面一句开始："弟兄们……我们不愿意你们不知道"(思高、新译)。保罗在他的信上常用相同或类似的话来指出他要读者留意的重要事项，尤其是教义方面的(参冯："腓立比书"115)；[195]本节以反面格式表达正面的意思，即是"我们希望你们知道一些事"(现中)。"我们不愿意你们不知道"这话总是和"弟兄们"这称呼连着用的，它通常表示随后所说的是读者所不熟悉的事情(参罗一 13，十一 25；林前十 1，十二 1；林后一 8)，在这里也是一样；而且还有另一点证明本段(四 13～18)所论的是帖城信徒前所不知的新资料："你们知道"或有相同意义的话在上文出现了十四次(一 5，二 1、2、5、9、10、11，三 3、4，四 1、2、6、9、11)，在下文于五章一节再次出现，可见本段的内容(在四章十三节至五章十一节里面亦只有本段)是保罗给帖城信徒的口头教导(参三 4，五 1；帖后二 5)所没有提及的新道理。[196]

---

[195] Cf. also G. Schrenk, *TDNT* III 49, *TDNTA* 319.

[196] Cf. Donfried, 'Cults of Thessalonica' 348.

这新道理是“关于已经死了的人”(现中)。“死了”在原文是“睡”字的现在时式分词,[197]有些古卷用完成时式的分词,[198]但前者有较强的抄本证据支持,而且后者是较常见的格式(参太廿七 52;林前十五 20),因此前者被抄者改为后者,比后者被改为前者的可能性较大;即是说,原来的说法应是前者而非后者。[199]“睡”字原文在新约共用了十八次(半数在保罗书信),四次有其字面意义(太廿八 13;路廿二 45;约十一 12;徒十二 6),其余十四次都是用作“死”的讳称,其主词有数次为旧约的信徒(太廿七 52;徒十三 36;彼后三 4),较多时则为新约的信徒(约十一 11;徒七 60;林前七 39,十一 30,十五 6、18、20、51;帖前本节、14、15节)。称死为睡是古代常见的做法(例如:创四十七 30;申卅一 16;王上〔七十士译本王国书卷叁〕二 10,十一 43;马加比书二书十二 45;七十士译本赛十四 8,四十三 17),保罗时代其他的希罗文献亦不乏这种做法的例子。[200] 由于一些不信有来生的文化也有这种做法,而且保罗有几次用“睡”的讲法时并无复活的含意(林前七 39,十一 30,十五 6;参徒十三 36;彼后三 4),因此这字本身并不含有从睡中醒过来(复活)之意;[201]不过,在文理支持这种含意的情形下(如在本段及林前十五 18、20),以“睡”喻信徒之死显然是非常恰当的,因为(一)二者在外表上颇为相似,(二)睡了的人和死了的信徒同样是仍然存在的,(三)二者都只是一种暂时的情况:就如人睡后会醒来,信徒死后也会复活。另一方面,新约以睡喻死的做法并不支持“灵魂睡着”之说;因为(一)新约从来没有用“灵魂”为“睡”字的主词;(二)哥林多后书五章八节及腓立比书一章二十三节(参路廿三 43;徒七 59)最自然的了解,就是保罗预期他离世与主同在时是完全保持自己的知觉,而不是暂时失去知觉直到身体复活。[202]

---

[197] *koimōmenōn*, from *koimaomai*.

[198] *kekoimēmenōn*.

[199] Metzger 632; cf. Ellicott 63.

[200] Bruce 95-96; R. Bultmann, *TDNT* III 14 n.60.

[201] Cf. Marshall 119.

[202] Cf. Whiteley 67-68.“灵魂睡着”之说为 Oscar Cullmann(及其他学者)所支持;对此说较详细之反驳见 Whiteley, *Theology* 262-269; cf. Vos, *Eschatology* 142-146.

原文所用的结构（冠词加分词）可看为等于一个名词（思高："关于亡者"），但分词在这里较可能保持其动词的意思，其现在时式表示所指的不是"已死的人"（新译同）的状态，[203]而是偶尔便有人"睡着"（即是死去）的行动和过程（参林前十一 30，该处用现在时式的动词）。[204]有释经者认为这些人的死亡可能跟帖城信徒所受的逼迫有关，但信上（包括后书）提到帖城信徒受患难的那些地方完全没有提示有人殉道，因此这解释缺乏经文正面的支持。[205] 关于这些人，保罗不愿意帖城信徒不知道的是什么？这问题会跟下半节帖城信徒忧伤的原因一并讨论。

"恐怕你们忧伤，像那些没有指望的人一样" "恐怕"较宜译为"免得"（新译、现中）或"以免"（思高），这词引介出保罗要帖城信徒知道一些事情的目的。"忧伤"的原文动词[206]在新约共用了二十六次（保罗书信占十五次），其中六次以主动语态出现，意即"使……忧愁"（林后二 2a、5a、b，七 8a、b；弗四 30〔"不要叫神的圣灵担忧"〕）；其余二十次皆为被动语态，除了一次的意思为"受到伤害"（罗十四 15，参现中），另外十九次的意思都是"忧愁"（太十四 9，十七 23，十八 31，十九 22，廿六 22、37；可十 22，十四 19；约十六 20，廿一 17；林后二 2b、4，七 9〔三次〕、11，六 10；彼前一 6）或"忧伤"（本节）。这字所表达的是内在的情绪，而不是忧伤的外在表现，后者由"哀恸哭泣"（路六 25；雅四 9；可十六 10）或"哭泣悲哀"（启十八 11、15、19；参林前五 2；林后十二 21，新译）等字表达出来。"免得你们忧伤"原文所用结构[207]的含意，就是保罗要帖城信徒停止忧伤，不要继续忧伤下去。

接着一句的"像"字有两个可能的解释：（一）加尔文谓保罗在本段

---

[203] 原文用来表达"已死"之意的结构有：aorist participle（帖前四 14、15；林前十五 18），perfect participle（林前十五 20；太廿七 52），aorist indicative（林前十五 6；彼后三 4），perfect indicative（约十一 11、12）。

[204] *koimomenon* = iterative present (cf. Guthrie, *Theology* 838). "对死这件事"（当圣）是完全错误的意译。

[205] Bruce 98 — over against Bruce II 1159*a* and Martin, *Foundations* 2. 160; Donfried, 'Cults of Thessalonica' 349 - 350.

[206] *lypeō*.

[207] *hina mē* + present subjunctive.

的用意只是要信徒抑制过度的忧伤,不是禁止我们有任何哀伤的表现。[208] 按此了解,“像”字有“到同一个程度”之意,保罗意即想帖城信徒不要“好像那些没有盼望的世人一样,为死人过分地难过伤痛”(当圣)。可是,“像”字在第五节[209]的意思显然不是“到外邦人放纵私欲的邪情那个程度”,因此本句较可能的解释是:(二)忧伤是没有指望的人的自然表现,但信徒是有盼望的人,因此他们不必也不应哀伤。换言之,“像”字不是将信徒的忧伤和无指望的人的忧伤加以比较,而是提出信徒与非信徒之间的强烈对比。当然,就事实而论,信徒(包括保罗)亦不免有时会忧愁或哀伤(罗十二 15;腓二 27,参冯:“腓立比书”319),为亲人去世而哀伤是自然的事,但这并不是本句的着眼点,本段的着眼点是在于已死的信徒与主的再来的关系(14、16、17 节),就此事而论,信徒毋需忧伤;就是说,尽管信徒会因亲人离世而为自己哀伤,他们却不必为已死的信徒哀伤,因后者会与还活着的信徒一同有份于主再来时的福泽和喜乐。[210]

“那些没有指望的人”原文冠以“其他”(思高)一词。[211] 这词在新约另外出现多次(见四 1 注释),其中三次的用法跟本句相同,即是指与“蒙拣选的人”(罗十一 7)或基督徒(“我们”,弗二 3;“你们”,本节,五 6)相对的“外人”(四 12)。这些人的特征是“没有指望”,名词(见一 3 注释)本身在这里不是特指与基督同在(17 节)的盼望,也不是指复活的盼望(14 节),而是泛指对来生的盼望。这么绝对的一句话似乎跟事实不符,因为一些异教的哲士亦持不朽之说(柏拉图是个显著的例子),而保罗时代的各种神秘宗教更向其随从者发出胜过死亡的保证。因此,保罗这句话可以这样解释:尽管有一些人对来生持有某种盼望,但异教世界中的普罗大众在死亡面前都是绝望和无助的。典型的态度可见于下面这句话:“盼望是活人才有的,死人是没有盼望的”,以及二世纪的一封吊慰信,此信的作者曾痛失一个儿子,她现在写信给一对经历相同遭遇的夫妇:“我为你们所亲爱的离世者忧伤和哀哭,像我为获地

---

[208] Calvin 362 - 363.

[209] 该节用 *kathaper kai*,本节用 *kathos kai*,二者在意思上并无分别。

[210] Cf. Ellicott 62*a*; Lightfoot 63; Milligan 56*b*; Neil 92; Whiteley 68; especially Frame 165,167,15; Best 186; Denney 344*a*; Marshall 120.

[211] *hoi loipoi*.

模哀哭一样。……可是，说真的，面对这些事我们是无能为力的。因此，请你们互相安慰吧。”[212]另一方面，鉴于保罗对基督徒盼望的内涵的特殊了解（14、17 节；腓一 21～23；参一 3 注释），不论异教徒对来生有什么盼望，他都会认为那不是真正的盼望（参弗二 12），真正的盼望是以基督的死和复活为基础的。[213] 这两种解释不是互相排斥的，但若必须选择的话，后者可能较为可取，因有保罗方面的证据支持。[214]

帖城信徒的忧伤显然跟他们所亲爱的“睡了的人”有关，但这忧伤的准确原因是什么则引起了多种不同的答案。（一）由于保罗相信主的再来是迫近眉睫之事，他在帖城传道时没有告诉他们关于死人复活的道理。[215] 但此说不可能是正确的，理由如下：保罗在本段并无把握机会向读者解释死人复活的道理，第十四节从“耶稣死而复活”跃至“神也必将他（那已经在耶稣里睡了的人）与耶稣一同带来”，对于中间的步骤（神使他复活）提也不提；倘若保罗以前未曾对帖城信徒谈及死人复活，第十六节“那在基督里死了的人必先复活”一句那么简要的话，恐怕不足以安慰在忧伤中的信徒团体；本段的重点似乎不是在于信徒复活的事实，而是在于他们会“与基督一起”（14、17 节，参五 10）；信徒在主再来之前去世不是在帖城才初次发生的问题（参林前十五 6），若是的话，我们便得相信在耶稣复活和保罗初到帖城的约二十年期间，完全没有信徒去世，但这是难以接受的，事实上，第十六、十七节引用的“主的话”中有提到死人复活，表示已死信徒的命运的问题早已发生，教会亦提供了答案；在一些宣讲福音的经文中（例如：罗六 4，八 11；林前六 14；林后四 14），信徒的复活是与基督的复活紧连着的，虽然这些经文是写在此信之后，但可能反映了保罗早期

---

[212] Cf. Whiteley 69; Morris II 137; Marshall 119; Bruce 96（引句取自后者；其他例子见 Denney 343*b*）。

[213] Cf. Best 186; Bultmann, *Theology* 1.320, *TDNT* II 532; E. Hoffmann, *NIDNTT* II 242.

[214] Cf. Neil 92－94.

[215] W. Marxsen, J. Becker, as cited in Marshall 120. Gundry（‘Hellenization’ 167－168）认为，帖城信徒或是不晓得或是忘记了死人复活的道理：若不是保罗没有告诉他们，就是他强调耶稣的再来可能迫近眉睫到了一个地步，以致帖城信徒忘了死人将来复活的道理，而一心预期他们于主再来时会仍然活着。

传道的内涵。基于上述理由,[216]我们认定帖城信徒的忧伤不可能是由于保罗没有对他们宣讲死人复活的道理。

(二) 帖城信徒没有完全明白保罗所传死人复活的道理。有释经者认为,在哥林多前书十一章三十节的提示下,可能有些信徒把他们亲人在主来前的离世看为神对罪的惩罚,他们不能有份于主的再来表示他们不能得救;或认为帖城信徒误以为死("睡了")是一种无了期的状况。[217] 但若是这样,保罗为什么不对有关的问题(在主来前去世是否神对罪的惩罚,死是否无了期的状态)作出简单的交代?又有释经者认为帖城信徒因亲人去世所引起的情绪反应使他们对复活之道理的了解变成呆钝,他们理论性的信念未能在他们所处的实况之中帮助他们,以致他们认为已离世的亲人不会在主再来所赐的救恩上有份。[218] 但此说未能充分解释,为何(如上文指出)本段的重点不在死人复活而在已死的信徒及还活着的信徒与基督同在一起。

(三) 复活的道理在帖城信徒当中没有发生作用,反而被遗忘得一干二净。[219] 又有释经者认为帖城信徒的思想受到外来的诺斯底主义者的错误教训影响,以致他们对复活的信念动摇起来;这些假师傅坚持复活是一种已在诺斯底主义者身上发生的属灵经历(提后二 8;林前十五 12 及帖后二 2 也被这样解释)。[220] 此说最大的困难就是根本没有清楚的证据表示帖城信徒曾受到这种诺斯底教师的影响;而且这等教师若确曾进到帖城的教会,保罗必然会对他们发出强烈的反应(但信上不见有这种反应)。[221] 一个类似的看法认为保罗初期的末世观是一种"(在今生)实现"的末世观,而帖城信徒又是一群灵恩狂热分子;在本信上所

---

[216] 取自 Gillman, 'Signals' 270; Klijn, '1 Thessalonians 4.13 - 18'68; Marshall 120.

[217] 分别见:Morris II 136; Vos, *Eschatology* 146.

[218] Marshall 120 - 121,122. 作者又说('Pauline Theology' 179)帖城信徒的误解可能是由于保罗的宣讲曾经强调主的再来对活着的信徒的意义。

[219] Bultmann, *Theology* 1.77.

[220] Schmithals, *Paul* 160 - 167(esp. 164,167); cf. W. Harnisch, as cited in Marshall 121. Martin (*Foundations* 2.165)也是认为帖城信徒的基本错误是失去对未来复活(与"属灵的"复活相对)的盼望,不过作者不认为那是诺斯底教师带来的。

[221] Bruce 92,104; Best 182. Cf. Hyldahl, 'Auferstehung Christi' 124 - 126 (against W. Harnisch); Plevnik, '1 Thess 5,1 - 11'75 - 77 (against Harnisch and Schmithals).

见的其实是保罗第二阶段的末世观，这里含较强"未来末世观"的成分，这是因为保罗对帖城信徒提出保证，使他们对已死的亲友有盼望，并且要削减这些灵恩狂热者对他们所持之"实现末世观"的过度信任。[222] 但此说至少有两点困难：帖城信徒是一群灵恩狂热者的讲法不能从信上获得支持，而且作者要非常倚赖哥林多前书的证据来架构起帖城信徒的看法。[223] 此外，上段末提出的反对理由同样适用于本段所提的各种解释。

（四）帖城信徒原来的盼望，是他们还活着时基督便会来接他们，但他们当中有人死去，引致他们认为主再来的盼望是虚幻的。但保罗在信上完全没有提示，读者或部分读者已放弃了对主再来的盼望，也没有对读者保证，主必会再来，他反而假定读者和他一样，相信主是会再来的。因此这理论不能成立。[224]

（五）帖城信徒的忧伤，跟他们对主来时已死的人和还活着的人二者之关系的了解有密切的关系。这个基本立场是正确的：保罗刻意描写一些事情发生的先后次序（15 节："在……先"，16～17 节："先……以后"），又强调两班人会"一同"被提（17 节），这就表明他的关注点不是复活的事实本身，而是死人及活人之命运的次序和关系。在这个大前提下，一说认为帖城信徒相信死人和活人不会获得平等待遇，这可能是由于他们相信最后审判之前先有弥赛亚的国度，虽然保罗似乎并不信有弥赛亚的国度这回事。[225] 换言之，他们错误地相信那些活着到主再来的人，比那些已去世的人更为有福（参以斯得拉贰书十三 24）。[226] 不过，倘若二者之间的分别并不涉及已死信徒的最终得救，即是说，倘若帖城信徒仍然相信死人迟早都会复活，则他们的忧伤（像无指望的人一样）便很难解释。下面的看法似乎避去了这个困难：保罗在写此信之前，必曾向帖城信徒提到主的再来会牵涉信徒被提，但在帖城信徒错误的观念中，只有活人才可被提（旧约及犹太教的文献中被提的都是未经

---

[222] Mearns, 'Eschatological Development' 141 - 142.

[223] Gillman, 'Signals' 264 n. 4.

[224] Marshall 122, against N. Hyldahl, 'Auferstehung Christi' (esp. 121 - 123, 127 - 129).

[225] Klijn, '1 Thessalonians 4. 13 - 18', esp. 67, 69 - 71.

[226] Whiteley 67.

死亡的活人),因此他们已离世的亲友不能在主来时的救恩上有份。[227] 这个看法可以跟另一个合并起来,那就是,虽然帖城信徒同样地接受了有关死人复活和主再来的传统教训,他们却未能把二者融会为一,拼成一幅完整的图画。[228] 由于他们"不知道"二者的准确关系(保罗与他们同在时没有机会或需要解释此点),也许他们就错误地假定在主来前去世的信徒是在救恩上无份的。这等于说,在帖城信徒的末世观里面,主的再来占着重要的位置(参一 10),但他们却好像不晓得应把死人复活放在什么地方。针对此点,保罗在以下数节将他们不知道的事告诉他们。这解释也不是完全没有困难(我们不能肯定保罗有否特别用"被提"来解释主再来对信徒的意义),但(即使假定保罗没有这样做)这解释的基本立论(即是帖城信徒所不知道的,是关乎主再来和死人复活的关系)似乎比其他的那些解释较为可取。

四 14　"我们若信耶稣死而复活了"　保罗现在开始解释(原文于句首的"因为"一字有解释的作用)他很想帖城信徒知道的是什么事。"若"字并不表示怀疑,而是有"实在是这样"的含义,意思等于"既然"(当圣)。"我们"在本段(除了 15 节第一个"我们"外)可能泛指基督徒,因为随着"我们"后面的都是一些关乎所有基督徒的一般性教义(参罗十四 7～8;林前十五 19、49、51～52、57;腓三 20～21)。[229] 这是信上第五次用"信"字的原文(参一 7 注释),但第一次作动词(而非分词)用而有"相信"(不是信托)之意。[230] "耶稣死了,又复活了"(新译,参思高)这话很可能是保罗之前已有的认信公式,下列两件事实支持这个看法:(一)这里的名称不是保罗较常用的"基督"而是"耶稣",其中的意义可参一章十节注释。[231] (二)"复活"一词的原文[232]在保罗书信另外出现四次(新约共一〇八次),其中两次是在旧约的引句里(罗十五 12,引赛十

[227] Plevnik, 'Taking Up', especially 276, 280, 282. Cf. Kreitzer, *Jesus and God* 179－180.

[228] Gillman. 'Signals' 270－271.

[229] Cranfield, 'Changes' 285.

[230] 这动词在新约出现时所采用的多种结构,详见 M.J. Harris, *NIDNTT* III 1211－1214.本节所用的是 *pisteuō* + *hoti*(参罗六 8,十 9)。

[231] Cf. also W. Foerster, *TDNT* III 289.

[232] *anistēmi* (middle and second aorist = intransitive).

一 10;林前十 7,引出卅二 6),一次来自一首早期的诗歌(弗五 14),另一次(本章 16 节)是在保罗所引的“主的话”(15 节)里;本节是保罗书信中用这个动词来指基督复活的唯一例子,他经常用的是另一个动词[233](详见冯:“腓立比书”374 注 196)。[234] 这公式里的“死了”一字跟保罗所用的“睡了”(后者从没有用来指基督自己的死亡)比较之下,一方面强调耶稣之死的真实性,从而衬托出他的复活实在是个神迹,另一方面好像在提示,信徒的死之所以是一种睡,乃因耶稣真实的死亡(和复活)。基督复活的事实在这里被保罗用作对已死信徒的未来存着盼望的基础;换言之,他的末世盼望是建立在他的基督论的基础上——暂时还不是一种发展完备、关于基督本体的基督论(但留意一 10:“他儿子”),而是关乎基督死而复活、功能性的基督论。[235]

“那已经在耶稣里睡了的人,神也必将他与耶稣一同带来” 本句原文开首有“照样”二字;[236]顺应着上面的发端支句所用的结构(“我们若信……”),这归结分句按理应是这样的:“照样,也应该相信……”(新译,参思高),不过,也许由于保罗急于要改正“若”字可能给予人的任何不肯定的感觉,因此“也应该相信”这中间步骤便被省掉,而归结分句亦以直接陈述的形式出现,这种浓缩表达法的结果,就是使保罗从一种基于经验的主观信念,直接引申出一件客观的事实来(这事实是那主观信念的含意)。[237] “已经……睡了的人”在原文是复数的(因此“将他”应作“将他们”),与上一节的“睡了的人”是同一班人,不过该节用的是现在时式的分词(意思见注释),这里的分词则为过去时式,表示“睡着”(即是死)的行动“已经”发生。译为“在耶稣里”的原文短语[238]直译是“藉着耶稣”,此语在原文的位置是介于“那已经……睡了的人”与“必……带来”之间,

---

[233] *egeirō*.

[234] Cf. Collins 340 - 341, ‘Tradition’ 329. Zerwick 231 提醒我们,鉴于新约时代的希腊文有趋势用被动语态的动词来表达主动的意思(最普通的例子是以 *apekrithe* 代替 *apekrinato*),我们不可过分坚持被动语态的 *ēgerthē* 总是有和必然有“被父神的行动使之复活”的含意,因为它的意思可能仅是“复活”,即是与 *anestē* 同义。

[235] Longenecker, ‘Early Eschatology’ 90.

[236] *houtōs kai*.

[237] Cf. Lightfoot 64; Frame 168,165; Marshall 123; Reese, ‘Linguistic Approach’ 216.

[238] *dia tou Iēsou*.

因此,若把它连于前者,得出的意思便是"那些靠着耶稣已经睡了的人"(新译),但若把它连于后者,意思便会变成"神必藉着耶稣将他们与耶稣一同带来"。问题是:"藉着耶稣"是形容"睡了"还是形容"带来"?

用来支持第一个看法的理由如下:(一)将短语连于分词"睡了"可保持句子的平衡结构——"耶稣死了……那些靠着耶稣已经睡了的人","(耶稣)复活了……(神)必将他们与耶稣一同带来"。(二)保罗需要对"已经……睡了的人"加以形容,为要表明神必与耶稣一同带来的并非所有已死的人,而只是"藉着耶稣"睡了的人。(三)"藉着耶稣带来"和"与耶稣一同带来"二者之间的分别不甚明显。(四)若把此语连于"带来",这动词便会前后都有一个由介系词引介的短语形容它,而构成一种非常累赘的句法,并且使整句的结尾变得呆滞乏力——"神必把他们带来——藉着耶稣,与耶稣一起"。(五)要表达后面那个意思,原文较自然的次序应该是"(神必)藉着耶稣(将)那些已经睡了的人(和他一同带来)",但经文中的次序正好相反。[239] 支持第二个看法的释经者所用的论据如下:(一)"藉着耶稣"若是与"睡了"连着解释,很难得出真正令人满意的意思,"藉着耶稣带来"则是短语自然的用法;(二)发端分句中的主要思想(耶稣的死和复活)在归结分句里由耶稣的行动(藉着耶稣)的思想平衡,是更为合适的;(三)"神必藉着耶稣……与耶稣一同带来"并非赘述;(四)倘若保罗的用意是要进一步形容"那些已经睡了的人",他可能会用第十六节"那在基督里死了的人"那简洁的短语;(五)"睡了"的过去时式是指一个事件而非一种持续的状况;(六)五章九节支持此看法。[240] 比较之下,笔者认为第一个看法的理由显然较具说服力(第二个看法下第五点的适切性不大清楚),因此与多数释经者采纳"藉着耶稣睡了"为正确的结构。

接着的问题是:"藉着耶稣睡了"是什么意思?一说认为是等于"在耶稣里睡了"(和合,参思高;16 节下:"在基督里死了的人";林前十五18:"在基督里睡了的人");[241]亦有认为是"以基督徒的身份睡了",或许

---

[239] Cf. Lightfoot 64; Ellicott 63*a*; Milligan 57*b*; Frame 170; Bruce 97.

[240] Moore 69(前五点); Moffatt 36*b* - 37*a*(第六点)。Cf. Collins, 'Tradition' 330.

[241] So also Neil 96; cf. Ridderbos, *Paul* 533 n.125.

是“与耶稣接触着而睡了”;[242]更有认为“藉着耶稣”等于“与耶稣一起”,此句意思大抵即是“睡了,现今和耶稣在一起”;[243]但这些解释都不是原文结构最自然的意思。一些中译本的意译——“信耶稣而已经死了”(现中)、“属于耶稣已经‘安息’的人”(当圣)——未能把“藉着耶稣”和“睡了”二者间的密切关系表达出来,“信耶稣”和“属于耶稣”亦显然不是“藉着耶稣”的真正意思。可能最好的解释是:信徒的死之所以能够被称为睡,是由于耶稣的居间工作,“靠着耶稣已经睡了”(新译)意即耶稣把这些人的死化为一种安睡。[244] 还有一个解释值得一提:“藉着耶稣”很可能表示这些人是殉道而死的;[245]不过上文已经指出(见四13注释),信上并无肯定的证据表示帖城信徒当中已有人殉道而死,而且,要表达为主殉道的意思,自然的讲法是“为了耶稣(的缘故)”[246]而不是“藉着耶稣”。

那些已经“藉着耶稣”睡了的信徒,神“要领〔他们〕同他一起来”(思高)。这两个行动之间的因果关系,是神旨意的一部分。[247] 这里间接地将主的再来描写为“神把耶稣带来”,这是新约论主再来时不常见的观点(通常是主采取主动的),不过,类似的看法可见于使徒行传三章二十节。[248] “同他一起”或“与基督一同”(腓一23)的原文结构在保罗书信另外出现十一次(包括四17,五10),所指的事表明信徒的整个生命与基督有极密切的关系(详见冯:“腓立比书”154－155)。[249] 保罗在这里不用“复活”(如在林后四14:“〔神〕必叫我们与耶稣“一同复活”)而用“领……来”一词,表明了他所针对的问题不是关乎死人复活本身,而是

---

[242] *Idiom* 57.

[243] MHT 3.267.

[244] Lightfoot 65.信徒靠着他而睡了的,就是本身曾死而复活的耶稣:“耶稣”原文在本节只出现两次,首次无冠词,第二次有冠词,意即刚提及的那位耶稣(cf. MHT 3.167). W. F. Moulton (as cited in MHT 1.162)认为,分词 *koimethentes* 可能不仅在格式上,且在意思上亦是被动的,即是“被〔神/耶稣〕使之安睡”;这建议和正文对“靠着耶稣”的解释非常协调,不过,分词的意思较可能是主动的(在13、15节也是一样)。

[245] Lake, *Earlier Epistles* 88.

[246] *dia ton Iēsoun*.

[247] Cf. Cerfaux, *The Christian* 161 n.3.

[248] Moore 69. Kreitzer(*Jesus and God* 118)认为本节(帖前四14)依赖亚十四5所用的意象;由于本句的主词是神,因此它比三13更贴近亚十四5之预言以神为中心的原意。

[249] Cf. W. Grundmann, *TDNT* VII 781－786, *TDNTA* 1105.

关乎已死的信徒跟主再来的关系(参四 13 注释):由于帖城信徒恐怕他们已死的亲友不会在主的再来一事上有份,保罗就选用了"领……来"这字将二者连起来。[250] 至于神会领耶稣和已死的信徒往哪个方向走,这问题至少有三个答案:[251]"领"指信徒和耶稣一起被引进神的国度;[252]"领"指耶稣带着信徒往天上去,在那里他要把国交给父神,信徒与耶稣的相交将永不止息;[253]"领"指耶稣把信徒带到地上,因为基督再来的基本方向是向着地上,而神的子民未来的归宿不是在天上,乃是在一个更新的地上(罗八 21;参彼后三 13;启廿一 1～2、10)。[254] 三者之中哪一个是正确的答案?

"领来"或"带来"的原文(见注 251)在保罗书信另外出现六次(新约共六十七次),其中五次是喻意式的用法,分别指神的恩慈是要"领"人悔改(罗二 4),某些妇女被各种欲望所"支配"(提后三 6,现中),信徒从前受"迷惑"(林前十二 2,直译为"被引领")去服侍不会出声的偶像,如今当让自己被圣灵"引导"(罗八 14;加五 18);另一次有其字面意思,保罗嘱咐提摩太"要把马可带来"(提后四 11),即是"要带着〔马可〕同你一起来"(思高,参现中)。本节的"带来"也是有字面的意思,不过若把它按提摩太后书四章十一节的用法来解释,得出的意思便是"神要带着已死的信徒同耶稣一起来",这就变成神、耶稣、信徒三者一同出现,但新约一贯论主的再来都只是主耶稣再来及显现,并不涉及神自己的显现;[255]因此,这动词应按它在使徒行传十三章二十三节的用法来解释,该处指出,神已照着应许从大卫的后裔中给以色列"带来了"一位救主,就是耶稣(新译)——这"带来"并不涉及神在耶稣降世时亲身显现。

---

[250] Frame 164; Ellicott 63.

[251] Moore 68 正确地指出,NEB 的翻译('God will bring them to life with Jesus')误解了"领来"的意思。"领"原文用 *agō* 一字。

[252] Vos, *Eschatology* 138.

[253] Frame 170－171,176; Ellingworth, 'Which Way are we Going?', esp. 427－429 (he is supported by Ross, '1 Thessalonians 3.13').

[254] Ridderbos, *Paul* 536; Marshall 124－125; Neil 97.

[255] 新约用来指主再来的三个名词都只涉及耶稣:*parousia* 十七次(见二 19 注释),*epiphaneia* 六次(见帖后二 8 注释),*apokalypsis* 五次(见帖后一 7 注释)。同字根的两个动词也是从来不涉及神自己的显现:*apokalypto*(路十七 30 指人子;罗一 17、18 分别指神的义和神的忿怒),*epiphaneo*(多二 11,神的恩典;三 4,神的恩慈和对人的爱)。

这就是说，本句意即神会使已死的信徒于基督再来时与基督一同出现；保罗的重点在于强调他们会有份于基督的再来，至于"往哪里去"的问题，可能此刻完全不是保罗所关注的。不过，我们若要提出并答复这个问题，则上段末所列出的三个答案中，最后一个有较充分的理由支持，因此比另外两个较为可取。

四15 "我们现在照主的话告诉你们一件事" 此句原文开首有"因为"一字，表示下面所说的是要解释及证实上一节下半节的话。"一件事"原文直译为"这件事"（思高），指本节下半节至十七节所载的。"照主的话"（思高同，参新译）原文直译是"用主的话"，[256]因此本句可意译为"我们〔原文无'现在'〕将主自己的话告诉你们"（当圣）。"主"和"话"在原文皆无冠词，因此准确的翻译可能不是"主的一句话"，而是"主的话"。[257]这词组显然不是指"主的道"（见一8注释），而是指"主耶稣的话"（徒二十35〔'话'原文为复数〕；参提前六3〔复数〕；约十八32〔单数〕）。[258]此语引起了三个释经方面的问题：这"主的话"来自何处？本段哪一部分记载了这话？这话原来的格式是怎样的？这些问题是相关的。

关于第一个问题，主要的看法有三种。（一）"主的话"指地上的耶稣所说过的话。由于福音书里面没有一处跟本段的教训完全一样（最接近的可算是可十三27及太廿四31，但该两段平行经文的上文下理完全没有提到复活），因此持这看法的学者若不是认为所指的是福音书没有记载、今已失传的一句话，[259]就是认为保罗综合了耶稣对末日之事的教训，[260]或认为本段和福音书所载关于末日的教训之间有不少相似

---

[256] *en logōi kyriou*；cf. *en tois logois toutois*（"用这些话"，18节），*ouk en didaktois anthrōpinēs sophias logois all' en didaktois pneumatos*（"不是用人智慧所指教的言语，乃是用圣灵所指教的言语"，林前二13）。

[257] *logos kyriou* = not 'a word of the Lord' but 'the word of the Lord' (Bruce 94 n.e.).

[258] G. Kittel（*TDNT* IV 115，*TDNTA* 511）指出，*ho logos tou kyriou* 指"主的道"时，其意思与 *ho logos*（"道"，一6）及（*ho*）*logos*（*tou*）*theou*（"神的道"，二13）并无分别；但前一个短语在新约出现的次数远不及后两个，可能就是因为前者亦可指耶稣的话。

[259] Frame 171；Morris II 141；Martin，*Foundations* 2.253；Longenecker，'Early Eschatology' 90；W. Foerster，*TDNT* III 1092；cf. G. Kittel，*TDNT* IV 105－106；H. Bietenhard，*NIDNTT* II 514；Waterman，'Sources' 106.

[260] B. Rigaux，as cited in Bruce 98 and in Marshall 125.

之处,足以表示保罗认识那教训,那教训就是本段教训的来源。[261] "失传的一句话"之说颇难成立,因为这"话"对一个问题(已死信徒与主再来的关系)提供了答案,这答案对于教会(尤其当信徒对末日的期待是热切时)应是重要的,若耶稣有说过这话(而且这话相当长,见下文),为何福音书的作者竟然没有把它记录下来?[262] 至于说保罗综合了耶稣的有关教训,或说本段的教训是基于耶稣的教训(至少是基于福音书所载的传统),问题始终是:本段教训的要点,是已死的信徒在主来时首先复活,然后还活着的信徒会被提,这三者(主来、复活、被提)的这种确切关系在福音书所载耶稣的教训里面是找不到的,因此,即使我们说本段的特别教训是基于福音书所载的教训而得的,我们仍要假设保罗或在他之前的另一人是蒙主或圣灵的启迪才有这样的领悟,但这解释便基本上变成下面的第二或第三种看法了。

(二)"主的话"指复活的主给予保罗个人的特别启示。此说的主要论据不在于保罗常有这种经历的事实(林后十二 1、7;加二 2;徒十六 9,十八 9～10,廿二 17～21,廿三 11,廿七 23～24),因为在上述的经文中保罗并没有领受一些可用来教导或安慰别人的一般性的"主的话",而是在于本段和哥林多前书十五章五十一、五十二节在实质和词藻上都非常接近,因此该段的"奥秘"和本节"主的话"可能同样指基督对保罗直接和特别的启示;也许"主的话"所指的是一种异象的经历,在其中主用了保罗所熟悉的启示文学的图象来传递他的信息给保罗,又或者在基督的灵的直接引导下,保罗及其同工把当时流行的某些启示文学的思想加以诠释而得出本段的教训。[263] 有释经者认为,若"主

---

[261] Marshall 125 - 127; Guthrie, 'Transformation' 50 n.18; cf. G.R. Beasley-Murray, as cited in C. Brown, *NIDNTT* II 911. Gundry ('Hellenization' 164 - 166)将"主的话"明确地认同为载于约十一 25～26 那句话;Hyldahl ('Auferstehung Christi' 130 - 131)则认同为太廿四 30～31 所载的话。

[262] Whiteley 70 - 71. Cf. Best 190 - 191; Henneken 85 - 88.

[263] Whiteley 71; Moffatt 37*a* - *b*; Henneken 95 - 98; Mearns, 'Eschatological Development' 140 - 141; Milligan 58*a* - *b*(是他同时提出后面那个可能性)。Neirynck ('Paul and the Sayings of Jesus' 311)引 *en logoi kyriou* 一语在七十士译本的用法(王上十三 1、2、5、32,二十 35;参代上十五 15)来支持"对保罗本人之启示"的解释。Cf. Ellicott 63 *b*; Lightfoot 65; W. Michaelis, *TDNT* V 352; Caird, *Language and Imagery* 248 n.5.

的话”是给保罗个人的启示，他会指出这点；若是给西拉（参徒十五32）的直接启示，保罗亦会指出来，因西拉是读者所认识的（笔者认为这论点的说服力不大，因保罗的重点不在这话是向谁启示，乃在它的来源和性质）；不过他接受“主的话”是指主对（某）人直接的启示（见下一段）。[264]

（三）“主的话”指复活的基督藉先知给予教会的指示。初期教会有许多先知（徒十一27～28，十三1，十五32，廿一9～10；林前十二10、28，十四29；启示录称为一个预言：启一3，廿二7、10、18～19），他们的功能包括预告未来（徒十一27～28，廿一11）及劝勉信徒（林前十四31），因此一个先知从基督那里领受有关主再来时已死信徒要复活的道理来安慰信徒（四18）是很自然的事。而这种源自复活的基督的话和地上的耶稣所说的话同样被初期教会接受为“主的话”。[265] 这看法跟上述第二个看法同样认为“主的话”是复活的基督的直接启示，不过启示的对象不是保罗，而是初期教会的一位先知。

除了上述的三个看法，另有释经者认为本段的教训是来自一份“犹太袖珍启示录”。[266] 此说的可能性不大，因为虽然本段（及帖后二1～12）在内容上跟后期犹太教的文学作品有不少相似之处，这并不能证明保罗在这两段是受了两约之间的一份文献直接影响；较可能的是，保罗借用了一世纪犹太教一般有关末日的一些思想和词藻，来表达神对信徒的信息。[267]

关于“主的话”的准确性质及来源的问题，恐怕很难获得一致公认的答案；一些学者在第一和第二个看法之间不作选择，[268]但鉴于第一个看法所涉及的困难，笔者认为第二或第三个看法较为可能（而此二者中又以后者较为可取）。无论如何，“我们用主的话告诉你们这件事”的基本意思即是，“我们告诉你们的这件事，是从主而来的信息”，是带着主

---

[264] Cf. Best 192.

[265] Best 191 - 192. cf. Dunn, *Jesus* 230; Collins, 'Tradition' 330; Conzelmann, *Outline* 38.

[266] G. Lüdemann, as cited in Marshall 127; cf. M. Dibelius, as cited in Bruce 99.

[267] Scott, 'Late-Jewish Eschatology', especially 142; cf. C. Brown, *NIDNTT* II 926.

[268] Bultmann, *Theology* 1.188 - 189; Bruce 98 - 99.

自己的权柄和保证的,因此是确实和可靠的。

关于第二个问题,即是本段哪一部分记载了"主的话",释经者大都同意保罗先在本节综合"主的话"的要旨,然后在第十六、十七节引述"主的话"。[269] 其中提及的有三件事:主从天降临、已死的人复活、还活着的人被提。由于基本上相同的三件事亦见于哥林多前书十五章五十一、五十二节(号筒吹响〔标志着主的再临〕、死人复活、还活着的人身体改变),有释经者认为这两段可能反映同一个口头传统。[270] 至于第三个问题,这"主的话"原来的格式可能跟本段所载的大致相同,除了"因为主自己"这些引介的字以及"在基督里"和"我们"等字之外;后者显然是保罗加上的。[271]

"我们这活着还存留到主降临的人,断不能在那已经睡了的人之先" 本句道出"主的话"的要旨来改正帖城信徒错误的思想,即是以为已死的信徒与还活着的信徒比较下是站在一个不利的地位:事实并非如此。"断不能"或"决不会"(思高)在原文合并了两个否定的字,构成一个非常有力的否定词,[272]这词在保罗书信另外出现三次(取自七十士译本的引句不算在内),每次都有强调作用(五 3;林前八 13;加五 16),这次也不例外。译为"在……之先"的原文动词已在二章十六节出现过(译为"临在",参该处注释),这词在新约出现的七次之中,只有这次有它在古典希腊文的意思,即是在时间上(从而在权利上)在先或在前(参思高),[273]所指的大抵是神使信徒与耶稣一同出现的事(见 14 节注释);在此事上,保罗说还活着的信徒不会比已死的信徒"先跟主相会"(现中,参当圣)。

在"我们这些活着存留到主再来的人"(新译,参思高)一语中,分词

---

[269] P. Nepper-Christensen (as reported in *NTA* §11[1966-67]-382)进一步分为逐字照引的部分(16 节上,至"神的号吹响")和略经修改的部分(16 节下及 17 节,例如"我们")。

[270] Löhr, '1 Thess 4.15-17', esp. 270.

[271] Longenecker, 'Early Eschatology' 90.

[272] *ou mē*. 参这词在下列人物口中的用法:彼得(太十六 22;约十三 8;太廿六 35/可十四 31),多马(约二十 25),耶稣(关于他的话:太廿四 35/可十三 31/路廿一 33;预言:太廿四 2、21/可十三 2、19;应许:约六 35〔两次〕、37,十 28;教训:路六 37〔两次〕);亦参彼后一 10;启九 6,十八 7、14,廿一 25。详细的讨论见 MHT 1.187-192.

[273] Ellicott 64*b*; cf. G. Fitzer, *TDNT* IX 90; BDF 102 (s.v. *phthanein*).

“存留”的原文[274]在新约只出现另一次(17节):它在马加比书是用来指七个殉道的马加比兄弟中唯一的生还者(卷四,十二6,十三8),这用法提示我们,那些在主再临时还活着的人只是少数,绝大多数的信徒(像旧约时代属神的子民一样)都已“睡了”。此语引起了一个问题,就是保罗似乎预期自己会活到主再来之时,但事实证明并非如此。因此不少释经者认为保罗对于主会很快(在保罗当代之内)再来的了解是错误的,[275]亦有进一步认为保罗的末世观后来再有所改变:他较早期的书信显示,他相信主的再来是迫近眉睫(帖前后;林前;林后六14至七1,十1至十三10),但在他较后期的书信里面(罗;林后一至九章;监狱书信),主的再来不复占显著的地位,取而代之的观点是历史会继续下去。[276] 但本句能否支持“保罗预期主会在他有生之年再来”的立论,保罗后来又是否从这个立场转到“主的再来无限期地延迟”的立场?我们要留意下列的考虑因素。

(一)本句的“我们”是由随后的“那些活着,那些存留到主再来的人”一语加以扩充和解释的,[277]保罗的意思可能是:“当我说‘我们’,我的意思是到时还活着、还未去世的人。”这班人将会包括哪些人,是有待时间和事实把它显明出来的。换言之,保罗可能只是把自己和主来之前的最后一代认同,但并不假定他自己必定是属于那一代的人。[278] “我们”亦可解为“我们当中那些在主来临时还活着的人”,但这仍然不表示保罗认为他自己必会置身于这些人的行列。保罗用“我们”是很自然的,因为当他写此信时,他是活着的,因此自然将自己和他当时所属的那班人(“活着……的人”,不是“睡了的人”)认同;而且,由于他事实上并不知道主会什么时候再来(五2～3;因为“惟有父知道”,可十三32),他必须预期主的再临是随时可能发生的事,亦即是说,主在保罗去世之

---

[274] *perileipomai*.

[275] E.g. Denney 345*a*; Frame 171; Whiteley 71, *Theology* 241－242.

[276] Dodd, *Studies* 67－128; cf. C. Brown, *NIDNTT* II 922.

[277] *hēmeis* = *hoi zōntes*, *hoi perileipomenoi* ...

[278] E. M. B. Green (as reported in *NTA* §3[1958－59]－168)认为保罗是存心讽刺那些自以为会活到主来时的人,而将自己和他们认同。但在本段很难找到讽刺的意味;这解释即使在本节说得过去,也难通过第十七节。

前便再来是可能的。关键性的事实乃是:保罗没有说主必定会在他还活着的时候再来。

(二)就事实而论,保罗写此信之前已多次面对死亡的威胁(参徒九 23～25;林后十一 23～33),他在信上亦显然将"醒着"和"睡着"看为同样实在的可能性(五 10)。与本节相同的观点亦见于哥林多前书十五章五十一、五十二节("我们……都要改变"),但同书六章十四节却说"神……要……叫我们复活"(参林后四 14);在同一封信里面,保罗一时(用本节的讲法)把自己和"存留到主再来的人"认同,一时又和"已经睡了的人"认同。这样看来,保罗可能常常同时持着这两个可能性(参罗十四 8;林后五 9;腓一 20～21)。他既然不晓得主会何时再来,也就不能知道主来时他自己会已经死去或是仍然活着,因此他要同时思想,他若在主来之前去世便会怎样,若在主来之时还活着又会怎样。

(三)保罗从来没有失去主可能随时再来的意识和信念,这有他较后期的书信为证(罗十三 11～12;腓三 20,四 5)。在这方面,罗马书十三章十一至十四节的见证,与帖撒罗尼迦前书五章一至八节比较之下,显得尤其重要,因为两段不但同样把主的再来看为可随时发生的事,并且用了相同的词藻:"时候"(五 1;罗十三 11)、"白昼……黑夜〔之对比〕"(五 5;罗十三 12)、"睡〔和〕醒〔的对比〕"(五 6;罗十三 11)、"醉〔和清醒相对〕"(五 7;罗十三 13)、"戴上"(五 8〔新译:"披上"〕;罗十三 12)。这种证据足以使"保罗在他较早期和较后期的书信之间改变了其末世观的基本立场"之说无法成立。

(四)较正确的讲法是说,保罗对主再来的期待在他较后期的书信里所占的位置,不再像在他较早期的书信中那么显著;一方面,这是由于保罗愈来愈认识到,他在主来之前去世比存留到主再来的可能性较大,另一方面,这也是因为除了主再来的教义之外还有别的重要的教义,前者因为与基督的复活及末日的审判有密切关系,因此在保罗对教会初阶段的教导里自然占较显著的地位,但其后这地位便被其他的教义所取代。

(五)由于保罗对基督再来、信徒复活的盼望是基于"耶稣死而复活"(14 节)的事实,基督"何时"再来、复活的盼望"何时"得以实现便成为次要的问题；虽然他对自己会否活到主来这事的了解有所改变，但这并不构成他的末世观的一种基本改变；对保罗来说，现代学者所谓的“主再来的迟延”的问题并不存在。[279]

四 16　“因为主必亲自从天降临，有呼叫的声音和天使长的声音，又有神的号吹响”　本节及下一节解释和证明（“因为”）上一节的宣告。首句较贴近原文的译法是：“主本身要从天上降下”（现中）；“本身”一字强调[280]那将要降临的是主自己（参徒一 11），不是他的代表而已，“从天上降下”[281]则可说回应了先知（赛六十四 1：“愿你裂天而降”）和诗人（诗一四四 5；“耶和华啊，求你使天下垂，亲自降临”）的祷告。本句可能是弥迦书一章三节的回响，该节这样描写神的显现：“看，上主已离开自己的居所下降，踏着大地高处前行”（思高；参赛卅一 4）。不过，主的再来这观念至终是基于旧约对“耶和华的日子”的描述（参二 19 注释）以及“人子”要来施行统治和审判的图画（但七 13～14）。事实上，这里的描述使人想起“耶和华的日子”的情景（例如：珥二 1、11），而且保罗称耶稣（14 节）为“主”（参 15 节），这两点都叫我们看见耶稣在保罗的思想中所占的崇高地位。保罗主要的关注，是要指出主再来时所有信徒（包

---

[279] 以上五点的论据见于：Lightfoot 66－67；Moore 69－70；Morris Ⅱ 141－142；Marshall 127；Ellicott 64*a*；Guthrie，*Theology* 805；Best 195－196；Bruce 105，II 1159*b*；C. Brown，*NIDNTT* II 925. Cf. Ridderbos，*Paul* 490－492.

[280] Cf. MHT 3.40－41 (*autos* here ‘probably ... has some emphasis’).

[281] Glasson (‘Theophany and Parousia’，esp. 260－261，266，267)认为，耶稣要从天上降临此一教义，乃是新约作者把旧约有关耶和华的降临的教训应用于耶稣身上的结果。这位学者对于记载耶稣自称会再来的一些经文（可八 38，十三 26，十四 62）的真确性表示怀疑（265）。但福音派信仰的学者对这些经文持正面的看法；cf.，e.g.，Lane，*Mark* 309－311，475－476，536－537.

“降下”或“下来”一字的原文（*katabainō*）在保罗书信另外只出现三次（罗十 7[引申三十 13]；弗四 9、10），在新约则共用了八十一次。明说是“从天上”降下的项目包括：天使（太廿八 2；启十 1，十八 1，二十 1）、“神的粮”（约六 33、41、42、50、51、58），即是人子（约三 13）耶稣（约六 38）、圣城新耶路撒冷（启三 12，廿一 2、10）、火（路九 54；启十三 13，二十 9）、大冰雹（启十六 21，新译、现中）。此外，这字亦用来指神（徒七 34）、圣灵（太三 16；可一 10；路三 22；约一 32、33）、魔鬼（启十二 12）的行动，以及彼得在异象中所见之物（徒十 11，十一 5）和各样美善的恩物（雅一 17）“降下来”。比较路九 54 和启十三 13，二十 9，或约六 38 和约十三 13，可见 *apo tou ouranou* 和 *ek tou ouranou* 在意思上并无分别。

括已死的和还活着的)都会与主永远同在的真理(17 节下)来安慰读者(18 节),不是要描写主再来的详细情形;而且,虽然这两节是“主的话”(15 节),但仍然只能用人的言语来(喻意性地)形容神直接的作为,后者是人的言语无法完全掌握的,因此,虽然本段所描写的是真实的、要在将来发生的事,但这不等于说这里的描述必须逐字逐句地照着它字面的意思发生。[282]

接着的(按和合本的次序)三个项目,在原文是由同一个介系词引介出来的三个短语,第二和第三个以“和”字连起来。[283] 思高圣经的译法——“在发命时,在总领天使呐喊和天主的号声响时”——把介系词的功用看为指出主降临的时间,如在“在一霎时,眨眼之间,号筒末次吹响的时候”(林前十五 52)一语里面;[284]不过,在该节那个介系词有时间性的意思是颇为明显的,因有“一霎时,眨眼之间”等字眼的指示,但同一个介系词在本节较可能有指出“陪同情况”的功用(如在林前四 21;弗五 26,六 2 等处),[285]意即在主降临时会“有发令的声音,有天使长的呼声,还有上帝的号声”(新译,参现中、当圣、和合)。这个意思比“在……的时候主会降临”(参思高)较好,因为后者有点轻重倒置,好像主的降临有待那三个声音发出似的。

这里的三个声音彼此有什么关系呢?这问题引起了至少四个不同的答案:(一)这些声音是三个分开来的、不同的声音,不过这三个声音同有一个目的,它们的力量是累积性的。用来支持此说的理由是:介系词出现三次,而且三个短语的结构基本上是相同的。[286] (二)这三个声音只是表达同一回事的不同方式:“呼叫的声音”可能就是“天使长的声音”,后者被看为“神的号”。此说的论据是:在启示录里面,“声音”和“号”是同一样东西(启一 10,四 1),又有“一位大力的天使”作神的代言

[282] Cf. Neil 99-100; Whiteley 72; Marshall 128.

[283] *en keleusmati, en phōnēi archangelou kai en salpingi theou*.

[284] Cf. Frame 174; *Idiom* 78 ('at the word of command').

[285] E. g. Lightfoot 68; Milligan 60*a*; L. Schmid, *TDNT* III 658 (*en* of accompanying circumstances).

[286] Vos, *Eschatology* 140. Cf. Moore 70-71; Morris II 143.

人(启五 2,参七 2)。[287] (三)在马太福音二十四章三十一节和启示录十一章十五节,天使和号声有密切的关系,因此"天使长的声音"和"神的号"可能是同一回事,这声音加强了"呼叫的声音"。[288] 换言之,本节的三个项目谈及两个声音,第一项为一个,第二及第三项为另一个。(四)第一项并无附加形容的字(后两项分别有"天使长的"、"神的"),因此它所表达的是个笼统的意思,这意思由随后的两个项目较完全地表达出来。哥林多前书十五章五十二节那三个短语(见上一段引句)是完全分开的,但本节有"和"字把后两项连起来,这就提示我们,后两项是解释前一项的。[289] 换言之,本节的三个项目谈及两个声音,即是第二和第三项:第一项那个"号令"(现中)是透过第二项"天使长的声音"和第三项"上帝号筒的响声"(现中)发出来的。倘若第二和第三项是指同一回事的话,我们便回到第二个看法;但在第二和第三个看法之下提出的经文(它们根本没有提到天使长),并不足以证明"天使长的声音"和"神的号"是指同一件事,而第一和第四个看法比较之下,笔者认为后者的理由较强,因此采纳后者为最可能正确(但并非绝对肯定)的看法。

"呼叫的声音"在原文只是一个字,它在古典希腊文的意思包括神祇的命令、讯号、召唤,对动物(如马或狗)或人(如划船者)鼓励的喊声,甚或简单的呼叫(不过隐含命令之意)。[290] 这名词在新约出现仅此一次,但同字根的动词在新约共用了二十五次,都是"命令"的意思;[291]因此名词较宜译为"发令的声音"(新译,参当圣)。这词在七十士译本也是只出现一次,描写蝗虫"在一句命令之下"像兵士般前进(箴三十27)。倘若本节"号令的喊声"(现中)是跟其他两个声音分开的(上述第

---

[287] Neil 101. Cf. Bruce II 1159*b*(作者现已放弃此看法,见下一个注)。

[288] Bruce 100 - 101,105.

[289] 此两点分别见:Milligan 59*b*; Frame 174. Cf. Ellicott 65*a*; Denney 345*a*; Best 197.

[290] L. Schmid, *TDNT* III 656 - 657, *TDNTA* 426 (s.v. *keleusma*); P. J. Budd, *NIDNTT* I 342.

[291] *keleuō*:马太福音七次(八 18,十四 9、19、28,十八 25,廿七 58、64),路加福音一次(十八 40),使徒行传十七次(四 15,五 34,八 38,十二 19,十六 22,廿一 33、34,廿二 24、30,廿三 3、10、35,廿五 6、17、21、23,廿七 43)。

一、三两个看法),则施发号令者最可能的"人选"也许就是基督(参约五 25);[292]无论如何,基督不是号令的接受者。但若此号令是由随后的两项解释的(上述第四个看法),我们便不需要问"是谁发令",因为在终极的意义上,发令者自然是基督或神;此号令的目的,亦可与另外那两个声音的目的一并讨论。

"声音"的原文[293]在保罗书信中另外只用了五次(新约则共一三九次),四次在说方言的讨论中(林前十四 7、8、10、11),另一次(加四 20)指他在信上用的"语气"(新译)或"声调"(思高);这里指天使长所发的呼声。"天使长"一词的原文在整本希腊文圣经里只出现另一次(犹 9),该处提及天使长米迦勒。犹太人的传统认为有七位天使长(多比传十二 15;以诺壹书二十 1～7),包括米迦勒、加百列(路一 19、26)和耶利米列(以斯拉续编四 36);启示录"那站在神面前的七位天使"(八 2、参 6 节,十 7,十一 15)可能是七位天使长。在但以理书十二章一至二节,米迦勒的出现跟死人复活有密切的关系。不过,本节的"天使长"在原文并无冠词,因此不是特指某一位天使长。[294] 曾为法利赛人的保罗相信有天使(徒廿三 8),[295]他的信上多次提及不同等级的天使,[296]他也相信天使会陪同主耶稣再来(三 13,见该节注释;帖后一 7),因此"主的话"给予天使长一种特别的责任,即是"呼唤"(当圣)或"呐喊"(思高),这是跟保罗的"天使观"和谐一致的。这"天使长的呼声"(新译)就是神或基督的"号令"的一部分。

另一部分是"上帝号筒的响声"(现中),原文直译是"神的号筒/号

---

[292] Cf. Vos, *Eschatology* 139; Bruce 100.

[293] *phōnē*.

[294] Cf. G. Kittel, *TDNT* I 87 (s. v. *archangelos*); H. Bietenhard, *NIDNTT* I 103; Bruce 100; Vos, *Eschatology* 140.

[295] *angelos* 一字在保罗书信共出现十四次(新约共一七五次),除了一次的意思是"差役"外(林后十二 7),其余皆指"天使":单数三次(林后十一 14;加一 8,四 14),复数十次(罗八 38;林前四 9,六 3,十一 10,十三 1;加三 19;西二 18;帖后一 7;提前三 16,五 21)。

[296] 单数的——"执政的、掌权的、有能的、主治的"(弗一 21: *arche* ... *exousia* ... *dynamis* ... *kyriotēs*);参林前十五 24(首三项);西二 10(首二项)。复数的——"有位的、主治的、执政的、掌权的"(西一 16:首项原文为 *thronos*);参弗三 10,六 12;西二 15(末二项);罗八 38("掌权的……有能的")。

角"(参当圣)。"号筒/号角"一字的原文在新约共用了十一次(保罗书信占三次),同字根的动词"吹号"[297]共用了十二次(保罗书信占一次);名词可指号角本身(例如:林前十四8,见新译、思高)或所发的号声(如在本节);动词有一次可能是喻意性用法(太六2:"不可在你前面吹号",意即"不可到处张扬"〔新译,参现中〕)。这组字汇在新约的用法多数与神的显现(来十二19;参出十九16、19,二十18)及末世的事有关:如在犹太文献里(圣经正典内外)一样,号筒或号角的响声宣告(一)神的审判(启八2、6、13,九14〔名词〕;八6、7、8、10、12、13,九1、13,十7,十一15〔动词〕;参珥二1;番一14～16),(二)神的选民从地的四方被招聚一起(太廿四31;参赛廿七13),以及(三)死人复活(林前十五52)。[298] 在启示录四章一节(参一10),那"好像吹号的声音"大抵是基督的声音;但本节"上帝的号声"并不表示吹号者是神(参亚九14),其意思只是神所使用之号角的声音;因此不论哥林多前书十五章五十二节或本节,都没有说明吹号者是谁。不过,两节的"号(筒)吹响"所指的是同一回事:该节"号筒末次吹响"原文其实是"最后的号角"(现中),它称为"最后的"不是因为它是一连串的号声中的"最后一次"(新译),而是因为它宣告末日的来临;而本节并无"最后的"一字,并不表示这里的号声和该节的不同,只表示"号角"已成为完全"末日化"的观念,以致单说"号角"已足以表示所指的就是"最后的号角"。[299] 鉴于这号角在该节的功用是宣告死人复活(或呼唤死人从坟墓中起来),这可能也就是"神的号吹响"的意义。至于天使长的呼声,其功用可能是宣告死人复活(参但十二1～2),但亦可能是作为主再来的信号,若是后者,本节的三个声音便可解释如下:"号令的喊声"包括两个声音,一个是"天使长的呼声",它宣告主的再来,并呼召人预备迎见再来之主(参17节);另一个是"神的号声",它呼唤死人从坟墓中出来。另一些释经者则认为三个声音同时有两个功用:一是作为复活的信号,二是表明并陪同着末日

---

[297] 二字分别为:*salpinx*, *salpizō*.

[298] Cf. G. Friedrich, *TDNT* VII 84,86-88, *TDNTA* 998,999; M.J. Harris, *NIDNTT* III 874.

[299] Cf. Vos, *Eschatology* 141,10 n.15. Collins 251 则认为并无理由可把两节的号角认同。

(按其广义了解)的来临。[300]

“那在基督里死了的人必先复活”　按原文的次序,“在基督里”可连于在后的“必先复活”而不是连于在前的“那些死了的人”,本句变成“死人要在基督里先复活”;但在这样的结构里面,“在基督里”一词无故地受到强调,这译法亦与文理不符,因为本段所关注的问题,不是复活会如何发生(参林后四 14),而是已死的信徒和还活着的信徒在参与(有份于)主再来这事上的先后次序。因此“在基督里”应连于“死了的人”。“死了”的原文不是动词而是形容词,因此原文短语[301]的意思不是“那些死于基督内的人”(思高;参林前十五 18;启十四 13),即是那些生前是基督徒,死时仍是基督徒的人(参现中);[302]原文短语的意思乃是“那些在基督里的死人”。此语有这样的含意:信徒生前是在基督里的(参一 1),他们“藉着耶稣睡了”(14 节)之后,仍然是在基督里的,就是说,他们仍然保持与基督的关系;正是由于这个关系,他们会听见主的召唤要他们复活。[303] 虽然这句话并不告诉我们信徒在死去和主再来的期间的准确情况,但已死的信徒仍是在基督里这个观念,至少跟“离开身体〔便是〕与主同住”(林后五 8)及“离世〔就是〕与基督同在”(腓一 23)等思想并无冲突,甚至可以沿着后者的方向来解释,因此我们不必认为本书(及后书)在信徒所谓“居间的情况”这问题上跟哥林多后书和腓立比书互不协调。[304]

在“先要复活”(思高)一语里面,原文所用的动词与第十四节用来指基督复活的字相同(参该处注释),保罗书信里只有本节以这字指信徒的复活;这就证实保罗是在引述早期的基督教传统(“主的话”,15 节),虽然“在基督里”一词明显地是保罗所加的。[305] 有释经者将此句解

---

[300] L. Schmid, *TDNT* III 658, *TDNTA* 426; cf. P. J. Budd, *NIDNTT* I 342.

[301] *hoi nekroi en Christōi*.

[302] Cf. also Best 197; L. Coenen, *NIDNTT* I 446.

[303] Cf. M.J. Harris, *NIDNTT* III 1207; Frame 175,166,169; Marshall 129.

[304] So, correctly, Gundry, *SŌMA* 152 - 153.

[305] Plevnik ('Taking Up' 282)认为“复活”在本句的意思只是“回到〔重新得到〕今世的生命”;但较自然的解释是说这字跟它在 14 节的意思相同,即是包含“改变”之意(cf. Gillman, 'Signals' 268).亦参四 17 注释。Marshall 129 - 130 对本句提出的两个问题,是由于他对 15 节“主的话”的了解而引起的(见上文该节注释)。

为在一般人的复活之前，那些在基督里的死者"要先复活"（现中），好像本节所指的复活可认同为启示录二十章四至六节那"头一次的复活"似的；[306]可是，尽管本段（四 13～18，及后书二 1～12）和启示录采用了一些共同的启示文学上的观念和图象，[307]这样解释本句显然是错误的做法，因为"先"字是与随后一句的"然后"一字（17 节，思高、新译）相对而说的，保罗的用意绝不是要把"在基督里的死者"的复活和另一次复活造成对比，而是要指出主来时两件事发生的先后次序："先"是已死的信徒复活，"然后"才轮到还活着的信徒被提。原文的"先……后"二字在这里表达的不是一种重要性或地位上的优次（雅三 17；参林前十二 28）或逻辑上的关系（来七 2），而是时间上的先后（林前十五 46；提前三 10；可四 28）；[308]这种时间上的次序回应并解释了第十五节"……断不能在……之先"那句话。

本节针对读者的需要，只提到已死的信徒会在主再来时复活，但并无提及不信者会否或何时复活的问题，同样的情形亦见于哥林多前书十五章二十二至二十四节；不过，我们从另一些经文知道，（一）保罗相信那些不是在基督里的死者也要复活（罗二 5～16；林后五 10；徒廿四 15），[309]（二）不信者的复活是与信徒的复活同时发生的（约五 28～29）。保罗在这里也没有解释信徒会怎样复活，就是当他不得不针对这问题向哥林多的信徒加以解释时，他的答案仍是十分笼统而缺乏具体的细节（林前十五 35～50）；他既没有描述复活的"方法"或"式样"，也没有详细描写复活的身体，亦无表示那新的"存在形态"的外在环境是在何处，他的关注似乎只是要表明，复活的事实使人的生存方式有了变化。[310] 至于不信者的复活，我们可以按保罗申明的事实推论，那是在性质上有别于信徒的复活的：因为信徒的复活乃是参与（有份于）基督的复活，他们的复活不但是建立在基督复活的基础上（参 14 节），更是以

---

[306] Cf. L. Coenen, *NIDNTT* III 277; A. Ringwald, *NIDNTT* I 649.

[307] Cf. R.H. Mounce, as reported in *NTA* §19(1975)-230.

[308] 原文为 *prōton ... epeita*（本节；林前十五 46；来七 2；雅三 17），或 *prōton ... eita*（提前三 10；可四 28）。

[309] R. Bultmann, *TDNT* III 17.

[310] Cf. Furnish, 'Development' 297*b*; Keck, *Paul* 110-111.

基督的复活为蓝本(林前十五 20、47～49);但那些不在基督里的人的复活不可能是这样的。[311] 无论如何,本节对末世论的一项独特贡献,就是它在教会的历史中首次把两个不同的末世性教义——主的再来及死人复活——合并起来。[312]

四 17 “以后我们这活着还存留的人,必和他们一同被提到云里,在空中与主相遇” “以后”或“然后”(思高、新译、当圣)一字本身并不表明现在要发生的这件事跟已“先”发生的那件事相隔多久(参林前十五 46;可四 28;提前三 10——分别涉及不同长度的时间);不过,经文给人的印象就是二者同属于“主再来”这一事件,二者之间并无别事把它们隔开,随后的“和他们一同”一语可说证实了这个印象,即是现在提及的事是紧“接着”(现中)已死信徒的复活而发生的。因此我们没有理由假定在“先”和“然后”之间有所谓“居间的国度”,更何况在保罗的书信中没有确定的证据显示他相信有这样的一个国度。[313]“我们这活着还存留的人”显然是第十五节“我们这活着还存留到主降临的人”的缩写;再一次,不少释经者认为本句表示保罗预期主会在他还活着的时候回来,[314]但上文对此问题已有详细交代(见四 15 注释)。用来描写还活着的信徒“被提”的原文动词,[315]在新约另外出现十三次,其中三次是被动语态(如在本节),意思也是“被提”(林后十二 2、4;启十二 5);主动语态的用法总是含有使用猛力或暴力之意,如“攫取”(太十一 12,思高)、“抢夺”(太十二 29)、“夺去”(约十 28、29;太十三 19)、“抓住”(约十 12)、“强逼”(约六 15),或使人得益的“抢

---

[311] Cf. Bruce 105.

[312] Cf. H.C. Cavallin, as reported in *NTA* § 28(1984)-641.

[313] Cf. Neil 104; Frame 178. Kreitzer (*Jesus and God* 140)赞同以下的结论:帖前四 13～18 并不支持“两次复活”的教义,也不支持“保罗明确地相信有一个暂时的、弥赛亚之国度”的信仰(参上文于注 308 处)。Carson (*Exegetical Fallacies* 108)问道:“有多少福音派的神学家(尤其是在北美)花大量的精力去探讨帖撒罗尼迦前书四 13～18 是否教导〔我们〕或有无假定,〔教会〕被提是于大灾难前或于大灾难后发生的,但从经文看来,保罗写该段时的关注点跟这样的问题相去甚远?”这话可说一语中的。主“灾前被提”之说的一个近例,见陈:“预言解释”273-278。

[314] E.g. Bultmann, *Theology* 1.103; Cerfaux, *The Christian* 168-169.

[315] *harpazō*.同字根的抽象名词 *harpagmos* 在腓二 6 译为“强夺的”;有些学者认为该词的意思也是“被提”(参冯:“腓立比书”227-228)。

出"(徒廿三 10;犹 23)和"提去"(徒八 39;参被动语态的四次)。本节原文用被动语态的动词,没有明说信徒是被谁提去,不过在第十四节的提示下(要将"在耶稣里睡了的人"带来的是神),把他们提去的显然是神,就如把以诺和以利亚接去的也是神(创五 24;王下二 3、5、参 16)。[316]

还活着的信徒"要被提"(思高)的基本事实,在原文以四个由介系词(或副词)引介的短语加以形容。(一)"和他们一同"直译是"一同〔副词〕和〔介系词〕他们"。[317] 副词"一同"在新约一共出现十次,其中两次作介系词用(太十三 29,参新译〔但"连根"应为"连同稗子一起"〕;太二十 1);在用作副词的八次之中,一次有"全数、无一例外"之意(罗三 12),另有五次意思是"同时"(徒廿四 26〔思高、新译〕,廿七 40;西四 3〔"也"〕;提前五 13〔思高、新译〕;门 22〔思高、新译、现中〕)。余下的两次就是本节和五章十节,两次都是副词与介系词(见上文)连着使用。这词在本节的用法有两种解释:一说认为副词具有它本身的意思,所形容的是动词"被提",意即在死而复活的信徒被提的"同时",还活着的信徒亦"与他们一起"(思高)被提;[318]另一说则认为,副词与介系词连着出现是很普遍的用法,因此不应把二者分开而将副词连于动词,换言之,副词已几乎跟介系词合并成为一种复合介系词,得出的意思就是"跟他们一起"(现中,参当圣)、"所有的人一齐"。[319] 第二个看法可能较为可取,因为:五章十节用了相同的结构,而保罗在该处的用意只是要指出所有信徒,"无论是死了的或是活着的",都与基督"一同活着"(现中)的前景为基督受死的目的,他并不需要强调信徒要和基督"同时"活着;鉴于"一同和"这结构在整本希腊文圣经里只在这两段题旨相同的经文(四 13～18,五 1～11)中出现,它大抵在两处都有同样的意思,因此在

---

[316] Cf. Gillman, 'Signals' 276.在福音书和使徒行传里,除了徒一 9b("有一朵云彩把他接去")之外,耶稣的升天也是以被动语态的动词描写的:*analambano*(可十六 19;徒一 2、11、22;参提前三 16)、*anaphero*(路廿四 51)、*epairo*(徒一 9a)。希伯来书则用主动语态的"经过了众天"(四 14,新译)、"进入了上天本境"(九 24,思高)的讲法。

[317] *hama syn autois*.

[318] Ellicott 66*b*; Frame 174,175,176. Cf. Thayer 30(s.v. *hama*); MM 24-25(s.v.).

[319] Lightfoot 68; Milligan 61*a*. Cf. BAGD 42 *a* (s.v.).

本节也是“一起”之意；而且“一起被提”其实已包含“同时被提”的意思，只是“同时”之意没有受到特别强调而已。此语的位置(在动词之前)表示它是被强调的，而活着的信徒要在主来时与复活的信徒一同被提的事实，提醒我们关于救恩的“整体/团体性”的一面(即是信徒整体地有份于基督)，就如另一些经文(林后五 8；腓一 23，参加二 20)突出了救恩个人性的一面。[320]

(二) 形容信徒被提的第二个短语，中译为“到云里”(新译、现中、当圣同)或“到云彩上”(思高)。“云”字的原文[321]在保罗书信只出现另外两次，指以色列人曾“在云下”过红海，并“在云里”受洗归入摩西(林前十 1、2)；在新约则另外出现二十二次。云彩是一种自然现象(路十二 54；犹 12)，但在圣经里经常象征神的同在，好像神的荣耀需要用云彩遮盖，只能透过云彩照耀出来似的(太十七 5〔两次〕；可九 7〔两次〕；路九 34a、35；参出十九 16，廿四 15～18，四十 34～38；王上八 10～11)。在启示录的异象中，有一位天使以云彩为衣(启十 1)，一片白云构成基督的宝座(启十四 14〔两次〕、15、16)，他降临时有云彩陪着他(启一 7)。[322] 后者也是福音书描写人子再来的情形所用的讲法之一(可十四 62)；另二个讲法是他要“在云中”降临(路廿一 27)[323]和“驾云”降临(太廿四 30，廿六 64；可十三 26；参但七 13)。[324] 本节原文第二个短语跟马可福音十三章二十六节所用的相同，因此它的意思不是“到云里”或“进入云彩里”(路九 34b)，[325]而是“乘着云彩”被提，就如复活的基督在门徒的观望中被一块云彩接去，离开他们的眼界(徒一 9，见思高)，也就像启示录十一章那两个见证人“乘着云彩”[326]上了天一样(启十一 12，思高)。[327]

---

[320] Cf. Beker, *Paul* 230.

[321] *nephelē*.

[322] 该节原文用的结构是 *meta* with genitive (plural).

[323] *en* with dative (singular). 解释见 Marshall, *Luke* 776.

[324] 可十三 26 用 *en* with dative (plural)，另外三节用 *epi* with genitive (plural).

[325] *eis* with accusative (singular).

[326] *en* with dative (singular).

[327] Cf. Frame 175; Gillman, 'Signals' 277 - 278.

（三）“与主相遇”的原文结构[328]表示此乃信徒被提的目的。“相遇”或“相会”（新译、现中）的原文名词在新约只再出现两次（太廿五 6；徒廿八 15；同字根的动词亦是只用了两次：可十四 13；路十七 12）。[329] 这名词在古希腊语世界中有一种专门用法，指一个显要人物官式访问一个城市时所获得的欢迎：那些居领导地位的市民会出到城外迎接他，然后护送他进城；[330]因此思高圣经在这里干脆译为“迎接主”。用这种专门性的意思来解释另外那两节经文（太廿五 6；徒廿八 15）是非常合适的，但本节有否这种意思则有待商榷。一个附带的问题是：这名词跟另一个译为“迎见”（太八 34）或“迎接”（太廿五 1；约十二 13）的名词[331]有没有分别？一说认为前者纯粹指一次相遇，后者则涉及“寻找”、“期待”、“在途中等候”等意思；[332]可是，前者在新约出现的另外两次显然亦有那些意思，而且两者在同一段经文中似乎是以同义词的姿态出现（太廿五 6、1），因此两者同义的看法[333]较为可取。

（四）“在空中”（新译、现中、当圣同）看似是形容“与主相遇”的，但原文直译是“到空中”（思高），[334]因此是形容动词“被提”的；无论如何，信徒与主相会的地方是“空中”。这字的原文[335]在新约另外出现六次，两次用在“打空气”（林前九 26）、“向空气说话”（林前十四 9，思高、新译、现中）等惯用语中，其余四次皆按字义指“空中”（徒廿二 23；弗二 2；启十六 17）或“天空”（启九 2）。根据当代的宇宙论，[336]地球是平的，地面之上就是下层的空气，其上是上层的空气，[337]再其上是七重天；保罗

---

[328] *eis* with accusative.

[329] 二字依次为：*apantēsis*，*apantaō*. 后者中译作“迎面而来”，但其基本意思仍是“与……相遇”。

[330] MHT 1.14 n.4；MM 53 (s.v.)；Bruce 102；E. Peterson，*TDNT* I 380，*TDNTA* 64；W. Mundle，*NIDNTT* I 325.

[331] *hypantēsis*. 同字根的动词 *hypantaō* 在新约共出现十次（太八 28，廿八 9；可五 2；路八 27，十四 31；约四 51，十一 20、30，十二 18；徒十六 16）。

[332] Lightfoot 69.

[333] MM 650 (s.v. *hypantēsis*).

[334] *eis aera* = ‘*into the air*’ (Bruce 103). 但 RSV (‘in the air’)也是将 *eis* 解为 *en*.

[335] *aēr*.

[336] Cf. H. Bietenhard，*NIDNTT* I 449；Scott，‘Late-Jewish Eschatology’ 138；Bruce 103.

[337] 称为 *aēr*(air)及 *aithēr*(ether). 后一个字没有在新约出现。

在本节也许没有刻意地区别上层和下层的空气,不过他提到"云"这点表示他想及的是下层的空气。由于下层的空气不像上层那么清洁,因此它有时被认为是鬼魔的居处(参弗二 2);主与信徒在鬼魔的"本土"相会,显明他完全胜过了它们(参西二 15;弗一 21)。主与信徒相会后,不大可能就留在空中,[338]因为"空中"被认为与鬼魔有关;保罗的描绘到此为止,因为他已达到目的:既然复活的信徒及活着的信徒要一同被提到空中与主相会,帖城信徒为已死亲人的焦虑就应烟消云散。至于主和信徒相会后的去向,保罗似乎无意告诉读者,可能这问题此刻根本不在他考虑之列——主和信徒将会永远在一起,哪管是在天或在地。[339]不过,就如对"带来"一字引起的问题一样(参四 14 注释),释经者对"相会后何往"的问题提出了两种不同的答案:一说认为是顺着信徒被提的方向继续往天上去,[340]另一说则认为是回到地上设立千禧年国度或施行审判。[341] 用来支持"回到地上"之说的一项理由,就是"相遇"一字的专门意义(见上文):两班信徒(复活的和还活着的)构成一支联合的队伍将主护送回地上。[342] 但原文那个字在这里不一定有专门的意义,本段的文理亦不要求我们这样解释该字,因此我们无法从本节或本段看出问题的答案;保罗的话完全足以安慰信徒,但对于满足我们的好奇心则全无帮助。[343]

总括本节上半节的讨论,我们看见这短短一句话(原文只是一句),简洁地提供了关于"被提"至少五方面的资料:谁会被提("我们……和他们")、何时被提("然后")、如何被提("乘着云彩")、为何被提("与主

---

[338] Davies(*Rabbinic Judaism* 296)的解释贴近这种看法。

[339] Cf. Neil 106; Moore 71 - 72.

[340] Frame 176; Milligan 61*b*; W. Grundmann, *TDNT* VII 783 n.82; Gillman, 'Signals' 278.

[341] 分别见:W. Foerster, *TDNT* I 166; Moffatt 38*b*. Cf. Gundry, 'Hellenization' 166 - 167.

[342] Marshall 131; Lincoln, *Paradise* 188; Bruce II 1159*a*, *b*.最后一位作者已放弃此看法;见下一个注。

[343] 分别见:Bruce 103; Denney 345*b*. Krentz ('Roman Hellenism' 336, cf. 334)认为,保罗在四 13～18 用了三个跟皇帝崇拜有关的字("降临"、"相遇"、"主"),藉此表示基督教的福音并不构成政治性的威胁。但此说并无说服力。

相会")、被提何往("到空中")。在解释下半节之前,还有一个问题值得讨论一下。本节只说活着存留到主再来的信徒,要与已死而复活的信徒一同被提,却没有表示他们的身体会即时改变,使他们也像复活者一样适宜在复活的纪元中生活,就如哥林多前书十五章五十二、五十三节所解释的。有学者认为该处的解释是保罗获得特别启示("奥秘",51节)的结果,含意即是他写此信(帖前)时尚未有那样的了解;[344]但此说值得商榷。因为仅是被提到空中这件事实,已足以暗示那些还活着的信徒的身体也是经过改变的(这假定复活者的身体自然有了改变),何况他们立即开始"和主永远同在";而且,本段描写信徒被提是紧随神的号吹响、已死信徒复活之后,该段则描写信徒的复活和改变是在号筒吹响之时,可见被提和改变对保罗来说是相似的主题。因此,被提与改变不但不是互相排斥的观念,前者更可能已包括后者;换言之,本节的信徒被提之前,已先经历了哥林多前书十五章所指的改变。这个看法符合保罗在本段的用意:已死而复活的信徒跟还活着的信徒一同有份于主的再来,没有一方比对方较占优势,他们要一同被提到空中——带着同一样的、经改变的身体。至于保罗在本段为何不提改变,可能有两个原因:他所引用的"主的话"没有提及改变;更重要的,他没有需要特别提到改变,因为帖城信徒的焦虑只涉及那些已死的信徒,并不牵涉存留到主再来的人。[345](最后一点的含意就是,保罗曾告诉帖城信徒活着的信徒在主来时的情形。)

"这样,我们就要和主永远同在" "这样"引出两批信徒(死而复活的、还活着的)一同被提的最后结果。"永远"原文仅为"常常"(新译;参一2,二16,三6,五15、16),不过本段的文理支持"永远"(现中、当圣同)这个意译法。这字可说不利于千禧年或任何有时间限制的国度之说,因为保罗若信有这样的一个国度,他大可以轻易地将本句说成"我们就要在主的国度里跟他一起"(当然,他不一定要这样)。[346]"和

---

[344] Bruce, *Paul* 308.

[345] Cf. Gillmann, 'Signals' 277,278,279-280; Guthrie, 'Transformation' 46, *Theology* 834-835. Ellicott 67*a* 谓林前十五52~53的改变"必须"先发生。

[346] 见 Ladd (*Theology* 556)所引作者。Cf. Best 183.

主……同在”一词基本上即是十四节的“同他一起”(见该处注释);它在本节(如在腓一 23)的意思不只是在空间的意义上“跟主在一起”(现中),而是指与基督保持属灵的接触,享受与基督相交。[347] 希腊文有两个介系词可表达“同……在一起”的意思,[348]保罗总是用较不常见的那个(上注中的后者)来指信徒与基督一起的未来生活(五 10;罗六 8;林后四 14;西三 4),他又用一系列含有此介词的复合动词来描写信徒今生与基督同死同活(罗六 4、6,八 17;加二 20;西二 12、13,三 1)。这两种表达法是相关的:今生与基督同死同活引至主来时与基督在一起的完美生活,现今已开始的一种关系到那时得以完全。而且这不仅是基督与个别信徒的关系,也是基督和全部属他之人的关系:当主来时,所有已死的信徒和还活着的信徒要联成基督的“一个”子民。[349]

有释经者认为这里所指的与基督相交必须按广义解释,它包括:(一)与基督一同作王(提后二 12;罗五 17),(二)和基督同作后嗣、同得荣耀(罗八 17),享受在基督国里的产业(弗五 5)。[350] 从圣经神学的角度来说,这解释是不错的;但保罗在这里并没有告诉读者,信徒与基督永远同在时所务何事,再一次(参四 14“带来”,四 17“在空中”的注释),这是因为这问题跟保罗在本段的主旨无关,所以他没有提及。[351]

四 18 “所以,你们当用这些话彼此劝慰” 基于上文(13～17 节)的教导,保罗现在向读者提出呼吁。[352] “这些话”(复数)包括上文引述的“主的话”本身(单数,16～17 节)、保罗的撮要(15 节),以及他和早期教会共同的信念(14 节)。“劝慰”一字的原文在上文已出现五次(参二

---

[347] *Idiom* 81; M.J. Harris, *NIDNTT* III 1207.

[348] *meta*, *syn*.前者见一 6,三 13,五 28;后者见四 14、17〔二次〕,五 10。二字用法上的分别,参上面 268 页,注 247;冯:“真理”398 注 26。

[349] Cf. Best 200 - 201; Marshall 131.

[350] Ridderbos, *Paul* 559.

[351] Moore 72. Bultmann (*Theology* 1.346)则提出另一个原因:要描绘未来的情况,只能以地上的生活作为类比,把前者描写成地上生活的理想图画,这无异直接否认未来的事那“未曾看见”的性质(林后四 18)。

[352] *hōste* = an inferential particle (*Idiom* 144).

3 注释)；有释经者认为它在这里较宜译为“鼓励”。[353] 鉴于本段是针对一些读者的“忧伤”(13 节)而写的，本节动词的主要意思应是“安慰”(现中、思高)；不过，由于安慰、劝勉和鼓励三者的关系非常密切，“劝慰”(新译同)是个可被接纳的译法，“互相安慰，彼此鼓励”(当圣)这个意译则更把主要和次要的意思按其自然次序表达出来。思高圣经(“要常……彼此安慰”)的“常”字反映了动词的现在时式：无论何时有此需要，在任何适合的情况下(这些场合包括教会的聚会，以及信徒私下彼此相交)，信徒都应彼此安慰和勉励；“彼此”一词表明了这是信徒共有的义务，是他们一同分享的职事，而不是教牧同工独有的责任或特权。

本段(四 13～18)跟当代的哲士在其演辞、论文及信札中向人发出的安慰有一些相似的地方。例如，他们将死描写为与睡眠相似，藉此贬抑死亡；他们叫人节哀顺变，有时一开首便这样做，然后引用某个教师的话作为支持；他们解释死者是被死夺去，但因有盼望而得安慰，就是盼望死者如今是和神明及过去的贤人同在，现在还活着的人会到他那里，二者在地位上不分高下。另一方面，本段跟那些安慰的话亦显然有别：后者劝人用理智来抑制过分的哀伤，但对保罗来说，安慰之所以可能，完全是因基督的复活和再来所给予信徒的盼望。换言之，虽然本段在体裁上与古代的安慰信札相似，但其内容是基督教的崭新贡献。[354] 上文(见四 13 注释)曾引用二世纪的一封吊慰信来说明异教世界中的普罗大众在死亡面前的绝望和无助，该信结束时说：“因此，请你们互相安慰吧。”本节也是：“所以，你们要……彼此安慰”(现中)。但其间的分别，正好说明了基督教与异教的分别：该封信的“因此”，是指在死亡面前的无助和无奈，本节的“因此”，则是指“这些话”的内容——基于耶稣的死和复活，信徒有复活、被提及与主永远同在的荣耀盼望。

作为对本段(四 13～18)讨论的总结，我们值得留意本段的结构显示一种优美的交叉式排列法，如下：

---

[353] ‘encourage’ (NIV)：Peterson, ‘Ministry of Encouragement’ 240 - 241.

[354] Cf. Malherbe, ‘Exhortation’ 254 - 256.

13 A 引言:你们不要忧伤
14 B 福音的宣告及其意义
[14a] a 宣告:耶稣死而复活
[14b] b 意义:已死信徒与耶稣同来
15 - 17 B' 主的话及其意义
[15 - 17a] a 主的话:再来、复活、被提
[17b] b 意义:所有信徒与耶稣同在
18 A' 结语:你们要彼此安慰[355]

(Ⅴ) 关于时候日期(五 1～11)

1 弟兄们,论到时候、日期,不用写信给你们,
2 因为你们自己明明晓得,主的日子来到,好像夜间的贼一样。
3 人正说平安稳妥的时候,灾祸忽然临到他们,如同产难临到怀胎的
妇人一样,他们绝不能逃脱。
4 弟兄们,你们却不在黑暗里,叫那日子临到你们像贼一样。
5 你们都是光明之子,都是白昼之子;我们不是属黑夜的,也不是属幽
暗的。
6 所以,我们不要睡觉,像别人一样,总要警醒谨守。
7 因为睡了的人是在夜间睡,醉了的人是在夜间醉。
8 但我们既然属乎白昼,就应当谨守,把信和爱当作护心镜遮胸,把得
救的盼望当作头盔戴上。
9 因为神不是预定我们受刑,乃是预定我们藉着我们主耶稣基督得救。
10 他替我们死,叫我们无论醒着、睡着,都与他同活。
11 所以,你们该彼此劝慰,互相建立,正如你们素常所行的。

五 1 "弟兄们,论到时候、日期" 这是保罗在信上第十次直接称呼读者为"弟兄们"(参一 4 注释)。本句跟四章十八节部分非常相似("弟兄们,论到睡了的人"),本段(五 1～11)跟前一段(四 13～18)在结

---

[355] Gillman, 'Signals' 272。作者指出,14a 的"复活"跟 16b 的"复活",以及 14b 的"与耶稣一同"跟 17b 的"和主"(原文依次为 *syn autoi*, *syn kyrioi*),前后呼应。

构上亦似乎有平行的现象，两段皆首先道出问题或主题（四 13，五 1），继而提供答案或提出讨论（四 14～17，五 2～10），然后以劝勉的话结束（四 18，五 11）；这就引起了两段之间的关系的问题。（一）有释经者[356]认为两段所讨论的是同一个问题，所用的理由（及笔者的回应）如下：两段皆以相同的劝勉话结束——但五章十一节其实是四章十三节至五章十节这整段的结束，属于本段（五 1～10）的劝勉话则为第六节（由 7 节支持着）及第八节（由 9～10 节支持着）；两段皆以"别人"与基督徒构成对比（四 13，五 6）——但他们在何事上成为对比在两段是不同的（"忧伤""睡觉"）；两段皆以睡喻死——但如作者指出，本段亦以睡喻属灵的麻木；两段皆提及耶稣的死和复活，从而引申出基督徒与他同活的结论（四 14，五 10）——是项观察大致正确，但四章十四节特别声明"与耶稣一同……来"，比五章十节的"与他同活"（参四 17）更为具体，反映着一个特别的问题；两段采用了相同的图象，在前一段，主降临开始与邪恶作最后一战，基督徒到他那里去，在后一段，他们穿上盔甲，等候他的来临——但前段并无提到主的降临（到空中）是要与邪恶作战，本段亦无提到作战（信徒的铠甲并无进攻用的武器）。可见此说所用的理由没有说服力。

（二）另一些释经者认为，本段所讨论的是跟前一段有关的另一个问题，前一段的问题是已死的信徒会否有份于主再来的荣耀，本段的问题则是读者本身会否得救。有谓他们恐怕自己于主来时在灵性和道德方面未准备好，以致无份被召与主相会；[357]但可能较好的看法，是认为教会中有人去世的事实，使一些信徒怀疑他们自己会否在主再来时仍然活着，因此他们急于准确地知道主的再来会在何时发生。[358] 不过，"论到"或"关于"（现中）一词并不表示保罗是在回答帖城信徒曾写信或藉提摩太向他提出的一个问题（参四 9 注释）；[359]保罗大可以从提摩太那里知道他

---

[356] Grayston 84.

[357] Cf. Frame 178 (cf. 11,15); Marshall 132.

[358] Cf. Milligan 63 *a*; Best 203; Plevnik, '1 Thess 5,1 - 11' 73,87.

[359] 如 G. Delling (*TDNT* IX 592 n. 67) 及 Marshall 131 - 132 所认为的。Waterman ('Sources' 109)认为保罗在此沿用了耶稣曾用来开始太廿四 36 那句话的那两个字(*peri de*)，但此说难以证实，也是不必要的。那两个字在本节的用法跟四 9 的用法相同，就是在两个密切相关的题目之间从一个过渡到另一个(cf. Collin, 'Tradition' 334).

们的焦虑,因此在本段改正他们的看法,指出重要的问题不是主再来的准确时间,而是他们要警醒谨守、等候主来(6～8 节),并以神预定了他们藉主耶稣基督得救的宝贵真理(9～10 节,参 4～5 节)安慰和鼓励他们。

"时候"一词的原文[360]在保罗书信另外出现八次(新约共五十四次):它的意思是一段时间(林前十六 7;加四 4),三次用于"在……的时候"一语中(罗七 1;林前七 39;加四 1);复数的"时候"指由数段较短的时间构成的较长的一段时间,三次(罗十六 25;提后一 9;多一 2)用在"永世"(思高〔首段〕、新译〔次段〕)一词里,只有这次与复数的"日期"连着用。后者的原文[361]在保罗书信另外出现二十九次(新约共八十五次),其中显示了几种略为不同的意思:(一)指一般意义上的"时间"(罗九 9,十三 11;林后六 2a、b;弗二 12;提后四 3;〔复数〕弗六 18;提后三 1),这用法包括"现今的时候"(林后八 14,思高;参罗二 26,八 18,十一 5)、"暂时"(林前七 5;帖前二 17〔参该处注释〕)等短语;(二)指合适的时间(罗五 6)或"机会"(〔现中〕加六 10;弗五 16;西四 5),或指某些特别的时候,如不法者要出现的"时辰"(帖后二 6,思高)、保罗离世的"时期"(提后四 6,思高)、举行庆筵的"节期"(加四 10〔复数〕),以及在"到了时候/日期"一语中(加六 9;〔复数〕提前二 6,六 15;多一 3)所指的日期;(三)指末期,即是最后的时期(林前四 5,七 29;〔复数〕弗一 10;提前四 1)。

以上的证据显示,这两个名词在保罗书信里的用法部分支持二者在古典希腊文的分别:"时候"的着眼点是时间的"量"或长短,"日期"则着眼在时间的"质"方面,这种区别在提多书一章二至三节清楚可见:永生是神在万"世"以前所应许的,到了适当的"时候",神就藉着福音的宣讲,把他的道显明出来(新译,参思高、现中)。按此区别来解释本句,"时候和日期"(新译)合并了两个意思:主再来之前必须过去的时间(量),以及标志末日来临之事件的性质(质)。[362] 不过,两个字在原文都有冠词,表示"那时候与〔那〕日期"(思高)是保罗和读者所熟悉的专门词语,指主再来的时间(参徒一 7,三 19、21);二字合并在七十士译本亦有出

---

[360] *chronos*.

[361] *kairos*.

[362] Morris II 150. Cf. Lightfoot 70,71; Milligan 63*b*; Moore 72 - 73.

现(但二21,七12;智慧书八8),不论保罗是否受了旧约用法的影响,在本节的合并语中,"时候和日期"似乎只表达一个意思,指主来的"那日子、那时辰"(可十三32)。[363] "关于这事发生的时间日期"(现中),保罗说:

"不用写信给你们" 这句直译是:"你们没有需要〔有什么〕被写给你们"(参四9注释及注143)。保罗可以这样说,因为他和同工早已将与主再来有关的事件大略告诉了读者(参帖后二5)。

五2 "因为你们自己明明晓得,主的日子来到,好像夜间的贼一样" "明明"、"确实"(思高)或"清楚的"(新译,参当圣)原文[364]是个副词,在新约另外出现八次,原级的意思是"很准确的"(徒十八25,新译,参现中)或"仔细"(太二8;路一3〔思高、现中〕)、"细心"地(弗五15,思高),比较级的意思是"更加准确地"(徒十八26〔现中,参新译〕,廿四22〔参思高〕)或"更详细"地(徒廿三15、20,思高)。同字根的形容词及名词[365]出现各一次,分别指保罗曾按犹太教中最"严格"的宗派过着法利赛人的生活(徒廿六5,思高、新译、现中),以及他曾按照祖传律法的"严格要求"在迦玛列门下受教(徒廿二3,新译);同字根的动词[366]用了两次,意思是"仔细查问"(太二7〔新译〕、16),指希律王向那些星象家"查问那颗星出现的准确日子"(太二7,现中)。在这组字汇的用法底下,本节的副词最合适的意思就是"准确地"。[367] 有释经者指出,除了四次之外,保罗都是单独地用"晓得"这字的,即是不加任何形容语(林后十二2,五16是例外),亦不与另一个动词连着使用(罗十四14及腓一25是例外),因此他认为"准确地"这副词是保罗从读者口中取来的:他们想准确地知道主会何时再来,保罗则回答说,他们可以"准确地"知道主再来的日子,像他们可以"准确地"知道盗贼会何时出现一样——就

---

[363] Cf. Best 204; Whiteley 74; Bruce 108-109; Marshall 132. 比较:*ton chronon kai tōn kairōn*(本节)、*chronous ē kairous*(徒一7)、*chronou kai kairou*(但七12)、*kairous kai chronous*(但二21)、*kairon kai chronon*(智慧书八8)。

[364] *akribōs*.

[365] *akribēs*, *akribeia*.

[366] *akriboō*.

[367] Burdick ('*Oida* and *Ginōskō*' 354)谓鉴于这个副词,动词 *oidate* 指确实和肯定地知道(如在古典希腊文的用法中);但其实这个意思并不是在动词本身,而是由副词表达的(cf. Silva, 'Pauline Style' 207 n.38).

是说,不可能准确地知道。[368] 但此说的理由不够充分,而且副词大可以按其自然的意思来解释:读者准确地知道本节所提的事,因为保罗曾给他们口头上的教导,而且这教训是基于耶稣的话,因此是更加确实可靠的。[369]

"主的日子"这观念来自旧约:"耶和华的日子"(摩五 18;珥二 31;玛三 2;赛二 12)指神至终施行审判,赐福义人,消灭邪恶,复兴万物的日子。这就是"主的日子"在新约两处经文所指的日子(徒二 20,引珥三 4;彼后三 10)。但由于教会"认耶稣为主"(罗十 9;林前十二 3;林后四 5;腓二 11;西二 6),"主的日子"一词在新约出现时,"主"字较多的时候是指耶稣(林前五 5;帖后二 2;本节)。[370] 保罗显然将"主的日子"和"主降临"(四 15)认同(比较四 18 及五 11,帖后二 1 及 2);[371]他也称此日为"我们主耶稣基督的日子"(林前一 8)、"我们主耶稣的日子"(林后一 14)、"耶稣基督的日子"(腓一 6)、"基督的日子"(腓一 6,二 16),以及(当文理使其意思清楚时)"那日子"(帖后一 10;提后一 12、18,四 8;林前三 13;帖前五 4)。[372] 这日子即是"神震怒,显他公义审判的日子"(罗二 5),"神藉耶稣基督审判人隐秘事的日子"(罗二 16),同时也是属主的人"得赎的日子"(弗四 30)。在新约其他地方,"主的日子"(彼后三 10)亦称为"神的日子"(彼后三 12)、"神全能者的大日"(启十六 14)、"他们〔坐宝座者和羔羊〕忿怒的大日"(启六 17),以及"人子显现的日子"(路十七 30,参 24);"那日子"(太七 22;路六 23,十 12,廿一 34;来十 25),[373]"那大日子"(犹 6,新译),"末日"(约六 39、40、44、54,十一 24,十二 48)是"审判的日子"(太十 15,十一 22、24,十二 36;彼后二 9,三 7;约壹四 17),是"屠宰的日子"(雅五 5,新译、现中),但亦是"永远之日"(彼后三 18)——

---

[368] Best 204－205; cf. Findlay as cited in Frame 180.

[369] Cf. Milligan 64*a*; Moore 73.

[370] 前两节原文有冠词,本节(像徒二 20 及彼后三 10)则没有(*he hemera tou kyriou*, *hēmera kyriou*),但在意思上并无分别。Collins 248 认为本节的"主"字是指神而非基督。但见下文及下一个注。

[371] 详参 Gundry, 'Hellenization' 169. 作者指出(170－171),保罗将关于主的日子的犹太传统"基督化",为要促使信徒为基督的再来作好准备。

[372] 前四节的原文有"那"字及冠词(= 'that day'),后二节只有冠词(= 'the day').

[373] 前四节的原文有"那"字及冠词,最后一节只有冠词(参上一个注)。

即是基督的再来所开创永恒及蒙福的纪元开始的日子。[374]

"来到"在原文是现在时式的动词,[375]这样用现在时式表达"要……来到"(思高)的意思,使主再来的图画更能活现在读者眼前,同时强调了主再来的必然性。"贼"与"强盗"有别(约十 1、8;参路十二 33;彼前四 15),他的典型活动不是在光天化日之下明目张胆地抢劫或掠夺(那是强盗的行径),而是在夜里进行偷窃(太六 19、20;约十 10);他的命运是"不能承受 神的国",像卖主的犹大一样(林前六 10;约十二 6)。"夜间的贼"(思高、新译同)这译法把"夜间"看为形容词,但原文("在夜里")较可能是形容另一个没有表达出来的"来"字;[376]不过,"正如小偷在夜里悄悄而来一样"(当圣)是错误的意译,因为小偷在夜间来到这比喻(参 4 节;彼后三 10)的要点,完全不是他"悄悄而来"的一面,而是他"忽然来到"(现中)、"没有人能预测"(当圣)的一面(参太廿四 42～43;路十二 39～40);正因为主再来的时间是信徒"决不能知道的",他们必须警醒等候(启三 3,十六 15;参徒一 7;可十三 32～33)。本节和它所反映的口头教训,极可能是基于耶稣自己的教训(太廿四 42～43;路十二 39～40)。[377]

五 3 "人正说平安稳妥的时候" 本节在原文跟上文并无文法上的联系,这表示本节与前一句(主的日子来到有如小偷在夜间来)的关系非常紧密,[378]就是进一步形容主的日子来到的情形。"人"在原文是包含于动词里面的"他们",指不信主的人,与下一节的"弟兄们,你们"

---

[374] 此解释见:BAGD 347 (s.v. *hēmera* 3b *b*) Kelly, *Peter and Jude* 375. 关于"主的日子",参冯:"腓立比书"92。Kreitzer (*Jesus and God* 112 - 128)在"保罗书信中的主的日子"的标题下讨论了十一段经文,作者谓其中呈现着三种情形:(一)原指神的"主"字现指基督(罗十 13;腓二 10～11;帖前三 13,四 14;帖后一 7～10、6～12、9;帖前四 15～18),(二)原指神的"他"字现指基督(罗九 33),(三)原指神的日子的描述现指基督的日子(罗十一 26;帖前五 8)。

[375] *erchetai*.

[376] *hōs kleptēs en nukti* (*erchetai*) *houtōs erchetai*.

[377] Marshall 133 认为在小偷来到和主的再来之间,除了"没有预料"之外,另一相同点就是"不受欢迎"(从非信徒的角度来说),这个负面的因素表示保罗采纳了现成的讲法。但新约以小偷喻主再来时,从来没有明明提出"不受欢迎"之意,而是将比较点局限于"忽然临到"(参 3 节)这意思上。

[378] Milligan 65*a* ('asyndeton').

相对。“人正说”较贴近原文的译法是“几时人正说”(思高);[379]“说”字在原文是现在时式,但它在这里不是指重复的行动,[380]而是描写行动在进行中,“几时人正说”的意思即是:“当他们正在说……,不管那是什么时候”。[381] 他们的话包括两个字:“平安”和“稳妥”。

“平安”一字的原文[382]在保罗书信另外出现四十二次(新约共九十二次)。最常见的用法是在卷首的问安(十三次,参一 1c 注释)和信末的祝福语里面(加六 16;弗六 23;帖后三 16b;参林前十六 11),在这种用法里面,“平安”(像“恩惠”一样)具有完全和明确的基督教涵义,指一种健全的状态,包括与神和好(罗五 1;弗二 15)、彼此和睦(罗十四 17、19,十五 13,参三 17;林前七 15,十四 33;弗二 15,四 3;西三 15;提后二 22)、内心得享平安(加五 22;腓四 7)。换言之,“平安”可指神藉着基督所成就的救恩(罗八 6,参二 10),因此神称为“赐平安的神”(罗十五 33,十六 20;林后十三 11;腓四 9;帖前五 23);基督称为“赐平安的主”(帖后三 16a)——他“是我们的和平”(弗二 14,思高、新译,参和合小字),并以所成就的和平(弗二 15)作为福音来传给我们(弗二 17〔两次〕,原文);福音称为“和平的福音”(弗六 15,思高、新译、现中)。[383] 本节的“平安”似乎是旧约的假先知对神的子民报假信息的回响(参耶六 14,八 11;结十三 10、16;弥三 5),不过,出自不信者的口中,这字显然不能有其旧约宗教性或新约救赎性的意思;它的意思可能是广义的,即是“平安无事”(路十一 21,新译同)或“安全”(思高、现中)。

“稳妥”这名词的原文在新约另外只出现两次,分别指福音事迹的“确实”性(路一 4)和囚禁使徒的监狱关锁的“牢固”性(徒五 23,思高)。同字根的形容词共出现五次,两次与冠词连着用而得“实情”之意(徒廿

---

[379] *hotan legōsin* (present subjunctive).

[380] MHT 3.112 认为是。

[381] 可十三 4“这一切事要完成时”(思高)和约七 27“基督来的时候”都是用跟本句相同的结构,即是 *hotan* + present subjunctive (*mellēi*, *erchētai*),但有关的两个动词(“要”“来”)并无重复行动的意思。约七 27 那句跟不同结构的约七 31 那句(*hotan elthē* = *hotan* + aorist subjunctive)在意思上并无分别。Cf. Marshall 134.

[382] *eirēnē*.

[383] 参冯:“真理”345－346。

一34,廿二30),另三次分别指“确实”的事(徒廿五26),有助于读者的“安全”的话(腓三1,思高),以及“坚固”的锚(来六19)。同字根的动词共用了四次,三次指兵丁领命将耶稣的坟墓“把守妥当”(太廿七64、65、66),另一次指狱吏在保罗和西拉的脚上“带上”木枷(徒十六24,思高;直译作“把他们的脚牢置于木枷里”)。同字根的副词共用了三次,分别指狱吏要“严紧”地看守囚犯(徒十六23),兵丁要“牢牢靠靠地”把耶稣带走(可十四44),以及以色列人要“确实地”知道神已立耶稣为主(徒二36)。[384] 配合着这组字汇的用法,本节的名词亦是“安全、稳妥”之意。

有释经者认为,“平安”指内心的宁静和安全感,“稳妥”则指外在的安全;较可能的看法是二字几乎同义,[385]后者只是解释和加强前者的意思,因此“平安稳妥”(新译同)意即“平安无事”(思高,参现中)。另有释经者认为保罗在这里是对罗马帝国要促进“平安与稳妥”的计划作出正面的攻击,或对这优美的罗马口号存心讽刺,[386]但此说的理由薄弱,因此说服力不大。比较肯定的一点,是耶稣将人子的日子和挪亚的日子相比时,他对后者的描述跟本节显然有相似之处:那时,“人照常吃喝嫁娶……不知不觉洪水来了,把他们全都冲去”(太廿四37～39;参路十七26～27),照样,“人正说平安稳妥的时候……”

“灾祸忽然临到他们,如同产难临到怀胎的妇人一样” 本句原文开始时有“那时”一字(思高),跟上一句的“几时”(思高)前后呼应,强调了“当人们正说……的时候”(当圣)就是灾祸忽然临到他们的时候。原文的次序(“忽然的——他们——临到——灾祸”)表示“忽然”和“他们”是强调的。形容词“忽然”或“突然”(新译、现中)[387]在新约只出现另一次(路廿一34)。“灾祸”的原文[388]在新约另外出现三次,分别指无知而

---

[384] 此四字的原文依次为:*asphaleia*, *asphales*, *asphalizo*, *asphalos*.

[385] 分别见:Ellicott 70 a; Frame 181.后者引利廿六5～6为证;七十士译本将该处的“安然”和“平安”分别译为 *meta asphaleias*, *eirene*.

[386] 分别见:Donfried, ‘Cults of Thessalonica’ 344; E. Bammel, as cited in Moule, *Birth* 120 n.1.这口号在拉丁文是 *pax et securitas*.

[387] *aiphnidios*.副词 *aiphnidiōs* (MM 16 s.v.)没有在新约出现。

[388] *olethros*.

有害的欲望叫人沉溺于“败坏”和灭亡中(提前六 9),哥林多教会里的乱伦者要被交给撒但,使他的肉体被“摧毁”(与灵魂得救相对;林前五 5,思高),不信者要受永远“沉沦”的刑罚,就是离开主的面和他权能的荣光(帖后一 9)。同字根的动词及人物名词[389]在新约出现各一次,分别指第十灾里面的“那消灭首生者”(来十一 28,思高)和在旷野击杀发怨言之以色列人的“那毁灭者”(林前十 10,新译)。本节“毁灭性的灾祸”(新译)所指的,不是所谓人死如灯灭那样的“灭亡”(思高),即是不复存在,而是后书一章九节所说的命运;保罗所关注的,不是人存在与否的问题,而是他是否与神有正当的关系,若有这种关系,他的存在就是生命,不然的话,他的存在就是沉沦。[390]

“临到”一词的原文[391]在新约共出现二十一次,保罗书信占三次,其余的都在路加的著作中(路七次,徒十一次);此字在新约只作不及物动词用。它以完成时式的格式出现的三次,意思分别是“在场”(徒廿二 20,新译、现中)、“已开始(下雨)”(徒廿八 2)和“近了”(提后四 6,思高)。其余的十八次以现在时式或简单过去时式的格式出现,显示了下列几个意思:“站”(路四 39;徒十 17)、“站在旁边”(路二 9,廿四 4;徒十二 7,廿二 13,廿三 11),意即“向……显现”(现中〔首段〕、思高〔第三、五段〕)、“准备好”(提后四 2,参新译)、“闯进”(徒十七 5,直译作“攻击”)、“前来”(路二 38,十 40,二十 1)、“来(到)”(徒四 1,六 12,十一 11〔思高〕,廿三 27〔思高:“到场”〕)、“临到”(本节;路廿一 34)。最后这段跟本节在思想和词藻上非常相似:两段都用了“忽然”“临到”这两个字,不过该段用的比喻是“如同网罗”,本节则用“如同产难……”。[392]

“产难”一词的原文[393]在新约另外只出现三次,都是喻意性的用法,

---

[389] *olothreuō*, *olothreutēs*.

[390] Neil 111.

[391] *ephistēmi*.本节的 *ephistatai* 有古卷作 *epistatai*;后者是个不规则的格式,也许是根据 *epistamai* 的格式得来的(cf. MHT 2.99; Robertson, *Pictures* 4.34)。

[392] Moffatt 9 指出,“如同网罗”及“如同产难”可能反映亚兰文或希伯来文的(*k*)*ḥb̲l*,后者可译为“网罗”(*ḥeb̲el*),亦可译为“产难”(*ḥēb̲el*)。

[393] *ōdin*,在古典希腊文作 *ōdis*.

一次指神把死亡的“痛苦”解除，使耶稣复活（徒二 24），另二次指犹太人传统信仰中要作弥赛亚纪元的前奏的那些“灾难”（太廿四 8；可十三 8）；同字根的动词[394]意即经历生产的痛苦，在新约共用了三次（加四 19〔喻意性〕、27；启十二 2）。本节的名词有它的字面意思，指“怀孕者”（思高）[395]生产之前的“阵痛”（现中）；这“生产/分娩的痛苦”（新译/当圣）是旧约常用的讲法，以喻惊惶苦痛的经历（例如：赛十三 8，廿一 3，廿六 17，卅七 3；耶六 24，十三 21），但在旧约的用法中并不强调它“突然临到”（现中）的一面。相反的，本节用这比喻的一个重点正是突然的意思：“灾难会突然临到，正像阵痛突然临到快生产的女人一样”（现中）；虽然对“产妇”（当圣）来说，阵痛是意料中事，但阵痛的开始仍是突然和不能预测的。[396]“阵痛”原文是单数的（新约的另外三次皆为复数），这可能是一种以单数指整个过程的用法，或是特指第一下的阵痛[397]（参七十士译本赛卅七 3，廿六 17——原文亦为单数）。

“他们绝不能逃脱” 这是产难之喻的另一个重点：它是无可避免的。原文所用的结构（“绝不能”即四 15 的“断不能”，参该处注释）强调了这个意思。“逃脱”的原文[398]在新约另外出现七次，两次有字面意思，指“逃走”（徒十九 16，思高）或“逃掉”（徒十六 27，现中），其余五次都（像本节）有喻意性的意思：保罗曾在大马士革“逃脱”亚哩达王手下的提督之手（林后十一 33）；轻忽福音所宣讲的伟大救恩者，以及拒绝那从天上说话者皆不能“逃脱（惩罚）”（来二 3，十二 25，思高）；论断别人，自己所行的却与别人一样的也不能“逃脱”神的审判（罗二 3，思高、新

---

[394] *ōdinō*.

[395] “怀孕”的原文可直译为“在腹中有了”（*en gastri echein*：此处；太一 18、23，廿四 19；可十三 17；路廿一 23；启十二 2）；路一 31 用的讲法是“在腹中怀孕”（*syllambanein en gastri*）. *gastēr* 在多一 12 的意思是“贪口腹”之人（思高）。

[396] Cf. R. K. Harrison, *NIDNTT* II 858. Gundry（‘Hellenization’ 170）指出，保罗将“产难”视为主再来时要发生的事，而不是弥赛亚再临的前奏，正是他把主的日子“基督化”的部分内涵（参上面注 370）。

[397] Cf. G. Bertram *TDNT* IX 672，*TDNTA* 1354.

[398] *ekpheugō*. 鉴于帖前五 3 在思想和词藻上都与路廿一 34～36 有相同之处（“忽然临到”“逃脱/避”“主的日子”/“那日子”），该段背后的传统可能就是帖前本节的部分来源；“平安稳妥”一语则反映路十七 26～30 及太廿四 37～39 背后的传统（cf. Plevnik, ‘1 Thess 5,1-11’83-84）.

译);就如怀胎的妇人无法避免阵痛,不信主的人"决逃脱不了"那要"猝然来到他们身上"(思高)的灾祸;因此耶稣的劝告是合时的:"你们要时时警醒,常常祈求,使你们能逃避这一切要来的事,得以站立在人子面前"(路廿一 36)。

有释经者认为,本节的上半部分("人正说……临到他们")听来像句谚语(如"骄傲在败坏以先",箴十六 18),倘若这话尚未成为谚语,它也许是从经验得来的一句笼统性的话;保罗加上本节的下半部分("如同产难……不能逃脱")将这话应用到主再来的事上,以示这一般性的真理,在主再来的事上尤其是真确的。[399] 但"平安"和"稳妥"二字连着出现,在整本希腊文圣经里是绝无仅有的,这一点不利于"谚语"之说。无论如何,本节以"阵痛"喻末日灾祸的来临,除了重复和加强了"小偷"之喻(2 节)所说明的突然及不能预测之意,还强调了此事必会发生,是无可避免的。

五 4 "弟兄们,你们却不在黑暗里" 这是保罗在信上第十一次直接称呼读者为"弟兄们"(参一 4 注释)。他在上文(1～3 节)已提醒他们关于主的再来的一些基本事实;现在他要解释信徒和非信徒之间的基本分别(4～5 节),以便在下文(6～11 节)进一步直接向他们提出劝勉。本节先从负面的角度强调信徒——"你们"是独立代名词(参思高),与上一节的"人"相对——"不是在黑暗中"(思高)。新约用来形容"黑暗"的词汇至少包括五个字,本节及下一节用的名词[400]在新约另外出现二十九次(保罗书信占九次)。用在字面意义上,这字指太阳无光的"黑暗"(太廿七 45;可十五 33;路廿三 44;徒二 20)、失明者所经历的"黑暗"(徒十三 11)、创造之始未有光之前的"黑暗"(林后四 6),以及远离神的国度,为刑罚之地的外面的"黑暗"(太八 12,廿二 13,廿五 30,现中、新译)或"黑暗"的幽冥(思高:彼后二 17;犹 13)。作为喻意性的用法,这字指隐藏着不为人所知的事情的"黑暗"(林前四 5),最常见的用法是指不信者及不虔敬者的状况,即是由罪引致的宗教及道德意义上的黑暗,与"光明"相对(太四 16,六 23〔两次〕;路一 79,十一 35;约三

---

[399] Best 207.

[400] *skotos*.

19;罗二 19;林后六 14;约壹一 6):保罗蒙神差派到外邦人中,就是要使人“从黑暗中归向光明”(徒廿六 18;参彼前二 9);信徒蒙神拯救,已“脱离黑暗的权势”(西一 13;参路廿二 53),如今要与“这黑暗世界的霸主”对抗(弗六 12);从前他们“原是黑暗”,但现在在主里却是光明(弗五 8),就应“脱去黑暗的行为”(罗十三 12),不再“参与黑暗无益的作为”(弗五 11;以上四段见思高)。本节(及下一节)的“黑暗”显然是喻意性的用法;它所指的不是不晓得主的日子何时来到(好像“蒙在鼓里”)的“黑暗”,而是指像“别人”(6 节,参 3 节“人……他们”)那样“不认识神和……不听从我主耶稣〔的〕福音”(帖后一 8)。保罗说读者不是“在黑暗里”,意即这种黑暗不是他们所在的范畴(原因见西一 13)。[401]

“叫那日子临到你们像贼一样” 译为“叫”的原文结构[402]最通常的用法是表达目的,有释经者按此用法解释本句,认为它指出神使读者“不在黑暗里”这安排后面的目的;[403]但这结构亦可表达预期的结果,意即“以致”(思高、新译),这样解释本句[404]得出的意思更为自然:人“在黑暗里”的结果就是那日子会临到他们像贼一样,但读者“不在黑暗里”,因此“那日子不会像小偷一样突然临到〔他们〕”(现中)。“那日子”基本上指“主的日子”(2 节,见该处注释);但与“黑暗”相对之下,“那日子”亦含有“白昼”之意(参罗十三 12:“黑夜深了,白日已近”,思高)。[405] “临

---

[401] 另外四个字的用法如下:(一)同字根的动词只以被动语态的格式(*skotoō/skotoomai*)出现三次,两次按其字面意思解为“变为昏暗”(启九 2,现中)或“陷入黑暗”(启十六 10,思高),另一次是喻意性用法,指外邦人的“心思昏昧”(弗四 18,新译)或“理智受了蒙蔽”(思高)。(二)另一个同字根的动词也是只以被动语态的格式(*skotizō/skotizomai*)用了五次,三次按字面意思指日月星“变黑”(太廿四 29;可十三 24;启八 12),两次是喻意性的用法,分别指不信者“冥顽不灵的心陷入了黑暗”(罗一 21,思高);以及大卫愿他的仇敌“眼睛昏蒙,不得看见”(罗十一 10)。(三)另一个同字根的名词(*skotia*)在保罗书信并无出现,但在新约共用了十六次;它的字面意思是“黑暗”(约六 17,十二 35b[?],二十 1),两次用于“在暗处……在明处”的对比中(太十 27;路十二 3,新译)。用在喻意性的意思上,这字指不认识属神的事,并与此相关的邪恶及所带来悲惨的结果(约一 5〔两次〕,八 12,十二 35a、b[?]、46;约壹一 5,二 8、9、11〔三次〕)。(四)同字根的形容词(*skoteinos*)只用了三次,皆指宗教及道德意义上的“黑暗”,与“光明”相对(太六 23;路十一 34、36)。

[402] *hina* + subjunctive.

[403] Ellicott 71*b*.

[404] *Moods and Tenses* 218; BDF 391(5); Zerwick 351,352; *Idiom* 142; MHT 1.210.

[405] Bruce 110.

到"在原文不是上一节"临到"那个字,而是个完全不同的动词,[406]这字在新约另外出现十二次(保罗书信占六次)。它以关身语态的格式出现时意思是"看出"(徒四 13,十 34)、"领悟"(弗三 18,思高、新译)、"查明"(徒廿五 25)——基本上都是在心思上"掌握"之意。用在主动或被动语态的格式时,这字的意思是"捉拿、抓住"(可九 18〔思高、新译〕;腓三 12b)、"得到、得着"(罗九 30;林前九 24;腓三 12a、13)、"胜过"(约一 5,思高、新译、现中)、"临到"(约十二 35)或"追上"(新译、现中)。思高圣经在本节译为"像贼一样袭击你们"(参可九 18,现中:"每当邪灵袭击他"),但动词在本节的用法显然跟它在"免得黑暗临到你们"一语(约十二 35)中的用法相同,因此它在这里的意思也是"临到";它像上一节那个动词("临到")一样,含有突然之意,[407]因此"突然临到"(现中、当圣)是正确的意译。

"像贼来到一样"(新译,参现中、当圣)这种译法反映了"贼"字在原文是单数和主事格的;有些抄本则用复数和直接受事格的"贼"字,[408]本句的意思变成:"以致那日子临到你们,像〔白日突然临到〕贼一样"。支持这个说法(异文)的释经者认为,单数和复数的名词字尾那两个主音的写法是很不同的(见注 408),因此很难想象单数的字被误写成复数,但后来的抄者则可能在第二节单数的"贼"字影响下,将原来复数的字改为单数;保罗先以贼喻主的日子再来之突然,继而转过来以贼喻那些被那日子突然临到他们的人,这种做法是符合保罗的体裁的。[409] 另一方面,单数的说法有下列的理由支持:(一)抄本方面的证据比支持复数说法的外证强得多;(二)单数的名词后来被改为复数,很可能是因抄者不慎把前一个字("你们")的结尾作为"贼"字的结尾;[410](三)保罗沿用第二节的单数字是最自然的事,我们不必假定他在本节改变了小偷之喻的用法而使本段的思想复杂起来;(四)本句可能像第二节一样,仍然是基于耶稣自己的教训(太廿四 42～43;路十二 39～40;参五 2

---

[406] *katalambanō*.

[407] Cf. G. Delling, *TDNT* IV 10.

[408] 二字分别为:*kleptēs*, *kleptas*.

[409] Whiteley 76; Lightfoot 73; Frame 184; Moffatt 39*b*.

[410] *hymas hōs kleptas*.

注释末)。[411]

上文指出,本节首句的"你们"是强调的;照样,第二句的"你们"——此字在原文是紧随"那日子"之后,在"像贼突然临到"之前——也是强调的。藉着这种双重的强调,保罗将读者和上一节的"人"分开,并向他们保证,主的日子不会出其不意地突然临到他们,因为他们不是在黑暗里。黑暗(黑夜)是小偷活动的范畴(时间,参 2 节),信徒既不是在黑暗里,他们便不会被那日子像贼一样突然临到他们,这是可从小偷的比喻看出来的逻辑关系;但"不是"和"不会"之间的因果关系其实是基于"黑暗"和"那日子"分别代表的神学意义,下一节就是用了黑暗与光明、白昼与黑夜的对比,来发挥"不在黑暗里"这话的神学意义。

五 5 "你们都是光明之子,都是白昼之子" 现在保罗从正面的角度描写读者。原文在句首有"因为"一字,表示本句是解释上一节的:"你们不在黑暗里",因为"你们都是光明之子……"。"你们"是独立的强调格式代名词(如在 4 节上),并且原文有"众人"(思高)一字;有释经者认为此字暗示那些"灰心的人"(14 节)也是在光明之子的行列中,保罗藉此特别向他们加以鼓励,但这解释殊不稳妥,因为"你们众人"在保罗书信中是个常用的结构,因此不能由此语引申出上面的结论。[412] "光明"一字的原文[413]在保罗书信另外出现十二次(新约共七十三次),六次有字面的意义,指神所造(林后四 6a)、与黑暗相对(林后六 14)的光,他自己住在"不可接近的光中"(提前六 16,思高;参约壹一 5),他的使者是"光明的天使"(林后十一 14),"凡被光揭露的,都是显而易见的"(弗五 13,新译),"凡显露出来的,就成了光明"(弗五 13〔原文 14〕,思高)。其余六次是喻意性的用法:犹太人自信是"在黑暗中的人的亮光"(罗二 19,新译),信徒从前"原是黑暗,但现在……在主内却是光明"(弗五

---

[411] Metzger 633; H. Preisker, *TDNT* III 756 n. 5; Milligan 66*b*; Moore 75; Morris II 155 n. 15.

[412] Best 210, over against Frame 184 and Neil 112. 参一 2;帖后一 3,三 16、18;罗一 8,十五 33;林前十四 5、18,十六 24;林后二 3〔两次〕、5,七 13、15,十三 13;加三 28;多三 15。此语在腓立比书的用法(一 4、7〔两次〕、8、25,二 17、26)则可能有特别意义,参冯:"腓立比书" 69-70,160,316。

[413] *phōs*.

8a,思高),因为神使他们"有资格分享圣徒在光明中的基业"(西一 12,新译),他们既是"光明的儿女"(弗五 8b,新译),就当彰显"光明所结的果子"(弗五 9),戴上"光明的武器"(罗十三 12,新译)。同字根的动词[414]在保罗书信用了四次(新约共十一次),分别指主藉着福音把生命和不朽"彰显"出来(提后一 10,参新译),他来的时候要"揭发"暗中的隐情(林前四 5,参思高),保罗蒙召是要藉着宣讲福音"光照"一切人,使他们明白历代以来隐藏在神里面的奥秘(弗三 9,参思高),以及保罗祈求神"照明"读者心中的眼睛(弗一 18)。[415] 另一个同字根的抽象名词[416]在新约只用了两次,分别指福音的"光辉"(林后四 4,现中)以及神在人心中的"光照",就是使人认识在基督面上所见的神的荣耀(林后四 6,原文意译)。由此组字汇的用法可见,"光明"代表神的启示、救恩、义的生活,就如黑暗代表不认识神、审判、罪恶(参诗廿七 1;赛六十 20;箴四 18～19)。

"光明之子"在原文所用的结构,跟"光明的儿女"(弗五 8,新译)所用的一样,[417]都是一种闪族语法,[418]表示有关的人物跟另外那个名词所指的事物或素质有非常密切的关系。[419] "光明的儿女"一词多次在昆兰社团的两份文献中出现,指蒙神拣选的团体及其支持者与"黑暗的儿女"相对(后者指不被拣选、没有神的人);[420]"光明之子"一词亦见于约

---

[414] *phōtizō*.

[415] 另外七次见于:(不及物动词)启廿二 5;(及物动词)路十一 36;启十八 1,廿一 23(字面意义);约一 9;来六 4,十 32(喻意性用法)。

[416] *phōtismos*.

[417] 原文分别用 *hyios/hyioi* 及 *tekna* + genitive of another noun.

[418] Cf. MHT 2.22 - 23,441,3.208; BDF 162(6); *Idiom* 174 - 175.

[419] 在新约里面,用"……之子"这原文结构的例子还有:"丧亡之子"(思高:帖后二 3;约十七 12)、"地狱之子"(太廿三 15)、"今世之子"(思高:路十六 8,二十 34)、"悖逆之子"(弗二 2,五 6;西三 6[?])、神的"爱子"(西一 13,直译作"他的爱之子"),"盟约之子"(徒三 25,思高)、"天国之子"(太八 12,十三 38,直译)、"复活之子"(路二十 36,思高)、"平安之子"(路十 6,小字、新译附注)、"雷霆之子"(可三 17,思高)、"安慰之子"(徒四 36,思高),以及"结婚礼堂之子"(原文直译:太九 15;可二 19;路五 34;即参加婚礼的"宾客",新译)。用"……的儿女"这原文结构的例子还有:"可怒的儿女"(弗二 3,新译)、"应受咒骂的人"(彼后二 14,思高)、"应许的儿女"(罗九 8;加四 28),以及"顺服的儿女"(彼前一 14,新译)。

[420] H. Conzelmann, *TDNT* IX 326; LaSor, *Scrolls* 245; Bruce 111.

翰福音十二章三十六节及路加福音十六章八节，也许由于耶稣曾以此词称他的门徒，其后基督徒（像昆兰社团一样）遂以此词自称。[421] 无论如何，本节称信徒为“光明之子”，不仅表示他们的命运是要享受将来那个光明的纪元，也不仅指光明是他们的特征（参弗二 2；彼前一 14），而是指他们由于信靠那“已在照耀”的真光（约壹二 8，思高、新译；参约十二 36），如今就是活在那个新纪元之中，活在救恩的范畴里，活在福音的光辉底下；因此他们对于主再来的前景，不需要像不信者那样“吓得魂不附体”，反而“当挺身昂首，因为……得赎的日子近了”（路廿一 26、28）。[422]

保罗又称读者为“白昼之子”。“白昼”原文即是第二节的“日子”，这字在保罗书信共用了五十一次（新约共三百八十九次），除了在五章二节注释所提到的十七次，以及五次用在“昼夜”一语外（二 9，三 10；帖后三 8；提前五 5；提后一 3〔和合一 4〕），一次指“人间法庭”所定的审判之日（林前四 3，思高、新译），十九次指包括昼夜的“一天”[423]或特指“节日”（罗十四 5〔三次〕、6；加四 10），五次指一段较长的时间，[424]余下的四次指喻意性的“白昼”（本节、8 节；罗十三 12、13）。更准确地说，它在本节及罗马书十三章十二节的用法可说是“过渡性的”：该段的“日子”首先指“我们得救”（11 节）的日子，即是神的新纪元的最后来临，但这字是与“黑夜”相对的，并鉴于随后劝勉的话，它在该节已过渡到下文（13 节）的“白昼”之意；照样，本节的“日子”首先指上文的“那日子”（4 节），即是基督再来之日，但它同时过渡到下文（8 节）的“白昼”之意，这意思更符合下文的劝勉话，并与“黑夜”构成较自然的对比。[425] “白昼之子”不仅是“光明之子”的同义词而已：后者指出信徒

---

[421] Higgins, 'Words of Jesus' 380.

[422] Cf. Moore 75; Ridderbos, *Paul* 493; Marshall 136; Waterman, 'Sources' 110.

[423] 罗八 36，十 21，十一 8；林前十 8，十五 4、31；林后三 14，四 16〔两次〕，十一 28，加一 18；腓一 5；西一 6、9。

[424] 单数：“拯救的日子”（林后六 2〔两次〕）、“邪恶的日子”（弗六 13，思高）；复数：恶的“时日”（弗五 16，思高）、“末后的日子”（提后三 1，新译）。

[425] Cf. Best 210. G. Delling (*TDNT* II 952 n. 50)则认为本节的“日子”不可能有末日的意义；参 Whiteley 78.

藉恩典而得的现今的地位(参弗五 8),前者则指信徒将来(仍是藉恩典)要得的地位,就是得以分享主的日子所彰显的荣耀(参帖后一 10、12)。[426]

“我们不是属黑夜的,也不是属幽暗的” 保罗再次(参 4 节上)从负面的角度描写信徒,比较之下可见这次有两点主要的分别:(一)该节的“不在黑暗里”在本节改变及扩充为“不属于黑夜,也不属于黑暗”(思高),[427]与上半节的“都是光明之子,都是白昼之子”构成交叉式排列法,[428]有效地强调了基督徒的独特身份;(二)上文的“你们”在这里开始(直至 10 节末)改为“我们”,强调了保罗(及其同工)跟读者在“不属黑夜/黑暗”的事实上是联为一体的,因此下文的劝勉话(6～10 节:留意第一人称的复数动词在原文出现七次)也适合用在他自己身上(参腓三 12)。

本节和上一节强有力地指出了信徒和非基督徒是属于两个完全不同的范畴的,前者不但生活在神的救恩和启示(福音)的光中,并且有得享神的荣耀的盼望,因此,他们一方面不必惧怕主来的日子会像贼一样突然临到他们(2～4 节),另一方面却仍需警醒等候主来(6～10 节)。藉着这两节(4～5 节),保罗从第一至三节有关主来的基本事实,过渡到下文的直接劝勉。[429]

五 6 “所以,我们不要睡觉,像别人一样” “所以”(帖后二 15 同)在原文是两个推理词连着使用,构成一个非常强有力的推理词(在新约中只见于保罗书信),[430]表示本节所说的是上文(4～5 节,尤其是 5 节)所引致的必然结论。“我们不要睡觉”这种第一人称的劝勉格式在

---

[426] Cf. Bruce II 1160*a*; Neil 113.

[427] *nyktos*, *skotous* = genitives of description, cf. v.8, *hēmeras*; Heb. 10:39, *hypostolēs* ... pisteōs (Bruce 111).

[428] 即是:光明(甲)╲╱(乙)白昼
黑夜(乙)╱╲(甲)黑暗

另一些例子可见于:加五 25,六 8(参冯:“真理”355 注 170,374 注 92);腓一 15－17(参冯:“腓立比书”121－122)。

[429] Cf. Best 210,211. 不过,作者认为保罗在 1～3 节是答复帖城信徒提出的问题,此点见五 1 注释第二段的讨论。

[430] *ara oun*:(除本节及帖后二 15 外)罗五 18,七 3、25,八 12,九 16、18,十四 12、19;加六 10;弗二 19。

本段(6～10节)共用了四次,[431]它比第二人称的命令格式较为委婉,[432]藉着这个格式,作者将自己与读者一同放在他所发出的劝勉之下,使他的劝勉更易被接受。"睡觉"原文[433]在新约共用了二十二次(保罗书信占五次,三次在本段中),除了十六次指字面意义的"睡"(7节,两次[434]),五次的意思是"死"(10节;太九24;可五39;路八52;弗五14;参另一个"睡"字在四13～15的用法),其余两次(本节)指灵性和德性上的"沉睡"(新译、现中),即是在属灵的事上麻木,对神的呼召和旨意没有知觉。保罗指出,"别人"(即是那些"属于黑夜……属于黑暗"〔5节〕、"没有指望"〔四13〕的人)的境况正是如此,但信徒决不可以这样。

"总要警醒谨守" "总"字在原文是个强有力的反义词,引介出与"沉睡"完全相反的属灵态度和情况。"警醒"一词的原文[435]在新约另外(除了本节及10节)出现二十次,除了七次有字面意义,[436]其余十三次都是喻意性用法:耶稣要他的门徒警醒祷告,"免得陷入试探"(新译:太廿六41;可十四38);他们应当儆醒,因为不知道主什么时候会来(太廿四42,廿五13;可十三35、37;启十六15),因为要防避仇敌魔鬼(彼前五8),因为有假师傅引诱人离开正道(徒二十31);他们特别要在祷告一事上警醒(西四2);不但个别信徒要警醒(林前十六13),教会也要警醒(启三2、3),教会的领袖尤其需要警醒(徒二十31,参28)。这字在第十节的意思是"活着"(现中),但在本节仍是在灵性和德性上"警醒"之意。"谨守"一词的原文[437]在新约另外(除本节及8节)出现四次(提后四5;彼前一13,四7),其中一次与"警醒"连着用(彼前五8),如在本节。有学者根据这字出现的各段经文的文意将"谨守"定义如下:谨守

---

[431] Hortatory subjunctive: *mē katheudōmen*, *grēgorōmen*, *nēphōmen* (6), *nēphōmen* (8).

[432] Cf. E. Stauffer, *TDNT* II 356.

[433] *katheudō*.

[434] 另:太八24,十三25,廿五5,廿六40、43、45;可四27、38,十三36,十四37〔两次〕、40、41;路廿二46。

[435] *gregoreo*.

[436] 太廿四43,廿六38、40;可十三34,十四34、37;路十二37。

[437] *nēphō*.

就是(一)承认并接受神所启示的真理,以及(二)藉着敬拜、盼望、爱心和争战来履行随着(一)而来的职事;[438]不过,较好的做法是按各段不同的文理来了解此字在每一段的特别意思(或重点)。[439] 就本节而论,"谨守"加强了"警醒"的意思:信徒不但要警醒(与沉睡相对),并且要"清醒"(思高;与昏乱相对),即是能完全地运用着一己的官感和机能;二者比较之下,"警醒"较多指一种心思上的态度,"谨守"则较多指在德性上"谨慎"(新译)、"戒备"(现中、当圣)的状况;就如"醉酒"(参 7 节)表示失去(自我)控制和放弃责任,"谨守"意即过一个严肃和负责任的道德和灵性生活。[440]

五 7 "因为睡了的人是在夜间睡,醉了的人是在夜间醉" 上一节的劝勉是基于("所以")信徒与不信者之间的基本分别(4～5 节),但保罗好像意犹未尽,在这里再一次解释("因为")信徒为什么应当保持清醒(参 8 节)。他先从人间的经验指出两件普通的事实:第一,"睡觉的人是在晚上睡"(新译,参现中);[441]第二,"喝醉的人是黑夜喝醉"(思高)。本句的两个"醉"字在原文是不同的动词,按其原来的区别,后面的"醉"字(主动语态)指"(是)醉了",前面的"醉"字(关身语态)指"喝醉",但二字在这里是同义的。[442] 保罗的目的,端在乎强调睡觉和醉酒是晚上的活动,藉此为下一节的话作好准备。不过,本节间接地对醉酒的行为提出谴责(日间醉酒则比夜里醉酒更值得谴责:赛五 11;徒二 15;彼后二 13);值得留意的一件事,就是在另外至少两段经文,信徒不要醉酒的直接警告是在有关主再来(或末日)的文理中出现的(路廿一

---

[438] O. Bauernfeind, *TDNT* IV 939, *TDNTA* 634.

[439] Cf. P.J. Budd, *NIDNTT* I 514 - 515.

[440] 分别见:Ellicott 72*b* (cf. Moffatt 40*a*); Milligan 67*b* - 68*a*; Moore 76.

[441] *nyktos* = genitive of time when. Reese ('Linguistic Approach' 215)谓保罗用"睡"字的用意,"显然"是要对他在上文(四 3～7)要读者避免的淫行加以定罪;但此点并不明显,因为"睡觉"在本节显然有其字面意思。

[442] *methyō* = to be drunk; *methyskomai* = to get drunk (*methyskō* = to cause to be drunk): MHT 2.383. 前者在新约另外出现六次;两次是喻意性用法(启十七 2、6),一次与"饥饿"相对(林前十一 21),另二次分别指使徒在五旬节时被人误以为"是醉了"(徒二 15),以及那恶仆与"酒徒"(现中)、"醉汉"(思高)一同吃喝(太廿四 49);还有一次的意思是"喝醉了"(约二 10,原文直译)或"喝够了"(思高、新译、现中)。后者在新约另外出现两次:一次与"被圣灵充满"相对(弗五 18),另一次指那不忠心的仆人吃喝醉酒(路十二 45)。

34;罗十三 13)。[443]

五 8 “但我们既然属乎白昼,就应当谨守” “我们”在原文是强调格式的代名词,指“我们这些光明之子、白昼之子”(5 节),与上一节“睡了的人……醉了的人”相对;“属乎白昼”[444]在结构上与第五节的“属黑夜……属幽暗”相同,但在意思上相对,指出白昼才是信徒所属的范畴;“谨守”则与上一节的“睡”和“醉”相对,看来保罗是以这一个字代替了第六节的“警醒谨守”一语,“谨守”其实同时表达了“警醒”和“保持清醒”(当圣,参思高)两个意思。综合这些对比来说,保罗意即信徒既然属于与非信徒不同的范畴,他们的活动也就应与后者截然不同。

“把信和爱当作护心镜遮胸,把得救的盼望当作头盔戴上” 较贴近原文的译法是:“披上信和爱的胸甲,戴上救恩的盼望作头盔”(新译,参思高;动词在原文只出现一次)。“警醒”的意思或/及“谨守”的意思(两者都含有“戒备”〔参 6 节注释〕之意)可能使保罗想起守望的哨兵以及他所穿的铠甲。[445] “戴上”或“穿上”(思高、现中)在原文是个分词,所用的时式表示,信徒在警醒谨守的同时要拿起他们的铠甲并继续披戴着它。[446] 这动词在新约另外出现二十六次(保罗书信占十二次),除了字面意思的用法外,[447]半数有重要的喻意性用法,所“穿上”的包括:从上头来的能力(路廿四 49)、“不朽”和“不死”(林前十五 53〔两次〕、54〔两次〕,原文直译)、主耶稣基督(罗十三 14;加三 27)、“新人”(弗四 24;西三 10)、基督徒的美德(西三 12)、“光明的兵器”(罗十三 12),以及“神所赐的全副军装”(弗六 11,参 14)。[448] “穿上”这种喻意性用法,在某些经文里(例如加三 27;弗四 24;西三 10、12)可能跟信徒在接受水(浸)礼后换

---

[443] “醉酒”在这两段原文为名词,分别用单数和复数(*methē*, *methai*),此字在新约另外只用了一次(加五 21,复数);参冯:“真理”337。

[444] “既然”正确地将原文分词 *ontes* 看为 causal:MHT 3.157; *Idiom* 103.

[445] Lightfoot 75; Moffatt 40*a*; Neil 116; Best 213.

[446] *endysamenoi* (from *endyo*) = inceptive/ingressive aorist of coincident action (Best 215).

[447] 十三次:(主动语态 = 给别人穿上)太廿七 31;可十五 20;路十五 22;(关身语态 = 穿上)太六 25;可六 9;路八 27,十二 22;徒十二 21;(被动语态 = 穿着)太廿二 11;可一 6;启一 13,十五 16,十九 14。

[448] 同字根的复合动词(*ependyomai*)在新约只用了两次(林后五 2、4),中译仍是“穿上”或“套上”(思高)。

上新(干)的衣服有关,但在这里则与水礼无关,因为本节铠甲的图象是取自旧约(赛五十九 17),而"披上"或"戴上"铠甲是个自然的讲法。[449]

以赛亚书五十九章十七节这样描写耶和华:"他以公义为护心镜〔小字〕,以拯救为头盔,以报仇为衣服,以热心为外袍。"[450]保罗在本节不把信、爱、望分别连于甲胄的三个部分,而只提护心镜和头盔两样,这表示他很可能是在引用以赛亚书该节的图画;不过他在引用该节的同时,作出了至少三点修改:他省去"以报仇为衣服"和其后的一句,他以"信和爱"代替"公义"为胸甲,又以"救恩的盼望"代替"拯救"为头盔——即是以信、爱、望这三样最主要的基督徒美德代替了以赛亚所描写神的属性和行动。[451] 以弗所书六章十四至十七节则沿用以赛亚书的讲法,保罗告诉信徒要"以正义作护胸甲……以救恩作头盔"(现中;参注 450 原文);比较之下,更加显示保罗在本节是要刻意地强调信、爱、望三者的重要性,这三者也是在上文已重复出现的主题(一 3、9～10,二 13,二 2、5、6～8、10、12,四 9、13～17,五 1～6)。另一方面,在以弗所书六章的"全副军装"里面,"信"是盾牌(16 节,思高、新译、现中),不是护心镜(那是"公义"),"爱"没有出现,"望"也没有(除非是隐藏在"救恩的头盔"里面),但却加上腰带、鞋、宝剑等项目;可见保罗使用这个甲胄的比喻时,是按需要而改变它的细节。至少就本节而论,似乎并没有一些本质上的原因使那三项美德必须这样连于盔甲的该两个部分,因此前者与后者的"对称"只是整体性(美德之于基督徒有如盔甲之于兵士)而不是在细则上的。[452]

"信和爱"一词已在三章六节出现过,这里的意思与该处相同(见该

---

[449] 分别见:Whiteley 79;Best 216.

[450] 首句在七十士译本的译法是:*enedysato*(1)*dikaiosynen hos thoraka kai perietheto*(2)*perikephalaian soteriou epi tes kephales*. 比较本节:*endysamenoi*(1)*thoraka pisteos kai agapes kai*(2)*perikephalaian elpida soterias*;弗六 14、17:*endysamenoi*(1)*ton thoraka tes dikaiosynes ... kai*(2)*ten perikephalaian tou soteriou dexasthe*;及所罗门智训五 18:*endysetai*(1)*thoraka dikaiosynen kai perithesetai*(2)*korytha krisin anypokriton*. A. Oepke(*TDNT* V 309 n.9)认为,除赛五十九 17 外,保罗可能亦有想到最后这段。

[451] Cf. Best 213－214;Steele,'Jewish Scriptures' 16*a*.

[452] Cf. Collins 227. Marshall 138－139 认为弗六 13～17 的情形亦是这样。笔者觉得此点有商榷的余地,例如:以盾牌喻信心,以神的道为宝剑,都有其特别的适切性。

节注释）。信心代表基督徒生命宗教性（对神）的一面，爱心则代表其伦理性（对人）的一面；信心"藉着爱〔的行动〕表达出来"（加五 6，新译〔现中〕），二者是一体的两面。"护心镜"即是"胸甲"（新译）或"护胸甲"（现中）；这字[453]除了在本节及以弗所书六章十四节有喻意性的意思外，在新约另外出现三次，都有字面的意思（启九 9b、17），其中一次（启九 9a）可能指"前胸"（现中），即是胸甲所保护的部位。"信和爱的胸甲"（新译）即是由信和爱构成的胸甲。[454] "头盔"一字[455]在新约只见于本节和以弗所书六章十七节；该节的头盔是由"救恩"构成的，即是由神藉着基督已成就的"拯救"（赛五十九 17）或"胜利"（现中）构成，但在本节，信徒要当作头盔戴上的是"得救的盼望"（现中同），即是至终得救的盼望（参一 3"盼望"一词的注释）。[456] 这是保罗在信上第一次用"救恩"这个名词（参 9 节；帖后二 13；动词见二 16，参该处注释；亦参一 10 及注释），此词在保罗书信一共出现十八次（新约全部共四十五次），都是指藉耶稣基督以救主身份完成的救恩（罗一 16，十 1；弗一 13；帖后二 13；提后二 10，三 15），这救恩的反面是"忿怒"（帖前五 9，新译附注）、"死"（林后七 10）和"灭亡"（腓一 28，新译）；这救恩是现今可以享受的（罗十 10，十一 11；林后一 6，六 2〔两次〕），但完全的救恩有待末日（基督再来之日）的来临（罗十三 11；林后七 10；腓一 19、28，二 12；本节；参来九 28；彼前一 5）。

有释经者认为，"要以信和爱作护胸甲"（现中）这话的重点，并不是说信和爱像铠甲一样护卫着信徒，而是说信徒作为基督的精兵，应披上铠甲，准备迎接最后的争战；照样，"戴上救恩的盼望作头盔"（新译）意

---

[453] *thōrax*.

[454] *pisteos*, *agapes* = genitives of apposition/definition. C. Brown（*NIDNTT* III 966）说，鉴于义与信在保罗思想中的密切关系——义就是藉信领受的、神的恩物——同一件胸甲可同时被看为由信（本节）或由义（弗六 14）构成。这讲法有两点困难：（一）本节的思想涉及信、爱、望的三重美德，不是关于因信称义的事实；（二）弗六 14 的"公义"所指的，是神所赐的义者的地位抑或是信徒品格和生活上的质素，是个受争议的问题。

[455] *perikephalaia*.

[456] 本节的名词"救恩"原文是 *sōtēria*. 弗六 17 的"救恩"在原文是另一个字（*sōtērion*），这字在新约另外只用了三次（路二 30，三 6；徒廿八 28）。Grayston 88 - 89 认为，本节的"救恩"应像赛五十九 17 一样译为"胜利"，意指基督徒相信他必会得胜，但在下一节此字与忿怒（原文）形成对比的提示下，在本节也解为"救恩"或"得救"（与"受刑"相对）是较为适合的。

指信徒当倚赖着所已经赐下的救恩,全然委身于迎战那些要防止救恩(临到他们)的阴险的势力。[457] 可是,保罗没有提到攻击性的武器(参较弗六 17:"宝剑";所罗门智训五 20:神要"磨利他顽强的怒气作剑"),因此他在这里可能不是想到基督徒的争战,而是想到警醒守望的哨兵(6 节、8 节上),基督徒若存着信、爱、望等候主的再来(参彼前一 13),那日子便不会像贼一样突然临到他们。[458] 虽然保罗只提到护卫性的盔甲,但头盔和胸甲可能是一套铠甲里面最重要的两件,保罗以这两样来象征基督徒的主要美德,表示信、爱、望是基督徒的属灵装备中最重要的项目,信徒若有"如今常存的……这三样"(林前十三 13),就是准备好迎接主的再来;[459]对保罗来说,等候主来的方法,不是焦虑地留心主再来的什么预兆,而是"警醒谨守",即是认清楚他们已活在基督首次来临所开创的新纪元中,并在其中过一个与他们的基督徒身份相称的生活。[460]

五 9 "因为神不是预定我们受刑,乃是预定我们藉着我们主耶稣基督得救" 保罗现在解释为什么信徒可以把"得救的盼望"当作头盔戴上。他先提出消极的一面("不是"),然后提出积极的一面("乃是"),藉此强调后者,又在下一节对后者再加解释。"预定"一字的原文[461]在保罗书信一共出现十六次(新约全部共一百次),其中十一次用主动(或被动)语态,五次用关身体态;[462]用主动语态的十一次中,有五次主词是神,分别指他"放"一块绊脚石于锡安(罗九 33,引赛廿八 16),把一切仇敌都"放"在基督脚下(林前十五 25,引诗一一〇 1),"立"亚伯拉罕作多国的父(罗四 17,引创十七 5),以及"立"保罗为使徒(提前二 7;提后一

---

[457] A. Oepke, *TDNT* V 310,315, *TDNTA* 705,706.

[458] Best 215.

[459] Cf. Morris II 159; Calvin 370; Denney 348*a*.

[460] Cf. Marshall 143. 综观帖前五 1～11,可见此段与罗十三 11～14 在词藻及思想上有许多相同或相似之处。相同的字汇有:"时候"(帖前 1 节;罗 11 节)、"晓得"(2;11)、"夜"(2;12)、"黑暗"(4～5;12)、"光明"(5;12)、"披戴上"(8;12、14)。相似的思想包括:"主的日子来到"(帖 2)、"白昼近了"(罗 12,新译);"你们却不在黑暗里,……我们不是属黑夜的,也不是属幽暗的"(帖 4～5)、"我们就当脱去暗昧的行为"(罗 12);"我们不要睡觉"(帖 6)、"该趁早睡醒"(罗 11);"醉"(帖 7,动词)、"醉酒"(罗 13,名词);"护心镜……头盔"(帖 8)、"兵器"(罗 12)。Cf. Collins, 'Tradition' 334.

[461] *tithēmi*.

[462] 关身体态与主动语态的意思基本上是相同的:cf. BDF 316(1); BAGD 816*b* (s.v.).

11，参思高）；[463]用关身语态的五次，主词都是神，分别指他把肢体“安排”在身体上（林前十二 28），把使徒、先知、教师等人“安排”在教会中（林前十二 28，现中），把和好的道理“放”在使徒的口中（林后五 19，思高），“指派”保罗去服侍他（提前一 12，现中），以及指派信徒去获得救恩（本节）。这十段以神为这动词的主词的经文，都表达了同一个思想，就是神按着他全权的旨意决定和安排一些事情。[464] 本节的“预定”回应了“蒙拣选”（一 4）和“命定”（三 3）的意思，其重点是在于神对信徒的计划。

“受刑”原文[465]直译是“为忿怒”（参思高：“为泄忿”），所指的自然是神的忿怒（参二 16，一 10，及该节注释）；对于属黑夜和属黑暗的人，神的忿怒会在末日以审判和刑罚的方式表明出来（参帖后一 8～9），但“受刑罚”（新译）并不是神为“白昼之子”所定的命运。有释经者认为，“神不是预定我们受刑”这句话，间接地表示有别的人是被神预定“去接受刑罚”（当圣）的；但这种推理法不大稳妥，尤其是因为保罗在他的书信里面从来没有（罗九 22 也不例外）从正面说神“拣选”人接受他的忿怒。[466] 他在这里从负面说神“不是预定我们受刑”，并不是要暗示“乃是预定别人受刑”之意，而是要衬托出正面的话：“乃是预定我们藉着我们主耶稣基督得救”。

“得救”原文[467]直译是“为得着救恩”（合并思高、新译），与前面的“为忿怒”相对。“得着”的原文[468]是个名词，在新约另外出现四次，分别指神要信徒“得着”主耶稣的荣耀（帖后二 14），基督徒是因信而“得”生命（来十 39，参和合、现中）或得以“保全”生命（新译，参思高）的人，教会是神的“产业”（弗一 14，参思高：“置为嗣业的子民”），是“属”神（即

---

[463] 用主动语态的其余六次，主词分别为摩西（林后三 13）、保罗（林前三 10，九 18）、“没有人”（林前三 11）和信徒（罗十四 13〔见思高〕；林前十六 2）。

[464] Cf. J.I. Packer, *NIDNTT* I 477.

[465] *eis orgēn*.

[466] Cf. Best 217, over against G. Stählin, *TDNT* V 442 - 443, *TDNTA* 726.

[467] *eis peripoiēsin sōtērias*.

[468] *peripoiēsis*.

是被神"拥有")的子民(彼前二 9);同字根的动词[469]在新约出现三次,分别指凡要"保全"生命的必丧失生命(路十七 33),神的教会是"他藉着自己儿子的死"(徒二十 28,现中)所"取得"(思高)的,以及善作执事的就为自己"得到"美好的地步(提前三 13)。在这组字汇上述用法的提示下,本节的名词理论上有三个可能的解释:(一)被神获得,成为他的产业;有释经者认为本句可译成:"为要被神收纳,即是得救"[470]——但这译法非常不自然,意思亦很牵强;(二)主动的"保全"——但本段的文理表示这里的"救恩"是仍在盼望中(8 节),要到主再来时方能获得的至终拯救,因此不是信徒现今要"保全"的东西;(三)主动的"获得"(思高)——这是唯一符合文意的解释,并且有后书二章十四节的支持,也是多数释经者所采纳的看法。[471] 保罗不是仅说"神预定我们得救〔被动之意〕",而是说"预定我们'获得'〔主动之意〕救恩";这说法并不暗示信徒可以凭自己的努力(行为)得救,因为信徒是"藉着我们的主耶稣基督"(此完全的称号已在一 3 出现过,亦见于下文 23、28 节)才能"获得"救恩的,这说法所表明的事实乃是,信徒在"得救"这事上有他们当尽的本分(参腓二 13)。[472] 至于"藉着"耶稣得救的意思,可从保罗在下一节的解释看出来,就是由于[473]基督替他们死了,使他们可以和他同活。

五 10 "他替我们死" "替我们"(新译、当圣同)原文直译是"为我们"(思高、现中),所用的结构在保罗书信共出现九十次,[474]其中多次

---

[469] *peripoieomai*.

[470] 'for the adoption of (= which consists in) salvation' (Lightfoot 76).

[471] E.g. Ellicott 74*a*; Milligan 69*b*; Moore 77-78; Best 217; Bruce 113.

[472] Cf. Marshall 139; Morris II 161.

[473] *dia* = causal usage in relation to persons (A. Oepke, *TDNT* II 68).

[474] *hyper* + genitive.这介系词在保罗书信另外出现十一次,其中一次作副词用(林后十一 23),其余十次的结构是 *hyper* + accusative(林前四 6;林后一 8b,十二 6、13;加一 14;弗一 22,三 20;腓二 9;门 16、21。

Reese (Linguistic Approach' 215)为本节采纳 *peri* 的说法(异文),并认为保罗在此用了这较不常用的结构,也许是因他记得上文(四 13)曾用同一个结构。但前面那个结构有较强的抄本证据支持。无论如何,在新约时代的希腊文用法中,两个结构的意思分别不大(Uprichard, 'Person and Work' 474). 见弗六 18、19 原文:"为众圣徒〔后者〕祈求,也为我〔前者〕祈求";来五 1、3 原文:"奉派替人〔前者〕办理属神的事,〔小字〕要为罪〔前者〕献上礼物和祭物……他理当为百姓和自已〔后者〕献祭"。

是用来描写基督的牺牲：他的死或"舍己"是"为不虔敬的人"（罗五 6，思高、新译），"为/替我们"（罗五 8；林后五 21；加三 13；弗五 2；本节；多二 14），"为你们"（林前十一 24，参一 13〔含意〕），"为我〔保罗〕"（加二 20），"替他〔主内弟兄〕"（罗十四 15），"替/为众人"（林后五 14、15〔两次〕；提前二 6〔思高〕），"为我们众人"（罗八 32），"为教会"（弗五 25）；基督的死或舍己也是"为我们的罪"（林前十五 3；加一 4），即是"为要处理我们的罪〔赎罪〕"。但保罗书信里面从来没有用马可福音十章四十五节所用的那个介系词[475]——人子舍命是"为大众作赎价"（思高；"为"字原文在此清楚有"替代"之意）——来描写基督的舍己（最接近的讲法是提前二 6，"他舍自己作万人的赎价"[476]）；这很可能是因为保罗常用的这个介系词（为了方便区别，暂称之为"为"字）可以同时表达代表和代替两方面的意思，他所没有用的那个介词（"替"字），则只有代替之意。至于"为"字何时应译为"为"（即是"为了……的好处"），何时应译为"替"，则需要每次按文理及/或比较其他经文而定。举例说，在"一个人为众人死，所以众人都死了"（林后五 14，现中）这话里面，后一句显示前一句的"为"是"替"的意思：基督的死就是众人的死，因为他是代替众人死的；另一方面，在"基督为他死了"（罗十四 15，思高，参现中）一句里面，"为"字不大可能有"替"（和合、新译）的意思，因为在与此平行的一节经文里面，所用的介系词的意思是"为他"（林前八 11，直译为"因他的缘故"）。[477]就本节而论，中译本两种不同的译法反映了要断定介系词之准确意思的困难；不过，"基督为我们死"，叫我们可以"跟他一同活着"（现中）这种讲法似乎暗示着"交换"之意，因此"为"也许有"替"的意思。[478]

保罗在这里没有明说基督死后复活，可能是因为上一节的"主耶稣

---

[475] *anti* (with genitive).

[476] 比较：
dounai *tēn psychēn autou* *lytron anti pollōn*（可十 45）
ho dous *heauton* *antilytron hyper pantōn*（提前二 6）

[477] Cf. Trench 310 - 313(§82); M.J. Harris, *NIDNTT* III 1197.

[478] Cf. Marshall 141. Patte (*Paul's Faith* 144, cf. 137)认为本句不应解为基督为我们的罪而死，而是指耶稣与我们分享他的生命，甚至到了死的地步。但这解释非常牵强，亦与保罗书信多次用"基督为我们死/舍己"等讲法（见上文）的一贯意思不符。

基督"那个称谓已经够清楚表明,这位"替我们死"的基督如今是活着的,而且他在上文已经两次清楚说明,"耶稣死而复活了"(四 14,参一 10),因此在这里不再赘述。保罗写信时是在哥林多,他其后以"只知道耶稣基督并他钉十字架"这话来综合他当时传道的内容(林前二 2),这内容其实包括基督的死和复活以及这整件事的救赎意义(林前十五 1～8;参徒十七 3),可见对保罗来说,基督"为我们死了"这信息必然地同时涉及他已复活的真理。

"叫我们无论醒着、睡着,都与他同活"　这是信上对基督之死的目的("为的是要",现中)最清晰的陈述。"醒着"、"睡着"[479]这些字眼重复了第六、七节所用的字,但二字在本节不是指道德灵性方面的警醒及沉睡(如在第六节),[480]因为这个意思使本句与该节的重点("总要警醒谨守")背道而驰;也不是指字面意思上的醒着和睡着(如在第七节),因为这解释使本句变成描写信徒今生的情况,但本段的文意,以及"活"字原文所用的时式,都表示保罗是在想及末日的事情(见下文)。[481] 二字所指的,乃是上文(四 15)所说的"活着……存留到主降临"和"已经睡了"(参当圣:"无论是仍然在世或是已经安息")。以本节的"睡"字[482](与四 14 所用的不同,见该节注释)喻死,在新约(参 6 节注释)及七十士译本(但十二 2;诗八十七 6〔旧约圣经八十八 5〕)有其他例子,但"醒"字解为"活着"(现中),则在新约中只有这一次。[483]

---

[479] 原文用的结构是 *eite* + subjunctive,而不是符合古典希腊文规格的 *ean te* + subjunctive(如在罗十四 8);但二者在意思上并无分别,在新约时期的希腊文用法上,*ei* 已侵入了 *ean* 的范围中,前面那个结构也许是用作一个普通的公式(Frame 190; BDF 372.3; Zerwick 332). Lightfoot 77 谓两个动词之所以是假设语气,可能是受了主句动词("活",也是假设语气)的影响所致(即是 by attraction);但 *Moods and Tenses 253* 正确地指出,子句的思想本身需要以假设语气的动词来表达。

[480] 此解释可见于 T. R. Edgar, as reported in *NTA* §24(1980)-918; cf. Jewett, *Anthropological Terms* 372. T. L. Howard (as reported in *NTA* §30[1986]-751)对第一位作者的立论提出了反驳。

[481] Best 218.

[482] *katheudō*.

[483] Cf. Milligan 70a; A. Oepke, *TDNT* III 436, II 339; L. Coenen, *NIDNTT* I 443. 同一个"醒"字在短短数节的篇幅内有三个不同的意思(6、7、10 节),此点对释经的原则有重要的提示:文理是帮助我们断定一个字的意思最重要的因素。

保罗在第九、十两节的主要思想是这样的:"神不是预定我们受刑,乃是预定我们藉着我们主耶稣基督得救;他为我们死了,为要使我们可以活(或得生命)";但保罗把末后一句扩充成为"叫我们无论醒着或睡着,都和他一同活着",而且其中重复了在四章十七节出现过、但此外在整本希腊文圣经里不再出现的那个原文短语("和他一同";"同他一起",思高),这两点都提示我们,保罗现在是回到他在四章十三至十八节所处理的那个问题上,并且作出总结:[484]那些"醒着",即是"活着存留到主降临的人",跟那些"睡着",即是"已经睡了的人",都要"与他同活"。按照这思路,"活"所指的时间就是"在他再来的时候"(现中,参当圣)。这动词在原文[485]所用的时式的特别意思,就是"进入生命",指两批信徒在主再来时获得一种新素质的生命,就是复活的生命(参林前十五 50～54);[486]在终极的意义上,这复活的新生命才是真正的生命,信徒在空中与主相遇后,开始和主永远同在(四 17),那时他们才是真正的"活着"。[487] 值得特别留意的一件事,就是复活得新生命,与基督永远在一起,这(不仅是"死人复活")才是基督徒对复活的盼望的独特内容;我们盼望的焦点,不应只是将来与自己亲爱的人团聚,而是与救主联合,

---

[484] Cf. Moore 78; Marshall 141; Plevnik, '1 Thess 5,1 – 11' 77.

[485] *zēsōmen*, aoritst subjunctive. MHT 3.100 则采纳 *zēsomen* (future indicative)的说法;Reese ('Linguistic Approach' 215)更认为保罗在此从上文假设语气的动词改为实事语气,表示他深信救恩已牢固地为信徒所享有。但后面这个意思与上文的文理不符:因为8～9节所说的救恩仍是信徒"盼望"的对象。

[486] *zēsōmen* = ingressive aorist; cf. Zerwick 250; Best 219; Bruce 114. BDF 369(2)把它解为(在主再来时)'live again'(参可五 23);但"再"字('again')不适用于那些活着到主再来的人。

[487] Cf. R. Bultmann, *TDNT* II 864 with n. 271. A. Feuillet (as reported in *NTA* § 17 [1972 –73]– 1064)认为本节表示,保罗相信,信徒死后立即与主联合。这意思在腓一 23 是明显的,但在本节绝不明显,甚或根本不存在,因为所指的"活"是末日的事。根据同样的理由,笔者未能同意另外三位学者的解释:(1) Robertson (*Pictures* 4.36)将动词看为 constative aorist,"活"字概括了信徒现今及以后的整个生命;(二)Schweizer ('Dying and Rising' 175)根据此节说,"与基督一起"的意思,包括信徒死后至主再来之间的那段时间,甚至信徒地上的生活也包括在内;(三)Z. I. Herman (as reported in *NTA* § 25[1981]– 601)认为本段的重点在于指出救恩现今的一面(五 4、9～10),信徒现在与基督同活的事实就是他们将来亦会得救(四 13～18)的保证。

永不分离。[488]

五 11 “所以，你们该彼此劝慰，互相建立，正如你们素常所行的”
“所以”在原文所用的不是四章十八节的那个“所以”，而是三章一节的“为此”(思高，本节同)；这个字比那个字更适合用来总括四章十三节至五章十节所申述的真理(四 16～17，五 4～5、9～10，五 2～4)以及信徒的本分(五 6～8)，[489]这些真理和本分成为本节的劝勉的理由。“劝慰”的原文在上文已出现六次(二 12，三 2、7，四 1、10、18)；它在本节的意思是“安慰”(思高)，“鼓励”(现中)，“警戒/规劝”，[490]抑或“劝慰”？鉴于“所以”一词所指的不单是叫信徒得安慰的救恩真理，也包括他们当尽的本分，“劝慰”(即是安慰加劝勉或鼓励，参当圣)是最适合的译法。若本段没有第九、十两节，单从一至九节的文意来看，在本节译为“劝勉”或“鼓励”是很合适的，但第十节重提那些在基督里睡了的人(参上面注释)，可见本节的动词同时包含“安慰”之意(参四 18 注释)。

“建立”一字的原文[491]在新约共出现四十次，它的字面意思是“建造”(路七 5)，但它在保罗书信出现的九次都是喻意性的用法：除了一次指保罗的宣教宗旨是“不……建造在别人的根基上”(罗十五 20；此用法参太十六 18；彼前二 5)，另一次指信徒不应重建律法作为生命中的权威(加二 18)，其余七次的意思都是“造就”(林前八 1，十 23)，其对象包括“自己”(林前十四 4a)、别人(林前十四 17)、别人的良心(林前八 10；讽刺性用法，意即“受鼓励”〔思高，参现中〕以致“放胆”)、“教会”(林前十四 4b)及“彼此”(本节，参新译)。同字根的名词[492]在新约共用了十八次，除了三次(复数)指圣殿范围内的“建筑”外(思高、新译、现中：太廿四 1；可十三 1、2)，其余十五次(单数)都是喻意性用法，主要分

---

[488] Marshall 143－144. C. Brown (*NIDNTT* III 61)认为五 9～10 可能(像四 14 一样)含有教义问答所用的公式；但此说难以证实，至少这两节缺乏四 14 有的一些线索，表示保罗是采用了传统的资料。

[489] Cf. Milligan 70*b* (on *dio*).

[490] 分别见：Ellicott 75*b*；Bruce 115；O. Schmitz, *TDNT* V 796 n.169 (‘admonish’).

[491] *oikodomeō*.

[492] *oikodomē*.

为两个意思,一个是属灵的"建筑物"(思高:林前三 9〔参现中〕;弗二 21〔参新译、现中〕)或属天的"房舍"(林后五 1,思高),另一个是在属灵意义上的"建立"(罗十四 19,十五 2;弗四 12、16)或"造就"(林前十四 3、5、12、26;林后十 8,十二 19,十三 10〔以上七次,现中皆作"帮助"〕;弗四 29)。可见这两个字(动词及名词)在保罗的书信里,至少一半的次数[493]是指信徒造就别人或教会,或有份使教会被建立起来;换句话说,一个信徒其实并不"造就自己"(林前十四 4a),而是藉着其他信徒的安慰、鼓励和劝勉得到造就、得以建立起来。[494] 思高圣经的注释说,"以善言善行扶助别人得救……是'彼此建树'那句话的真意",但从上文看来,"互相建立"的方法就是"彼此劝慰",即是以四章十三节至五章十节所说的事情,彼此安慰、鼓励和劝勉,一同过一个警醒谨守、等候主来的生活。

"互相"在原文所用的结构跟"彼此"那个字是不同的,这结构可能反映一种闪族(尤其是亚兰文)语法,意思与"彼此"相同;[495]但这结构在古典希腊文亦有出现,因此大可以根据希腊文的文法加以解释,[496]可能比"彼此"的意思稍强,强调了"一个对一个"的意思(参罗十五 2)。[497] 无论如何,"互相建立"(参罗十四 19)这话有这样的含意:信徒先要自己接受了福音的安慰和劝勉,才能以同样的信息去劝慰、鼓励别人;当他这样作的时候,就是从事造就信徒及参与建立教会整体的工作,这工作其实是神和基督的工作。[498]

"正如你们素常所行的"原文并无"素常"或"一向"(新译、当圣)这个字,只说"正像你们现在所做的"(现中,参思高)。但帖城信徒已经在

---

[493] 十二次:罗十四 19,十五 2;林前八 1,十 23,十四 3、4b、5、12、17、26;弗四 12;本节。

[494] Cf. Marshall 142;但亦留意犹 20:"你们要在至圣的信仰上建立自己。"

[495] Cf. BDF 247(4); MHT 3.187; Bruce 107 n.q; *Idiom* 120.二者分别是:*heis ton hena*, *allēlous*.

[496] Robertson, *Pictues* 4. 36: *heis*, nominative = in partitive apposition with *hymeis*, unexpressed subject of *oikodomeite*; *ton hena*, accusative = in partitive apposition with the unexpressed *heautous or allēlous*. *heis hyper tou henos*(林前六 6)是类似的语法。

[497] Lightfoot 78; Malherbe, 'Exhortation' 245.

[498] Cf. O. Michel, *TDNT* V 141, *TDNTA* 677; cf. also O. Semmelroth, as reported in *NTA* § 2(1957 - 58)- 611.

作的，保罗为什么还告诉他们要作？类似本句的称赞话已在上文出现两次（四 1、10），两次保罗都加上"要更加勉励"这句话；虽然保罗在本节没有明说这话，但他的用意很可能也是这样，即是要读者在"彼此劝勉，互相建立"的事上继续努力，并且百尺竿头更进一步。

总括本段（五 1～11[499]）的讨论：本段的要旨在于劝勉信徒要警醒等候主的再来，保罗先指出一些关于主的再来的基本事实，即是它的突然性和必然性，以强调警醒的必要（1～3 节），继而指出信徒与不信者之间的基本分别，以表明警醒的合理和可行（4～5 节），从而过渡到直接劝勉的部分（6～11 节）。[500] 在最后这部分内，保罗就"得救的盼望"一事再加解释，同时回到上一段（四 13～18）所谈论的问题上（五 9～10），然后以劝勉结束四章十三节至五章十一节这整段有关主再来的教训。这教训的来源部分是"主的话"，即是复活的基督藉先知（或保罗）给予教会的启示（见四 15 注释），但整段满了符类（或称对观）福音所载耶稣对末日之教训的回响，这现象最可能的解释，就是保罗在这整段所用的资料，除了上述的"主的话"外，主要来自福音书所反映的、关乎耶稣的末日教训的一些传统，这些传统当时可能尚未被编纂成为符类福音的一部分。[501]

---

[499] G. Friedrich (as reported in *NTA* §18[1973-74]-989)认为本段是保罗之后的一位编者鉴于主再来的延误而加插进去的，他的一个主要目的是改正四 13～18（尤其是 15 节）对主再来的观点，即是主可能在保罗仍活着的时候回来。但本段仍然劝勉读者要警醒守候，免得主的日子像贼一样临到他们，因此不见得有"延误"的问题存在（cf. Bruce 107-108）. 参四 15 注释最后六段。

[500] Cf. Best 210-211. B. Rigaux (as reported in *NTA* §20[1976]-208)则把本段划分如下：主的日子（1～3 节）、劝勉警醒（4～8a 节）、基督徒的生命（8b～10 节）；这分法为 Bruce 108 所赞同。但这样把第八节分为两半不大理想，因为第八节下半描写信徒应如何"警醒谨守"，是与第八节上半一气呵成的；亦见下文。

[501] Cf. Bruce 108; J. Plevnik, '1 Thess 5,1-11' 80-87; Waterman, 'Sources' (esp. 113); Fannon, 'Influence of Tradition' 305; Longenecker, 'Early Eschatology' 91; D. Wenham, as cited in Marshall 126.

(VI) 当尽各样本分(五 12～22)

12 弟兄们,我们劝你们敬重那在你们中间劳苦的人,就是在主里面治
理你们、劝戒你们的。
13 又因他们所作的工,用爱心格外尊重他们。你们也要彼此和睦。
14 我们又劝弟兄们,要警戒不守规矩的人,勉励灰心的人,扶助软弱的
人,也要向众人忍耐。
15 你们要谨慎,无论是谁都不可以恶报恶。或是彼此相待,或是待众
人,常要追求良善。
16 要常常喜乐,
17 不住地祷告,
18 凡事谢恩,因为这是神在基督耶稣里向你们所定的旨意。
19 不要消灭圣灵的感动,
20 不要藐视先知的讲论。
21 但要凡事察验,善美的要持守,
22 各样的恶事要禁戒不作。

从四章三节至五章十一节,保罗针对读者信心生活上主要的"缺陷"(三 10,思高)提出了三方面的劝勉,所关涉的事情依次为:圣洁自守(四3～8)、弟兄相爱(四 9～12)、主的再来(四 13 至五 11)。本段(五 12～22)是一连串较短的劝勉话,在体裁和内容上都跟罗马书十二章三至二十一节有不少相似之处;因此有些释经者认为,除了第十二节和十三节上半是直接出自保罗手笔,是针对读者的处境而发之外,保罗在本段用了一些一般性的、教义问答式的传统资料,这类教导适用于任何教会(尤其是一个新成立的教会),并不反映收信人的教会中特别的情况或需要。[502] 但这见解值得商榷。以下先把本段及罗马书十二章的内容列表作一比较:

---

[502] Cf. Best 223,241－242; Moore 79.

	帖前五 12～22		罗十二 3～21
12～13a	要敬重教会的领袖	[3～8	自我评估要合乎中道，与其他肢体配搭事奉]
		[10	恭敬人要彼此推让]
13b	要彼此和睦	18	要尽力与众人和睦
14	照顾有需要的信徒	[13	圣徒缺乏，要帮补]
15a	不可以恶报恶	17a	不要以恶报恶
		19	不要自己伸冤
15b	要互相善待，且善待一切人(思高)	20～21	要以善胜恶
		14～15	只要祝福，与人同喜乐
		16b	同哀哭，俯就卑微的人
16	要常常喜乐	12a	在指望中要喜乐
17	不住地祷告	12c	祷告要恒切
18	凡事谢恩		
19	不消灭圣灵的感动	[11b	心灵要火热(参新译)]
20	不藐视先知的讲论	[6b	按信心程度说预言]
21a	要凡事察验		
21b	善美的要持守	9c	善要亲近
22	恶事要禁戒不作	9b	恶要厌恶

从上表可见，两段之间有不少共同的传统资料，但这些共同的资料在两段出现的次序非常不同，而且所用的字眼显示，保罗将这些资料运用自如，随意发挥(尤见 15 节)；不但如此，本段亦有不少内容，或是在罗马书十二章没有出现(如 18、21a)，或是跟该段的"平行"部分之间的平行程度非常薄弱(如 12～13a、14、19、20)，这些内容较明显地与帖撒罗尼迦的教会有关(12～13 与四 9～10 有关，五 14"不守规矩的人"与四 11～12、"灰心的人"与四 13～18 有关，19～21a 反映教会中有人对圣灵的工作所持的态度不够开放)。这些现象提示我们，本段的劝勉不只是一般性的传统资料而已，虽然保罗确有采用一些传统资料，但他仍是按读者的实际情况而适切地加以运用，整段都与帖城信徒的处境有关，因此保罗的劝勉可帮助我们了解帖撒罗尼迦教会里面的一些情形。[503]

---

[503] Cf. Marshall 145 - 146; Black, 'The Weak' 309 - 311.

在结构方面，本段的一个特色就是它大部分（14～22 节）是由一系列的短句构成；这点详见第十四节注释。[504]

五 12 “弟兄们，我们劝你们敬重那在你们中间劳苦的人，就是在主里面治理你们、劝戒你们的” 这是保罗在信上第十二次直接称呼读者为“弟兄们”（参一 4 注释），这称呼在上文多次用来开始一个新的段落（或说题目：二 1、17，四 13，五 1），它在这里是用来开始一段劝勉的话（如在四 1，参五 14）。本节和上文的关系可能是这样：保罗嘱咐读者要“互相建立”后，便想到那些特别负有教导之责的人，故此提醒读者，

---

[504] Black（‘The Weak’ 308－309）将本段的劝勉分为五组，每组是个“三组合”，如下：

弟兄们，我们劝你们
（一） 敬重那在你们中间劳苦的人，就是
在主里面治理你们、
劝戒你们的。
又因他们所作的工，用爱心格外尊重他们。
你们也要彼此和睦。
我们又劝弟兄们，
（二） 要警戒 不守规矩的人，
勉励 灰心的人，
扶助 软弱的人。
（三） 要向众人忍耐。
你们要谨慎，无论是谁都不可以恶报恶；
或是彼此相待，或是待众人，常要追求良善。
（四） 要常常 喜乐
不住地 祷告，
凡事 谢恩，因为这是神在基督耶稣里
向你们所定的旨意。
（五） 不要消灭圣灵的感动；
不要藐视先知的讲论。但
要凡事察验： 善美的要持守，
各样的恶事要禁戒不作。

根据这个分析法，保罗在这短短十节的篇幅里，依次处理了五个主题：（一）教会对其属灵领袖的责任（12～13 节），（二）教会对有需要的会友的责任（14a～c），（三）教会对所有的人的责任（14d～15），（四）教会的属灵权利（16～18 节），（五）教会的属灵责任（19～22 节）。这个分析最大的问题，就是它把第三组第一行（即 14d）看为开始另一组的劝勉（这也是 Frame 192 的提议），但从原文的平行句法看来，14d 其实是结束第十四节的劝勉；这样，第二和第三组都变成不是“三组合”。此外，这个“五乘三”的结构分析过于巧妙，笔者很难相信保罗刻意地按着这种结构写出本段。

教会的全体信徒对他们的属灵领袖有当尽的本分。[505] "劝"字原文的意思是"请求"(思高,参新译、现中),如在四章一节(见该处注释)。这请求的内容包括两点,分别在本节和下一节上半。"敬重"一字的原文在上文已出现过十二次(一 4、5,二 1、2、5、11,三 3、4,四 2、4、5,五 2),一贯的意思都是"知道";它在这里的用法较为特别,指"认识、承认、欣赏"一个人的价值,这种认识和欣赏理应引至下一节所说的"尊重",但本节的动词所指的可能只是前者,并不同时包括后者(林前十六 18 那个动词——原文直译也是"知道"[506]——则本身已有后面那个引申的意思),[507]因此也许不宜直接译为"敬重"(新译、当圣同)、"尊重"(现中)或"尊敬"(思高)。

原文的结构(三个分词同属一个冠词之下)清楚显示,这里所说的不是三种不同的人,而是同一班人;保罗用了三个分词描写他们,头一个笼统地称他们为"辛劳工作"(现中)的,随后两个则进一步加以解释("就是",新译同;参现中,留意破折号),较确切地指出他们两方面的功能。[508] (一)动词"劳苦"在保罗书信中多数指保罗自己或别人的事奉工作,在本书和后书只用了这一次,同字根的名词则共用了四次(一 3,二 9,三 5;帖后三 8),二者同样有辛劳至身体疲乏的地步之意(详参一 3 注释)。(二)译为"治理"(新译同)的原文动词[509]在新约中另外出现七次(全部在保罗书信里),它的用法显示了三个不同的意思:"作"(新译:多三 8、14)或"务"(三 8,思高),即是"从事";"照顾、帮助"(罗十二 8);[510]"管理"(提前三 4、5、12,五 17)、"治理"(五 17,新译)、"督导"(五 17,思高)、"领导"(五 17,现中)。就本节而论,四本中译本及多本英译本都采纳"治理"(新译同)、"管理"(思高)、"督导"(当圣)或类似的意

---

[505] Lightfoot 78; Neil 121.

[506] *epiginōskō*.

[507] Cf. H. Seesemann, *TDNT* V 117, *TDNTA* 673; Best 224; Marshall 146 - 147.

[508] Cf. Ellicott 76*b*; Frame 192; Morris II 166; Black, 'The Weak' 312.

[509] *proistēmi*.

[510] 这意思比"治理"、"领导"(新译)、"作领袖"(现中)、"监督"(思高)等更符合文意:参冯:"恩赐"74 - 75。

思;[511]有释经者则认为这里的意思是“照顾”,因为以“照顾”作为“劳苦”的第一个解释,比起立即转到运用权柄的意思较为适合,而且“照顾”和“劝戒”构成自然的一对,分别代表着正面和负面的重点。[512] 可能这两个意思在此并非互相排斥,而是可以合并起来的:这些人在教会中负起照顾和监管的责任,因此对教会的成员和教会的活动赋有某程度的治理权。[513] “在主里面”(参三 8,四 1)一语的功用,可能不是仅要表明他们的领导是属灵(而非政治上)的领导,[514]而是表示他们的治理权是顺服着授权给他们的主的心意来行使的(参徒二十 28;彼前五 2、3)。

(三)“劝戒”原文的字面意思是“使人的心思正当”,[515]在本节有几个译法:“劝戒”(思高、新译同)、“教导”(现中)、“善诱”(当圣)。这字在新约另外出现七次,按不同的文理有不同的重点:有一次似乎是指信徒之间一般性的彼此教导或“劝导”(罗十五 14,新译、现中),两次指对不守规矩的人施以“警戒”(五 14;参帖后三 15)或提出“警告”(现中),其余四次意思都是指保罗对信徒(徒二十 31;林前四 14〔新译〕;西一 28)或信徒之间彼此的“劝戒”(西三 16,在此节及一 28 与“教导”连着出现)。同字根的名词[516]在新约共用了三次,分别指以色列人在旷野犯罪的事迹提供给新约信徒的“劝戒”(林前十 11,思高),父母对子女所施的、主的“劝戒”(弗六 4,新译),以及教会领袖对分门结党者提出的“警告”(多三 10,现中)。这字在本节所指的可能是属灵方面的“教导”(现中),与行政成分较重的“治理”(照顾和监管)相对,但“教导”自然包括在信徒需要时加以警告和警戒(如在五 14;帖后三 15),而在这两节经文以及第十三节末句(见下面注释)所反映的教会情况下,可能这字的

[511] Cf. AV, RV, RSV, NEB, NASB, NIV; Thayer 539*b* (s.v.).

[512] Best 225; cf. B. Reicke, *TDNT* VI 701-702, *TDNTA* 939; Malherbe, *Paul* 90; Dunn, *Jesus* 251. Banks (*Paul's Idea* 144)则采纳“给予帮助”这个译法,他认为本节所指的是读者中那些来自较优越的社会阶层的人。

[513] Marshall 147-148; cf. Bruce 119.

[514] Lightfoot 79. Cf. A. Oepke, *TDNT* II 541 (denoting an activity as Christian); Bultmann, *Theology* 1.329 ('in a Christian manner').

[515] *noutheteō* (*noun* + *tithēmi*). Cf. Jewett, *Anthropological Terms* 369 ('put in the right mind').

[516] *nouthesia*.

重点正是在警告和警戒的意思上。

总括来说，本节的三个分词描写了那些为着教会的好处而辛劳地工作，负起照顾和治理教会以及教导信徒之责的一班人；保罗显然把他们看为教会的领袖，也许他们就是一班长老(参徒十四23；"长老"在新约时代亦称"监督")，尽管保罗没有以此名字称呼他们，而是把焦点放在他们的功能上。[517]

五13 "又因他们所作的工，用爱心格外尊重他们" 这是保罗的"请求"(12节)的第二点。译为"尊重"一字的原文[518]在新约共用了二十八次，在保罗书信以外的十七次中，八次以现在时式分词的格式(有或无冠词)出现，意思皆为"领袖"，[519]另外九次的意思是"想"、"认为"或"以(之)为"，[520]这也是此字在其他保罗书信中出现十次的意思(详见冯："腓立比书"200)。若把这动词直接连于"用爱心"一语，得出的意思便是"用……爱心对待他们"(现中)，[521]但这解释有两点困难：动词的正确意思是"看为、认为"，将"用爱心〔直译是：在爱中〕认为"解为相等于"爱〔动词〕"这做法值得置疑；原文在动词和"用爱心"之间有副词("格外")相隔。因此，较符合原文次序的做法，是把动词和副词合起来成为"非常重视"之意(参思高)，[522]又把"用爱心"一语看为形容这整个意思，

---

[517] 详参冯："恩赐"131－135； Fung, 'Function or Office?' 21－23, 29－30. Cf. also Wenham, 'Paulinism' 54*b*：作者谓帖前五12～13的证据表示，虽然保罗在帖城的时间不长，他仍然设立了某种长老的职分然后离开；因此他较早时在加拉太各教会曾选立长老(如徒十四23所记载)，是完全可能的事。Malherbe (*Paul* 88－89)则认为保罗并不是在想及两班人——负责牧养的和接受牧养的——而只是想到信徒从事的某些活动以及对这些活动适当的回应。但这不是经文最自然的解释，尽管此解释符合作者的理论，即是保罗在五12～15的劝勉，跟古代一些哲学群体彼此培育的宗旨和做法相符(见同书81－88)。

[518] *hēgeomai*.

[519] 太二6(思高、新译、现中)；路廿二26(现中)；徒十五22(新译)；来十三7、17、24(思高)。另两次分别指摩西被法老立为"首相"(徒七10，新译、现中)，以及保罗在路司得与巴拿巴一起传道时作了"主要发言人"(徒十四12，思高)。

[520] "觉得"(徒廿六2，思高、现中)，"当作"(来十29)，"想象"(彼后三9，思高)，"以……为"(彼后二13)；"认为"(来十一11〔新译〕；彼后一13〔新译〕)，"看为"(雅一2，新译)，"以……为"(彼后三15；来十一26〔思高〕)。在后一组的经文，这字可能有"经仔细思考而达到结论"的含意，在首末两节(即是来十一11、26)尤其如此。

[521] *hēgeisthai ... en agapēi* = 'to hold in love', i.e. 'to love'.

[522] *hēgeisthai ... hyperekperissou* = 'to esteem very highly'.

从而得出"用爱心格外尊重他们"这句话；[523]换言之，动词在本句的意思不是它在其他保罗书信中那个较通常的意思，而是较特别的"重视、尊重"之意，这用法与上一节的"知道"解为"认识、承认、欣赏"相似。副词"格外"已在三章十节出现过（参该处注释），指一种至极点的、无以复加的程度。保罗请求读者"本着爱"（思高）格外地尊重教会的领袖，就是说他们的动机应该是爱，而不是惧怕，也不是得奖赏或被承认的意图。

为什么他们应以爱心格外尊重教会的领袖呢？保罗提出这个原因："因为/为了他们的工作"（新译/思高、当圣）。但他们的工作为什么使他们应受到信徒格外的尊重呢？保罗没有加以解释，不过另一些经文可以为我们提供一些线索：他们的工作是一项"善工"（提前三 1），是重要的、必须的、辛劳的工作（五 12；提前五 17；参来十三 17），是为着他们、使他们得造就的工作（参林前十六 15、18；弗四 11～12），是基督的工作（参腓二 29～30，20～21）。换言之，"他们所作的工"的性质使他们配受格外的尊重；保罗的话似乎假定，他们亦是忠于所托的（参 12 节："在主里面"）。也许除了这个主要思想外，"为了他们的工作"这话还包含一个次要的意思，就是"为着他们的工作的好处"（参来十三 17b）：信徒用爱心格外尊敬教会的领袖，可使他们的领导工作更为有效。[524] 若果真有这个意思，这话便很自然地引到下一句，因为信徒若彼此和睦，对教会领袖的工作必有好处。无论如何，这一点是毋庸置疑的：教会领袖应受尊重的原因，是在于他们所作的工，而不是由于他们的地位。

"*你们也要彼此和睦*" "和睦"的原文是个不及物动词，[525]这字在新约另外只出现三次，分别指耶稣嘱咐门徒要彼此"和睦相处"（可九 50，现中），以及保罗劝勉罗马信徒要与众人"和睦"（罗十二 18），又劝勉哥林多的信徒"要和睦"（林后十三 11）——此节原文并无"彼此"或"与众人"[526]等字，不过"要和睦"跟前一句"要同心合意"是平行的，因

---

[523] Cf. Lightfoot 79 - 80; Frame 195; F. Büchsel, *TDNT* II 907, *TDNTA* 303.

[524] Cf. Morris II 167: 'effective leadership in the church of Christ demands effective following.'

[525] *eirēneuō*.

[526] *en allēlois*, *meta panton anthrōpōn*.

此亦是“彼此和睦”(思高)的意思。就保罗而论,这句劝勉话可能来自耶稣对门徒的教训,这思想本身则可能来自旧约(诗卅四 14〔七十士译本卅三 15〕;参罗十四 19;提后二 22;来十二 14)。本句的“彼此”原文直译是“在你们自己当中”,[527]但亦可解为“彼此”。[528] 需要讨论的问题是:本句的“你们”包括哪些人?保罗为什么要在这里提出这项劝勉?

有释经者将本句看为独立的一句,与上文或下文都没有联系;他认为本句若连于上文来解释(即是解为与教会的领袖和睦相处),上文(12～13a)的劝勉便会变得软弱无力。[529] 但保罗在第十四节重新开始劝勉,这表示本句是连于上文的。在这大前提之下,(一)一些释经者认为“彼此”这个字眼反映了会众和教会领袖之间有不和的现象,并且表示那些领袖要与那些信徒同样地为这情形负责;他们猜想教会中那些“不守规矩的人”(14 节;帖后三 11)曾向教会领袖请求经济上的援助,后者在这事上处理失当,引致双方磨擦,整个教会的和平亦受到影响。[530] 另一些释经者完全拒绝上述的看法,认为纯属臆测。[531] (二)亦有释经者虽然拒绝该说的第二点(即是教会领袖处理不当而导致磨擦),但认为第一点(即是那些不肯作工的人反对教会的领袖)是合理的,应被接纳。按这个解释,本句是特别针对那些不守规矩的分子而发的,保罗要他们尊重教会的领袖,避免(跟他们)争吵。[532] 但在本节和上一节,在本句之前的“你们”一字都是指与教会领袖(“他们”)分开的教会一般

---

[527] *en heautois* = ‘among yourselves’ (AV, RV, RSV, NEB; Bruce 118 n. d.). 即是这第三人称的反身代名词在这里是用作第二人称。有些古卷作 *en autois*; Schmithals (*Paul* 167 - 169)采纳这个说法,并认为保罗在此劝勉帖城信徒与教会的领袖和睦共处,为要巩固后者去抵抗诺斯底派的假师傅。但 Milligan 73*a* 认为这说法(异文)只可解为“藉着他们”,即是藉着他们的领导,而不能解为“与他们(和平相处)”,因为“与他们”所要求的结构是 *met' autōn*(参罗十二 18〔见上注〕)。

[528] *en heautois* = *en allēlois*, ‘with one another/each other’ (NASB/NIV): *Ellicott* 77*b*; BDF 287; MHT 3.43. 即是将反身(reflexive)代名词看为当作相互(reciprocal)代名词用。

[529] W. Foerster, *TDNT* II 418.

[530] Frame 195, 191 - 192; cf. Morris II 167 - 168, 164 - 165.

[531] Best 228; Neil 123.

[532] Marshall 149 - 150.

信徒,因此本句的"你们"(原文)或"彼此"仍解为"你们自己"(现中、当圣),即是一般信徒(不包括领袖在内),是较为合理的。若这理由成立,"彼此和睦"并不是指信徒与领袖之间的关系,而是指信徒彼此之间的关系。(三)最简单和自然的解释,就是说本句指信徒彼此之间应和睦相处,像上一段所引的新约经文一样;在人际关系中,有很多事情可以引起磨擦(参 15 节),某些属灵恩赐的彰显尤其是个可以导致纷争的问题(参 19～20 节),因此本句的劝勉常是恰当的,对读者亦不乏特别的适切性。本句紧随"因他们所作的工,用爱心格外尊重他们"这话之后,可能有这样的含意:信徒和睦相处,会使教会领袖的治理工作变得较轻省和更有效。另一个可能的含意就是,信徒若顺从教会领袖的引导,便能制止可能在教会中出现的纷争的趋势,使整个教会得以和睦共处。[533]

五 14 "我们又劝弟兄们" 本句较贴近原文的译法是:"弟兄们,我们还劝勉你们"(思高)。这是保罗在信上第十三次直接称呼读者为"弟兄们"(参一 4 注释),第三次以此称呼开始一段劝勉的话(参四 1,五 12)。本节至第二十二节这段里面共有三组短句,每句由一个命令语气的动词加上一个宾词或副词(或形容动词的词组)构成:第一组(本节)包括四短句,第二组(16～18a)三短句,第三组(19～22)五短句。[534]

最近有学者重倡一些早期希腊注释者的看法,即谓保罗在这里是特别向教会的领袖说话,理由是:"警戒"(即 12 节的"劝戒")在该节显然是教会领袖的责任,在本节亦应该是;本节若是对整个教会说的,这话便只会削弱教会领袖的地位,但第十二节的用意正是要巩固他们的地位。[535] 另一方面,有更多和更强的理由支持普遍的看法,即本节仍是对全体信徒的劝勉:(一)在本书的劝勉部分(四 1 至五 22),"弟兄们"一字总是指全体会众(四 1、10、13,五 1、12;参五 25),本节不应是个例外(除非有充分理由表明本节确是例外)。(二)第十二节的"弟兄们,我们求你们"(新译、现中)和本节的"弟兄们,我们劝你们"(新译、现中)在

---

[533] Milligan 72b; Bruce 120.

[534] Cf. Bruce 122. 比较上面注 504。

[535] C. Masson, as cited in Best 228 - 229.

原文是几乎完全一样的结构(只是动词不同),[536]倘若本节的"弟兄们"是指与该节的"弟兄们"不同的一班人,此点需要由原文至少用不同的次序表达出来(譬如,把"你们"一字放在首位);因此,本节跟第十二节的对比,不是在于同受保罗劝勉的两班不同的人(教会领袖和一般信徒),而是在于同一班人("弟兄们")对两班不同的人(有需要的信徒,教会领袖)的态度或本分。(三)第十六至二十二节肯定是对教会整体说的;第十五节也是最好解为对整个教会说的,像罗马书十二章十四至廿一节一样(参十二节注释之前的比较表);而并无任何迹象表示,第十四节的主词("你们〔要〕)是与第十五节的主词所指的不同的人。(四)在后书三章十五节,"警戒"(中译"劝")不服从保罗在信上的教训者,是一般信徒的责任,不单是教会领袖的责任。[537]

由此可见,保罗并不以为"警戒……劝勉……扶助……"等功能是教会领袖的专利,而是全体信徒共有的责任;每个信徒都当认识自己对教会其他成员的责任,并努力尽上本分。保罗随即提出四项劝勉。[538]

"要警戒不守规矩的人" 译为"不守规矩"的形容词[539]在新约出现仅此一次;同字根的副词出现两次,两次皆形容动词"行"字(帖后三 6、11),合起来的意思等于同字根的动词(帖后三 7,新约仅此一次)。[540] 这动词在古典希腊文的意思是"违犯法令"或"不受约束",就如一个士兵离开他的行列(与西二 5 的"循规蹈矩"〔原文为名词〕相对);有学者认为这就是此组字汇在本书和后书的意思。[541] 和合本的翻译反映了这个看法。但在当代的一份蒲草纸契约中(主后 66 年),一个父亲代表他的儿子签约为学徒,订明他的儿子若有任何时间"旷职",他必须在约满后补回那些时间;同样,在一份二世纪末叶的蒲草纸约书中,一个纺织者的学徒若

---

[536] Cf. *erōtōmen de hymas*, *adelphoi* (12), *parakaloumen de hymas*, *adelphoi* (14).

[537] Cf. Black, 'The Weak' 315; Marshall 150; Best 229.

[538] 以下四个动词皆为本身可独立使用的命令语气动词(imperatives),虽然在"劝"字之后较通常的结构是用 infinitive(如在四 10)或 *hina* with subjunctive(如在四 1;帖后三 12)。

[539] *ataktos*.

[540] *ataktōs* + *peripatein* = *atakteō*.

[541] C. Spicq, as reported in *NTA* §2(1957 – 58) – 612: 'unruly' (AV, NASB) or 'disorderly' (RV); Malherbe, *Paul* 92; Russell, 'The Idle' 107 – 108. Cf. Barclay 207: 'warn the quitters.'

因"懒惰"或生病或任何其他原因，而在一年内请假多于他所享有的二十天，便要如数补工。[542] 这种意思（旷职、怠工）比较"不守规矩"更符合信上所反映的读者的情况（四 11～12；参帖后三 6～12），因此亦较普遍被接纳；本节所指的就是那些"闲荡的"（思高）、"懒惰的"（现中）、"游手好闲的人"（新译，参当圣）——那些不负责任，不亲手作工（四 11，参二 9），反而用"弟兄相爱"的借口倚靠别人的供应来度日的人。[543] 这些人成为教会经济上的负累，亦使教会或基督教的名誉受损（与四 12 的理想正好相反），因此保罗要教会整体的信徒"警戒"他们（这动词的意思见 12 节注释）。

"勉励灰心的人" 译为"灰心"（现中同）的形容词在新约出现仅此一次；它在七十士译本用来翻译不同的希伯来词语，如"脾气急躁"（箴十四 29，现中），"心灵忧伤"（箴十八 14）或"意志消沉"（现中）、"精神萎靡"（思高）。同字根的动词[544]在一份主前三世纪的蒲草纸文献中跟哥林多前书十六章十三节译为"作大丈夫"（"有丈夫气概"，思高）的那个动词相对，在另一份、主后二/三世纪的蒲草纸文献中的意思是"灰心"。[545] 形容词在本句最可能的意思也是"灰心丧志/气馁"（新译/当圣）；有释经者认为其意思是"小信"，[546]但虽然信心不足很容易导致灰心气馁，二者并不是完全相同的。"灰心的人"可能包括任何因亲人离世、挂虑他们不能有份于主再来时的救恩而灰心气馁的人（参四 13～18），但并不局限于这种人，而是泛指因任何缘故在基督徒生活上感到灰心丧志的人。他们需要别的信徒的"安慰"（参思高）和"勉励"（新译、当圣同）：两个意思都包括在原文所用的动词内，不过重点可能是在后者，即是在"鼓励"（当圣）方面（分词在二 12 译为"安慰"；见该处注释）。

---

[542] MM 89*a* (s.v. *atakteō*).

[543] Cf. RSV, NIV ('the idle'); Neil 124; Frame 197; G. Delling, *TDNT* VIII 48, *TDNTA* 1160; W.L. Lane, *NIDNTT* III 955.

[544] 二字依次为 *oligopsychos*，*oligopsycheō*. 比前者较正确及较通常的形容词是 *mikropsychos* (Ellicott 78*b*)，与 *megalopsychos* 相对。后面这两个希腊字都没有在新约出现，但在亚里士多德（主前四世纪）的著作中分别指自足和自信，以及不足和缺乏自信的人（Bruce 123）。思高圣经"怯懦的"这译法，未知是否与此点有关。

[545] MM 40*b* (s.v. *andrizomai*), 445*b* (s.v. *oligopsychos*).

[546] 即是与 *oligopistos*（太六 30，八 26，十四 31，十六 8；路十二 28）同义：E. Schweizer, *TDNT* IX 666, *TDNTA* 1353.

“扶助软弱的人” 动词原文在新约另外出现三次，一次(多一 9)指监督要“坚持/坚守”真道(思高/现中、新译)，另两次指仆人“依附”(思高)或“忠于”(新译)所事奉的主人(太六 24;路十六 13)。它在本句的意思是“帮助”，由于帮助的对象是软弱的人，故被译成“扶助”(现中同)或“扶持”(思高、当圣)。

形容词“软弱的”原文[547]在新约另外出现二十五次(保罗书信占十四次)，除了八次指身体方面的软弱，即是有病(太廿五 43、44;路九 2，十 9;徒四 9，五 15、16;林前十一 30)，五次(仍按其字面意义)指各种软弱(太廿六 41;可十四 38:“肉体……软弱”，与“心灵……愿意”相对;彼前三 7:作丈夫的要待妻子“有如较为脆弱的器皿”〔思高〕;林后十 10:有人批评保罗说，“他的书信的确严厉而又强硬，但他本人在时却软弱无能”〔思高;后一句新译本作“他本人却气貌不扬”〕;林前十二 22:“身体上那些似乎比较软弱的肢体〔如体内的器官〕，更是不可缺少的”〔新译〕)，其余十二次皆属喻意性用法:“所谓‘上帝的软弱’也胜过人的坚强”(林前一 25，现中);神“拣选世上的人所认为软弱的，来使坚强的人羞愧”(林前一 27，现中);保罗以讽刺的口吻对哥林多信徒说:“我们软弱，你们倒强壮”(林前四 10);“我们还软弱的时候”即“我们还是罪人的时候”(罗五 6〔参 8〕，现中);“那懦弱……的小学”(包括假神和律法)不能使人得救(加四 10);“从前的条例〔利未的祭司制度〕因为软弱……就废弃了”(来七 18，新译);在吃祭过偶像的食物一事上，保罗劝勉信徒不要让他们个人的自由抉择成为“良心软弱”的弟兄的绊脚石(林前八 7、9、10〔参 12，原文用分词〕);这也是他自己谨守的原则:“向软弱的人，我就作软弱的人，为要得软弱的人”(林前九 22)。

但本句的“软弱”是什么意思呢？一说认为，本节提及的三组人依次是指上文所涉及的三种人(四 11～12:闲懒不作工者;四 13 至五 11:为已死的亲友和自己的得救而挂虑者;四 3～8:受试探在性事上不贞者);换言之，本句的“软弱”指性方面的不洁。[548] 但此说有以下的困难:(一)按此解释，保罗在上文提及那三种人的次序是:软弱的人、闲懒的

---

[547] *asthenēs*. 动词“扶助”的原文是 *antechō*.

[548] Frame 196 (cf. 11 - 12).

人、灰心的人；相反的次序是：灰心/闲懒/软弱的人；两者都不是本节实在的次序。(二)本节的三句之中每句的准确意思都是难以绝对肯定的；三句都有此说所要求的意思，其可能性比起其中一句有此说所要求的意思(如上文对第一句的解释)少得多，亦即是非常微少。[549] 另一说则把本节的三组人依次解释为闲懒不作工者(四 9～12)、挂虑已死信徒在主再来时的命运者(四 13～18)，以及因久候主的再来而变得疲倦、有放弃盼望之危险者(五 1～11)。[550] 但上面第(二)点反对理由同样适用于此说；此外，五章一至十一节一段并无提示，帖城信徒认为主迟迟不来而变得无心等候(特别留意 1、2 节："不用……明明晓得"；参较彼后三 9 清楚的提示)。第三种看法将本句解为信心软弱、对真理的掌握不足、因而导致"良心软弱"的人(见上一段所引经文最后四段；参罗十四 1、2〔原文用分词〕)。[551] 但哥林多前书及罗马书所反映的这种软弱，跟食物和守节的问题有关，而本书及后书并无任何证据，显示帖城信徒有同样的问题。理论上，本句的"软弱"可解为有病，但这意思并不符合文理(难怪亦无释经者采纳)；因此，可能最好的解释就是："软弱"指道德及灵性上的软弱(参罗五 6)，"软弱的人"就是那些在对抗试探(包括性方面的试探：四 3～8)、忍受逼迫、持守基督教的伦理标准、遵行神的旨意等事上缺乏力量的信徒。[552]

"也要向众人忍耐"　忍耐是圣灵所结果子中的一样美德(加五 22)；该节原文所用的是名词(新约共十四次，保罗书信占十次，后者的用法见冯："真理"346)，本句用的是动词。[553] 此词在保罗书信另外出现一次，指爱"是恒久忍耐"(林前十三 4)，在新约另外出现八次，分别指：欠债者向债主请求"宽容"(太十八 26、29)；主好像迟延他再来的应许，其实是他"宽容"世人，给他们悔改得救的机会(彼后三 9，参 15 及彼前三 20〔原文用名词〕)；"神延迟"(或不会延迟：释经者的意见不一)他对

---

[549] Best 231 – 232.

[550] Black, 'The Weak', esp. 318 – 319.

[551] Cf. Lightfoot 80; Whiteley 82; Best 231; Bruce 123; G. Stählin, *TDNT* I 492, *TDNTA* 83 – 84; BAGD 115 (s. v. 2b).

[552] Cf. Neil 125; Marshall 151; Malherbe, *Paul* 93.

[553] 二字依次为：*makrothymia*, *makrothymeo*.

其选民的援助(路十八 7,现中;参思高、新译);亚伯拉罕经过"耐心等待"而获得神所应许的(来六 15,现中、新译、思高;参六 12〔原文用名词〕);农夫"耐心地等待"田产(雅五 7b,现中),信徒也应当忍耐,直到主来(雅五 7a、8,参五 10〔原文用名词〕)。本句若译为"也要容忍所有的人"(新译,参思高:"容忍一切人!"),似乎与上文"警戒不守规矩的人"一句不大协调,因此它的意思较可能是"向众人忍耐"。

"众人"原文作"一切人"(下一节同;见思高),所指的不只是本节上文提及的那三种人,[554]因为除了他们以外,显然还有其他人也是需要信徒以耐心对待的。表面上看,本节的"一切人"应与下一节的"一切人"同义;[555]但下一节明说"或是彼此……或是……众人",这个对比提示我们,保罗是在该节才首次提及教会以外的人;本节上文的三种人都是教会内的人;以弗所书四章二节用了名词"忍耐",也是对信徒说的——基于这三点,本节的"一切人"最宜解为教会内的所有成员。[556] 信徒在彼此的交往上——包括当他们的"警戒……勉励……扶助"不受欢迎或不被接纳的时候——要反映神对他们所显的忍耐宽容。

五 15 "你们要谨慎,无论是谁都不可以恶报恶" 译为"要谨慎"(现中同)的原文动词,在保罗书信的另外九次[557]都是"看见"之意(罗十五 21;西二 1、18),尤指看见复活的主(林前九 1)或(用被动语态时)指主向不同的人(林前十五 5、6、7、8)或天使(提前三 16)显现;但它在本节用于命令句之前,为要加重语气,其意思是"要小心"(思高、当圣)或"要注意"(新译)。原文的现在时式清楚表示,保罗要信徒继续不断地留心和实行下一句的劝勉。[558] 由于下一句用了第三人称的"无论是谁"

---

[554] 如 Ellicott 78*b*; Moffatt 41*b* 所解释的。

[555] 如 Frame 199; Moore 82 的解释。

[556] Best 232; Marshall 152; J. Horst, *TDNT* IV 383 - 384, *TDNTA* 551.

[557] *Concordance* 列出 *horaō* 一字在保罗书信出现的次数为二十八次,这是由于该书将 *eidon* 一字归入 *horaō* 之下处理。

[558] On the durative force of *horate* see MHT 1.110 - 111. On *horao me* + subjunctive cf. *Moods and Tenses* 206,209; BDF 370(4), 364(3); MHT 3.78,98. *horaō mē*.(亦见于太八 4,九 30,十八 10,廿四 6;可一 44;启十九 10,廿二 9)是古典希腊文的句法;保罗较常用 *blepō mē*(林前八 9,十 12;加五 15;西二 8;亦见于太廿四 4;可十三 5;路廿一 8;徒十三 40;来三 12,十二 25)。

(直译是“任何人”),因此有释经者认为保罗的意思是:教会整体(“你们”)要留意个别的信徒,免得有“任何人”以恶报恶;但这种解释过分拘泥于复数第二人称的“你们”及单数第三人称的“任何人”之间的分别,其实这极可能只是体裁上的变化,意思仍然是“你们不要以恶报恶”。[559]另一方面,“不管是谁”(新译)这讲法比单说“你们”更强调“绝对不可”(当圣)之意。

“恶”字的原文[560]在保罗书信另外出现二十四次(新约共五十次),显示了几方面略为不同的意思:(一)“恶”即是危险的、对人有害的,如克里特人被喻为“恶兽”(多一12;,思高则译为“可恶的野兽”)。(二)在道德意义上与“善”相对的“恶”:作为形容词,这字指“恶友”(林前十五33,思高;参现中)、“恶欲”(西三5)、“恶行”(罗十三3,原文直译)、“邪恶的工人”(腓三2,思高);作为名词用,这字指人“制造恶事”(罗一30,新译)、以色列人“贪恋恶事”(林前十6)、因食物叫人跌倒是一件“恶事”(罗十四20,思高)、保罗愿意信徒“在恶事上毫不沾染”(罗十六19,新译,参思高),或指依附着人的“邪恶”(罗七21,思高),及以贪财为根源的“万恶”(提前六10);这字多次出现在“作恶”一语中(罗二9,三8,十三4a;林后十三7;罗七19,十三4b)。[561]上述的恶或恶事部分可能已包括对人的伤害,但这意思在这字的第三种用法更为明显。(三)存心加害于人的“恶”:爱“不加害于人”(罗十三10,思高)——但铜匠亚历山大“作了许多恶事陷害”保罗(提后四14,新译)——也“不计算人的恶”(林前十三5);信徒不可“以恶报恶”(罗十二17),也“不可为恶所胜,反要以善胜恶”(罗十二21)。由此可见,本句跟罗马书十二章十七节的教训完全一样;同一句亦见于彼得前书三章九节。这基本的基督教伦理教训可追溯到主耶稣的教

---

[559] 分别见 Frame 200 及 Moore 82; Marshall 152. Malherbe(*Paul* 93)将此句解为:那些发出“警戒”的人可能会受到被警戒者的敌意相待,面对这种回应时,他们要特别小心,不以敌意回报敌意。但此说缺乏说服力;而且罗十二17有力地支持较笼统性的解释。见正文注释。

[560] *kakos*.

[561] “作”字原文依次为 *katergazomai*(第一处)、*poieo*(第二至四处)、*prasso*(第五至六处)。参注566、608。

训(太五 44～48;路六 27～36),类似的教训早在旧约中出现(箴二十 22,廿五 21)。

"报"字的原文[562]在保罗书信另外出现七次(新约共四十八次),除了罗马书十二章十七节外,三次以人为主词,分别指:信徒应把"人所当得的……〔归还〕给他"(罗十三 7)、夫妻应当各"尽"自己的本分(林前七 3)、为儿孙的应在家中学习孝道,"报答"亲恩(提前五 4);其余三次以神为主词,分别指:神"必照各人所作的报应各人"(罗二 6,新译)、主会把公义的冠冕"赏给"保罗及所有爱慕他显现的人(提后四 8,新译、思高),亦会照铜匠亚历山大所行的"报应"他(提后四 14)。后面这三节提示我们,信徒为何不可以恶报恶:因为神会施行报应,那是他的特权(罗十二 19)。另一个原因是:信徒若以恶报恶,就是"为恶所胜"(罗十二 21a),即是被加害者的恶以及他自己内心的恶所胜,此恶对加害者的恶作出回应,以致他自己成为像加害者一样。[563] 但"向众人忍耐"(14 节)的意思,正是在别人惹动自己怒气的时候仍然不动怒,在别人加害于己之时仍然不谋报复。还有两个原因见于彼得前书二章十九至二十二节及三章九至十二节。

"或是彼此相待,或是待众人,常要追求良善" 原文开始时有强烈反语气词"但"字,表示这下半节是和上半节"不要……"相反的"却要……"(思高、新译):信徒(非但)不可以恶报恶,(更)反要"在彼此相处和对待众人这方面,常常追求良善"(新译)。"追求"的原文[564]在保罗书信另外出现二十次(新约共四十五次),十一次的意思是"逼迫"(罗十二 14;加四 29,六 12;提后三 12),其中多次指保罗从前逼迫教会(林前十五 9;加一 13、23;腓三 6)、归主后则(和他的同工一起)遭受逼迫(林前四 12;林后四 9;加五 11)。其余九次皆为喻意性用法,分别指:保罗向着他的属灵目标"直跑"(腓三 14,参 12〔现中:"继续奔跑"〕);外邦人不"追求"义,以色列人则追求律法的义(罗九 30、31);提摩太要追求公义、敬虔、信心、爱心、

---

[562] *apodidōmi*.

[563] Cranfield, *Romans* 650.

[564] *diōkō*.

忍耐、温柔、和平(提前六 11;提后二 22);信徒也要追求"促进和睦的事"与"彼此造就的事"(罗十四 19,现中及新译),要追求"款待客旅"(罗十二 13,原文直译),要追求爱(林前十四 1)。本节追求的对象则为"良善"。

这字的原文[565]已在三章六节出现过,它在该处是作形容词用(保罗书信共二十三次,见该节注释),在本节是作名词用。这用法在保罗书信另外出现二十三次,其中一次这字是雄性的,指一个"善人"(罗五 7,思高;即善长仁翁),其余的都是中性,最基本的意思是本身有价值、在道德意义上是好的东西(罗七 13〔两次〕、18,十二 2、9〔参新译〕,十六 19),可能特指"正当的事"(弗四 28,新译;即是"靠双手诚实工作",现中)或对别人有益的事(罗十二 21;加六 10;门 14);在这个基本意思上,"行善"一语出现数次(罗二 10;加六 10;弗四 28;罗七 19,十三 3b;弗六 8)。[566] 这字另外的几个意思分别是,"益处"(罗八 28,十三 4,十五 2;门 6〔参现中〕)、属灵的"美事"(罗十 15,新译;十四 16,参新译)、"善果"(罗三 8,思高),以及物质上的"美物"(加六 6,新译,参思高)。本节的"追求良善"既是与上半节的"以恶报恶"相对,所指的善就是对人有益的事,如在"以善胜恶"(罗十二 21)一语中。[567] 保罗的意思不是笼统地要信徒"彼此关心,为别人的好处着想"(现中,参当圣),而是特指信徒面对别人(包括信徒及非信徒)的敌意甚或逼迫时,仍要向他们显出爱心的行动,做对他们有益的事。[568] 换言之,保罗要帖城信徒追求爱(参林前十四 1),就如他为他们祈求爱一样(三 12);这就再一次提示我们,在基督徒的生命中,

---

[565] *agathos*.

[566] "行"字原文依次为 *katergazomai*(前三处)、*poieo*(后三处)。参注 561、608。

[567] Lightfoot 81 谓本节的 *to agathon* 是指对人有益的事,*to kalon* 则指绝对好、从道德角度看是好的事。但此二字在保罗书信的用法并不绝对支持此说:二字在罗七 18a、b(两个"善"字在原文依次为前后二者)及罗七 19、21(与"恶"相对的依次为前者和后者)看来都是同义词。另一方面,二字在罗十二 17、21 及加六 9、10(两处皆依次为后者及前者)则似乎有略为不同的重点。因此,我们不应按一绝对的区分来解释,而是视乎每处经文的情况而定。参冯:"真理"375 注 98。

[568] Neil 126; Best 234; Morris II 171; W. Grundmann, *TDNT* I 16, *TDNTA* 4; Ridderbos, *Paul* 299.

神的工作和人的努力(这是二者的正确次序)并不互相排斥,而是相辅相成的(参四 1 及三 5 注释末段)。

保罗在此不但秉承耶稣的教训,劝喻信徒以德报怨,并且从四方面强调下半节的话:先有副词"常"字,表明这是信徒当坚守的原则;继而把名词"良善"放在动词之前,以示强调;所用的动词(原指猎人"追逐"猎物)比二章六节所用的"求"字(见该处注释)更强有力地表示,这是信徒要锲而不舍地努力追求的目标;[569]最后(按原文次序),"或是彼此相待,或是待众人"将此原则应用至最广的范围。

五 16 "要常常喜乐" 名词"喜乐"已在上文出现四次(参一 6 注释),动词则只是用了一次(三 9)。此字[570]在其他的保罗书信出现二十七次(新约共七十四次),其中四次与"哀哭"相对(罗十二 15〔两次〕;林前七 30〔两次〕),一次与"忧愁"相对(林后六 10),十四次(如在本书三 9)指出保罗因何事喜乐(罗十六 19;林前十六 17;林后七 7、9、13、16,十三 9;腓一 18a、b,二 17～18,四 10;西一 20,二 5——详见冯:"真理"344－345),四次分别指盼望是喜乐的基础(罗十二 12)、爱的一个特征是"不以不义为乐"(林前十三 6,思高)、哥林多教会有些人"本该叫〔保罗〕喜乐"(林后二 3,思高)、腓立比人会因再次见到以巴弗提而喜乐(或作:因见到他而再次喜乐,腓二 28),其余四次(如在本节,参罗十二 5)是劝勉信徒"要喜乐"(林后十三 11,新译、思高)、"要靠主喜乐"(腓三 1)、"要靠主常常喜乐"(腓四 4〔两次〕)。副词"常"字提醒我们,喜乐是信徒应恒常无间地保持着的态度,像保罗所表现的一样(林后六 10),而"常常喜乐"之所以可能,是因为信徒喜乐的基础、根源和对象,乃是主耶稣和他所成就的救恩并圣灵的工作(参一 6 及该处注释),这些是不受环境影响的(参冯:"腓立比书"432－433)。加尔文说,"一个人若不把基督的义和永生的盼望视为宝贵到一个地步、以致他在忧愁中仍然喜乐,他就是对神极度忘恩负义的。"[571]在正常的情况下,这是对

---

[569] G. Ebel, *NIDNTT* II 806－807.

[570] *chairō*.同字根的复合动词 *synchairō* 在保罗书信用了四次(林前十二 26,十三 6;腓二 17、18),在新约另外出现三次(路一 58,十五 6、9)。

[571] Calvin 375.

的；但若有信徒患了病理性忧郁症，对他引用本句或类似的劝勉不但无济于事，反会增加患者的罪咎感，甚或是一种残忍的做法；[572]他所需要的，首先是获得医治。

五17 “不住地祷告” “祷告”一词的名词已在一章二节出现过，本节用的是动词，[573]在此一并作字义研究。名词在保罗书信用了十四次（新约共三十六次），一次指夫妻为了要专心祷告而同意暂时分房（林前七5），四次与“祈求”连着出现（弗六18；腓四6；提前二1，五5；二字的分别见一2注释），七次的意思显然是、或至少包括代求——其中两次指读者为保罗祷告（罗十五30；门22），但多数指保罗（罗一10；弗一16；门4）或他的同工（西四12）或二者一起（帖前一2）为读者祷告——另二次用于“要恒切祷告”一语中（西四2；罗十二12）。动词在保罗书信出现十九次（新约共八十五次），包括本书及后书四次（本节、25节；帖后一11，三1）；其中七次指代求——或是保罗及同工为读者祷告（腓一9；西一3、9；帖后一11），或是保罗请求读者为他和同工祷告（西四3；帖前五25；帖后三1），五次提及“如何”祷告——“用方言……用灵……用理智”祷告（林前十四14a、15〔两次〕，新译）、“藉着各样的祷告和祈求，随时在圣灵里祈祷”（弗六18，新译）、“不断”地（本节，思高；参西一3、9；帖后一11），另外七次皆指信徒的祷告——主词分别是“我们”（罗八26）、“男人”（复数：提前二8）、男人或女人（单数：林前十一4、5、13）、说方言者（单数：林前十四13）、“我的灵”（林前十四14b）。祷告的对象通常是神（一2；参该处注释；林前十一13；弗三14），虽然保罗在他的私祷中亦曾向主耶稣祈求（林后十二8），在本书（三11、12）及后书（二16）则更以主耶稣和神同时作为他的“祈愿”的对象。

译为“不住地”的原文副词已在上文出现两次（一3〔原文一2〕，二13），在新约只出现另一次（罗一9）；同字根的形容词[574]在新约只用了两次，一次指保罗因以色列人的不信，心中有“不断的痛苦”（罗九2，思

---

[572] Cf. Whiteley 83.

[573] 二字依次为：*proseuchē*，*proseuchomai*.

[574] 二字依次为：*adialeiptōs*，*adialeiptos*.

高),另一次(像副词出现的四次那样)与祷告有关(提后一 3)。本句的意思显然不是说信徒要停止所有其他活动来"不住地"(新译同)祷告;若要严格地按副词的字面意义来解释,本句最可能的意思就是信徒要存着祈祷的态度、以祷告的精神来从事一切的活动,他们要过一个与神相交的生活,以致祷告(不论是有声或无声的)是自然和容易的事。[575]但"不住地"在一章三节及二章十三节并不表示保罗和同工无时无刻不记念帖城信徒的好行为及为他们感谢神,而且用"不住地"、"常常"等字眼提到祷告似乎是古代信札体裁的一部分(参一 2 注释注 8),因此本句也不必解为"无时无刻不祷告"而可能只是"〔要〕常常祷告"(现中)之意,"不间断地祷告"(当圣)即是"要恒切祷告"(西四 2;罗十二 12)。无论如何,本节并没有"信徒不必定时祷告"的含意;当代的犹太人和基督徒都有每天祷告三次的习惯(参诗五十五 17;徒三 1,十 30),"不住地祷告"对他们最起码的意思就是"不要疏忽每天经常的祈祷",今天的信徒若不定时祷告,可能会根本忘记祷告。由于本句的"祷告"跟下一节的"谢恩"是分开的,"祷告"的内容主要指信徒为自己的需要祈求,但亦包括为别人的需要代求(参 25 节)。[576]

五 18　"凡事谢恩"　"凡事"的原文词组在保罗书信的用法显示三个略为不同的意思,它在本句最可能的意思是"在任何情况之下"(详见冯:"腓立比书"438),即是"在任何环境中"(现中)、"无论遭遇什么事"(当圣),包括遭受逼迫(参一 6,二 14,三 3)。"谢恩"原文直译是"感谢"(思高、现中);同字根的名词见于三章九节(参该处注释),同字根的形容词见于歌罗西书三章十五节(新约仅此一次),本节用的动词[577]在保罗书信出现二十四次(新约共三十八次),包括本书三次(一 2,二 13,本节)及后书两次(一 3,二 13);除了一次指对人表示"感激"(罗十六 4,新译),其余皆指向神表示感谢(罗一 21;林前十四 17;弗一 16,五 20;本节),包括四次特指进食前谢祷之举(罗十四 6〔两次〕;林前十 30,十一 24),十二(或十三)次明说神是感谢的对象(罗一 8;林前一 4,十

---

[575] Cf. Ellicott 80*b*; Lightfoot 81; Best 235; Bruce 124; Marshall 155.

[576] Cf. also Wiles, *Prayers* 286.

[577] 形容词及动词依次是 *eucharistos*, *eucharisteo*.

四 18；腓一 3；西一 3、12，三 17；门 4；帖前后本节以外的四节），另一次动词以被动格式出现（林后一 11）。不感谢神是不信神的人的一个特征；相反的，"感谢"是对"上帝的恩典"自然和合宜的回应（林后四 15，现中）。信徒是领受了神诸般恩典的人（参冯："恩赐"50 注 1），因此类似本句的劝勉话屡次出现在保罗的书信中（弗五 4、20；西三 17，参二 7，三 15；提前二 1，参四 3、4），歌罗西书四章二节及腓立比书四章六节更加强调，信徒在祷告祈求之际，应不忘献上感谢（参冯："腓立比书"439）。

以上三句（16～18a）所提及的三件事情也在腓立比书四章四至六节连着出现；三者之间的关系非常密切：祷告应不离感谢，而不住地祷告就是常常喜乐之法，在恶劣的环境下尤其如此，因为信心藉祷告得以坚固，有坚固的信心才能以主和他的救恩为乐。因此，与其说这三句话指出三种态度，不如说三者是一个态度的三面。[578] 不但如此，这三句跟上文（12～15 节）亦有逻辑关系：上文描写的是信徒彼此间及与外人（15 节末，原文次序）的关系，此三句则描写信徒内在的生命；信徒有了这种内在生命的态度，才能有上文所述的表现，因为后者只是反映前者。[579] 举例说，一个信徒若非存感恩的心以主为乐，并藉祷告获得神的帮助，又岂有能力实行"不要以恶报恶，反要以德报怨"（15 节）这与人的本性相违的教训呢？

"因为这是神在基督耶稣里向你们所定的旨意" 本句指出上文教训的原因："因为"神的旨意是这样。但"这"字所指的包括哪些话？释经者提供了三个可能的答案：（一）"这"字单指上文最后一句，因为保罗似乎总是特别强调感谢（腓四 6；西三 15）；（二）"这"主要指最后一句，但前两句跟它的关系非常密切，因此不必将那两句拒诸神旨意的范围外；（三）"这"包括上文三句（16～18a）。[580] 鉴于上一段的讨论，正确的答案无疑是第三个看法。"神……的旨意"一词已在四章三节出现过，所用的结构几乎完全相同（见四 3 注释注 35），意思也是完全一样。按原文的次序，此词随后由两个以介系词引介的词组加以形容：句末的词

---

[578] O'Brien, 'Thanksgiving' 65.

[579] Best 234.

[580] Cf. (1) Ellicott 81*a*; (2) Moffatt 42*a*; (3) Lightfoot 82; Best 234, 236.

组是"向/为你们所定的"(当圣同/现中)或"对你们所有的"(思高);[581] 在前的词组直译是"在基督耶稣里/内"(新译、当圣同/思高)。此语已在上文出现一次(二 14;参一 1、3;亦参一 10 注释及注 190);若按它在该处的意思来解释本句,得出的意思就是"上帝为你们这些属于基督耶稣的人所定的旨意"(现中)。[582] 可是,按原文的次序此语是紧随"神的旨意"之后并直接形容它的;因此,此语可能有较完满的神学性意义(参一 1b 注释),指神的旨意是藉着他在基督里成就救赎而显明出来,信徒亦唯有藉着基督(或神所赐的圣灵〔四 8〕,二者在信徒的主观经历里是不能分的;参冯:"真理"305－306)才能够实行神的旨意。[583] 保罗在本节加上此语来形容"神的旨意",强调了后者"独特地属于基督教"的性质(四 3 所谈的神的旨意,基本上与犹太人的理想相符)。[584]

五 19 *"不要消灭圣灵的感动"* 第十八节下半节结束了第十六至十八节上半节所构成的"三组合",第二十三节是保罗为读者献上的第二次祷告,可见本节至第二十二节是一小段;此段由五个短句构成(参五 14 注释首段),首二句(19、20)用负面的方式表达,第三句用正面方式(21a),其下再分为正负两个可能性(21b、22)。按此了解,本段是由一个主题——圣灵在教会中的彰显——串连起来,其中的思想以笼统性的"圣灵的感动"开始(19),继而转为特指"先知的讲论"(20),然后再回到笼统性的"凡事"(21～22)上。[585] 一些释经者认为,本段的劝勉是笼统性的,适用于当时任何外邦信徒组成的教会,因此不是针对帖城信徒的特别情形而发的;似乎对此说有利的一点,就是本段的五短句跟上文的三短句(16～18a)好像构成一份简短的"礼拜程序",但后面这个看法是未经证实甚或无法证实的。另一方面,本段的劝勉至少是针对一世纪教会面对的一个真实问题而发的,而除了哥林多前书十二至十四章外,其他的保罗书信再没有讨论本段提及的问题,因此合理的推论是,本段的劝勉(即使其中含有传统资料)仍是由帖城

---

[581] *eis hymas*. Frame 201,203 则认为其意思是"为你们的利益"。

[582] Cf. Bruce 125; A. Oepke, *TDNT* II 541.

[583] Cf. Milligan 75*b*; Neil 128; Morris II 174. See also Collins 278.

[584] Cf. Frame 201; Best 236.

[585] Cf. E. Schweizer, *TDNT* VI 422 n.597; Henneken 107－108; Gaffin, *Perspectives* 71.

信徒面对的问题引发的，不过这问题的严重性远不及后来哥林多教会所面对的那么大。[586]

本句按原文的次序直译是"灵不要熄灭"。这有冠词的"灵"字（虽无形容词"圣"字）显然与"圣灵"同义（见四8注释），在此所指的不是圣灵本身，而是圣灵的恩赐（参思高："神恩"）。"熄灭"（新译）的原文[587]在新约另外出现五次，都是按字面意思来使用，分别指神仆耶稣不"吹灭"将熄灭的灯心（太十二20，参思高）、没有油的灯要"熄灭"和地狱的火永不"熄灭"（现中：太廿五8；可九48）、信徒若拿起信心的盾牌，就能"扑灭"那恶者的一切火箭（弗六16，新译、思高），以及信心的英雄藉着信"熄灭"烈火的威力（来十一34，思高）。在本句则为喻意性用法，以"熄灭"来指"抑制"（现中）圣灵的恩赐（与提后一6"把……恩赐再如火挑旺起来"相反）；这种生动的描绘是恰当的，因为新约作者常以"火"喻圣灵（徒二3～4；罗十二11；[588]参太三11＝路三16），故此抑制圣灵的恩赐可喻为扑灭圣灵的火。原文所用的结构[589]有两个可能的意思：一个是终止已经在进行中的行动，另一个是习惯性地制止自己不去作那件事；就本句（及下一句）而论，鉴于本段是针对帖城信徒一个实在的问题而发的，前一个意思较为可取。[590]

"消灭圣灵的感动"（当圣同）这个译法，似乎假定本节所指的是圣灵在信徒生命中的工作，这话的意思就是不向圣灵降服，不愿意遵行他的旨意；相反的，不消灭圣灵的感动即是顺服圣灵，这包括顺从神的话清楚的教导，以及存信心接受神的安排。[591] 按此解释，本句跟"不要使

---

[586] Cf. Marshall 157, over against Whiteley 84; Best 237. 关于帖前五16～22此段可视为一份简短的"崇拜程序"，见：F. Lang, *TDNT* VII 168, *TDNTA* 1009; especially Martin, *Worship* 135－136.

[587] *sbennymi*.

[588] "要心里火热"原文（*tōi pneumati zeontes*）较可能的意思是"要让圣灵将你们燃烧起来"：cf. Cranfield, *Romans* 633－634; RSV ('be aglow with the spirit').

[589] *me* + present imperative (as distinguished from *me* + aorist subjunctive).

[590] Cf. respectively, Milligan 75*a*; Moore 83; and Bruce 125.

[591] Cf. Walvoord, *Holy Spirit* 220,223. 另一些学者则认为本句所指的是信徒因闲懒不作工、不道德的行为及其他的罪，以致在生命中失去属灵的能力和喜乐（Morris II 175; cf. Lightfoot 82).

上帝的圣灵忧伤”（弗四30，现中）同样提出信徒可能得罪圣灵的一种方式，就如新约他处提到非信徒得罪圣灵的几种方式（“亵渎圣灵”：可三28；太十二31；“抗拒圣灵”：徒七51；“侮辱……圣灵”：来十29，新译，参现中）。但若本段所指的是圣灵恩赐的彰显（见上文），则本句“圣灵的感动”，与下一句“先知的讲论”相较之下，可能泛指一切在圣灵感动下发出的话语——按保罗书信有关属灵恩赐的教训，受灵感动而说话的恩赐包括作先知或说预言、辨别诸灵、说方言及翻方言等恩赐（见冯：“恩赐”51－53，详参60－68）。“不要抑制圣灵的工作”（现中）可能包括两方面的意思，：（一）有这等恩赐的信徒不要拒绝说出他们受圣灵感动而得的信息——因为圣灵的感动并非一种不能抗拒的冲动（参林前十四27～33）——耶利米似乎曾试图这样作（耶二十9）；（二）教会整体或个别信徒不要禁止有这等恩赐的信徒运用他们的恩赐（参林前十四39；摩二12；弥二6）或忽视他们受感而说的话。不论是抑制自己或别人，或是忽略受灵感而说的话，都等于扑灭圣灵的火、熄灭圣灵的光，使教会得不到造就[592]——因为神赐下属灵恩赐的目的，正是要使信徒得着造就，教会得以长进（参冯：“恩赐”77－78）。

五20 *“不要藐视先知的讲论”* 本节提供了上一节所说“抑制圣灵的工作”一个特别的例子，就是“藐视先知的讲论”。原文动词[593]在新约另外出现十次（保罗书信占七次），一次指希律和他的兵丁“侮辱”耶稣（路廿三11，现中）；另一次引诗篇的话，指耶稣是被匠人所“弃而不用”的石头，却成了屋角基石（徒四11，思高）；其余八次意思皆为“藐视”（路十八9；林前十六11；加四4）或“轻视”（现中、思高：罗十四3、10），其中三次（如在徒四11）以被动语态出现（参思高：林前一28，六4；林后十10〔有人说保罗的言语“可〔被〕轻〔视〕”〕）。这动词在本节的

---

[592] Cf. Bruce 125; Best 238; R.K. Harrison, C. Brown, *NIDNTT* III 110.

[593] *exoutheneō*. 另一个动词 *kataphroneō* 也是“藐视”（罗二4；林前十一22）或“轻视”（提前六2，思高；四12“小看”）之意。二字的分别在于：前者的着眼点是客观的，在于“被藐视的人或物被视为毫无价值”的事实，后者的着眼点则是主观的，在于主动者内心的态度（cf. Morris II 176 n.53）.

准确意思，有待我们了解原文那个复数直接受事词[594]的意思后才能断定。

这名词在新约另外出现十八次（保罗书信占八次），一次指从事先知的活动（启十一6，参思高："尽先知任务"），四次指"说预言"（罗十二6）或"作先知"的恩赐（林前十二10），即是"先知之恩"（思高：林前十三2，十四22），其余皆指旧约的"预言"（太十三14；彼后一20、21）或新约的先知所说的"预言"（提前一18，四14；启一3，十九10，廿二7、10、18、19）或"先知话"（林前十四6，思高）。这词在本节既是复数的，它的意思就不大可能是"先知之恩"（思高），而较可能是"先知的讲论"（复数指多次的活动），或更可能是"先知的话语"（新译），如在哥林多前书十三章八节（该处原文也是用复数），复数所指的是不同种类的或在不同场合发出的"先知话"。[595] 这样，动词的意思也就不仅指态度上的"藐视"或"轻视"（思高、现中、当圣），而是同时包括拒而不纳（参徒四11）之意。

按加尔文的了解，本节名词所指的，是先知以"神旨意的演绎者"的身份将圣经解释及应用于当前的需要，[596]这也是"先知的讲道"（当圣）此译法所提示的意思。可是，解释及应用圣经并不是先知的工作，而是教师的工作；先知的特色，就是直接受圣灵的感动而说话（详见冯："恩赐"62、63、68、241－242）。"先知的话语"的内容可以统称为"启示"，不管那是关乎教会宣教事工崭新的一步（徒十三1～3）、对信徒群体的劝勉及造就（林前十四3，参思高）、将要发生的事（徒十一27～28，廿一10～11）、"主的话"（帖前四15，参该处注释），或末日的情形（启一3，十11等〔见串释第十七注〕）。[597] 按保罗的教训，新约的先知在地位上仅次于使徒，作先知或"说预言"的恩赐是信徒最当羡慕的恩赐，只有这项恩赐在保罗书信讨论属灵恩赐的所有经文中都出现（详见冯："恩赐"60、

---

[594] *prophēteias* (accusative plural), from *prophēteia*.

[595] Cf. Frame 206; Robertson-Plummer, *First Corinthians* 297."先知的讲论"也可能是这个意思。

[596] Calvin 376－377.

[597] Best 239.

64、52);可见保罗如何重视这恩赐。[598] 难怪保罗在上一节提醒信徒不要抑制圣灵的工作后,在本节特别叫他们不要藐视和拒绝先知的话语。

有释经者认为,那些闲懒不作工者(参 14 节)可能曾"受圣灵感动"向教会提出由教会供养他们的要求,他们这样误用了属灵恩赐,使教会的领导者(12 节)对属灵恩赐的真确可信性产生怀疑;可是并无证据显示那批人具有特殊的属灵恩赐,倘若真有人这样滥用其恩赐,保罗必会更直接和有力地处理那个问题。[599] 又有认为帖城的教会曾发生"欺哄人〔和〕被人欺哄"的事件(参提后三 13),致使属灵恩赐蒙受了不美之名;可是并无证据显示曾有预言被证实为不确,因此另有释经者认为帖城信徒之所以会"藐视先知的话语",乃是由于他们独立自主的精神,使他们忽视别人想用来建立他们的话(包括直接的劝勉,参 12～13 节),[600]但此解释过于笼统。亦有认为当时帖城的教会中(像其后哥林多教会一样)有一种趋势,就是将那些较惹人注目的恩赐看为比说预言的恩赐更重要;[601]但第十九节提示我们,大体上说,帖城教会的问题跟哥林多教会的刚好相反:在该处保罗要抑制他们过度地运用说方言的恩赐,在这里却叫他们不要抑制圣灵的工作。因此,较可能的解释是认为帖城信徒在属灵恩赐的问题上产生不和谐的现象:部分信徒热衷于属灵恩赐,在运用其恩赐时没有"照规矩按次序而行"(林前十四 40,思高),他们那些"先知的话语"常是属"忘我"或"身外境界"性质的,容易沦为狂野、鄙俗或怪异,在外表上与异教的一些宗教行为相似;这就引起教会内另一些信徒的强烈反应,对任何人自称为受圣灵感动而说的话,特别是"先知的话语",一律采取怀疑及不接纳的态度,保罗惟恐这些人矫枉过正,因此提醒他们不要以偏概全的、原则性地拒绝一切受灵感而说的话(19 节),尤其是不要藐视先知的话语(本节),即是要保持

---

[598] Cf. Dunn, *Jesus* 227 - 228.

[599] Cf. Best 238, over against Frame 161,204.

[600] Moore 84, over against Ellicott 82*b*.

[601] Bruce 125.

开放的态度；他随即（21～22节）向他们指出正确的回应及处理方法。[602]

五21 “但要凡事察验” 如上文指出（见19节注释首段），本节和下一节仍是关乎圣灵的彰显的问题，因此“凡事”（新译同）并非广义的“每一件事”（现中），即绝对地指“无论什么事”（当圣），而是狭义地指上文所论圣灵恩赐的彰显，包括受灵感而说的话，尤其是先知的话语。[603]三本中译本（新译、现中、当圣）于句首并无“但”字，似乎是支持前一个、广义的解释，但这字很可能是原文的一部分，此点也是支持后一个、狭义的解释，因为“不要……不要……但要”这结构提示我们，现在所论的仍是同一个题目。[604] “察验”或“考验”（思高）的原文已在二章四节用过两次（首次译为“验中”；见该处注释）。“十二使徒遗训”提出了一些辨别真假先知的标准，例如：先知若留宿超过两天，若他向人要钱，若他并不实践自己所教导的，他就是个假先知（11.3～10）。保罗在此要信徒察验的，不是先知本身，而是“一切”（思高）先知的话语、其他受灵感而说的话，以及灵的彰显的任何其他形式。

保罗把“凡事察验”的责任放在教会整体身上，不是只放在有“辨别诸灵”的恩赐（林前十二10；参冯：“恩赐”64－65）的人身上；[605]后者似乎有一种直觉性的本能，不用试验而能分辨出什么是和什么不是从神来的（参徒十六18），但即使没有这特殊恩赐的信徒，亦有责任按照使徒教训的一些原则，去“详细审察”（现中）一切自称为圣灵之彰显的现象。这些原则包括：是否与“耶稣是主”及“耶稣基督是成了肉身来”的真理相符（林前十二3；约壹四2），能否使教会得造就（林前十四26），有否显出圣灵的果子，特别是爱（林前十三章；加五13～14、22～23），以及是否与已知的福音真理及使徒教训一脉相承、和谐一致（加一8～9；帖

---

[602] Cf. Milligan 75*b*; Neil 130; Best 239; Henneken 104－106, 110; Dunn, *Jesus* 269. Marshall 158－159 则认为先知的话语在帖城信徒的教会受到藐视，很可能是因为那些信息的种类繁多、价值不一，其中一些“先知话”的素质值得怀疑，致使先知说话的整个现象蒙受恶名。

[603] Cf. Denney 356 *a*; Neil 129; Whiteley 85; Best 237; over against Lightfoot 84.

[604] 这是较自然的看法，虽然 Lightfoot 84 接受了原文有 *de* 字后（cf. Metzger 633），仍然将“凡事”解为广义的。

[605] 如一些释经者的解释（cf. Ellicott 82 *b*; Lightfoot 84; Best 240; G Friedrich, *TDNT* VI 855）.

后二 15)。

“善美的要持守”　“善美”或“美善”(现中)这形容词的原文(在此加冠词作名词用)是跟第十五节(及三 6)的“善”字同义的另一个字,[606]此字在保罗书信另外用了四十次(新约共一〇一次),显示了两方面的主要意思。第一方面的意思是:在道德意义上是好的、高尚的、可称赞的,如在“善行”(提前五 10、25〔新译〕;多二 7)、“善工”(提前六 18〔思高〕;新译:多二 14,三 8a,14)、“美事”(多三 8b)、[607]“行善”(罗七 18〔思高、新译、现中〕;加六 9;罗七 21〔现中〕;林后十三 7〔思高〕;在后二次与“行恶”相对)、[608]“众人以为美的事”(罗十二 17;林后八 21〔新译〕)、“好名声”(提前三 7)、“怀好意”(加四 18b,思高)等词语中;另三节经文分别提出一件“好”的(罗十四 21)、“不好”的(林前五 6)和在我们的救主神看来是“美好”的事(提前二 3,新译)。

第二方面的主要意思是:在本质及特性上是好的,因而是对特定之目的非常合适的,如谓“凡　神所造的物都是好的”(提前四 4),神的律法是“善”或“好”的(罗七 16;提前一 8),又如在“好仆役”(提前四 6a,新译、思高)、“精兵”(提后二 3)、“美好的地步”(提前三 13;思高作“优越的品位”)、“美好的基础”(提前六 19,新译)、“美善的教训”(提前四 6b,新译)、“所交托你〔提摩太〕的善道”(提后一 14;思高“你所受的美好寄托”较贴近原文结构)等词语中;在“美好的仗”(提前一 18,六 12a;提后四 7)、[609]“美好的宣认”(现中:提前六 13、12b)、“美好的工作”(提前三 1〔现中〕,指监督的职分)等词语中,此字的意思较近乎“高尚的、可称赞的”;另外六次提到一些好的,即是利便、有益或健康的事:“男人不接近女人”(林前七 1,新译、思高)、“安于现状”(林前七 26a、b,现中)、“宁可死”(意即死了更好:林前九 15)、“保持像我〔保罗〕”(林前七 8,新译),即是“过着独身生活”(现中),以及“受人(怀好意)关心”(加四 18a,思高)。

---

[606] *kalos*. 五 15 及三 6 用 *agathos*.

[607] “善行”及“善工”在原文皆为 *erga kala* / *kala erga* (‘good works’).“美事”在原文并无“事”字。

[608] “行”字原文依次为 *katergazomai*(前一处)、*poieo*(后三处)。参注 561、566。

[609] “仗”字原文依次为 *strateia*(头一次)、*agon*(后二次)。

在本节，若前一句的“凡事”按广义解释，“好”字（新译、思高）便有上面第一方面的意思；但上文已指出“凡事”应按狭义解释，因此“好”字有上述第二方面的意思，指“试验及格、显为真正（即不是赝品）”的[610]受灵感而说的话或圣灵彰显的其他方式。这些属灵的真品，信徒应当“持守”（新译同）。这动词的原文[611]在新约另外出现十六次（保罗书信占九次），除了一次作不及物动词用在“向岸驶去”（徒廿七40，新译）此航海术语外，全部为及物动词，其中一次以被动语态出现，指受律法的“束缚”（罗七6，思高）；在主动语态的十四次中，一次指一个客人“去坐”末席（路十四9，思高），五次的意思分别是“拦阻”（帖后二6、7）、“留住”（路四42）或“留下”（门13）和“抑制”（罗一18，思高）或“压制”（新译），余下八次则分别为“拥有”（现中：林前七30；林后六10）或“持守”之意——所持守的包括神的“道”（路八15）、使徒所传的福音（林前十五2）和所传授的教训（林前十一2，新译、思高）、信徒“起初的信念”（来三14，新译）、“坦然无惧的心和可夸的盼望”（来三6，新译），即是他们“所宣认的盼望”（来十23，现中）。

五22 “各样的恶事要禁戒不作” 上一句正面的劝勉其实已把本句的意思包括在内，不过这负面句不但加强了保罗的呼吁，更提出了“各样的恶”与单数“善美的”之对比。[612] 这两句话本身构成了一项一般性原则的正负二面（参赛一16、17：“要止住作恶，学习行善”）；但由于文理提示这两节仍是关乎圣灵之彰显的问题（见19节注释首段），因此也许保罗是把一项广泛的原则应用于一件特别的事情上。[613] 既是这样，动词的意思（原文用法见四3注释）便不是“禁戒不作”（当圣同），而是“远避”（思高）、“远离”（新译）或更确切地“弃绝”（现中）“各种坏的”（思高）——即是假的灵恩现象。

“各样的恶事”（新译同）原文引起了两个相关的问题：“样”字的准确意思是什么？“恶”字在此是形容词还是用作名词？“样”字

---

[610] Thayer 322 (s. v. b)；BAGD 400 (s. v. 2*c b*)；Neil 131 (‘like a coin which rings true’).

[611] *katechō*.

[612] Frame 207. 参“肉体所行的”（复数）与“圣灵的果子”（单数）之对比（新译：加五19、22）；冯：“真理”340。

[613] 分别见：Bruce 126；Marshall 159.

的原文[614]在新约另外出现四次，一次的意思是“(凭)眼见”，与“(凭)信心”相对(林后五7)，其余三次分别指神的“形象”(约五37)或“容貌”(新译、现中；与“声音”相对)、基督登山变像时的面“貌”(路九29)、圣灵降临在基督身上时仿佛鸽子的“形状”(路三22)。若以此字在本节为外表形象之意，并把“恶”字看为名词，得出的意思便是一切可见之“形式的恶事”(当圣)。[615] 但在蒲草纸文献中，此字常在“每一种”这词语中出现(与本节原文所用那两个字完全相同)，因此很可能这正是本节原文的意思。[616]

关于第二个问题：若“恶”字是名词，便得“各样的恶事”之意，若是形容词，得出的意思则为“各种坏的(……)”(思高)。此字的原文(无冠词)是跟第十五节的“恶”字同义的另一个字，[617]此字在保罗书信另外出现十二次(新约共七十八次)，其中四次(加冠词)作名词用，分别指“那恶者”(帖后三3；弗六16)、“那〔犯罪的〕恶人”(林前五13)及笼统性的“恶”(罗十二9)或“恶事”(思高)，其余八次皆为形容词，分别用于“恶人”(帖后三2；提后三13〔思高、新译〕)、“恶行”(西一21)、“恶意的猜疑”(提前六4，思高、新译)、“邪恶的世代”(加一4，思高、新译)、“邪恶的日子”(思高：弗六13〔单数〕，参五16〔复数〕)，以及“各种凶恶的事”(提后四18，思高)等词语中。上述的用法提示我们，本节的“恶”字应视为形容词，理由有二：(一)作名词用时，此字皆有冠词，但它在本节是无冠词的；(二)

---

[614] *eidos*.

[615] Cf. Milligan 77 *a*. Calvin 378－379 认为这里所指的是“看来是(其实并非)恶”的教义，又在其“哥林多后书注释”中引用保罗不接受教会金钱的做法(林后十一7～9、12)作为信徒应“远避一切看来是恶的外观”的一个榜样(cf. G. Bertram, *TDNT* V 473). Frame 209 指出，这解释有两个弱点：(一)本句与上句的对比显示本句的重点是在“恶”字上(与“善美的”相对)，但此解释则强调了“看来”之意；(二)将名词解为“外观”(that ‘which has the appearance of [evil]’)，从字义的角度看是颇有疑问的。即使我们采纳“形象”为此字在本句的意义，本句的意思也只是‘evil which can be seen’而不是‘that which appears to be evil’ (so, correctly, Morris II 179).

[616] Lightfoot 87; Ellicott 83*b*; Robertson, *Pictures* 4.38; MM 182 s.v. (*pantos eidous* = ‘of every kind’); BAGD 221 (s.v. 2); Thayer 172 (s.v. 2).

[617] *poneros*, 15 节用 *kakos*. 二字若有分别的话，可能前者比后者更能表达邪恶的积极活动：cf. Trench 315－317(§84), 38(§11).

本句的结构跟上引经文最后一节在原文非常相似，支持“各种坏的（灵恩现象）”这个意思，与“各种凶恶的事”平行。[618]

上文（本节注释首段）曾谓本节及上一节下半也许是一项广泛原则的正负二面；更确切地说，这两节经文（包括21a）可能反映了耶稣曾说过关于兑换银钱者的一个比喻。亚历山大的革利免（主后二世纪）在其“杂记”中有这样一句话：“要做好的银行家，把一些东西丢弃，但把好的留下来”；该撒利亚主教巴西流（主后四世纪）在其“讲道集”中亦有类似的话：“……像一个认可的银行家那样，他会把检验及格的留下来，但会远避每一种坏的。”[619]饶有意义的一点，就是革利免“把好的留下来”及巴西流“远避每一种坏的”这两句话，其原文依次与上一节“善美的要持守”及本节“各种坏的，要远避”非常相似；[620]此点亦有力地支持上文所采纳对本节的解释——“各种坏的（灵恩现象）”，不是“每一形式的恶”。[621]

保罗在这里（19～22节）为信徒提供了回应“灵恩运动”的正确态度和处理方法：一方面，要存开放的态度，以免矫枉过正、犯了抑制圣灵工作的大忌；另一方面，不要把一切自称为“圣灵恩赐之彰显”的现象都囫囵吞枣般接受过来，乃要“考验一切，好的，应保持；各样坏的，要远避”（思高）。不消说，我们若要依循使徒在此的教导，就要先对圣灵的身份和工作有所认识，因此“圣灵论”不应只是神学生才修读的课程，而是每个信徒都当留意的课题。[622]

---

[618] 比较：

提后四18　*rhysetai me ho kyrios apo pantos ergou ponērou*

帖前五22　*apo pantos eidous ponērou apechesthe*.

Cf. Lightfoot 68; Frame 208 - 209; Denney 357 *a*; Dunn, *Jesus* 236; over against Moffatt 42*b*; BAGD 691 (s.v. 2 c); Thayer 53 (s.v. 2 b); G. Harder, *TDNT* VI 562, *TDNTA* 914; E. Achilles, *NIDNTT* I 567; G. Braumann, *NIDNTT* I 704.

[619] Clement of Alexandria, *Stromateis* 1.28.177; Basil, *Homilies* 12.6; cited in Moule, *Birth* 145. 后者（n.2）指出这样的话在教父的著作中出现不下六十九次。

[620] 比较：帖前五21b　*to kalon katechete*（用动词）

革利免　*to de kalon katechontes*（用分词）

帖前五22　*apo pantos eidous ponērou apechesthe*

巴西流　*apo de pantos eidous ponērou aphexetai*

[621] Cf. G. Kittel, *TDNT* II 375, *TDNTA* 202.

[622] Cf. Marshall 159 - 160.

(VII) 保罗再次祷告(五 23～24)

23 愿赐平安的神亲自使你们全然成圣。又愿你们的灵与魂与身子得
蒙保守,在我们主耶稣基督降临的时候,完全无可指摘。
24 那召你们的本是信实的,他必成就这事。

这两节经文可以看为结束全书的一个笼统性的祷告,若是这样,便构成完全独立的一段;但鉴于此二节在格式和内容上与三章十一至十三节有相同之处,这两节较可能是第陆段(劝勉:四 1～五 24)的结束,就如该三节是第伍段(继续自辩:二 17～三 13)的结束。[623] 除了此点外,保罗这两个"祈愿"(此词的解释见三 11 注释)还显示下列的平行状况:两次皆以"愿神亲自"这四个字开始,[624]两次都提到主的再来,两次同样愿帖城信徒会在那大日子显为无可指摘。两个祈愿亦可说是前呼后应:首个祈愿为下文的劝勉(四 3～五 11)铺好道路(参三 13〔该节本身〕注释末段),这第二个祈愿则把上文的劝勉(四 1～五 22)归纳起来,放在"成圣"的主题下。[625]

五 23 "愿赐平安的神亲自使你们全然成圣" 有释经者认为,本节原文开始的两个小字(见注 624)提示,保罗将他现在向神的祈求和他在上文向信徒的劝勉看为对比;[626]但如上文解释的(见三 11 注释),第二个小字并无反语气作用,第一个小字——译为"亲自"(思高、新译同)——虽然确是强调的(如在三 11 及四 16),[627]但其作用可能只是强调神要亲自(也唯有他才能)成就他在信徒身上的计划,而不必涉及与信徒本身的努力相对之意。

"赐平安的神"一语的原文[628]在新约另外出现五次,全部都是在祈愿

---

[623] Cf. Bruce 3. Marshall 145 (cf. 160 - 161)则认为五 23～24 是五 12～24 一段的结束。
[624] *autos de ho theos*.
[625] Cf. Wiles, *Prayers* 65.
[626] Moore 85; cf. Wiles, *Prayers* 86.
[627] MHT 3.41.
[628] *ho theos tēs eirēnēs*, 'the God of peace'.

(来十三20)、祝福(罗十五33)、保证(林后十三11;腓四9)或应许(罗十六20)的话里面。[629] 此语原文并无"赐"字,直译只是"平安的神";就此词本身来看,"平安"可指(甲)神所赐的平安,亦可指(乙)神本性的一面,表示在神里面,与"平安"或"和平"相反的"冲突"并不存在,"平安"若不是神本性的一面,他也无法把平安赐给人。[630] 按文理的提示,"平安的神"一语在哥林多后书十三章十一节的重点似乎是在上述第二个意思,在腓立比书四章九节则可能同时包括第一、二两个意思(详参冯:"腓立比书"456-457);但在本节,如在罗马书十五章三十三节及十六章二十节一样,"平安"实质上与"救恩"同义,"平安的神"之意即是那在教会身上施行拯救及赐下福泽的神,[631]因此数本中译本都合理地译为"赐平安的神/上帝"(新译、现中、当圣,参思高)。("平安"原文的字义研究见五3注释。)这种救恩意义上的平安是"圣化"(思高)之工可以在其上进行的唯一基础,因为人若非先接受了与神和好的信息,他是断不能被神圣化的。[632]

译为"圣化"(思高)的原文动词[633]基本意思是"使……成圣"(新译同)或"使……圣洁"(现中、当圣);形容词"圣洁"的基本意思是"分别出来归给神的"(详参冯:"腓立比书"67-68)。这动词在新约另外出现二十七次(保罗书信占八次),其用法显示几个重点不同的意思:(一)尊为圣——被尊为圣的对象包括主基督(彼前三15)及神的名(太六9;路十一2)。(二)从俗世之物分别出来归给神,使之成为不可侵犯的——这样成为圣物的有祭坛上的金子和礼物(太廿三17、19),以及大户人家

---

[629] Cf. Delling, 'Die Bezeichnung "Gott des Friedens"', 83. 保罗所用类似的词语包括"赐忍耐和安慰的上帝"、"赐盼望的上帝"、"赐各样安慰的上帝"(新译:罗十五5、13;林后一3);参彼前五10:"赐诸般恩典的神"。

[630] Guthrie, *Theology* 109. "平安"亦与"混乱"相对(林前十四33,参思高、新译)。Delling(*art. cit.* 77-78)指出,在一些死海古卷所用的'God of Righteousness','God of compassion'等词语中,形容神的那个名词及其结构是指神本身的一项特性(不是他所赐的东西)。

[631] Cf. Delling, *art. cit.* 84; W. Foerster, *TDNT* II 414-415, *TDNTA* 210; Best 242.

[632] Denney 357*b*. Davies (*Studies* 212)解释"神的平安"对"人的生存"的意义如下:由于神在基督里的新创造,信徒如今是在一个新处境中,他们对神的敌意已被撤除,他们得享平安,因为他们受新的引导。在他们的生命里,虽然仍有挣扎,却没有挫败感;虽然仍有不安,却没有绝望,因为"在基督里"神与他们同在。在此意义上,平安基本上变成对生命本身的信任,知道生命是在神的手中并且"在基督里"被神引导着。

[633] *hagiazō*.

中贵重的器皿(提后二 21,参思高);用在人的身上,此字指基督"自己分别为圣",即是藉死完成神的旨意(约十七 19a),神把基督"分别为圣,又差到世间来"(约十 36)。由于只有纯洁无瑕之物方能供献给神,这动词另一个意思就是:(三)藉洁净而分别为圣归给神——这里的"洁净"可能是外表礼仪上的洁净(提前四 5;来九 13),可能是辟除罪过的洁净(林前六 11;弗五 26;来二 11〔两次〕,十 10、14、29,十三 12;因此基督徒是"已经成为圣洁"的人〔原文用完成时式的分词:罗十五 16;林前一 2;徒二十 32,二十六 18〕),也可能是内里使心灵更新的洁净(约十七 17、19b),这个意思最适合本节。此外,这动词有两三次的意思较为特别:不信主的丈夫或妻子因信主的配偶而"成了圣洁"(林前七 14〔两次〕);由于末日逼近,那时各人要照自己所行的受报应,故此,"让圣洁的,仍旧圣洁吧!"(启二十二 11,思高)。

从上一段的资料可见,神"圣化"或使信徒"成圣"的工作不仅有个肯定的开端,即是他们罪得洁净之时,而且是个过程,即是他们内在的不断更新洁净。本节动词所用的时式,如在三章十一、十二节一样,是在祈祷或祈愿中惯用的简单过去时式,其作用是将动词所表达的意思看为一个整全的行动,并不特指此行动的开端、过程或结束;[634]不过从文理看来,保罗所想及的显然不是行动的开端,而是成圣的过程及其终结。按圣经的教训,成圣的意思可分为三方面:(一)地位上、或与神关系上的成圣,是与称义同时获得的(例如:林前六 11);[635](二)循序渐进、品格行为上的成圣(参四 3 注释);(三)完全的成圣,即是得荣耀;此三者的关系可以图表说明如下:[636]

保罗祈求神使帖城信徒"全然"成圣。原文所用的是个形容词,在整本希腊文圣经中只出现这一次;此字在一至二世纪写成的"黑马牧人书"中用了四次,分别指"完整"的石块、"完全"的启示(两次),及在信心上"完全";就证据所及,此字最早一次出现是在主后 67 年的一份文献

---

[634] On this 'complexive' or 'constative' aorist, cf. BDF 337(4); MHT 3.72.

[635] Cf. Fung, 'Corinthians' 249–251, 257(4).

[636] 此图表系美国富勒神学院荣休教授夏理逊(E. F. Harrison)博士于 1970 年春季讲授"帖撒罗尼迦前后书"时所用的。

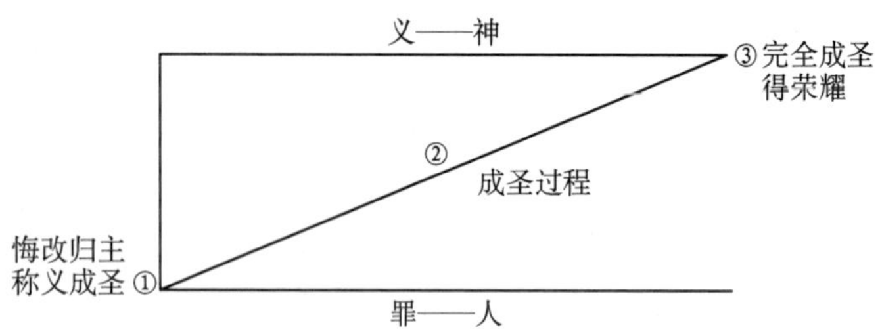

中，意思是"完全地"(即是形容词有副词的作用)。[637] 在本节，此字若看为形容词来解释，得出的意思就是：愿神亲自圣化你们，以致你们得以完全。[638] 但若形容词在此有副词的作用，得出的意思便是：愿神亲自"完全圣化你们"(思高)，即是完全地、透彻地圣化你们，亦即是使你们"完全成圣/圣洁"(新译/现中、当圣)。[639] 后一个看法似较符合下半节"全人"蒙保守的重点，因此，所谓"完全地、透彻地"圣化，大抵不是在质的意义上，而是在量的意义上(等于"完整地")，指他们"整个人"(包括身体：参四 4)都成为圣洁。[640]

加尔文说："倘若〔意即既然〕重新塑造整个的人是神的工作，那就没有什么是留给〔人的〕自由意志〔去作〕的。倘若我们有责任与神合作的话，保罗会这样说，'愿神协助或促进你们成圣的功夫'。但当他说，'使你们全然成圣'，他就是把神看为整个工作唯一的负责人。"[641]这段话有一点难与保罗书信本身的证据协调(四 1～6；林后七 1 都是好例子)：不错，保罗教训信徒，"你们立志行事，都是 神在你们心里运行，为要成就他的美意"(腓二 13)，但正因这缘故，信徒"就当恐惧战兢，作成你们得救的工夫"(腓二 12)，在这个意义上，我们确有"与神合作"的责任。[642]

---

[637] BAGD 565 (s. v.); MM 447 (s. v. *holoteles*); cf. H. Seesemann, *TDNT* V 175, *TDNTA* 683.

[638] Lightfoot 87; cf. Thayer 444 (s. v.); Jewett, *Anthropological Terms* 176; Marshall 161. 最后一位学者将"完全"解为"完全符合神为他们所定的计划"。

[639] MM 447 (s. v.); H. Seesemann (as in n. 637): 'wholly and utterly', 'through and through'; RSV: 'wholly'; NIV: 'through and through'.

[640] Frame 210.

[641] Calvin 380.

[642] 详参冯："腓立比书"270 - 277，尤其是 276 - 277。

“又愿你们的灵与魂与身子……” “又”字(新译同)表示这是保罗的祈愿的第二部分,前一部分是笼统性的,此部分则较为细则性及具体。本句似乎将人看为由灵、魂、体三部分构成,[643]但在保罗全部的书信里面,只有这一次用了这种近乎“三元论”(即是人乃由灵、魂、体三种元素所组成)的讲法,因此本节是否反映保罗接受三元论的人观,是个值得商榷的问题。以下先概览有关的三个名词[644]在保罗书信中的用法。

“灵”字的原文在保罗书信出现一百四十六次(新约共用了三百七十九次),包括本书五次(一 5、6,四 8,五 19、本节)及后书三次(二 2、8、13)。出现次数最多的用法(共一〇五次)是以此字指圣灵:原文有“圣”字的占十七次,[645]无“圣”字的占四十七次;[646]此外,无“圣”字的“灵”字多次出现在圣灵与肉体、[647]圣灵与(人的)身体、[648]圣灵与“文字”(参思高)[649]的对比中,以及在形容圣灵的词语中。[650] “灵”字有一次(复数的)指“属灵的恩赐”(林前十四 12),一次指主耶稣口中的“气息”(帖后二 8,思高),另有五

---

[643] Cf. H. Hanse, *TDNT* II 819; G. Harder, *NIDNTT* III 684.

[644] 原文依次为 *pneuma*, *psychē*, *sōma*.

[645] 见四 8 注释注 131。

[646] Nominative/accusative —— *pneuma*:林前十二 13b;弗四 4。*to pneuma*:罗八 16a、26(两次);林前二 10b,十二 4、8b、11;林后三 17a;加三 2、5;帖前五 19;提前四 1a。Genitive —— *pneumatos*:林前二 4、13;林后三 18;腓二 1;帖后二 13。*tou pneumatos*:罗八 23、27;十五 30;林前二 10a,十二 7、8a;林后一 22,五 5;加三 14;弗四 3,六 17。Dative —— *pneumati*:林前十二 13a,十四 2;加五 5、16、18、25(两次);弗二 18、22,三 5,五 18,六 18;西一 8;提前三 16。*toi pneumati*:罗十二 11;林前十二 9(两次)。

[647] *hē sarx — to pneuma*:加五 17b。*pneumati — sarki*:加三 3。*eis ten sarka — eis to pneuma*:加六 8a。*ek tēs sarkos — ek tou pneumatos*:加六 8b。*en sarki — en pneumati*:罗八 9a。*kata sarka — kata pneuma*:罗八 4、5a;加四 29。*kata tou pneumatos — kata tēs sarkos*:加五 17a。*ho karpos tou pneumatos — ta erga tēs sarkos*:加五 22(参五 19)。*ta tēs sarkos — ta tou pneumatos*:罗八 5b。*to phronēma tēs sarkos — to phronēma tou pneumatos*:罗八 6。(共十二次)。

[648] *pneuma — sōma*:罗八 10、13。

[649] *to gramma — to pneuma*:林后三 6b。*pneumatos — grammatos*:罗七 6;林后三 6a、8。*en pneumati — grammati*:罗二 29。(共五次)。

[650] “神的灵”(十一次,见四 8 注 132)、“他的灵”(弗三 16)、“住在你们里面的、他的灵”(罗八 11b,原文)、“叫耶稣从死里复活的灵”(罗八 11a)、“从神来的灵”(林前二 12b);“他儿子的灵”(加四 6)、“基督的灵”(罗八 9c)、“耶稣基督之灵”(腓一 19)、“主的灵”(林后三 17b);“生命之灵”(罗八 2,新译)、“智慧和启示的灵”(弗一 17,新译)、“收纳为儿子的灵”(罗八 15b,原文;此语的正确解释见冯:“真理”252 - 253; Fung, *Galatians* 185)(共二十二次)。

次指与人有别的“灵(界之物)”,或是好的(林前十五 45:“末后的亚当成了叫人活的灵”),或是坏的(林后十一 4;弗二 2;提前四 1b,原文为复数),或是中性的(林前十二 10,复数;帖后二 2);还有九次指一种心境、性情或气质(林后十二 18;弗四 23:新译“心灵”),如(正面的)“慈爱和温柔的心情”(林前四 21,思高)、“信心”(林后四 13)、“温柔的心”(加六 1)、“刚强、仁爱、谨守的心”(提后一 7,原文无“灵”字),或(负面的)“胆怯的心”(提后一 7)、“奴仆的心”(罗八 15a)、“昏迷的心”(罗十一 8)、“这世界的精神”(林前二 12a,思高)。

余下的二十四次,基本上皆指人的灵,这灵是“在人里面的”(林前二 11a,新译),它代表看人的非物质的一面,就如身体代表人物质的一面,因此“灵”多次与“肉体”或“身体”相对:保罗告诉哥林多人,要把犯了乱伦之罪的人交给撒但,“败坏他的肉体,使他的灵魂在主耶稣的日子可以得救”(林前五 5);信徒要自洁,“除去身体〔原文作“肉体”〕、灵魂一切的污秽”(林后七 1);未婚的和守独身的妇女所挂念的是主的事,“要身体、灵魂都圣洁”(林前七 34);不止一次,保罗虽然肉身不在某一教会中间,心灵却与他们同在(西二 5〔原文用“肉体”〕;林前五 3〔原文用“身体”〕、4);与娼妓苟合的,便是与她成为一体,但“与主联合的,便是与主成为一灵”(林前六 17,参 16),即是“在灵性上跟主合而为一”(现中)。“灵”字有几次跟“心”同义,或是指感受情绪的所在(林前十六 18;林后二 13,七 13),或是指思想和意志的所在(腓一 27)。在数次信末的祝福里,“你/你们的灵”可能是跟“你/你们”完全同义的(见新译:加六 18;腓四 23;提后四 22〔原文为单数的“你”〕;门 25);[651]但保罗特别提到读者的灵,也许是因为人感受上帝恩典的运行,正是在他的灵里头,这就是说,灵是人的内在生命中有神的意识的一面,上帝与人相遇,最直接是透过人的灵。[652] 下列的经文进一步支持这个看法:在一段论方言的经文中,“灵”与“理智”相对(新译、现中:林前十四 14、15〔两次〕、16);先知的“灵”是受先知控制的(林前十四 32,新译);圣灵向信

---

[651] E. Schweizer, *TDNT* VI, 435, *TDNTA* 891.

[652] F. F. Bruce, *NBCR* 1160*b*(作者现在似乎已放弃此看法:见下面注 664 及所属正文);J. D. G. Dunn, *NIDNTT* III 693.

徒的“灵”见证他们是神的儿女(罗八 16b);[653]保罗用心灵事奉神(罗一 9)。这些经文提示我们,人的灵特别与神、圣灵(或主耶稣:林前六 17)及人的宗教活动有关。帖撒罗尼迦本节的“灵”字最宜按此提示来解释。

本句的第二个名词“魂”字,已在二章八节出现过;从该处注释的字义研究可见,这字在保罗书信另外出现的十二次中,两次的意思是“性命”,三次与“心”同义,其余七次都是以“魂”代表全人。它在本节既与人的灵和身体有别,最可能的意思就是人的内在生命中有己之意识的一面,与有神之意识的一面(=“灵”)相对。[654]

第三个名词“身体”在保罗书信用了九十一次(新约共一四二次),其中显示了四个不同的主要意思:(一)与影子相对的“真体”(西二 17,新译)或“实体”(现中、思高)。(二)教会,即是基督的“身体”——这是比喻性的用法。[655] (三)由种籽长成的植物的“形体”(林前十五 37、38〔两次〕),以及“天上的形体”(林前十五 40a,即是 41 节所说的日月星宿)——这是将人的“身体”此一讲法转移到植物及天体上去。(四)人和动物的躯体——这是此字最常有的意思,不过指动物(及人)躯体的只有一次(林前十五 40b:“地上的形体”即是 39 节所说的人、兽、鸟、鱼),余下的六十八次皆指(活)人的身体。其中多次提到身体及其上的肢体;[656]人生在世,他的身体就是他生命的所在地(林后五 6、8),他用身体来进行各样的活动(罗十二 1;林前六 20;林后五 10),包括性活动(罗四 19;林前七 4〔两次〕);保罗在他的身体上经历苦难,又藉着他的身体彰显基督(林后四 10〔两次〕;加六 17;腓一 20)。人的身体是受制于罪(罗六 6,七 24[657])和肉体(西二 11,思高:“肉欲之身”),是必死的(罗六 12,八 10、11);但藉着基督舍身成就救赎(罗七 4;西一 22;林前十 16,

---

[653] 本句此解释见 Cranfield, *Romans* 403.

[654] F. F. Bruce 同注 652。

[655] 罗十二 5;林前十 17,十二 13;弗二 16,四 4、16〔两次〕,五 23;西一 18,二 19,三 15;(有“基督的”一词:)林前十一 27,十二 27;弗四 12;(有“他的”一字:)弗一 23,五 30;西一 24(共十七次)。“身体”原文是 *sōma*.

[656] 罗十二 4;林前十二 12〔三次〕、14、15〔两次〕、16〔两次〕、17、18、19、20、22、23、24、25(共十七次)。

[657] 此节“取死的身体”一语的解释,可参冯:“律法的无能”95;Fung,‘Impotence of the Law’ 44.

十一 24、27、29)，信徒的身体成了圣灵的殿(林前六 19)，他们更要经历身体最后的救赎和复活(罗八 23；林前十五 35)，血肉的身体要改变为属灵的身体(林前十五 44〔三次〕，参现中)，就是说，他们现今"这脆弱必死的身体"要变成基督荣耀的身体一样(腓三 21〔两次〕，现中)。"身体"可代表全人或"自己"(林前十三 3)，有一次与"血"分开(林前十一 27)，数次与"灵"相对(林前五 3，六 16〔参 17〕，七 34)；在本节则与"灵与魂"相对。[658]

上述的证据显示，保罗通常的讲法是将人描写为"身体与灵(魂)，而不是"灵、魂、体"的组合，因此我们不宜根据一节经文(本节)便断定保罗是持三元论的人观，即是说人是由灵、魂、体此三部分组成。至于本节将三者并列的现象，有几种不同的解释：(一)若把"你们的灵"看为相等于"你们"，并且把它归入动词"圣化"之下，本节的上半节便呈现一种交叉式的平行句法，[659]而下半节亦变成"愿魂与身子得蒙保守……"，这样便保持了保罗惯用的"(灵)魂与身体"的二分法。[660] 但把原文这样划分是非常不自然的做法。(二)本节三元论的词藻来自保罗在帖城的敌对者，他们持诺斯底式的人观，把"灵"(神所赐的灵进到人里头，成为人的灵)和"魂与身子"看为相对的，人的得救在于认识他真正的属灵的自我，并从"魂与身子"的桎梏中释放出来；保罗采用了这种词汇，但强调圣化的工作是包括整个人的。[661] 此说最大的困难就是，并无证据显示帖城信徒当中有人(或是保罗的敌对者)持诺斯底式的人观；此外，保罗清楚地将圣灵和信徒自己的灵分开(罗八 16)，而且，"灵"若是指神所赐的灵，那么为什么神的灵也需要"成圣"呢？最后两点也是另一说的困难，(三)此说把"灵"看为描写在信徒里面的、神的灵，"魂与身子"则是所有人(包括非信徒)都有的。[662] (四)不少学者认为保罗在此可能是沿

---

[658] "身体"一词在保罗书信出现的余下十四次见于：罗一 24，八 13；林前六 13〔两次〕、15、18〔两次〕，九 27；林后十 10，十二 2〔两次〕、3；弗五 28；西二 23。

[659] 愿神圣化

你们 *hymas* ╲╱ *holoteleis* 全然
完全 *holoklēron* ╱╲ *hymōn to pneuma* 你们的灵

[660] P. A. van Stempvoort, as reported in *NTA* § 6(1961 - 62)- 231.

[661] Jewett, *Anthropological Terms* 175 - 183 (esp. 177, 179 - 180, 181 - 183), cf. 250 - 251, 451.

[662] Frame 16, 211; Kümmel, *Man* 44 - 45.

用了当时流行的传统(或许是礼拜式)的人观,这并不代表他本身对人的构造的真正看法。[663] 许多释经者(不论是否接受这项假设)都认为保罗这样把三个名词堆叠起来,只是为要强调“整个人”的意思,虽然“灵与魂”与“身子”之间自然有分别,但灵与魂之间则难以作出任何分别(参申六 5;可十二 30)。[664]

(五) 最自然的看法,是认为本句的三个名词都具有属于其本身的意思,因为上文的字义研究指出,一些经文提示我们,人的灵特别与神、圣灵及人的宗教活动有关;而且保罗在描写人的时候,把旧约放在“魂”的重点(如创二 7,“有灵的活人”原文直译作“活的魂”)改为放在“灵”的身上(保罗用“魂”字及提到“〔人的〕灵”分别为十三次与二十四次之比),正是因为他从他对基督之体验此一角度来看人,[665]人与神相遇,最直接地是透过他的灵。按此了解,“身子”代表人的生命物质性或外在的一面,人藉着他的身体与物质世界接触,又藉着他的身体来行事和表达自己;他非物质性或内在的生命则分为两方面来看:“魂”代表人有己之意识的一面,代表他一般的活动(思想、感情、意志、良心等),“灵”则代表人有神之意识的一面,代表他的灵修或与神交往的活动。[666] 不过,就是这样解释,灵、魂、体仍然不是构成一个人的三“部分”,而是他整个人的三“方面”,任何一方面的活动都是一个完整的人的活动;[667]而保罗

---

[663] E. Schweizer, *TDNT* VI 435, VII 1060, IX 651; S. Wibbing, *NIDNTT* I 235; Bultmann, *Theology* 1.205 - 206; Conzelmann, *Outline* 174.

[664] Moore 86; Whiteley 85 - 86, *Theology* 37 - 38; Best 244; Guthrie, *Theology* 165; Bruce 130; Ridderbos, *Paul* 121.

[665] Guthrie, *Theology* 165;参林:“属灵神学”311。

[666] Cf. Lightfoot 88 - 89; Neil 134; Milligan 78*b*; Marshall 163; BAGD 675 (s.v. *pneuma* 3a); Thayer 520 (s.v. 2).有人建议说,信徒彼此代祷时,应按照本句所提的次序:“灵与魂”与“身子”,因为“人有疾病,心能忍耐;心灵忧伤,谁能承当呢?”(箴十八 14)。“生命若缺少外在的资源,是辛苦的;但若缺少内在的资源,生命是不能忍受的”(Kidner, *Proverbs* 129).

[667] Not ‘parts’, but ‘aspects’.林(“属灵神学”320,参 304)强调,新约作者(包括保罗)主张一种整全性的人观(即整体论);但留意作者于 314 - 315 对二元论的词汇所作的让步。Gundry (*SOMA* 155)指出,在保罗书信许多的经文中,一种确定及常是显著的二分法(duality)渗透其思想。关于此点,Osei-Bonsu (‘Anthropological Dualism’)的讨论尤其具说服力(583 - 585 论帖前五 23)。

这样详列这三方面，确是为要加重语气，强调整个人都是救赎的对象。

在这备受争议的一句话里面，可能是最值得留意的一点就是：身体像"灵与魂"一样被纳入神的救赎及圣化的计划中。这就清楚表明，保罗并不持希腊传统二元论的人观（不朽的灵魂被囚于要朽坏的躯体之内）；身体在一些希腊的哲学派系中是受贬抑的（参徒十七32），保罗却坚持，信徒的身体是基督的肢体，又是圣灵的殿（林前六15、19），最后要得赎、复活和改变（罗八23；林前十五35、44；腓三21）。

"……得蒙保守，在我们主耶稣基督降临的时候，完全无可指摘" 按原文的次序，译为"完全"的形容词是放在"你们的灵与魂与身子"之前，以致本节祈愿的两部分呈现一种交叉式的平行状态。[668] 同字根的抽象名词在蒲草纸文献中有"安全、亨通"之意，[669]在新约只出现一次，指圣殿门口的瘸腿者得医治而"全然好了"（徒三16），即是说他身体的各部分都是健全的。形容词在七十士译本用来指没有动过铁器的整块石头（申二十七6；书八31〔九2b〕；马加比一书，四47），在蒲草纸文献中常指身体或其他物质方面的健全和完整。[670] 此字在新约只出现另一次（雅一4），在该处与另一形容词"成全"[671]连着用，和合本译为"完备"（思高同）：前者指整体的发展或生长之完全，后者则指各部分皆无一或缺，即是完整之意。[672] 用在帖城信徒成圣的事上，"完全"或"完整"（现中）表达保罗愿帖城信徒在每一方面都不受罪恶的污染，亦即是说，愿他们的"整个人：灵、魂和身体"（新译，参思高）都蒙保守，与上一句的

---

[668] （A） *hagiasai* 圣化
（B） *hymas* 你们
（C） *holoteleis* 全然
（C'） *holoklēron* 完全
（B'） *hymōn to pneuma kai hē psyche kai to sōma* 灵与魂与身子
（A'） *amemptōs . . . tērētheiē* 无可指摘（地）……得蒙保守
原文的"完全"一字是表语形容词（predicative adjective），不是定语形容词（attributive adjective），所形容的是"灵与魂与身子"，但在文法上只与"灵"字相符（agreement in number and gender with the nearest of the three nouns：Bruce 129 – 130）.

[669] MM 446（s. v. *holoklēria*）.

[670] 同上注。

[671] *teleios*.

[672] Lightfoot 87.

“全然”成圣前后呼应。[673] 保罗求神不但在“量”的方面保守他们整个人，也在“质”的方面保守他们“无可指摘”；原文用的是副词，在新约只出现另一次(二 10)，同字根的形容词已在第三章的祈愿里出现过(三 13，见该处注释)，两个词背后的动词的意思是“挑剔、揭短”，[674]因此副词或形容词亦可恰当地译为“无瑕可指”(思高)及“没有缺点”(现中)。

“保守”一词的原文[675]在保罗书信一共出现八次(新约共七十次)，全部用在比喻的意思上(其字面意义是“看守”，如在太廿七 36、54；徒十六 23)：一次指“保存自己的童女”(林前七 37，思高)——或是作父亲的“留下”女儿不出嫁(和合)，或是男的让他的女朋友“持守”独身(新译)；一次指信徒要“持守”(新译)或“保持”(思高、现中)圣灵所赐的合一(弗四 3)，免得失去此合一；另一次指保罗“守住”或“保持”(思高)——即是忠心地完成——了他受托的重任(提后四 7)；[676]其余五次的意思都是“保守”：保罗“谨守”自己，不让自己成为哥林多教会的经济负担(林后十一 9，两次)，提摩太必须“保守自己清洁”(提前五 22)，也要“保守”所受的训令“不受玷污，无可指责”(提前六 14，思高)；只有在本节，动词才是被动语态的，因保守者是神。提摩太前书五章二十二节再一次提醒我们，尽管在终极的意义上，信徒得蒙保守是神的工作，他们在某个意义上也有“保守自己”的责任(参本节第一句注释的末段)。

“在我们主耶稣基督降临的时候”，像“当我们主耶稣……来的时候”(三 13)一样，是一种浓缩的讲法：保罗的祈求，不是要帖城信徒只“在”那个时候才得蒙保守以致成为完整、无可指摘，而是要他们现今便这样蒙保守，直到主再来的时候。[677] 这是本书第四次(亦是最后一次)提到主的“再来”(新译、现中；参二 19 注释)。第二次提到主再来的时候，同样把重点放在信徒的心“在圣洁中无可指摘”(三 13)，该处注释中的一段话(以注 265 结束那段)，同样适用于此处。

---

[673] W. Foerster, *TDNT* III 767, *TDNTA* 443; Thayer 443 (s. v.); cf. Milligan 78a; Frame 211.

[674] *memphesthai* = 'to find fault with' (Lightfoot 89).

[675] *tēreō*.

[676] Cf. Kelly, *Pastoral* 209.

[677] *en* = a brachylogy: Lightfoot 89; Bruce 130 - 131.

五24 “那召你们的本是信实的，他必成就这事” 从二章十二节原文所用相同的结构（冠词＋现在时式的分词：见该处注释）可见，“那召你们的”所指的是“那选召你们的上帝”（现中；不是“那呼召你们的主”，当圣）。“信实的”一词的原文与动词“信（靠）”及名词“信（心/仰）”是同字根的；[678]此形容词在保罗书信共用了三十三次（新约共六十七次），主要分为两种用法。用于主动的意思上，这字指对神“有信心”（加三9）或是指信主耶稣的（提前四10，六2a、b；多一6），与“不信的”（林后六15）相对；亦可作名词用，意即信主者（提前五16）或信徒（提前四3、12）。用于被动的意思上，这字指“可信”的话（提前一15，三1，四9；提后二11；多三8；第一、三两处加上“值得完全接纳”〔新译、思高〕一语）或“可靠”的道理（多一9，新译、现中）、“忠心”的管家（林前四2）及多位“忠心”的主仆和信徒（提摩太：林前四17；推基古：弗六21；西四7；以巴弗：西一7；阿尼西母：西四9；其他：弗一1；西一2）、“凡事忠心”为女执事必须具备的条件（提前三11），亦指“忠信可靠”又能教导别人的人（提后二2，思高），以及保罗自己蒙了怜悯成为“可信靠”的人（林前七25〔新译，参现中〕；提前一12）；余下的六次皆指神（本节；林前一9，十13；林后一18）或主（帖后三3；提后二13）是“信实”的，他是忠于他的本性和他的应许的（参罗四21）。保罗的祈愿以“愿……神亲自”开始，强调了神有能力去完成他为他的子民所定的计划，现在结束的时候，则强调这位有能力的神同时是信实的，“他必实行”（思高）。

最后这句的原文直译是：“他真的会作”。[679] 有两点加强了这话的语气：其一是加上“一定”（现中）这个虚词；其二是动词之后并无受词，这就突出了神要藉着他的行事来完成他的呼召，如旧约的先知巴兰所说：“〔神〕不像人能食言，不像人子能反悔。他说了岂能不做，许了岂能不行？”（民廿三19，思高）。[680] 按文理来看，神必会作的，就是保罗求神为读者做的事，即是上一节祈愿的内容；因此中译本正确地补充“这事”

---

[678] *pistos*：cf. *pisteuō*，*pistis*.

[679] *hos kai*（= ‘indeed’：Bruce 131）*poiēsei*（future indicative）.

[680] Milligan 79*b*；Morris II 183.

(新译、现中同)作为动词的受词(当圣的“这些事”不及“这事”好,因为祈愿的两部分其实是指同一件事)。

既然神必会使信徒全然成圣并使他们整个人得蒙保守,这是否一种保证,表示信徒一经蒙召成为基督徒,便不会离道反教呢?有释经者认为本节与此问题无关,保罗的关注只是要帖城信徒保持信靠神的态度。[681] 但这答案很不合理地削弱了保罗在此所表达极强的信念,就是神保守的大能足以成就他在他子民身上的救赎计划(参彼前一5)。另一方面,保罗的书信亦不厌其详地劝谕信徒要坚守信仰;换言之,神的看顾和保守并非不管信徒有无持守信仰都必然有效的,二者(神的主权和人的责任)构成一种正反相合的情况,[682]就如腓立比书二章十二至十三节所表达的[683](再参五23首句注释末段)。

---

[681] Whiteley 86.

[682] A paradox.

[683] Cf. Guthrie, *Theology* 627 - 629; Marshall, *Kept by Power* 99 - 125 (especially 122 - 125).

柒　结语（五 25～28）

从注 1 的附表可见，[①]本部分的其中三项都是保罗书信结语中常见的，开首的请求代祷一项，虽然只在另二封书信的结尾出现（罗十五 30～32；西四 18b），但是也在其他一些书信的主体中出现（弗六 19～20；西四 3～4；帖后三 1）。

（Ⅰ）请求代祷（五 25）

25 请弟兄们为我们祷告。

---

① 保罗书信结语内容概览：

	行程计划	请求代祷	个人杂项	请求/嘱咐/劝勉	问安	祝福	颂赞
罗　十五 14～十六 27	十五 14～29	十五 30～32	十六 1～2	十六 17～20a	十六 3～16，21－23	十五 33 十六 20b	十六 25～27
林前　十六 5～24	5－9		10－12	13－18	19－21	22－24	
林后　十三 11～13				11	12	13	
加　六 11～18				11－17		18	
弗　六 21～24			21－22			23－24	
腓　四 21～23					21－22	23	
西　四 7～18		18b	7－9	15－17	10－14，18a	18c	
帖前　五 25～28		25		27	26	28	
帖后　三 17～18					17	18	
提前　六 20～21				20－21a		21b	
提后　四 19～22			20	21a	19，21b	22	
多　三 12～15				12－14	15a，b	15c	
门　23～25					23－24	25	

这是保罗在信上第十四次(亦是最后一次,参一 4 注释)直接称呼(见新译、现中)读者为“弟兄们”。他的请求无疑是发自他内心的需要(他觉得需要他们的代祷),也是基于他对他们的信心(相信他们会为他和同工祈祷:这种信念亦在林后一 11;腓一 19;门 22 等处反映出来)。此句思高圣经作“你们也要为我们祈祷”,反映了一些抄本的说法,即是在“为我们”之前有“也”字。此字可能是抄者想起歌罗西书四章三节的讲法而加进去的,但抄者因不明白此字的用意而把它省掉的可能性似乎较大,因此应加以保留。[②] “也”字有两个可能的解释:一说认为它回应了第十七节“不住地祷告”那句话(动词在信上只在该节和本节出现),保罗的意思即是:你们要不住地祷告,“也要为我们祈祷”,[③]相同的思想亦见于保罗请求读者代祷的另二处地方(弗六 18～19;西四 2～3)。可是在该二段经文,这思想是一气呵成的,但本节则与第十七节相隔甚远,因此另一个解释较为可取:保罗刚为帖城信徒献上了祷告(23～24 节),现在请求他们也为“我们”——指保罗及其同工(参一 1)——祷告。[④]

保罗在其他地方请求读者代祷时,每次都有说明他们应为什么事情祷告:记念他的捆锁(西四 18b),求主开传道的门(西四 3),并赐他口才和胆量去清楚地宣讲福音的奥秘(弗六 19～20;西四 4);求主的道可以快快传开,得着荣耀(帖后三 1a),也使保罗和同工可以脱离不讲理的恶人(帖后三 1b);或脱离在犹太不顺从的人,为耶路撒冷所办的捐项可蒙圣徒悦纳,并得以欢然安抵罗马,与该处的信徒同得安息(罗十五 31a、b、32)。明确的代祷事项对代祷者是很有帮助的。但本节却没有指出读者应为何事代祷。也许带信人会口头上向帖城信徒详述保罗现今在哥林多传道的情况和需要;无论如何,他们至少可从信上的提示,知道保罗等人在传道给外邦人的事上,遭遇犹太人(及外邦人)的敌对、撒但的阻挡,并陷在困苦患难之中(二 14～16、18,三 7),并且应为

② Best 245. Metzger 633 则不作决定。

③ Frame 215.

④ Milligan 79*a*; Best 245; Neil 135; Bruce 134. Wiles (*Prayers* 262)则认为本节同时回应了 17 及 23～24 节。Collins 201 将原文有关的小字译为‘even’(ascensive),但得出的意思不大清楚。

他们祷告,叫他们也能“靠主站立得稳”(三 8)。[5]

综观整卷书信,我们发现本书含有两个感恩的祷告(一 2～10,二 13)、两次代求(三 11～13,五 23)、一个祈祷的报告(三 10)、一次劝勉读者要不住地祷告(五 17),以及一次请求代祷(本节)。保罗对祷告的重视,由此可见一斑。

(II) 问候教会(五 26)

26 与众弟兄亲嘴问安,务要圣洁。

问安是表达感情的一种方式,保罗对此特别重视,这从两件事实可以看出来:第一,除了加拉太书、以弗所书及提摩太前书以外,保罗每一卷书都有用“问安”一字;第二,此字原文[6]在新约共用了五十九次,保罗书信占了三分之二(四十次)。他用命令语气的动词(一)请求读者替他问候别人(罗十六 3～15〔十五次〕;西四 15a;提后四 19;多三 15b)或整个教会(本节;腓四 21a;西四 15b〔缺动词〕),(二)叫会众彼此问安(罗十六 16a;林前十六 20b;林后十三 12a)。他又用实事语气的动词表示(一)个别的基督徒(罗十六 21～23〔四次〕;林前十六 19b;西四 10、12、14;提后四 21;门 23),或(二)保罗所在地的整个教会(林后十三 12b,腓四 22a),或(三)教会里的特别一群人(腓四 22b〔缺动词〕),或(四)与保罗在一起的同工和旅伴(林前十六 20a;腓四 21b;多三 15a),甚或(五)普世(罗十六 16b)或某一地区的众教会(林前十六 19a),向读者问安。此外,他三次用了同字根的名词亲笔向读者问安(林前十六 21;西四 18;帖后三 17)。[7]

本节较贴近原文的译法是:“你们要以圣吻问候所有的弟兄”(思高)或“要以圣洁的亲吻向〔所有的〕弟兄们问安”(现中)。比较之下,和合本的翻译有以下的缺点:它把重点错误地放在“圣洁”一字上(好像那

---

⑤ Wiles, *Prayers* 263 n. 1.

⑥ *aspazomai*.

⑦ *aspasmos*. 参冯“腓立比书”502。该处的资料欠此处正文第(四)项;又注 1 的“该节”应改为“此三节”。

是个副词似的),但该字在原文只是"圣吻"此一词组中的形容词,而真正的重点是在原文句首的"你们要……问候"此动词上;它未能清楚表明保罗是在请求教会向所有的信徒问安;"亲嘴"(新译)一词容易使人误以为所指的是今人在唇上的"接吻"。

由于本节是个请求,而请求的内容是"问候众弟兄"(新译),因此便引起了"谁负责问候"的问题。(一)有释经者认为这请求是向教会的领袖(可能是那些长老,参 12 节)发出的,[8]但这看法有两点困难:第二十五节和二十八节都是向教会整体说的,并无清楚的证据表示保罗在本节(及/或下一节)突然转向教会的领袖说话;教会的长老要替保罗以圣洁的亲吻问候所有的信徒,这是一件不容易实行的事。因此另有释经者(二)把"问候所有的弟兄"看为与"彼此问安"同义,全句意即"你们要用圣洁的亲吻互相/彼此问安"——就如保罗在另三封信的结语中所说的(罗十六 16a;林前十六 20b;林后十三 12a:现中,参思高)。[9] 可是,保罗在另外那三处地方都用"彼此"一词,但在本节则放弃了那个较常用、甚或是定了型的讲法(参彼前五 14:"你们要以爱的亲吻,彼此问候",思高),改说"问候所有的弟兄",因此把二者干脆地认同是有点牵强的。也许最好的解释是这样的:(三)保罗的用意是向帖城教会所有的弟兄们问安,但是他用来表达这用意的特别方式是"以圣吻向弟兄们问安",而这请求只能藉着弟兄们以圣吻彼此问安来完成;换言之,虽然保罗不在他们当中,但是当他们以圣吻彼此问安时,就是等于代表了保罗向所有的弟兄以亲吻问安了。[10] 在下一节(见注释)的提示下,"所有的"可能是加强语气的讲法。

"亲吻"此名词的原文在新约共用了七次,四次在"以圣洁的亲吻(问安)"(本节;罗十六 16;林前十六 20;林后十三 12)、一次在"以爱的亲吻(问安)"(彼前五 14)一语中,其余两次分别指犹大用亲吻的暗号来出卖人子(路廿二 48),以及请耶稣吃饭的法利赛人西门没有用亲吻

---

⑧ Ellicott 86*b*; Lightfoot 90. 当圣"问候其他的弟兄姊妹们"此一翻译,似乎反映了这个看法。

⑨ Milligan 80*a*; Moffatt 43*b*.

⑩ Cf. Morris II 184; Marshall 164 - 165; Collins 138.

之礼来欢迎他(路七 45,参现中)。同字根的动词"吻"字出现三次,皆指犹大以亲吻向耶稣问安作为暗号出卖他(太廿六 48;可十四 44;路廿二 47)。同字根的复合动词"吻"字出现六次,分别指犹大卖主的问安之吻(太廿六 49;可十四 45)、以弗所的长老吻别保罗(徒二十 37)、罪得赦免的女人因感激和爱而吻耶稣的脚(路七 38、45),以及浪子的父亲那满有宽恕、接纳和爱的亲吻(路十五 20)。⑪ 由此可见,新约中没有提及两性之间表示性爱的接吻(但参箴廿四 26,思高);我们大可以假定,信徒彼此问安的亲吻,也不是在唇上的接吻。

无论如何,这"亲吻礼"(当圣)之所以称为"圣吻",并非因为它不是性爱之吻("圣洁的"并不是"非性爱的"之意)。"圣洁"此形容词的原文⑫在保罗书信用了七十六次(新约共二三三次),除了十六次用于"圣灵"一词外,⑬余下的六十次显示几个略为不同的重点,分别指:(一)与神有特别关系、因而是"神圣"的事物,如"圣经"(罗一 2)和"圣召"(提后一 9),或是神所使用的"圣者"(即天使:帖前三 13)及"圣使徒和先知"(弗三 5);(二)纯洁、完全、配得上神的律法、诫命(罗七 12a、b)和圣殿(林前三 17;弗二 21);(三)分别出来归给神(这是"圣洁"的基本意思:参冯:"腓立比书"67 – 68)的"圣徒"、⑭信徒(西三 12)及其儿女(林前七 14),和喻为"树根"的犹太族长(罗十一 16b),以及奉献给神或基督的祭物和供物,如信徒的身体(即是信徒自己)所构成的活祭(罗十二 1)、"圣洁,无有瑕疵"的教会(弗一 4,五 27;西一 22),和喻为"新面"的犹太基督徒(罗十一 16a);(四)在道德伦理意义上纯洁无罪(林前七 34;上列的弗一 4,五 27 及西一 22 亦可能属于此处)。在本节及提到圣洁之吻的另外那三节(见上一段),"圣"字基本上属第三个意思:信徒彼此问安的亲吻称为圣吻,因为它是圣徒所作的事,它象征了信徒同属一个神圣的团体(即是教会)并在其中合而为一的事实;因此它不是社

---

⑪ 三个字的原文依次是:*philēma*, *phileō*, *kataphileō*. 第二个字其实在新约共用了二十五次,但在其余的二十二次它的意思是"爱"(保罗书信只用了两次:林前十六 22;多三 15)。

⑫ *hagios*.

⑬ 详见四 8 注释注 131。罗一 4 用的不是形容词,故不属此列。亦参三 13 注 255。

⑭ 即是以复数的形容词作名词用(只有腓四 21 是单数的),共三十九次:详见三 13 注 256。

交的礼节而已,乃是表达基督徒的爱的一种方式。[15]

这种亲吻不但在保罗写给他自己所建立的教会的信上出现(帖前、林前后),亦见于罗马书(罗马教会并非保罗所建:参罗一 10～13)及彼得前书,而且作者不作任何解释,表示读者对它并不陌生,这两点足以证明,此亲吻礼从最初开始便流行于教会中。在二世纪中叶,圣吻是罗马教会圣餐礼仪中固定的一个环节:按殉道者游斯丁的记载("护教篇"上六十五 2),此亲吻礼是在公祷后,在领受圣餐的饼和杯之前。新约书信里的圣吻或爱之吻可能也是在圣餐的场合中出现的:信徒在领受圣餐之前以圣吻之礼彼此问安,一方面象征和印证了信徒之间的彼此宽恕、和睦共处,同时具体地表达并证实了教会作为神的末世性家庭的合一性。[16]

根据犹太会堂男女分座的习惯来推论,信徒彼此的亲吻最初可能是限于相同性别的教会成员,但在发展为不分性别之后,便产生流弊,以致三至四世纪成书的"使徒宪典"要立例把圣吻限于同性;十三世纪以后,此亲吻礼在西方的教会逐渐消失,在东方(希腊更正)教会的礼拜仪式中则保存至今(称为"平安之吻")。[17] 无论如何,在不以亲吻为问安的通常方式之文化中(包括传统的中国文化),信徒不必(亦不宜)为要顺从圣经教训的字面意义而在教会中采用这种亲吻礼;重要的是,他们应有一些符合自己的文化的方式,来具体地、可见地表达他们作为基督身体内的成员彼此间的合一和爱。[18]

---

⑮ Best 246; Bruce 134; Collins 137; Denney 359*b*. G. Stählin (*TDNT* IX 139 n.235)则认为"圣"字还有合乎圣徒的体统之意。

⑯ Cf. Moore 87; Best 245 - 246; G. Stählin, *TDNT* IX 139 - 140, *TDNTA* 1265; Cranfield, *Romans* 796. Bruce 134 (with reference to I.H. Marshall, *Last Supper and Lord's Supper* 145)进一步认为林前十六 20～22 对我们提示,保罗预期他的信会在教会的圣餐聚会中读出来——也许就是在公祷之后、信徒以亲吻彼此问安的通常那个时刻之前;但此看法并无足够的经文证据支持(cf. Collins 142 n.36). Fee (*First Corinthians* 836)则认为圣吻所指的只是普通的问安方式,同时反映着当时的文化(亲吻)以及信徒之间的特殊关系("圣")。

⑰ G. Stählin, *TDNT* IX 143, *TDNTA* 1265; D.K. McKim, *ISBER* III 44*b*. E.E. Ellis (*IBD* II 863*a*)则根据"使徒宪典"(II 57,12)假定此圣吻从开始时已是限于同性的。

⑱ Cf. Marshall 165.

(III) 最后嘱咐(五 27)

27 我指着主嘱咐你们，要把这信念给众弟兄听。

本节从上两节的复数第二人称突然改为单数的第一人称（参二18，三 5；帖后二 5），最可能的解释，就是保罗现在从代笔人（参罗十六22）的手中接过笔来，亲笔写下本节和最后的祝福（参帖后三 17～18；林前十六 21～24；加六 11～18；西四 18）。[19] 译为“我……嘱咐”的原文动词是个复合词，在整本希腊文圣经只出现这一次；它是同字根的简单动词（在新约出现两次：可五 7；徒十九 13）[20]的强化格式，但仍是“使之发誓”或“郑重恳求”之意。[21] 若按前一个意思来解释，“我因主誓求你们”（思高）真正的意思是“我要你们对主起誓（你们会把这信……）”，就如“我指着　神恳求你……”（可五 7）的原文亦可译为“（你要）对神起誓……”；[22]若按后一个意思来解释，“我指着主吩咐你们”（新译）意即“我奉主的名吩咐你们”（现中，参当圣；亦参徒十九 13）。从文理看来，后面这个意思似乎已经足够，因此我们不必坚持这字在这里有“要你们起誓”的意思；多数的中译本亦是采纳“嘱咐/吩咐”这较温和的译法。[23] 虽然如此，保罗仍是用了一个罕见的动词，并且引用主的名，来提出他的吩咐；他这么郑重其事的原因，在下文再作交代。

保罗的嘱咐是：“这信[24]要被念给所有的弟兄听”（原文直译）。

---

[19] Best 28；Marshall 165；Bruce 135. Moore 87 则认为保罗可能亲笔写了 25～28 节。

[20] 二字依次为：*enorkizō*，*horkizō*.

[21] (*en* -)*horkizein tina ti* = ‘to cause to swear = to adjure’ (BDF 155.7)；*enorkizō* = ‘to adjure，put under oath，solemnly entreat’ (Thayer 217，s. v.).

[22] ‘Swear to God that ...’ (NIV). ‘The accusative *ton kyrion*〔可五 7 *ton theon*，徒十九 13 *ton Iēsoun*〕is common for the person or thing invoked in the oath’ (Bruce 135).

[23] Cf. AV，NIV：‘I charge you ...’ RV，RSV，NEB，NASB 则译为‘I adjure you ...’.

[24] “信”字原文 *epistolē* 在保罗书信出现十七次，新约共二十四次，除了两次是比喻性用法之外（林后三 2、3），其余皆按字面意义指书信：复数八次——徒九 2，廿二 5；林前十六 3；林后三 1，十 9、10、11；彼后三 16；单数十四次——帖前本节；帖后二 2、15，三 14、17；徒十五 30，廿三 25、33；罗十六 22；林前五 9；林后七 8〔两次〕；西四 16；彼后三 1。在蒲草纸文献的用法里，此字可指多种不同的函件，如公函、通告、公文、请愿书、收据等（MM 246 s. v.）. 此 （转下页）

"念"字的原文在古典希腊文通常指"诵读",在蒲草纸文献则除"诵读"外还有"阅读/看"的意思。㉕这字在保罗书信共用了八次(新约共三十二次),全部是前一个意思——"诵读"(林后三 2〔新译、现中〕、15)、"宣读"(本节〔现中、当圣〕;林后一 13〔新译〕;西四 16〔三次,思高、现中〕)、"读"(弗三 4〔思高、新译、现中〕)。有学者指出,在整个古代,就是私人阅读也是读出声的:奥古斯丁发现安波罗修在阅读时,他的眼睛在书页上迅速地移动,他的声音和舌头却是静默无声的,便觉得奇怪("忏悔录"6.3);㉖若这立论是正确的话,那么"念"字在新约其余的二十四次也都是诵读的意思。㉗ 由于这字亦是用来指在会堂的礼仪中宣读旧约圣经,因此有学者认为保罗用了此字来指在教会中宣读他的信,不但将与旧约圣经相同的权威赋予他自己的话,而且他的用意是要他的书信在教会的聚会中有圣经的功能。㉘ 但这话可能是言过其实,因为保罗并无提示帖城信徒要经常地拿他的信来公开诵读,只是要他们一次过"向所有的弟兄们宣读这一封信"(现中)。这不是说保罗并不认为他的话有主的权柄(事实刚好相反:林前二 4、12～13,七 40,十四 37),而是说我们不能单从所用的动词便得出那么重要的结论。

至于保罗为何这么郑重地"指着主嘱咐"帖城信徒,要向"所有的弟兄"㉙宣读这封信,释经者提出了多个解释。(一)帖城信徒中不少是文

(接上页)字在新约亦多次指"公函"(徒九 2,新译;参廿二 5,十五 30,廿三 25、33)、"介绍信"(林前十六 3,现中)或"荐信"(林后三 1)。

㉕ MM 31 (s. v. *anaginōskō*).

㉖ Doty, *Letters* 7.

㉗ 参:太十二 3、5,十九 4,廿一 16、42,廿二 31;可二 25,十二 10、26;路六 3(以上十次都是在"你们没有念过吗?"此语中:*oude/oudepote/ouk anegnōte*);太廿四 15;可十三 14;启一 3(以上三次在"读者"一词中:"*ho anaginōskōn*,参思高、新译、现中);路四 16,十 26;约十九 20;徒八 28、30〔两次〕、32、十五 31,廿三 34,十三 27,十五 21(最后两次在"每安息日被宣读出来"一语中:*kata pan sabbaton anaginōskomenas/anaginōskomenos*)。

㉘ Ridderbos, *Paul* 483.

㉙ 有的抄本在"弟兄"之前有"圣洁的"(*hagiois*)一字,但支持较短说法的外证较强,"圣洁的弟兄"一语并没有在其他的保罗书信出现,形容词在此语中是不必要的赘述,它可能是抄者从上一节加进来的;基于上述理由,"圣洁的"不是原来的说法(cf. Metzger 633 - 634; Morris II 185 n.73).

盲的，保罗的嘱咐是为要确使连那似乎最不重要的教会成员亦不会被忽略。[30] 但在早期任何的教会中都会有不识字的成员（参林前一 26；今天也何尝不是这样？），因此这事实不足以解释为何保罗单在这里才发出此郑重的嘱咐。（二）保罗要防止教会任何分党派的趋势。[31] 但就是在写给明显有这种趋势或现象之教会的书信中（腓、林前），保罗也没有用本节的讲法。（三）保罗相信这封信是主藉着他给予帖城信徒的启示。[32] 但在不同程度上，其他的保罗书信亦可同样看待（参林前十五 51；罗十一 25）。（四）保罗有一种预感有人会、或是怀疑真的有人在滥用他的名和他的权柄（参帖后三 17，二 2），因此他要所有的弟兄都知道他的看法。[33] 但此说不能从帖撒罗尼迦前书本身找到支持的证据，却要引用后书的经文作为根据，因此说服力不大。（五）保罗特别想要那些“不守规矩的人”（五 14）听到他在信上的话，可能他们有不参加教会聚会的趋势（参来十 25），因此保罗特别嘱咐，要他们也有机会听到他信上的话；甚或可能因为这些人曾声言不会理会他的信，如后书三章十四至十七节所提示的。[34] 此说仍然有上一说的缺点，仍然带有一些臆测成分。（六）较好的看法如下：保罗的信是一种代替物——代替了他个人造访教会；虽然他的每一封信都有这种性质，但就他和帖城信徒的关系来说，这信的代替性特别重要，因为书信的内证显示，保罗似乎因被逼离开帖城后未能重返帖城信徒当中而受到攻击、被人毁谤，他也多次在信上表明他对帖城信徒的挂念及行动上的关怀（参二 17～18，三 1、10，及首段注释），为要向他们保证他对他们的爱；如今他在信末郑重嘱咐，要把这信向所有的弟兄宣读，也是为要加强这个保证，要所有的弟兄都知道他是爱他们的，这封代替他个人访问的信是为他们每一个人而写的。[35]

---

[30] Best 246.

[31] Moffatt 43*b*; Palmer 56.

[32] Whiteley 87.

[33] Lightfoot 91.

[34] 分别见：Bruce 135; Frame 17, 161, 217.

[35] Cf. Moore 88; Morris II 186. 这个解释若是正确的话，我们便不能根据本节便下结论说，在教会中宣读使徒的信是一种崭新的做法，或至少尚未成为教会崇拜中一个被认可的项目（分别见：J. Schneider, *TDNT* V 464 n.3; Collins 367; 及 Moffatt 43*b*）。与（转下页）

(IV) 最后祝福(五 28)

28 愿我主耶稣基督的恩常与你们同在!

关于保罗信末祝福语的各种格式,请参冯:"腓立比书"505－506。"我主"原文是"我们的主"(现中);"我们主耶稣基督"一语已在本章九节、二十三节及一章三节出现过(见该处注释)。㊱ 原文并无"常"字。"愿我们主耶稣基督的恩惠与你们同在"(新译)可意译为"愿我们的主……赐恩典给你们!"(现中);但它真正的意思是,愿主耶稣基督与读者同在,因为恩惠和赐恩者是不能分开的(参冯:"腓立比书"507)。

(接上页)此同时,我们亦不能根据本节而达到相反的结论。换言之,不论此事有无先例可援,保罗嘱咐教会这样做,乃是为要达到一个特别的目的。

㊱ 亦参一 10 注 190。

参考书目

(在书中以作者姓氏及缩短的书名或文章题目引述)

甲部:中文书刊

林荣洪著:《属灵神学:倪柝声思想的研究》,香港中国神学研究院 1985

陈宏博著:《预言解释》,台北中华福音神学院出版社 1987

冯荫坤著:《真理与自由——加拉太书注释》,香港证道 1982,增订版 1987

冯荫坤著:《恩赐与事奉:保罗神学点滴》,香港天道 1980,增订版 1988

冯荫坤著:《腓立比书注释》,香港天道 1987

冯荫坤著:《律法的无能:罗马书七 14～25 新释》,《初熟之果:圣经与本色神学》,陈济民、冯荫坤合编,香港中国神学研究院及天道书楼 1979,页 78 - 105

乙部:英文书刊

Adamson, J.B., *The Epistle of James* (NICNT; Grand Rapids 1976/1977)

Bammel, E., 'Preparation for the perils of the last days: 1 Thessalonians 3:3', in *Suffering and Martyrdom in the New Testament* (*FSG*. M. Styler), ed. W. Horbury and B. McNeil (Cambridge 1981), 91 - 100

Banks, R., 'Paul — The Experience within the Theology', *ERT 12/2* (April 1988) 116 - 128 [Reprinted from Occasional Essay Supplement for Zadok Centre Series 2]

Banks, R., *Paul's Idea of Community* (Grand Rapids 1980)

Barrett, C.K., *The Gospel According to St John* (London, 1955/1975)

Barrett, C.K., *The New Testament Background: Selected Documents* (London 1956/1971)

Barrett, C.K., *The Signs of an Apostle* (London 1970)

Barth, M., *Ephesians* (AB, 2 vols; Garden City 1974)

Baumert, N., '*Omeiromenoi* in 1 Thess 2,8', *Biblica* 68(1987)552 - 563

Beker, J.C., *Paul the Apostle: The Triumph of God in Life and Thought* (Philadelphia 1980)

Best, E., *Paul and His Converts* (Edinburgh 1988)

Betz, H.D., 'The Problem of Rhetoric and Theology according to the Apostle Paul', in *L'Apôtre Paul. Personnalité, Style et Conception du Ministère*, ed. A. Vanhoye (BETL 73; Leuven 1986), 16–48

Black, D.A., *Linguistics for Students of New Testament Greek* (Grand Rapids 1988)

Black, D.A., 'The Weak in Thessalonica: A Study in Pauline Lexicography', *JETS* 25(1982)307–321

Boers, H., 'The Form Critical Study of Paul's Letters. I Thessalonians as a Case Study', *NTS* 22(1975–76)140–158

Bornkamm, G., *Paul* (E.T., London 1971)

Bruce, F.F., *The Acts of the Apostles* (2nd ed.; London 1952/1965)

Bruce, F.F., *The Book of the Acts* (NICNT; Grand Rapids 1968)

Bruce, F.F., *Galatians* (NIGTC; Exeter/Grand Rapids 1982)

Bruce, F.F., *Men and Movements in the Primitive Church* (Exeter 1979)

Bruce, F.F., *Paul: Apostle of the Free Spirit* (Exeter 1977)

Bruce, F.F., 'The Pauline Circle: (4) Silas/Silvanus', *Harvester* 62/4 (April 1983)28,30

Bruce, F.F., 'St. Paul in Macedonia: 2. The Thessalonian Correspondence', *BJRL* 62(1979–80)328–345

Bultmann, R., *Theology of the New Testament* (E.T., 2 vols; London 1952/1971)

Burdick, D.W., '*Oida* and *Ginōskō* in the Pauline Epistles', in *New Dimensions in New Testament Study*, ed. R.N. Longenecker and M.C. Tenney (Grand Rapids 1974), 344–356

Caird, G.B., *The Language and Imagery of the Bible* (London 1980)

Carson, D.A., *Exegetical Fallacies* (Grand Rapids 1984)

Cerfaux, L., *The Christian in the Theology of St Paul* (E.T., London 1967)

Collins, R.F., 'Tradition, Redaction, and Exhortation in 1 Th 4,13–5,11', in *L'Apocalypse johannique et l'Apocalyptique dans le Nouveau Testament*, ed. J. Lambrecht (BETL 53; Gembloux and Leuven 1980), 325–343

Collins, R.F., 'The Unity of Paul's Paraenesis in 1 Thess. 4.3–8. 1 Cor. 7.1–7, a Significant Parallel', *NTS* 29(1983)420–429

Conzelmann, H., *An Outline of the Theology of the New Testament* (E.T., London 1969)

Court, J. M., 'Paul and the Apocalyptic Pattern' in *Paul and Paulinism* (*FS* C.K. Barrett), ed. M.D. Hooker and S. G. Wilson (London 1982), 57 - 66

Cranfield, C.E.B., 'Changes of Person and Number in Paul's Epistles', in *Paul and Paulinism* (*FS* C.K. Barrett), ed. M.D. Hooker and S.G. Wilson (London 1982), 280 - 289

Cranfield, C. E. B., *The Epistle to the Romans* (ICC; 2 vols; Edinburgh 1975 - 79)

Cranfield C.E.B., 'A Study of 1 Thessalonians 2', *IBS* 1(October 1979) 215 - 226 [reprinted in the author's *The Bible and Christian Life* (Edinburgh 1985) 19 - 33]

Dahl, N.A., *Studies in Paul: Theology for the Early Christian Mission* (Minneapolis 1977)

Davies, W.D., *Jewish and Pauline Studies* (Philadelphia 1984)

Davies, W.D., *Paul and Rabbinic Judaism* (London 1962)

de Jonge, M., 'Some Remarks in Connection with A Translator's Handbook on Paul's Letters to the Thessalonians', *Bib Trans* 30(1979)127 - 134

Delling, G., 'Die Bezeichnung "Gott des Friedens" und ähnliche Wendungen in den Paulusbriefen', in *Jesus und Paulus* (*FS* W.G. Kümmel), ed. E.E. Ellis and E. Grässer (1978), 76 - 84

Dodd, C.H., *The Epistle of Paul to the Romans* (London 1932/1970)

Dodd, C.H., *New Testament Studies* (Manchester 1953)

Donfried, K.P., 'The Cults of Thessalonica and the Thessalonian Correspondence', *NTS* 31(1985)336 - 356

Donfried, K.P., 'Paul and Judaism. 1 Thessalonians 2:13 - 16 as a Test Case', *Interpretation* 38(1984)242 - 253

Doty, W.G., *Letters in Primitive Christianity* (Philadelphia 1973)

Dunn, J.D.G., *Jesus and the Spirit. A Study of the Religious and Charismatic Experience of Jesus and the First Christians as Reflected in the New Testament* (London 1975)

Easley, K.H., 'The Pauline Usage of *PNEUMATI* as a Reference to the Spirit of God', *JETS* 27(1984)299 - 313

Ellingworth, P., 'Which Way are we Going?', *Bib Trans* 25(1974)426 - 431

Ellis, E.E., 'Christ and Spirit in 1 Corinthians', in *Christ and Spirit in the New Testament* (*FS* C.F.D. Moule), ed. B. Lindars and S.S. Smalley (Cambridge 1973), 269 - 277

Ellison, H. L., *The Mystery of Israel* (revised and enlarged ed.; Exeter

1968)

Fannon, P., 'The Influence of Tradition in St. Paul', *StudEv* IV: i(1968) 292－307

Fee, G. D., *The First Epistle to the Corinthians* (NICNT; Grand Rapids 1987)

Fee, G.D., *New Testament Exegesis. A Handbook for Students and Pastors* (Philadelphia 1983)

Fung, R.Y.K., *The Epistle to the Galatians* (NICNT; Grand Rapids 1988)

Fung, R.Y.K., 'Function or Office? A Survey of the New Testament Evidence', *ERT* 8(1984)16－39

Fung, R.Y.K., 'Further Observations on Paul's Gospel and Apostleship', *CGSTJ* 1 (July 1986)80－99

Fung, R.Y.K., 'The Impotence of the Law: Toward a Fresh Understanding of Romans 7:14－25', in *Scripture, Tradition, and Interpretation* (*FS* E.F. Harrison), ed. W.W. Gasque and W.S. LaSor (Grand Rapids 1978), 34－48

Fung, R.Y.K., 'Justification by Faith in 1 & 2 Corinthians', in *Pauline Studies* (*FS* F.F. Bruce), ed. D.A. Hagner and M.J. Harris (Exeter and Grand Rapids 1980),246－261

Fung, R.Y.K., 'Justification, Sonship and the Gift of the Spirit: Their Mutual Relationships as Seen in Galatians 3－4', *CGSTJ* 3 (July 1987) 73－104 [Chinese abstract 105－107]

Furnish, V.P., 'Development in Paul's Thought', *JAAR* 38(1970)289－303

Gaffin, R.B., Jr., *Perspectives on Pentecost* (Phillipsburg NJ 1979)

Gillman J., 'Signals of Transformation in 1 Thessalonians 4:13－18', *CBQ* 47(1985)263－281

Glasson, T.F., 'Theophany and Parousia', *NTS* 34(1988)259－270

Grant, R.M., *Historical Introduction to the New Testament* (New York and Evanston 1963)

Gundry, R.H., 'The Hellenization of Dominical Tradition and Christianization of Jewish Tradition in the Eschatology of 1－2 Thessalonians', *NTS* 33(1987)161－178

Gundry, R.H., *SOMA in Biblical Theology with Emphasis on Pauline Anthropology* (SNTSMS 29; Cambridge 1976)

Gundry, R.H., *A Survey of the New Testament* (Exeter 1970)

Guthrie, D., *New Testament Introduction* (3rd ed. [rev.]; London 1970)

Guthrie, D., *New Testament Theology* (*Leicester* 1981)

Guthrie, D., 'Transformation and the Parousia', *VE* 14(1984)39 – 51

Haenchen, E., *The Acts of the Apostles* (E.T., Oxford 1971)

Harrison, E.F., *Acts: The Expanding Church* (Chicago 1975)

Harrison, E.F., *Introduction to the New Testament* (rev. ed.; Grand Rapids 1971/1974)

Higgins, A.J.B., 'The Preface to Luke and the Kerygma in Acts', in *Apostolic History and the Gospel* (*FS* F.F. Bruce), ed. W.W. Gasque and R.P. Martin (Exeter 1970), 78 – 91

Higgins, A.J.B., 'The Words of Jesus according to St. John', *BJRL* 49 (1966 – 67)363 – 386

Hock, R.F. *The Social Context of Paul's Ministry* (Philadelphia 1980)

Hodgson, R., Jr., 'Gospel and Ethics in First Thessalonians', *BibToday* 26 (1988)344 – 349

Hyldahl, N., 'Auferstehung Christi — Auferstehung der Toten (1.Thess. 4, 13 – 18)', in *Die Paulinische Literatur und Theologie*, ed. S. Pedersen (Å arhus and Göttingen 1980), 119 – 135

Jewett, R., 'The Agitators and the Galatian Congregation', *NTS* 17(1970 – 71)198 – 212

Jewett, R., *Paul's Anthropological Terms: A Study of Their Use in Conflict Settings* (AGJU 10; Leiden 1971)

Keck, L.E., *Paul and His Letters* (PC; Philadelphia 1979)

Keightley, G.M., 'The Church's Memory of Jesus: A Social Science Analysis of 1 Thessalonians', *BTB* 17(1987)149 – 156

Kelly, J.N.D., *The Epistles of Peter and of Jude* (BNTC; London 1969)

Kelly, J.N.D., *The Pastoral Epistles* (BNTC; London 1963/1972)

Kemmler, D.W., *Faith and Human Reason: A Study of Paul's Method of Preaching as Illustrated by* 1 – 2 *Thessalonians and Acts* 17: 2 – 4 (NovT-Supp 40; Leiden 1975)

Kidner, D., *The Proverbs* (TOTC; London 1964)

Kim, S., *The Origin of Paul's Gospel* (Tübingen 1981)

Klijn, A.F.J., '1 Thessalonians 4.13 – 18 and its Background in Apocalyptic Literature', in *Paul and Paulinism* (*FS* C.K. Barrett), ed. M.D. Hooker and S.G. Wilson (London 1982), 67 – 73

Kramer, W., *Christ, Lord, Son of God* (E.T., SBT 50; London 1966)

Kreitzer, L.J., *Jesus and God in Paul's Eschatology* (JSNT Supplement 19; Sheffield 1987)

Krentz, E., 'Roman Hellenism and Paul's Gospel', *BibToday* 26 (1988)

328 - 337

Kümmel, W. G., *Introduction to the New Testament* (rev. ed.; London 1975)

Kümmel, W.G., *Man in the New Testament* (E.T., London 1963)

Küng, H., *Justification* (E.T., London 1964)

Ladd, G.E., *A Theology of the New Testament* (Grand Rapids 1974)

Lake, K., *The Earlier Epistles of Paul* (London 1911)

Lane, W.L., *The Gospel According to Mark* (NLCNT; London 1974)

LaSor, W.S., *The Dead Sea Scrolls and the New Testament* (Grand Rapids 1972/1976)

Lincoln, A.T., *Paradise Now and Not Yet. Studies in the Role of the Heavenly Dimension in Paul's Thought with Special Reference to His Eschatology* (SNTSMS 43; Cambridge 1981)

Löhr, G., '1 Thess 4 15 - 17: Das "Herrenwort"', *ZNW* 71(1980)269 - 273

Longenecker, R. N., "The Nature of Paul's Early Eschatology', *NTS* 31 (1985)85 - 95

Longenecker, R. N., On the Form, Function, and Authority of the New Testament Letters', in *Scripture and Truth*, ed. D.A. Carson and J.D. Woodbridge (Grand Rapids 1983), 101 - 114

Malbon, E.S., '"No Need to Have Any One Write"?: A Structural Exegesis of 1 Thessalonians', in *Society of Biblical Literature 1980* Seminar Papers, ed. P.J. Achtemeier (Chico 1980), 301 - 335 (also in Semeia 26 [1983] 57 - 83)

Malherbe, A. J., 'Exhortation in First Thessalonians', *NovT* 25 (1983) 238 - 256

Malherbe, A.J., *Paul and the Thessalonians* (Philadelphia 1987)

Manson, T. W., *Studies in the Gospels and Epistles*, ed. M. Black (Manchester 1962)

Mare, W.H., 'The Pauline Work Ethic', in *New Dimensions in New Testament Study*, ed. R.N. Longenecker and M.C. Tenney (Grand Rapids 1974), 357 - 369

Marrow, S. B., 'Parrhesia and the New Testament', *CBQ* 44 (1982) 431 - 446

Marshall, I.H., *Acts* (TNTC; Leicester 1980)

Marshall, I.H., *The Gospel of Luke* (NIGTC; Exeter 1978)

Marshall, I.H., *Kept by the Power of God* (Minneapolis 1974)

Marshall, I.H., 'Pauline Theology in the Thessalonian Correspondence', in

Paul and Paulinism (*FS* C.K. Barrett), ed. M.D. Hooker and S.G. Wilson (London 1982), 173-183

Martin, R.P., *New Testament Foundations* (2 vols; Exeter 1975-1978)

Martin, R.P., *Worship in the Early Church* (rev. ed. 1974; Grand Rapids 1976)

Marxsen, W., *Introduction to the New Testament* (E.T., Oxford 1968)

Mearns, C.L., 'Early Eschatological Development in Paul: The Evidence of I and II Thessalonians', *NTS* 27(1980-81)137-157

Morris, L., *The Apostolic Preaching of the Cross* (London 1960)

Morton, A.Q., 'The Authorship of the Pauline Corpus', in *The New Testament in Historical and Contemporary Perspective*, Essays in Memory of G.H.C. Macgregor, ed. H. Anderson and W. Barclay (Oxford 1965), 209-235

Moule, C.F.D., *The Birth of the New Testament* (HNTC; New York/Evanston 1962)

Munck, J., *Christ and Israel* (E.T., Philadelphia 1967)

Neirynck, F., 'Paul and the Sayings of Jesus', in *L'Apôtre Paul. Personnalité, Style et Conception du Ministère*, ed. A. Vanhoye (BETL 73; Leuven 1986), 265-321

Neyrey, J.H., 'Eschatology in 1 Thessalonians: The Theological Factor in 1:9-10;2:4-5; 3:11-13;4:6 and 4:13 18', in *Society of Biblical Literature 1980 Seminar Papers*, ed. P.J. Achtemeier (Chico 1980), 219-231

Noack, B., 'Teste Paulo: Paul as the Principal Witness to Jesus and Primitive Christianity', in *Die Paulinische Literatur und Theologie*, ed. S. Pedersen (Å arhus and Göttingen 1980), 9-28

O'Brien, P. T., *Introductory Thanksgivings in the Letters of Paul* (NovT Supp 49; Leiden 1977)

O'Brien, P.T., 'Thanksgiving within the Structure of Pauline Theology', in *Pauline Studies* (*FS* F.F. Bruce), ed. D.A. Hagner and M.J. Harris (Exeter and Grand Rapids 1980), 50-66

Okeke, G.E., 'I Thessalonians 2.13-16: The Fate of the Unbelieving Jews', *NTS* 27(1980-81)127-136

Osei-Bonsu, J., 'Anthropological Dualism in the New Testament', *SJT* 40 (1987)571-590

Patte, D., 'Method for a Structural Exegesis of Didactic Discourses. Analysis of 1 Thessalonians', *Semeia* 26(1983)85-129

Patte, D., *Paul's Faith and the Power of the Gospel: A Structural Introduc-*

tion to the Pauline Letters (Philadelphia 1983)

Peck, M.S., *The Road Less Traveled: A New Psychology of Love, Traditional Values and Spiritual Growth* (New York 1978)

Peterson, D.G., 'The Ministry of Encouragement', in *God Who is Rich in Mercy* (*FS* D.B. Knox), ed. P.T. O'Brien and D.G. Peterson (Homebush West, NSW 1986), 235 – 253

Pfitzner, V.C., *Paul and the Agon Motif: Traditional Athletic Imagery in the Pauline Literature* (NovTSupp 16; Leiden 1967)

Plevnik, J., '1 Thess 5,1 – 11 : Its Authenticity, Intention and Message', *Biblica* 60(1979)71 – 90

Plevnik, J., 'The Taking Up of the Faithful and the Resurrection of the Dead in 1 Thessalonians 4:13 – 18', *CBQ* 46(1984)274 – 283

Radl, W., 'Alle Mühe umsonst? Paulus und der Gottesknecht', in *L'Apôtre Paul. Personnalité, Style et Conception du Ministère*, ed. A. Vanhoye (BETL 73; Leuven 1986), 144 – 149

Reese, J.M., 'A Linguistic Approach to Paul's Exhortation in 1 Thess 4:13 – 5:11', in *Society of Biblical Literature* 1980 *Seminar Papers*, ed. P.J. Achtemeier (Chico 1980), 209 – 218

Richardson, A., *An Introduction to the Theology of the New Testament* (London 1969)

Rickards, R.R., '1 Thessalonians 4.4 – 6', *BibTrans* 29(1978)245 – 247

Ridderbos, H., *Paul: An Outline of His Theology* (E.T., Grand Rapids 1975)

Rigaux, B., *The Letters of St. Paul* (E.T., Chicago 1968)

Robertson, A., and Plummer, A., *The First Epistle of St Paul to the Corinthians* (ICC; 2nd ed.; Edinburgh 1914/1967)

Robertson, A.T., *Word Pictures in the New Testament* (6 vols, 1933; repr. Nashville n.d.)

Robinson, J.A.T., *Redating the New Testament* (London 1976)

Roetzel, C.J., *The Letters of Paul: Conversations in Context* (Atlanta 1975; 2nd ed. 1982)

Roetzel, C.J., 'Theodidaktoi and Handwork in Philo and I Thessalonians', in *L'Apôtre Paul. Personnalité, Style et Conception du Ministère*, ed. A. Vanhoye (BETL 73; Leuven 1986), 324 – 331

Ross, J.M., '1 Thessalonians 3.13', *BibTrans* 26(1975)444

Russell, R., 'The Idle in 2 Thess 3.6 – 12: An Eschatological or a Social Problem?' *NTS* 34(1988)105 – 119

Schmidt, D., '1 Thess 2:13 - 16 : Linguistic Evidence for an Interpolation', *JBL* 102(1983)269 - 279

Schmithals, W., *Paul and the Gnostics* (E.T., Nashville 1972)

Schnackenburg, R., 'Apostles before and during Paul's Time', in *Apostolic History and the Gospel* (*FS* F.F. Bruce), ed. W.W. Gasque and R.P. Martin (Exeter 1970), 287 - 303

Schütz, J.H., *Paul and the Anatomy of Apostolic Authority* (SNTSMS 26; Cambridge 1975)

Schweizer, E., 'Dying and Rising with Christ', in *New Testament Issues*, ed. R. Batey (London 1970), 173 - 190

Scott, J.J., 'Paul and Late-Jewish Eschatology — A Case Study, I Thessalonians 4:13 - 18 and II Thessalonians 2:1 - 12', *JETS* 15(1972)133 - 143

Silva, M., 'The Pauline Style as Lexical Choice: *GINŌSKEIN* and Related Verbs', in Pauline Studies (*FS* F.F. Bruce), ed. D.A. Hagner and M. J. Harris (Exeter and Grand Rapids 1980), 184 - 207

Steele, E.S., 'The Use of Jewish Scriptures in 1 Thessalonians', *BTB* 14 (1984)12 - 17

Stendahl, K., *Paul among Jews and Gentiles* (London 1977)

Uprichard, R.E.H., The Person and Work of Christ in 1 Thessalonians', *EQ* 53(1981)108 - 114

Vos, G., *The Pauline Eschatology* (Grand Rapids 1972)

Walvoord, J.F., *The Doctrine of the Holy Spirit* (Dallas 1943)

Waterman, G.H., 'The Sources of Paul's Teaching on the Coming of Christ in 1 and 2 Thessalonians', *JETS* 18(1975)105 - 113

Wenham, D., 'The Pluralism of Acts again: two historica clues in 1 Thessalonians', *Themelios* n.s. 13(1988)53 - 55

Whiteley, D.E.H., *The Theology of St. Paul* (Oxford 1964)

Whitton, J., 'A Neglected Meaning for SKEUOS in 1 Thessalonians 4.4', NTS 28(1982)142 - 143

Wiles, G.P., *Paul's Intercessory Prayers. The Significance of the Intercessory Prayer Passages in the Letters of St. Paul* (SNTSMS 24; Cambridge 1974)

Wuest, K.S., *Golden Nuggets from the Greek New Testament* (Grand Rapids 1951)

Ziesler, J.A., *The Meaning of Righteousness in Paul* (SNTSMS 20; Cambridge 1972)

补充书目(二版)

Barclay, J.M.G., 'Conflict in Thessalonica', *CBQ* 55(1993)512 – 530

——. 'Thessalonica and Corinth: Social Contrasts in Pauline Christianity', *JSNT* [*Journal for the Study of the New Testament*] 47(1992)49 – 74

Bassler, J.M.(ed.) *Pauline Theology. Vol. 1: Thessalonians, Philippians, Galatians, Philemon* (Minneapolis 1990) [esp. Parts II & V]

Boyce, J.L., 'Graceful Imitation: "Imitators of Us and the Lord" (1 Thessalonians 1:6)', in *All Things New* (R. A. Harrisville *FS*), ed. A. J. Hultgren, D.H. Juel and J.D. Kingsbury (Word & World Supplement Series 1; St. Paul 1992), 139 – 146

Chapa, J., 'Is First Thessalonians a Letter of Consolation?' *NTS* 40(1994) 150 – 160

Collins, R.F., 'The First Epistle to the Thessalonians', in *The New Jerome Biblical Commentary*, ed. R.E. Brown, J.A. Fitzmyer and R.E. Murphy (Englewood Cliffs, NJ 1990), 772 – 779

——. 'God in the First Letter to the Thessalonians: Paul's Earliest Written Appreciation of *ho theos*', *Louvain Studies* 16(1991)137 – 154

Collins, R. F. (ed.) *The Thessalonian Correspondence* (BETL 87; Leuven 1990)

Donfried, K.P., 'The Theology of 1 Thessalonians', in K.P. Donfried and I.H. Marshall, *The Theology of the Shorter Pauline Letters* (New Testament Theology; Cambridge 1993)1 – 79

Elias, J.W., '"Jesus Who Delivers Us from the Wrath to Come" (1 Thess. 1:10): Apocalyptic and Peace in the Thessalonian Correspondence', in *SBL* 1992 *Seminar Papers*, ed. E. H. Lovering. Jr. (Atlanta n. d.), 121 – 132

Ewert, D., '1 – 2 Thessalonians', in *Evangelical Commentary on the Bible*, ed. W.A. Elwell (Grand Rapids 1989), 1064 – 97 [1064 – 86 on 1 Thessalonians]

Fowl, S., 'A Metaphor in Distress. A Reading of NHIIIOI in 1 Thessalonians 2.7', *NTS* 36(1990)469 - 473

Gaventa, B.R., 'Apostles as Babes and Nurses in 1 Thessalonians 2:7', in *Faith and History* (P.W. Meyer *FS*), ed. J. Carroll, C.H. Cosgrove and E.E. Johnson (Atlanta, GA 1990), 193 - 207

Gilliard, F.D., 'Paul and the Killing of the Prophets in 1 Thess. 2:15', *NovT* 36(1994)259 - 270

——. The Problem of the Antisemitic Comma between 1 Thessalonians 2.14 and 15', *NTS* 35(1989)481 - 502

Goulder, M.D., 'Silas in Thessalonica', *JSNT* [see under Barclay above] 48 (1992)87 - 106

Hendrix, H.L., 'Archaeology and Eschatology at Thessalonica', in *The Future of Early Christianity*(H. Koester *FS*), ed. B.A. Pearson in collaboration with A. T. Kraabel, G.W.E. Nickelsburg and N.R. Petersen (Minneapolis 1991), 107 - 118

Howard, T.L., 'The Literary Unity of 1 Thessalonians 4:13 - 5:11', *Grace Theological Journal* 9(1988)163 - 190

Hurd, J.C., 'Paul Ahead of His Time: 1 Thess. 2:13 - 16', in *Anti-Judaism in Early Christianity*. *Vol*. 1: *Paul and the Gospels*, ed. P. Richardson with D. Granskou (Waterloo, Ont. 1986), 21 - 36

Jervis, J.A., *The Purpose of Romans: A Comparative Letter Structure Investigation* (Journal for the Study of the New Testament Supplement Series 55; Sheffield 1991)91 - 94 [on 1 Thess. 1:2 - 10]

Johanson, B.C., *To All the Brethren: A Text-Linguistic and Rhetorical Approach to 1 Thessalonians* (ConB [Coniectanea Biblica] NT 16; Stockholm 1987)

Johnson, L.T., The New Testament's Anti-Jewish Slander and the Conventions of Ancient Polemic', *JBL* 108(1989)419 - 41

Jurgensen, H., 'Awaiting the Return of Christ: A Re-examination of 1 Thessalonians 4.13 - 5.11 from a Pentecostal Perspective', *Journal of Pentecostal Theology* 4(1994)81 - 113

Kloppenborg, J.S., "Φιλαδελφία, θεοδίδακτος and the Dioscuri: Rhetorical Engagement in 1 Thessalonians 4.9 - 12', *NTS* 39(1993)265 - 289

Koester, H., 'Archäologie und Paulus in Thessalonike', in *Religious Propaganda and Missionary Competition in the New Testament World* (D. Georgi *FS*), ed. L. Bormann, K.D. Tredici and A. Standhartinger

(Leiden 1994), 393 – 404

Lautenschlager, M., 'Εἴτε γρηγορῶμεν εἴτε καθεύδωμεν. Zum Verhältnis von Heiligung und Heil in 1 Thess 5,10', *ZNW* [*Zeitschrift für die neutestamentliche Wissenschaft*] 81(1990)39 – 59

Lührmann, D., 'The Beginnings of the Church at Thessalonica', in *Greeks, Romans, and Christians* (A. J. Malherbe *FS*), ed. D. L. Balch, E. Ferguson and W. A. Meeks (Minneapolis 1990), 237 – 249

McGehee, M., 'A Rejoinder to Two Recent Studies Dealing with 1 Thess 4: 4', *CBQ* 51(1989)82 – 89

Malherbe, A. J., 'Did the Thessalonians Write to Paul?', in *Apocalyptic and the New Testament* (J. L. Martyn FS), ed. J. Marcus and M. L. Soards (JSNTSS [See under Jervis above] 24; Sheffield 1989), 246 – 257

——. '"Pastoral Care" in the Thessalonian Church', *NTS* 36(1990)375 – 391

Olbricht, T. H., 'An Aristotelian Rhetorical Analysis of 1 Thessalonians', in A. J. Mahlherbe *FS* [see under Lührmann above] 216 – 237

Richard, E., 'Contemporary Research on 1 (& 2) Thessalonians', *BTB* 20 (1990)107 – 115

Simpson, Jr., J. W., 'Problems Posed by 1 Thessalonians 2:15 – 16 and a Solution', *Horizons in Biblical Theology* 12/1(1990)42 – 72

——. 'Thessalonians, Letters to the', *Dictionary of Paul and His Letters*, ed. G. F. Hawthorne, R. P. Martin and D. G. Reid (Downers Grove 1993), 932 – 939

Sinclair, S. G., 'The Christology of 1 Thessalonians', *Jesus Christ according to Paul: The Christologies of Paul's Undisputed Epistles and the Christology of Paul* (Berkley 1988)119 – 129

Sumney, J. L., 'Paul's "Weakness": An Integral Part of His Conception of His Apostleship', *JSNT* [see under Barclay above] 52(1993)71 – 91

Wallace, D. B., 'A Textual Problem in 1 Thessalonians 1:10:'Εκτῆς 'Οργῆς vs.'Απὸ τῆς 'Οργῆς', *Bibliotheca Sacra* 147(1990)470 – 79

Wanamaker, C. A., *1 and 2 Thessalonians* (NIGTC; Grand Rapids 1990)

——. 'Apocalypticism at Thessalonica', *Neotestamentica* 21(1987)1 – 10

Ware, J., 'The Thessalonians as a Missionary Congregation: 1 Thessalonians 1,5 – 8', *ZNW* [see under Lautenschlager above] 83(1992)126 – 131

Weatherly, J. A., 'The Authenticity of 1 Thessalonians 2.13 – 16: Additional Evidence', *JSNT* [see under Barclay above] 42(1991)79 – 98

Weiss, W., 'Glaube-Liebe-Hoffnung. Zu der Trias bei Paulus', *ZNW* [see under Lautenschlager above] 84(1993)196 - 217

Winter, B. W., 'The Entries and Ethics of Orators and Paul (1 Thessalonians 2:1 - 12)', *Tyndale Bulletin* 44(1993)55 - 74

补充书目(三刷)

Brauch, M.T., '1 Thessalonians', in W.C. Kaiser Jr., P.H. Davids, F.F. Bruce, M.T. Brauch, *Hard Sayings of the Bible* (Downers Grove 1996) 659 – 660

Brown, R.E., 'First Letter to the Thessalonians', *An Introduction to the New Testament* (New York 1997)456 – 466

Cosby, M.R., 'Hellenistic Formal Receptions and Paul's Use of AΠANTHΣ HIΣ in 1 Thessalonians 4:17', *BBR*[1]4(1994)15 – 33

Crook, Z.A., 'Paul's Riposte and Praise of the Thessalonian', *BTB* 27 (1997)153 – 163

Delobel, J., 'One Letter Too Many in Paul's First Letter? A Study of (ν)ηπιοι in 1 Thess 2:7', *LS*[2]20(1995)126 – 133

deSilva, D.A., '"Worthy of his Kingdom": Honor Discourse and Social Engineering in 1 Thessalonians', *JSNT* [3]64(1996)49 – 79

Donfried, K.P., 'The Imperial Cults of Thessalonica and Political Conflict in 1 Thessalonians', in R.A. Horsley (ed.), *Paul and Empire: Religion and Power in Roman Imperial Society* (Harrisburg, PA 1997)215 – 223

——. 'The Theology of 1 Thessalonians', in K.P. Donfried and I.H. Marshall, *The Theology of the Shorter Pauline Letters* (New Testament Theology; Cambridge 1993)1 – 79

Eddy, P.R., 'Christian and Hellenistic Moral Exhortation: A Literary Comparison based on 1 Thessalonians 4', in M.C. Albl, P.R. Eddy and R. Mirkes (ed.), *Directions in New Testament Methods* (Marquette University Press 1993)45 – 51

---

[1] *Bulletin for Biblical Research*.

[2] *Louvain Studies*.

[3] *Journal for the Study of the New Testament*.

Evans, C. A., 'Ascending and Descending with a Shout: Psalm 47.6 and 1 Thessalonians 4.16', in C. A. Evans and J. A. Sanders (ed.), *Paul and the Scriptures of Israel* (JSNTSS④ 83; Sheffield 1993) 238 - 253

Fatum, L., '1 Thessalonians', in E. S. Fiorenza (ed.), *Searching the Scriptures. Volume 2: A Feminist Commentary* (London 1995) 250 - 262

Fee, G. D., 'On Text and Commentary on 1 and 2 Thessalonians', *Society of Biblical Literature 1992 Seminar Papers*, ed. E. H. Lovering, Jr. (Atlanta n. d.), 165 - 183

——. 'The Thessalonian Correspondence', *God's Empowering Presence: The Holy Spirit in the Letters of Paul* (Peabody, MA 1994) 39 - 80

Frederickson, D. E., 'ΠΑΡΡΗΣΙΑ in the Pauline Epistles', in J. T. Fitzgerald (ed.), *Friendship, Flattery, and Frankness of Speech: Studies on Friendship in the New Testament World* (NovTSupp 82; Leiden 1996) 163 - 183

Gaventa, B. R., *First and Second Thessalonians* (Interpretation; Louisville, KY 1998) 1 - 88

Gundry, R. H., 'A Brief Note on "Hellenistic Formal Receptions and Paul's Use of ΑΠΑΝΤΗΣΙΣ in 1 Thessalonians 4:17"', *BBR* 6(1996) 39 - 41

Hodgson, R., '1 Thess. 4:1 - 12 and the Holiness Tradition', in K. H. Richards (ed.), *Society of Biblical Literature 1982 Seminar Papers* (Chico 1982) 199 - 215

Johanson, B. C., '1 Thessalonians 2:15 - 16: Prophetic Woe-Oracle With ἔφθασεν as Proleptic Aorist', in T. Fornberg and D. Hellholm (ed.), *Texts and Context: Biblical Texts in Their Textual and Situational Contexts* (L. Hartman *FS*; Oslo 1995) 519 - 534

Koester, H., 'Imperial Ideology and Paul's Eschatology in 1 Thessalonians', in R. A. Horsley (ed.), *Paul and Empire: Religion and Power in Roman Imperial Society* (Harrisburg, PA 1997) 158 - 166

Lambrecht, J., 'A Call to Witness by All: Evangelisation in 1 Thessalonians', *Pauline Studies* (BETL CXV; Leuven 1994) 343 - 361

——'Thanksgiving in 1 Thessalonians 1 - 3', *Pauline Studies* (BETL CXV; Leuven 1994) 319 - 341

Malherbe, A. J., 'Did the Thessalonians Write to Paul?', in R. T. Fortna and B. R. Gaventa (ed.), *The Conversation Continues: Studies in Paul*

④ *Journal for the Study of the New Testament Supplement Series*.

& John (J.L. Martyn *FS* ; Nashville 1990),246 – 257⑤

Marshall, I. H., 'Election and Calling to Salvation in 1 and 2 Thessalonians', in R.F. Collins (ed.), *The Thessalonian Correspondence* (Leuven 1990)256 – 276

Martin, D.M., *1,2 Thessalonians* (NAC;⑥ Broadman 1995) [21 – 193 on 1 Thessalonians]

Matera, F.J., 'An Ethic of Election: The Letters to the Thessalonians', *New Testament Ethics: The Legacies of Jesus and Paul* (Louisville, KY 1996)123 – 137

Otto, R.E., 'The Meeting in the Air (1 Thess 4:17)', *HBT*⑦19(1997)192 – 212

Plevnik, J., *Paul and the Parousia: An Exegetical and Theological Investigation* (Peabody, MA 1997), esp.65 – 121,323 – 325,327

Richard, E.J., *First and Second Thessalonians* (Sacra Pagina; Collegeville, MN 1995) [1 – 293 on 1 Thessalonians]

Riesner, R., *Paul's Early Period: Chronology, Mission Strategy, Theology* (E.T.; Grand Rapids/Cambridge 1998)337 – 411

Rosner, B.S., 'Seven Questions for Paul's Ethics: 1 Thessalonians 4:1 – 12 as a Case Study', in B.S. Rosner (ed.), *Understanding Paul's Ethics: Twentieth-Century Approaches* (Grand Rapids 1995)351 – 360

Sandnes, K.O., 'Paul Rebutting Charges of False Prophecy — Before the Galatian Crisis? —1 Thess 2:3 – 8', *Paul — One of the Prophets?* (WUNT⑧ 2/43; Tübingen 1991)185 – 223

Schlueter, C.J., *Filling Up the Measure: Polemical Hyperbole in 1 Thessalonians 2.14 – 16* (JSNTSS 98; Sheffield 1994)

Sinclair, S.G., 'The Christology of I Thessalonians', *Jesus Christ according to Paul: The Christologies of Paul's Undisputed Epistles and the Christology of Paul* (Berkeley 1988)119 – 129

Smith, A., *Comfort One Another: Reconstructing the Rhetoric and Audience of 1 Thessalonians* (Literary Currents in Biblical Interpretation; Louisville, KY 1995)

Thielman, F., 'Sanctified Gentiles in Thessalonica: A Paradox in the Thes-

---

⑤ 在二版补充书目中,有关此文章的资料有误,谨在此改正如上,并向读者致歉。

⑥ The New American Commentary.

⑦ *Horizons in Biblical Theology*.

⑧ Wissenschaftliche Untersuchungen zum Neuen Testament.

salonian Letters'，*Paul & the Law*（Downers Grove 1994)69－79,256－258[endnotes]

Walton，S.，What Has Aristotle to do with Paul? Rhetorical Criticism and 1 Thessalonians'，*TynB*[9] 46.2(1995)229－250

Weima，J.A.D.，'An Apology for the Apologetic Function of 1 Thessalonians 2:1－12'，*JSNT* 68(1997)73－99

——. '"How You Must Walk to Please God"：Holiness and Discipleship in 1 Thessalonians'，in R.N. Longenecker（ed.），*Patterns of Discipleship in the New Testament*（McMaster New Testament Studies 1；Grand Rapids 1996)98－119

——. *Neglected Endings：The Significance of the Pauline Letter Closings*（JSNTSS 101；Sheffield 1994)77－155,174－186

——. 'Pauline Letter Closings：Analysis and Hermeneutical Significance'，*BBR* 5(1995)177－198 [esp.187－194]

White，J. L.，'Apostolic Mission and Apostolic Message：Congruence in Paul's Epistolary Rhetoric，Structure and Imagery'，in B. H. McLean（ed.），*Origins and Method：Towards a New Understanding of Judaism and Christianity*（J.C. Hurd *FS*；JSNTSS 86；Sheffield 1993)145－161

Wortham，R.A.，'The Problem of Anti-Judaism in 1 *Thess* 2:14－16 *and Related Pauline Texts'*，*BTB* 25(1995)37－44

Yeo，K.－K.，'A Political Reading of Paul's Eschatology in I and II Thessalonians'，*AJT*[10] 12(1998)77－88

---

⑨ *Tyndale Bulletin*.

⑩ *Asia Journal of Theology*.

补充书目(四刷)

甲部:中文书刊

张达民、黄锡木:《帖撒罗尼迦前书》,载于张达民、郭汉成、黄锡木著:《情理之间持信道:加拉太书、帖撒罗尼迦前后书析读》(圣经通识丛书;香港基道 2003)147 - 237

陈廷忠:《"你们要一同效法我":保罗的权柄对今日华人教会的挑战》,《神学与生命塑造》,澳洲维省圣经学院华人事工部,3(1998.11)6 - 11

斯托得著,甘耀嘉译:《帖撒罗尼迦前后书》(圣经信息系列;台北校园 1999)3 - 160、235 - 242

杨克勤:"保罗末世神学",《基督教文化学刊》3(2000)47 - 78

漆立平:《圣经启示人有灵、魂、体》,《论〈老子 vs 圣经〉》,台北永望文化事业有限公司 2000,89 - 159

刘彼得:《主再来:忽临与先兆——论〈帖前〉〈帖后〉末世观之随机性及互容性》,《神学论集》132(2002)268 - 287

乙部:英文书刊

Achtemeier, P. J., Green, J. B. and Thompson, M. M., 'Paul's Letters to the Thessalonian Christians', *Introducing the New Testament: Its Literature and Theology* (Grand Rapids/Cambridge 2001)427 - 446[esp. 428 - 439]

Adams, Jr., E. R., 'Preaching from 1 and 2 Thessalonians', *SWJT*①42 (1999 - 2000)66 - 78

Ascough, R. S., 'The Thessalonian Christian Community as a Professional Voluntary Association', *JBL* 119(2000)311 - 328

Blight, R. C., *An Exegetical Summary of 1 & 2 Thessalonians* (Dallas 1989)3 - 197

---

① *Southwestern Journal of Theology*.

Bockmuehl, M., '1 Thessalonians 2:14 - 16 and the Church in Jerusalem', *TynB*② 52.1(2001)1 - 31

Bridges, L.M., '1 Thessalonians', in W.E. Mills et al., *Acts and Pauline Writings* (Mercer Commentary on the Bible, Vol.7; Macon, GA 1997)251 - 259

——. 'Terms of Endearment: Paul's Words of Comfort in First Thessalonians', *RevExp* ③ 96(1999)211 - 232

Brown, A.R., 'Paul and The Parousia', in J.T. Carroll et al., *The Return of Jesus in Early Christianity* (Peabody, MA 2000)47 - 76[esp.67 - 70]

Burke, T. J., 'Family Matters in Thessalonica', *TynB* 52.2(2001)299 - 302

——. 'Pauline Paternity in 1 Thessalonians', *TynB* 51.1(2000)59 - 80

Burkett, D., 'The imminent parousia: 1 and 2 Thessalonians', *An Introduction to the New Testament and the Origins of Christianity* (Cambridge 2002)345 - 352 [esp.345 - 347]

Canoy, R.W., 'Teaching Eschatology and Ethics in the Thessalonian Correspondences', *RevExp* 96(1999)249 - 261

Clarke, A.D., '1 & 2 Thessalonians — a Community influenced by Pagan Culture', *Serve the Community of the Church: Christians as Leaders and Ministers* (First-Century Christians in the Graeco-Roman World; Grand Rapids 2000)197 - 201

——. '"Be Imitators of Me": Paul's Model of Leadership', *TynB* 49.2(1998) 329 - 360[esp.333 - 340]

Collins, R.F., 'The Function of Paraenesis in 1 Thess 4,1 - 12;5,12 - 22', *ETL*④74(1998)398 - 414

Cotrozzi, S., 'Where from and where to? Translating 1 Thessalonians 4. 14b', *BibTrans* 52(2001)424 - 430

Couch, M., *Hope of Christ's Return: Premillennial Commentary on 1 and 2 Thessalonians* (Chattanooga, TN 2001) [Review: R.B. Zuck, in *BS*⑤ 159(2002)500]

Cousar, C.B., *Reading Galatians, Philippians, and 1 Thessalonians: A Literary and Theological Commentary* (Reading the New Testament; Macon, GA 2001) v, 189 - 235

deSilva, D.A., 'Honor Discourse in 1 and 2 Thessalonians', *The Hope of*

② 见补充书目(三刷)注9。

③ *Review & Expositor*.

④ *Ephemerides Theologicae Lovanienses*.

⑤ *Bibliotheca Sacra*.

Glory: Honor Discourse and New Testament Interpretation (Collegeville, MN 1999)91 – 117

de Vos, C. S., *Church and Community Conflicts: The Relationships of the Thessalonian, Corinthian and Philippian Churches with Their Wider Civic Communities* (SBLDS⑥ 168; Atlanta, GA 1999) [esp. 123 – 177]

Dodd, B., 'Implicit Uses of Personal Example: Philemon and 1 Thessalonians 2.1 – 12', *Paul's Paradigmatic "I": Personal Example as Literary Strategy* (JSNTSS⑦ 177; Sheffield 1999)196 – 220 [esp. 212 – 220]

Donfried, K. P. 'Paul and Qumran: the Possible Influence of סרך on 1 Thessalonians', in L. H. Schiffman, E. Tov, J. C. VanderKam and G. Marquis (ed.), *The Dead Sea Scrolls: Fifty Years after their Discovery* (Jerusalem 2000)148 – 156

——. *Paul, Thessalonica, and Early Christianity* (Grand Rapids 2002)

Donfried, K. P., and Beutler, J. (ed.), *The Thessalonians Debate: Methodological Discord or Methodological Synthesis?* (Grand Rapids/Cambridge 2000) [Reviews: R. S. Ascough, in *CBQ* 63(2001)375 – 377; R. Griffith-Jones, in JTS⑧ n. s. 52(2001)816 – 820; J. Leonhardt, in *Theology* 104(2001)209; S. F. Winter, in *ExpT* ⑨ 112(2000 – 2001)171]

Ehrman, B. D., 'Paul and His Apostolic Mission: 1 Thessalonians as a Test Case', *The New Testament: A Historical Introduction to the Early Christian Writings* (2nd ed.; New York 2000)276 – 289

Ellis, P. F., 'The First Letter of Paul to the Thessalonians', *Seven Pauline Letters* (Collegeville, MN 1982)14 – 37,267 – 269[notes]

Esler, P. F., '1 Thessalonians', in J. Barton and J. Muddiman (ed.), *The Oxford Bible Commentary* (Oxford 2001)1199 – 1212

Fatum, L., 'Brotherhood in Christ: A gender hermeneutical reading of 1 Thessalonians', in H. Moxnes (ed.), *Constructing Early Christian Families: Family as social reality and metaphor* (London and New York 1997)183 – 197

Fee, G. D., 'On Text and Commentary on 1 and 2 Thessalonians', *To What End Exegesis? Essays Textual, Exegetical, and Theological* (Grand Rapids/Cambridge/Vancounver 2001)57 – 79 [reprinted from *SBLSP 1992*]

⑥ *Society of Biblical Literature Dissertation Series*.

⑦ 见补充书目(三刷)注 4。

⑧ *Journal of Theological Studies*.

⑨ *Expository Times*.

Fee, G.D., and Stuart, D., '1 Thessalonians', *How to Read the Bible Book by Book: A Guided Tour* (Grand Rapids 2002) 364 - 368

Furnish, V.P., 'Inside Looking Out: Some Pauline Views of the Unbelieving Public', in J. C. Anderson, P. Sellew and C. Setzer (ed.), *Pauline Conversations in Context* (C. J. Roetzel *FS*; JSNTSS 221; London 2002) 104 - 124 [esp. 108 - 113]

Gorday, P. (ed.) *Colossians, 1 - 2 Thessalonians, 1 - 2 Timothy, Titus, Philemon* (Ancient Christian Commentary on Scripture: New Testament 9; Downers Grove 2000) 59 - 100

Graves, M., 'Preaching from the Thessalonian Correspondences', *RevExp* 96(1999) 233 - 247

Green, G.L., *The Letters to the Thessalonians* (Pillar New Testament Commentary; Grand Rapids 2002) [esp. 1 - 273]

Gunton, C.E., 'Jesus Christ (1) Advent (1 Thessalonians 5.9 - 10)', *Theology through Preaching* (Edinburgh and New York 2001) 61 - 66

Harrison, J.R., 'Paul and the Imperial Gospel at Thessaloniki', *JSNT*⑩ 25.1(2002) 71 - 96

Harvey, J.D., '1 Thessalonians' and 'Paul's Use of Oral Patterns', *Listening to the Text: Oral Patterning in Paul's Letters* (Grand Rapids/Leicester 1998) 259 - 276 and 283 - 300, respectively

Havener, I., '1 Thessalonians', in R.J. Karris (ed.), *The Collegeville Bible Commentary: New Testament* (Collegeville, MN 1992) 1151 - 1159

Heil, J.P., 'Those Now Asleep (not dead) Must be Awakened for the Day of the Lord in 1 Thess 5.9 - 10', *NTS* 46(2000) 464 - 471

Hester, J.D., 'Apocalyptic Discourse in 1 Thessalonians', in D.F. Watson (ed.), *The Intertexture of Apocalyptic Discourse in the New Testament* (SBLSS⑪ 14; Atlanta, GA 2002) 137 - 163

Heyer, C. J. den, 'The first letter to the Thessalonians', *Paul: A Man of Two Worlds* (E.T.; London 2000) 107 - 117

Hock, R.F., 'God's Will at Thessalonica and Greco-Roman Asceticism', in L.E. Vaage & V.L. Wimbush (ed.), *Asceticism and the New Testament* (New York and London 1999) 159 - 170

Holmes, M.W., *The NIV Application Commentary: 1 and 2 Thessalonians* (Grand Rapids 1998)

---

⑩ 见补充书目(三刷)注 3。

⑪ Society of Biblical Literature Symposium Series.

Holtz, T., 'The Judgment on the Jews and the Salvation of All Israel: 1 Thes 2,15 - 16 and Rom 11,25 - 26', in R. F. Collins (ed.), *The Thessalonian Correspondence* (BETL 87; Leuven 1990) 284 - 294

Horbury, W., 'I. Thessalonians ii. 3 as Rebutting the Charge of False Prophecy', *Jews and Christians in Contact and Controversy* (Edinburgh 1998) 111 - 126

Keeney, D. E., 'Resources for Congregation and Classroom on Thessalonians', *RevExp* 96(1999) 295 - 299

Kennedy, G. A., 'Thessalonians, Galatians, Romans', *New Testament Interpretation through Rhetorical Criticism* (Chapel Hill, NC1984) 141 - 156[esp. 141 - 144]

Kim, S., 'The Jesus Tradition in 1 Thess 4. 13 - 5. 11', *NTS* 48(2002) 225 - 242

Lightfoot, J. B., 'The Church of Thessalonica', *Biblical Essays* (Hendrickson Publishers, 1994 reprint [1893, 1940]) 251 - 269

Longenecker, R. N. , 'Is There Development in Paul's Resurrection Thought?', in R. N. Longenecker (ed.), *Life in the Face of Death: The Resurrection Message of the New Testament* (Grand Rapids/Cambridge 1998) 171 - 202 [esp. 180 - 185]

Lüdemann, G., 'Anti-Judaism in the New Testament', *The Unholy in Holy Scripture: The Dark Side of the Bible* (E. T.; London 1997) 76 - 127 [esp. 81 - 85]

Lyons, G., 'The Function of Paul's Autobiographical Remarks in 1 Thessalonians' *Pauline Autobiography: Toward a New Understanding* (SBLDS 73; Atlanta, GA 1985) 177 - 221

Malherbe, A. J., 'Conversion to Paul's Gospel', in A. J. Malherbe, F. W. Norris, J. W. Thompson (ed.), *The Early Church in Its Context* (E. Ferguson *FS*; NovTSupp 90; Leiden 1998) 230 - 244

——. *The Letters to the Thessalonians* (Anchor Bible 32B; New York 2000) 1 - 346

[Reviews: D. R. Bauer, in *CBQ* 64(2002) 382 - 384; J. R. C. Cousland, in *JBL* 121(2002) 380 - 383; K. A. Fox, in *NovT* 44(2002) 395 - 397; I. H. Jones, in *ExpT* 113 (2001 - 2002) 137 - 138; J. Lambrecht, in *Biblica* 83(2002) 135 - 138; J. A. Weatherly, in *JETS* 45(2002) 527 - 529]

Martin, M., '"Example" and "Imitation" in the Thessalonian Correspondence', *SWJT* 42(1999 - 2000) 39 - 49

Matera, F. J., '1 Thessalonians', *Strategies for Preaching Paul* (Collegeville,

MN 2001)53 - 61

——. 'The Letters to the Thessalonians', *New Testament Christology* (Louisville, KY 1999)88 - 91

May, D., '"You Cannot Hide the Soul": 1 Thessalonians 5:12 - 22', *RevExp* 96(1999)277 - 285

McDonald, L.M., and Porter, S.E., '1 Thessalonians', *Early Christianity and its Sacred Literature* (Peabody, MA 2000)415 - 422

Michaels, J.R., 'Everything That Rises Must Converge: Paul's Word from the Lord', in T.E. Schmidt and M. Silva (ed.), *To Tell the Mystery* (R.H. Gundry *FS*; JSNTSS 100; Sheffield 1994)182 - 195

Morris, L., *The First and Second Epistles to the Thessalonians* (rev. ed.; NICNT; Grand Rapids 1991)1 - 188

Motyer, A., and Motyer, S., *1 & 2 Thessalonians* (Crossway Bible Guides; Leicester 1999)9 - 120

Murphy-O'Connor, J., 'Learning with the Thessalonians', *Paul: A Critical Life* (Oxford 1997)102 - 129

Plevnik, J., 'The Bringing in of the Lord or the Bringing in of the Faithful?', *Biblica* 80(1999)537 - 546

——. 'The Destination of the Apostle and of the Faithful: Second Corinthians 4:13b - 14 and First Thessalonians 4:14', *CBQ* 62(2000)83 - 95

Powers, D.G., 'Paul's Understanding of Jesus' Death for Others in First Thessalonians and First Corinthians', *Salvation through Participation: An Examination of the Notion of the Believers' Corporate Unity with Christ in Early Christian Soteriology* (Contributions to Biblical Exegesis and Theology 29; Leuven 2001)35 - 56 [esp. 35 - 46]

Räisänen, H., 'Did Paul Expect an Earthly Kingdom?', in A. Christophersen, C. Claussen, J. Frey and B. Longenecker (ed.), *Paul, Luke and the Graeco-Roman World* (A. J. M. Wedderburn *FS*; JSNTSS 217; London 2002)2 - 20 [esp. 6 - 10]

Rhodes, J.N., 'Translating 1 Thessalonians 4.4: making sense of a euphemism', *BibTrans* 50(1999)246 - 248

Richards, E.R., 'Ministering in a Tough Place: Paul's Pattern in Thessalonica', *SWJT* 42(1999 - 2000)17 - 38

Richardson, N., 'God-Language in Pauline Paraenesis', *Paul's Language about God* (JSNTSS 99; Sheffield 1994)175 - 239[esp. 197 - 203]

Riesner, R., 'Early Pauline Theology: The Apostle and the Church in Thessalonica' and 'The Unity of 1 Thessalonians', *Paul's Early Period:*

Chronology, Mission Strategy, Theology (Grand Rapids/Cambridge 1998) 335–403 and 404–411, respectively [see also 414–415]

Sailors, T. B., 'Wedding Textual and Rhetorical Criticism to Understand the Text of 1 Thessalonians 2.7', *JSNT* 80(2000)81–98

Schnelle, U., 'The First Letter to the Thessalonians', *The History and Theology of the New Testament Writings* (E. T.; London 1998)43–55

Setzer, C., 'The Pauline and Deutero-Pauline Letters', *Jewish Responses to Early Christians: History and Polemics, 30–150 C. E.* (Minneapolis 1994)9–25

Smith, A., 'The First Letter to the Thessalonians', in L. E. Keck et al. (ed.), *The New Interpreter's Bible*, Volume 11 (Nashville 2000) 739–772

Smith, J. E. 'Another Look at 4Q 4162 ii. 21, a Critical Parallel to First Thessalonians 4:4', *CBQ* 63(2001)499–504

Soares-Prabhu, G. M., '1 Thessalonians', in W. R. Farmer et al. (ed.), *The International Bible Commentary: A Catholic and Ecumenical Commentary for the Twenty-First Century* (Collegeville, MN 1998) 1710–1720

Stacey, R. W., 'Introduction to the Thessalonian Correspondences', *RevExp* 96(1999)175–94

Stanley, C. D., 'Who's Afraid of a Thief in the Night?', *NTS* 48(2002)468–486

Stern, D. H., '1 Thessalonians', *Jewish New Testament Commentary* (6th ed.; Clarksville, MD 1999)616–625

Still, T. D., *Conflict at Thessalonica: A Pauline Church and its Neighbours* (JSNTSS 183; Sheffield 1999)

——. 'Eschatology in the Thessalonian Letters', *RevExp* 96(1999)195–210

——. 'Paul's Thessalonian Mission', *SWJT* 42(1999–2000)4–16

Stott, J. W. R., *The Message of Thessalonians* (The Bible Speaks Today; Leicester 1996[1991])7–135, 203–212

Sumney, J. L., *'Servants of Satan', 'False Brothers' and Other Opponents of Paul* (JSNTSS 188; Sheffield 1999) [esp. 13–32, 214–228, 303–322]

Tellbe, M., 'The Thessalonian Setting', *Paul between Synagogue and State: Christians, Jews, and Civic Authorities in 1 Thessalonians, Romans, and Philippians* (ConBNT ⑫34; Stockholm 2001)80–140

⑫ Coniectanea biblica, New Testament.

[Review: G.M. Smiga, in *CBQ* 64 (2002)395 - 396]

Turner, S., 'TheInterim, Earthly Messianic Kingdom in Paul', *JSNT* 25 (2003)323 - 342

Vang, P., 'Sanctification in Thessalonians', *SWJT* 42 (1999 - 2000)50 - 65

Walton, S., *Leadership and Lifestyle: The Portrait of Paul in the Miletus Speech and 1 Thessalonians* (SNTSMS 108; Cambridge 2000) [Reviews: C. Mount, in *JR*⑬ 82(2002)100 - 1; J.A.D. Weima, in *NovT* 43(2001) 300 - 302; B. Witherington, in *BibInt*⑭ 9(2001)428 - 429; J.A. Ziesler, in *ExpT* 112(2000 - 2001)170]

Watson, D.F., 'Paul's Appropriation of Apocalyptic Discourse: The Rhetorical Strategy of 1 Thessalonians', in G. Carey and L.G. Bloomquist (ed.), *Vision and Persuasion: Rhetorical Dimensions of Apocalyptic Discourse* (St. Louis, MO 1999)61 - 80

Weima, J.A.D., '1 Thessalonians', in C.E. Arnold (ed.), *Zondervan Illustrated Bible Backgrounds Commentary*, Vol.3 (Grand Rapids 2002)404 - 431

——. '"But We Became Infants Among You": The Case of NHIIIOI in 1 Thess 2.7', *NTS* 46(2000)547 - 564

Weima, J.A.D., and Porter, S.E., *An Annotated Bibliography of 1 and 2 Thessalonians* (New Testament Tools and Studies; Leiden 1998)

Welch, J.W., 'Chiasmus in the New Testament', in J.W. Welch (ed.), *Chiasmus in Antiquity: Structures, Analyses, Exegesis* (Provo, UT 1999)211 - 249 [esp.213]

Wenham, D., '*Paul and Jesus: The True Story* (Grand Rapids/Cambridge 2002)91 - 110

Winter, B.W., 'From Secular Clients to Christian Benefactors: 1 Thessalonians 4:11 - 12 and 2 Thessalonians 3:6 - 13', *Seek the Welfare of the City: Christians as Benefactors and Citizens* (First-Century Christians in the Graeco-Roman World; Grand Rapids/Carlisle 1994)41 - 60

Yarbrough, R.W., 'Sexual Gratification in 1 Thess 4:1 - 8', *TrinJ*⑮20 n.s. (1999)215 - 232

Yeo, K.-k., 'Paul's Eschatology and Mao's Utopianism — A Clash of Ide-

---

⑬ *Journal of Religion*.

⑭ *Biblical Interpretation*.

⑮ *Trinity Journal*.

ology', *AJT*[16] 13(1999)375 - 386

Young, R.G., 'The Times and the Seasons: 1 Thessalonians 4:13 - 5:11', *RevExp* 96(1999)265 - 276

---

⑯ 见补充书目(三刷)注 10。

补充书目(五刷)

甲部:中文书刊

陈耀鹏:《寒梅绽放:从帖撒罗尼迦前后书看信徒如何迎接主再来》,香港明道 2004

乙部:英文书刊

Agosto, E., 'Paul and Commendation', in J. P. Sampley (ed.), *Paul in the Greco-Roman World: A Handbook* (Harrisburg, PA 2003) 101 - 133[esp. 111 - 115]

Ascough, R. S., 'A Question of Death: Paul's Community-Building Language in 1 Thessalonians 4:13 - 18', *JBL* 123(2004)509 - 530

——. *Paul's Macedonian Associations: The Social Context of Philippians and 1 Thessalonians* (WUNT① 2/161; Tübingen 2003) [Reviews: P. Oakes, in *JSNT*② 28(2006)376 - 378; C. W. Stenschke, in *NovT* 48(2006)91 - 96]

Barclay, W., *The Letters to the Philippians, Colossians, and Thessalonians* (3rd [rev.] ed.; Louisville, KY 2003)205 - 241

Beale, G. K., *1 - 2 Thessalonians* (IVP③ New Testament Commentary; Downers Grove, IL 2003)13 - 29, 38 - 178

Bell, R. H., 'A Study of 1 Thessalonians 2.13 - 16', *The Irrevocable Call of God: An Inquiry into Paul's Theology of Israel* (WUNT 2/184; Tübingen 2005)56 - 84

Blumenthal, C., 'Was sagt 1 Thess 1.9b - 10 über die Adressaten des 1 Thess? Literarische und historische Erwägungen', *NTS* 51 (2005) 96 - 105

① 见补充书目(三刷)注 8。

② 见补充书目(三刷)注 3。

③ InterVarsity Press. ('Inter-Varsity Press' in the U. K.)

Burchard, C., 'Satzbau und Übersetzung von 1 Thess 1,10', *ZNW*④ 96 (2005)272 - 273

Burke, T. J., *Family Matters: A Socio-Historical Study of Fictive Kinship Metaphors in 1 Thessalonians* (London and New York 2003) [Reviews: K.P. Donfried, in *TS*⑤ 66(2005)447 - 449; R.S. Dutch, in *JSNT* 27 (2005)113]

Caragounis, C.C., 'Parainesis on ἁγιασμός (1 Th 4:3 - 8)', *FilolNT*⑥ 15 (2002)133 - 151

Clark, D.J., 'Structural Similarities in 1 and 2 Thessalonians: Comparative Discourse Anatomy', in T.L. Brodie, D.R. MacDonald & S.E. Porter (ed.), *The Intertextuality of the Epistles: Explorations of Theory and Practice* (New Testament Monographs 16; Sheffield 2006)196 - 207

Cook, J.G., 'Pagan Philosophers and 1 Thessalonians', *NTS* 52(2006)514 - 532

Currie III, T.W., '1 Thessalonians 5:12 - 24', *Interpretation* 60(2006)446 - 449

De Villiers, P.G.R., '"A 1ife worthy of God": Identity and Ethics in the Thessalonian Correspondence', in J.G. van der Watt (ed.), *Identity, Ethics, and Ethos in the New Testament* (BZNW⑦ 141; Berlin 2006) 335 - 355

——. 'Safe in the Family of God: Soteriological Perspectives in 1 Thessalonians', in J.G. van der Watt (ed.), *Salvation, in the New Testament: Perspectives on Soteriology* (NovTSupp 121; Brill 2005)305 - 330

Debanné, M. J., '1 Thessalonians: Enthymemes and Warrants', *Enthymemes in the Letters of Paul* (LNTS⑧ 303; London 2006)53 - 84

Dennison, J.T., 'Eschatology and the Structure of 1 Thessalonians', *Kerux* 19(2004)31 - 35

deSilva, D.A., 'The Thessalonian Correspondence: Living in the Light of the "Day", *An Introduction to the New Testament: Contexts, Methods & Ministry Formation* (Downers Grove, IL/Leicester, England 2004)527 - 554

Elbert, P., 'Paul of the Miletus Speech and 1 Thessalonians: Critique and

④ *Zeitschrift für die neutestamentliche Wissenschaft*.

⑤ *Theological Studies*.

⑥ *Filologia Neotestamentaria*.

⑦ Beihefte zur ZNW.参上面注 4。

⑧ Library of New Testament Studies (formerly JSNTSS).后者见补充书目(三刷)注 4。

Considerations', *ZNW* 95(2004)258 - 268

Elias, J. W., *1 and 2 Thessalonians* (Believers Church Bible Commentary; Scottdale, PA 1995)17 - 246,343 - 386

Fredrickson, D. E., 'Passionless Sex in 1 Thessalonians 4:4 - 5', *WW*⑨23 (2003)23 - 30

Furnish, V. P., *1 Thessalonians, 2 Thessalonians* (Nashville, TN 2007)21 - 126

Holmstrand, J., *Markers and Meaning in Paul: An Analysis of 1 Thessalonians, Philippians and Galatians* (E. T.; ConBNT⑩ 28; Stockholm 1997) 38 - 87

Hughes, F. W., 'The Rhetoric of Letters', in K. P. Donfried & J. Beutler (ed.), *The Thessalonians Debate* (Grand Rapids, MI 2000)194 - 240

Kee, H. C., '1 Thessalonians', *The Beginnings of Christianity: An Introduction to the New Testament* (New York and London 2005)235 - 237, 332[endnotes]

Kim, S., 'Paul's Entry (*Eisodos*) and the Thessalonians' Faith (1 Thessalonians 1 - 3)', *NTS* 51(2005)519 - 542

——. 'The Structure and Function of 1 Thessalonians 1 - 3', in S.- W. Son (ed.), *History and Exegesis* (E.E. Ellis *FS*[2]; New York 2006)170 - 188

——. 'Waiting for the Son of God (I Thess 1:9 - 10): The Gospel that Paul Preached to the Thessalonians',载卢龙光·邝炳钊·张修齐主编:《圣经的人生》(冯荫坤贺寿文集;香港中文大学崇基学院神学院,2007)32 - 50

Klauck, H.- J., 'A Letter of Hope: First Thessalonians', *Ancient Letters and the New Testament: A Guide to Context and Exegesis* (Waco, TX 2006)355 - 386

Konradt, M., *Gericht und Gemeinde: eine Studie zur Bedeutung und Funktion von Gerichtsaussagen im Rahmen der paulinishchen Ekklesiologie und Ethik im 1 Thess und 1 Kor* (New York 2003) [Reviews: W. Loader, in *Biblica* 85(2004)435 - 438; T. Nicklas, in *RBL*⑪6 (2004)498 - 502; L. Aejmelaeus, in *TLZ* 130(2005)950 - 952; E. J. Schnabel, in BBR⑫ 16

⑨ *Word & World*.

⑩ 见补充书目(四刷)注 12。

⑪ *Review of Biblical Literature*.

⑫ 见补充书目(三刷)注 1。

(2006)366 - 368; E.E. Popkes, in BZ[13] 51(2007)145 - 148]

Lambrecht, J., 'A Structural Analysis of 1 Thess 4 - 5 [2000]', *Collected Studies on Pauline Literature and on The Book of Revelation* (Analecta Biblica 147; Rome 2001)279 - 293

——. 'Connection or Disjunction? A Note on 1 Thess 2,13 Within 1,2 - 3, 13', *Collected Studies* 267 - 277

——. *The Letters to the Thessalonians* (AB 32B; New York 2000)1 - 346

Lamp, J.S., 'Is Paul Anti-Jewish? Testament of Levi 6 in the Interpretation of 1 Thessalonians 2:13 - 16', *CBQ* 65(2003)408 - 427

Larson, K., *I & II Thessalonians, I & II Timothy, Titus, Philemon* (Holman New Testament Commentary 9; Nashville, TN 2000)1 - 82

Malina, B.J., and Pilch, J.J., '1 Thessalonians', *Social-Science Commentary on the Letters of Paul* (Minneapolis, MN 2006)27 - 56

Mare, W.H., '1 Thessalonians', *New Testament Background Commentary* (Fearn, Tain, Rossshire, Scotland 2004)331 - 337,461 [notes]

Marshall, I.H., 'The Letters to the Thessalonians', in I.H. Marshall, S. Travis & I. Paul, *Exploring the New Testament, vol. 2: A Guide to the Letters & Revelation* (Downers Grove, IL 2001)61 - 72

——. 'The Letters to the Thessalonians', *New Testament, Theology: Many Witnesses, One Gospel* (Downers Grove IL 2004)236 - 251

Mitchell, M.M., '1 and 2 Thessalonians', in J.D.G. Dunn (ed.), *The Cambridge Companion to St Paul* (Cambridge 2003)51 - 63

Nicholl, C. 'An Annotated Bibliography of 1 and 2 Thessalonians', JTS[14] n.s. 50(1999)721 - 726

Nicholl, C.R., *From Hope to Despair in Thessalonica: Situating 1 and 2 Thessalonians* (SNTSMS 126; Cambridge 2004)

Oakes, P., 'Re-mapping the Universe: Paul and the Emperor in 1 Thessalonians and Philippians', *JSNT* 27(2005)301 - 322

Oestreich, B., Leseanweisungen in Briefen als Mittel der Gestaltung von Beziehungen (1 Thess 5.27)', *NTS* 50(2004)224 - 245

Paddison, A., *Theological Hermeneutics and 1 Thessalonians* (SNTSMS 133; Cambridge 2005) [Review: J. Lyons, in *JSNT* 28(2006)104]

Roose, H., '2 Thessalonians as Pseudepigraphic "Reading Instruction" for 1 Thessalonians: Methodological Implications and Exemplary Illustration

⑬ *Biblische Zeitschrift*.

⑭ 见补充书目(四刷)注 8。

of an Intertextual Concept', in T. L. Brodie, D. R. MacDonald & S. E. Porter (ed.), *The Intertextuality of the Epistles*: *Explorations of Theory and Practice* (New Testament Monographs 16; Sheffield 2006) 133 – 151

Setzer, C. J., 'The Pauline and Deutero-Pauline Letters', *Jewish Responses to Early Christians*: *History and Polemics*, *30 – 150 C. E.* (Minneapolis, MN 1994) 9 – 25 [esp. 16 – 25]

Smith, A., 'The First Letter to the Thessalonians', in *The New Interpreter's Bible New Testament Survey* (Nashville, TN 2005) 263 – 271

Sterner, R. H., A *Semantic and Structural Analysis of 1 Thessalonians* (Dallas, TX 1998)

Still, T. D., 'Interpretive Ambiguities and Scholarly Proclivities in Pauline Studies: A Treatment of Three Texts from 1 Thessalonians 4 as a Test Case', *CurBR*⑮ 5(2007) 207 – 219

Thompson, J. W., 'Blameless at His Coming: Paul's Pastoral Vision in Philippians and 1 Thessalonians', *Pastoral Ministry according to Paul*: *A Biblical Vision* (Grand Rapids, MI 2006) 31 – 60 [esp. 31 – 34, 53 – 60]

Williams, E., 'The Missionary Message of First Thessalonians', *CaribJET* ⑯ 7(2003) 22 – 40

Witherington III, B., *1 and 2 Thessalonians*: *A Socio-Rhetorical Commentary* (Grand Rapids, MI 2006) 1 – 180

Witmer, S. E., '*Theodidaktoi* in 1 Thessalonians 4.9: a Pauline Neologism', *NTS* 52(2006) 239 – 250

Wright, T., *Paul for Everyone*: *Galatians and Thessalonians* (London 2002) 85 – 136

---

⑮ *Currents in Biblical Research*.

⑯ *Carribean Journal of Evangelical Theology*.

史丹理基金公司　识

1963 年菲律宾史丹理制造公司成立后，由于大多数股东为基督徒，大家愿意把公司每年盈利的十分之一奉献，分别捐助神学院、基督教机构，以及每年圣诞赠送礼金给神职人员，史丹理制造公司也因此得到大大祝福。

1978 年容保罗先生与笔者会面，提起邀请华人圣经学者著写圣经注释的建议，鼓励笔者投入这份工作。当时笔者认为计划庞大，虽内心深受感动，但恐心有余而力不足，后来决定量力而为，有多少资金就出版多少本书。出版工作就这样开始了。

1980 年 11 月，由鲍会园博士著作的歌罗西书注释交给天道书楼出版，以后每年陆续有其他经卷注释问世。

1988 年史丹理制造公司结束二十五年的营业。股东们从所售的股金拨出专款成立史丹理基金公司，除继续资助多项工作外，并决定全力支持天道书楼完成出版全部圣经注释。

至 2000 年年底，天道书楼已出版了三十六本圣经注释，其他大半尚待特约来稿完成。笔者鉴于自己年事已高，有朝一日必将走完人生路程，所牵挂的就是圣经注释的出版尚未完成。如后继无人，将来恐难完成大功，则功亏一篑，有负所托。为此，于 2001 年春，特邀请天道书楼四位董事与笔者组成一小组，今后代表史丹理基金公司与天道书楼负责人共同负起推动天道圣经注释的出版工作，由许书楚先生及姚冠尹先生分别负起主席及副主席之职，章肇鹏先生、郭志权先生、施熙礼先生出任委员。并邀请容保罗先生担任执行秘书，负责联络，使出版工作早日完成。

直至 2004 年，在大家合作推动下，天道圣经注释已出版了五十一册，余下约三十册希望在 2012 年全部出版刊印。

笔者因自知年老体弱，不便舟车劳顿，未能按时参加小组会议。为此，特于 6 月 20 日假新加坡召开出版委员会，得多数委员出席参加。愚亦于会中辞去本兼各职。并改选下列为出版委员会委员——主席：姚冠尹先生；副主席：施熙礼先生；委员：郭志权博士、章肇鹏先生、容保罗先生、楼恩德先生；执行秘书：刘群英小姐——并议定今后如有委员或秘书出缺，得由出版小组成员议决聘请有关人士，即天道书楼董事，或史丹理基金公司成员担任之。

至于本注释主编鲍会园博士自1991年起正式担任主编，多年来不辞劳苦，忠心职守，实令人至为钦敬。近因身体软弱，敝委员会特决议增聘邝炳钊博士与鲍维均博士分别担任旧、新约两部分编辑，辅助鲍会园博士处理编辑事项。特此通告读者。

至于今后路线，如何发展简体字版，及配合时代需求，不断修订或以新作取代旧版，均将由新出版委员会执行推动之。

许书楚　识

2004年　秋

天道圣经注释出版纪要

由华人圣经学者来撰写一套圣经注释，是天道书楼创立时就有的期盼。若将这套圣经注释连同天道出版的《圣经新译本》、《圣经新辞典》和《天道大众圣经百科全书》摆在一起，就汇成了一条很明确的出版路线——以圣经为中心，创作与译写并重。

过去天道翻译出版了许多英文著作；一方面是因译作出版比较快捷，可应急需，另一方面，英文著作中实在有许多堪称不朽之作，对华人读者大有裨益。

天道一开始就大力提倡创作，虽然许多华人都谦以学术研究未臻成熟，而迟迟未克起步，我们仍以"作者与读者同步迈进"的信念，成功地争取到不少处女作品；要想能与欧美的基督教文献等量齐观，我们就必须尽早放响起步枪声。近年来看见众多作家应声而起，华文创作相继涌现，实在令人兴奋；然而我们更大的兴奋仍在于寄望全套"天道圣经注释"能早日完成。

出版整套由华人创作的圣经注释是华人基督教的一项创举，所要动员的人力和经费都是十分庞大的；对于当年只是才诞生不久的天道书楼来说，这不只是大而又难，简直就是不可能的事。但是强烈的感动一直催促着，凭着信念，下定起步的决心，时候到了，事就这样成了。先有天道机构名誉董事许书楚先生，慨允由史丹理基金公司承担起"天道圣经注释"的全部费用，继由鲍会园博士以新作《歌罗西书注释》(后又注有《罗马书》上下卷，《启示录》)郑重地竖起了里程碑(随后鲍博士由1991年起正式担任全套注释的主编)，接着有唐佑之博士(《约伯记》上下卷，《耶利米哀歌》)、冯荫坤博士(《希伯来书》上下卷，《腓立比书》，《帖撒罗尼迦前书》，《帖撒罗尼迦后书》)、邝炳钊博士(《创世记》一二三四五卷，《但以理书》)、曾祥新博士(《民数记》，《士师记》)、詹正义博士(《撒母耳记上》一二卷)、区应毓博士(《历代志上》一二卷，《历代志下》，《以斯拉记》)、洪同勉先生(《利未记》上下卷)、黄朱伦博士(《雅歌》)、张永信博士(《使徒行传》一二三卷，《教牧书信》)、张略博士(与张永信博士合著《彼得前书》,《犹大书》)、刘少平博士(《申命记》上下卷,《何西阿书》,《约珥书》,《阿摩司书》)、梁康民先生(《雅各书》)、黄浩仪博士(《哥林多前书》上卷,《腓利门书》)、梁薇博士(《箴言》)、张国定博士(《诗篇》一二三四卷)、邵晨光博士(《尼希米记》)、陈济民博士(《哥林多后书》)、赖建国博士(《出埃及记》上下卷)、李保罗博士(《列王纪》一二三四卷)、钟志邦博士(《约翰福音》上下卷)、周永健博士(《路得记》)、谢慧儿博士(《俄巴底亚书》,《约拿书》)、梁洁琼博士(《撒母耳记下》)、吴献章博士(《以赛亚书》三四卷)、叶裕波先生(《耶利米书》上卷)、张达民博士(《马太福音》)、戴浩辉博士(《以西结书》)、鲍维均博士(《路加福音》上下卷)、张玉明博士(《约书亚记》)、蔡金玲博士(《以斯帖记》,《撒迦利亚书》,《玛拉基书》)、吕绍昌博士(《以赛亚书》一二卷)、邝成中博士(《以弗所书》)、吴道宗博士(《约翰一二三书》)、叶雅莲博士(《马可福音》)、岑绍麟博士(《加拉太书》)、胡维华博士(《弥迦书》,《那鸿书》)、沈立德博士(《哥林多前书》下卷)、黄天相博士(《哈巴谷书》,《西番雅书》,《哈该书》)等等陆续加入执笔行列,他们的心血结晶也将一卷一卷地先后呈献给全球华人。

当初单纯的信念,已逐渐看到成果;这套丛书在 20 世纪结束前,完成写作并出版的已超过半数。同时,除了繁体字版正积极进行外,因着阅读简体字读者的需要,简体字版也逐册渐次印发。全套注释可望在 21 世纪初完成全部写作及出版;届时也就是华人圣经学者预备携手迈向全球,一同承担基督教的更深学术研究之时。

由这十多年来"天道圣经注释"的出版受欢迎、被肯定,众多作者和工作人员协调顺畅、配合无间,值得我们由衷地献上感谢。

为使这套圣经注释的出版速度和写作水平可以保持,整个出版工作的运转更加精益求精,永续出版的经费能够有所保证,1997 年 12 月天道书楼董事会与史丹理基金公司共同作出了一些相关的决定:

虽然全套圣经六十六卷的注释将历经三十多年才能全部完成,我们并不以此为这套圣经注释写作的终点,还要在适当的时候把它不断地修订增补,或是以新著取代,务希符合时代的要求。

天道书楼承诺负起这套圣经注释的永续出版与修订更新的责任,由初版营收中拨出专款支应,以保证全套各卷的再版。史丹理基金公司也成立了圣经注释出版小组，由许书楚先生、郭志权博士、姚冠尹先生、章肇鹏先生和施熙礼先生五位组成，经常关心协助实际的出版运作，以确保尚未完成的写作及日后修订更新能顺利进行。该小组于2004年6月假新加坡又召开了会议，许书楚先生因年事已高并体弱关系，退居出版小组荣誉主席，由姚冠尹先生担任主席，施熙礼先生担任副主席，原郭志权博士及章肇鹏先生继续担任委员，连同小弟组成新任委员会，继续负起监察整套注释书的永续出版工作。另外，又增聘刘群英小姐为执行秘书，向委员会提供最新定期信息，辅助委员会履行监察职务。此外，鉴于主编鲍会园博士身体于年初出现状况，调理康复需时，委员会议决增聘邝炳钊博士及鲍维均博士，并得他们同意分别担任旧约和新约两部分的编辑，辅助鲍会园博士处理编辑事宜。及后鲍会园博士因身体需要，退任荣誉主编，出版委员会诚邀邝炳钊博士担任主编，曾祥新博士担任旧约编辑，鲍维均博士出任新约编辑不变，继续完成出版工作。

21世纪的中国，正在走向前所未有的开放道路，于各方面发展的迅速，成了全球举世瞩目的国家。国家的治理也逐渐迈向以人为本的理念，人民享有宗教信仰自由，全国信徒人数不断增多。大学学府也纷纷增设了宗哲学学科和学系，扩展国民对宗教的了解和研究。这套圣经注释在中国出版简体字版，就是为着满足广大人民在这方面的需要。深信当全套圣经注释完成之日，必有助中国国民的阅读，走在世界的前线。

容保罗　识

2011年　春

图书在版编目(CIP)数据

帖撒罗尼迦前书注释/冯荫坤著. —上海：上海三联书店，2023.10 重印
“天道圣经注释”系列
主编/邝炳钊　旧约编辑/曾祥新　新约编辑/鲍维均
ISBN 978－7－5426－5190－7

Ⅰ.①帖…　Ⅱ.①冯…　Ⅲ.①《圣经》-研究　Ⅳ.①B971

中国版本图书馆 CIP 数据核字(2015)第 112806 号

帖撒罗尼迦前书注释

著　　者／冯荫坤
策　　划／徐志跃
责任编辑／邱　红　陈泠珅
特约编辑／徐　艳
装帧设计／徐　徐
监　　制／姚　军
责任校对／张大伟

出版发行／上海三联书店
(200030)中国上海市漕溪北路 331 号 A 座 6 楼
邮　　箱／sdxsanlian@sina.com
邮购电话／021－22895540
印　　刷／上海惠敦印务科技有限公司

版　　次／2018 年 9 月第 1 版
印　　次／2023 年 10 月第 3 次印刷
开　　本／890mm×1240mm　1/32
字　　数／400 千字
印　　张／13.75
书　　号／ISBN 978－7－5426－5190－7/B・415
定　　价／58.00 元